JN058830

技術士第一次試験「建設部門」受験必修キーワード700

杉内正弘［著］

第9版

日刊工業新聞社

はじめに

技術士第一次試験は、平成15年度からすべての問題が択一式試験で行われるようになりましたが、建設部門の専門科目で50%の合格ラインを超えるのは、なかなか難しいといわれていました。それは、建設部門では技術士の20技術部門の中で最も多い11もの分野から問題が出題されている、ということに1つの理由があるようです。そして、平成25年度からの試験制度の見直しによって『技術部門の基礎的な分野に出題を重点化する』、『試験の難易度の安定化を図る』といった対応がなされ、建設部門における合格率が他の部門に比べて極端に低いという状況は解消されました。しかしながら技術士第一次試験において、専門科目が最も重要だという点について変わりはありません。

一方、技術士第一次試験のような択一式問題の対策として、キーワードを整理しこれを理解しておくという学習方法が最も効率的であるということは、多くの受験参考書でも指摘しているとおりです。しかしながら、建設部門では前述したそれぞれの分野の書籍を購入し、これをもとに第一次試験で出題される項目を整理していくという学習方法では、多くの時間を要するばかりではなく、11分野とはいっても1つの分野で「河川、砂防及び海岸・海洋」などのように少なくとも4冊以上の図書が必要になるものもあり、受験対策にかかる費用も並大抵のものではありません。このような背景のもと、たくさんの建設部門の受験者から、効率的に専門科目を学習できる受験参考書が欲しいという声を聞きました。そこで筆者は、このような受験者からの要望に応えるべく、なんとか技術士第一次試験の建設部門専門科目に関する学習書を完成させたいという思いで、それまでの過去問題ならびに出題体系をもとに、建設部門専門科目において必要最小限の合格ラインを確保するために必要な700余りのキーワードを選定するとともに、それらの解説文をまとめたものを平成16年の春に出版しました。そうしたところ、「『キーワード700』1冊だけで合格することができました」という嬉しい便りが多く寄せられ、キーワード解説文が効率的かつ効果的な学習のツールとしていかに有効であるのかを実感することができました。

また、建設部門におけるこれまでの技術士第一次試験の対受験者合格率を見てみると、令和元年度から令和5年度までの5年間を取り上げてみても、それぞれ51.4%、43.7%、31.3%、42.2%、36.7%と、年度によって大きく変動しています。このような合格率の変化は、主に年度ごとの専門科目の得点に起因しています。そのため問題を作成する作問委員は毎年、問題の内容や出題のレベルについて検討や見直しを行ってはいるものの、受験者の立場からすれば出題されるキーワードを確実に理解しておき、どのような問題に対しても対応できるようにしておくことが必要になります。

本書は、およそ2〜3年ごとに見直しを行い、そのたびに新たなキーワードを追加してきたところ、第8版では1,000に迫るキーワード数になっていました。そこで9回目となる今回の改版においては、近年の出題傾向を踏まえて根本的な見直しを行うことで800余りのキーワード数にまとめ直しました。しかしながら、ご承知のとおり800という数字は『八百よろず』や『八百八町』などのように、わが国では古からたくさんという意味で使われています。そのため、書籍名を『キーワード800』にしてしまうと『11もの分野があるのにわずかに700余りのキーワードを理解するだけで合格することができる』という当初のコンセプトとは全く逆の意味のタイトルになってしまいます。このような理由から本書籍名は、初版時の『受験必修キーワード700』から変えていないということを申し添えておきます。

本書は、技術士第一次試験の試験対策としてすぐに役立てられるように、出題レベルに合わせて必要な内容をまとめたものですから、未知のキーワードを理解していくばかりではなく、既に知っているキーワードに関する知識を整理するのにも大変有効です。さらに、分野別にそれぞれ五十音順にキーワードを配置しているため、日常の業務において簡単な用語辞典として利用することも可能です。また、それぞれのキーワード解説文の後に 関連用語 として、解説文の中で用いた重要な用語、あるいは横断的に関連するような用語を示しています。これらの関連用語の中には本書でさらにキーワードとして取り上げているものもあるので、個別のキーワードの知識だけではなく、キーワード間の横のつながりについて関連づけた理解をするためにも、この 関連用語 を活用していただきたいと思います。なお、建設部門専門科目の出題内容に応じて、分野によっては都市計画法や道路構造令、あるいは環境影響評価法など環境に関連する法令等を取り扱っています。これらの法律は必要に応じて改正されることが多いので、法律に係るキーワードに関する学習をする場合には、法改正の有無について必ず確認していただきたいと思います。

技術士第一次試験のように択一試験問題で正解を導くためには、数値は正確に覚えておく必要はありますが、キーワードの解説文そのものについては暗記するのではなく、設問が正しい内容か誤った内容なのかを判断できる程度に、その内容を理解することに重きを置いた学習が大切です。本書を試験直前まで身近な場所に置いて、いつでも、どこでも、わずかの時間であっても開いて見る習慣をつけていただきたいと思います。これらのキーワードをもとに蓄えた知識は、第一次試験の受験のためだけではなく、日々の業務や研究、そして第一次試験合格後の第二次試験の受験にも必ずや活きてくるに違いないと信じています。

本書を用いた効率的な学習により、普段の仕事あるいは学業への負担を少しでも軽くして、そして確実に『技術士第一次試験合格』の栄冠を勝ち取っていただきたいと願っています。

令和6年4月

杉内　正弘

目　次

第1章　土質及び基礎

1. CBR値
2. K_0圧密
3. N値
4. 圧密
5. 圧密係数
6. 圧密降伏応力
7. 圧密促進工法
8. 圧密沈下量と圧密沈下に要する時間
9. 圧力水頭
10. 一次圧密／二次圧密
11. 一軸圧縮試験
12. 一面せん断試験
13. 鋭敏比
14. 液状化
15. 液状化対策工法
16. 液状化の判定
17. 液性限界／塑性限界
18. 液性指数
19. 円弧すべり
20. 応力経路
21. オーバーコンパクション
22. 過圧密粘土
23. 過剰間隙水圧
24. 間隙水圧
25. 間隙比
26. 間隙率
27. 含水比
28. 乾燥密度
29. 極限支持力
30. 均等係数
31. 杭基礎
32. クイックサンド
33. クーロンの土圧
34. ケーソン基礎
35. 限界動水勾配
36. 固結工法
37. コーン貫入試験
38. コンシステンシー限界
39. コンシステンシー指数
40. 最大間隙比
41. 最大乾燥密度
42. 最適含水比
43. サウンディング
44. サクション
45. 三軸圧縮試験
46. サンドコンパクションパイル工法
47. サンドドレーン工法
48. 湿潤密度
49. 地盤材料の粒径区分
50. 地盤の鉛直方向の支持力
51. 斜面のすべり
52. 主働土圧
53. 受働土圧
54. 水頭
55. 正規圧密
56. 静止土圧
57. ゼロ空気間隙曲線
58. 全応力と有効応力
59. 全般せん断破壊／局部せん断破壊
60. 塑性指数
61. 塑性図
62. 帯水層
63. ダイレタンシー（ダイレイタンシー）
64. ダルシーの法則
65. 弾性波探査
66. 地下水面
67. 置換工法
68. 直接基礎
69. 突固めによる土の締固め試験
70. 土圧係数
71. 透水係数
72. 土かぶり圧
73. 土砂災害の分類
74. 内部摩擦角
75. 日本統一土質分類法
76. ネガティブフリクション
77. パイピング
78. バイブロフロテーション工法
79. 場所打ちコンクリート杭工法
80. 被圧地下水
81. ヒービング
82. 表層処理工法
83. フローネット（流線網）
84. ベーン試験
85. ボイリング
86. 飽和度
87. ランキンの土圧
88. 粒度分布

1. CBR値

CBR値は、締固めた供試体に直径5 cmの貫入棒を貫入させたときの抵抗値を、標準荷重強さに対する比（百分率）の形で表した値をいう。CBRは、通常貫入量2.5 mmにおける値をとる。

CBR値は、道路を建設する場合に路床土あるいは路盤材としての適否の判定や舗装厚の設計のために用いられ、土の締固めと関連した指標として利用されることが多い。CBR試験は、乱した土の供試体について行う室内試験、乱さない土の供試体について行う室内試験、現場で自然状態の土について行う試験にそれぞれ区分される。

関連用語 路床土、路盤材、設計CBR、修正CBR

2. K_0圧密

K_0圧密は、三軸圧縮試験において供試体の側方変位が生じないようにしながら行う圧密をいう。

自然地盤における圧密は、異方的圧力のもとで行われ、鉛直方向の圧密圧力は有効土かぶり圧p_vであるのに対して、水平方向の圧密圧力p_hは$p_h = K_0 \cdot p_v$と表される。このK_0は静止土圧係数と呼ばれるもので、水平方向ひずみの生じないような平衡状態における土圧係数である。したがって、地盤の圧密条件を再現するために供試体の側方変位が生じないような、いわゆるK_0条件の圧密を行う。K_0の値は、土の種類や状態によって異なるが、正規圧密土における標準値は0.5である。

関連用語 三軸圧縮試験（*23*）、圧密（*3*）、圧密係数（*3*）、圧密試験、静止土圧係数、正規圧密（*29*）、一次圧密／二次圧密（*6*）

3. N値

N値は、標準貫入試験において、30 cmだけ打ち込むのに必要なハンマーの落下回数をいう。

標準貫入試験は、63.5 kgのドロップハンマーを75 cmの高さから自由落下させてサンプラーを貫入する試験であり、打ち込んだサンプラーから取り出した土について、含水比の測定や土質試験を行うことができる。

N値からボーリング孔の各深さの土の相対密度や地盤の支持力を推定することができる。

関連用語 標準貫入試験、含水比（*16*）、相対密度、地盤の支持力、スウェーデン式貫入試験、オランダ式二重管コーン貫入試験

4. 圧密

圧密とは、構造物の重量や土の自重などのために、透水度の低い飽和粘性土が脱水されるにつれて体積が圧縮される現象のことをいう。飽和粘性土の場合には、砂質土に比べて圧縮の速さがきわめて小さく、施工終了後にも大きな圧縮沈下が生じるために時間的推移が問題となる。

関連用語 飽和粘性土、圧縮沈下、圧密係数（*3*）、圧密降伏応力（*4*）、圧密試験、圧密促進工法（*4*）、圧密度、一次圧密（*6*）、二次圧密（*6*）

5. 圧密係数

圧密係数は、一次圧密において圧密進行の速さを表す土質定数である。圧密現象を説明するために、テルツァギーは小穴のあいたシリンダーの中にスプリングを介して荷重を受ける模型を用いた。そして、次の熱伝導方程式と同じ形の、間隙水圧の消散過程を表す微分方程式を得た。

$$\frac{\partial u}{\partial t}=\frac{k}{\gamma_w m_v}\cdot\frac{\partial^2 u}{\partial z^2}$$

（k：透水係数、γ_w：水の単位体積重量、m_v：体積圧縮係数）

このテルツァギーの圧密理論式において、$\dfrac{k}{\gamma_w m_v}=c_v$ （cm²/sec）は圧密係数と呼ばれ、圧密の進行速度に影響を与える係数で、c_vが大きいほど圧密は速く終了するというものである。これより圧密係数は、体積圧縮係数と透水係数により定義されることがわかる。圧密係数は、圧密試験によって求めることができ、この値を用いて沈下割合（速度）を計算することができる。

圧密係数c_vは、時間係数$T_v=c_v\times t/H^2$の関数（t：圧密時間、H：排水距離）として表される。

関連用語 飽和粘性土、テルツァギーの圧密理論式、圧密試験、ダイレタンシー（*32*）、圧密促進工法（*4*）、圧密（*3*）、一次圧密（*6*）

6. 圧密降伏応力

圧密降伏応力は、粘土が弾性的（可逆的）な挙動を示す過圧密の範囲から塑性的（非可逆的）な挙動を示す正規圧密の範囲に移行する境界の応力をいう。

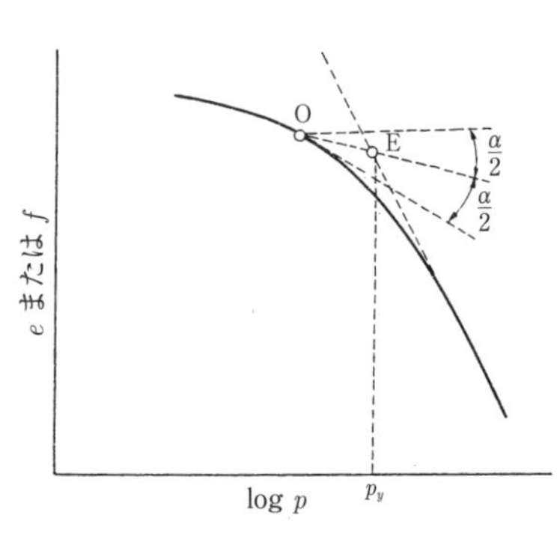

Casagrande の図解法による p_y の決定

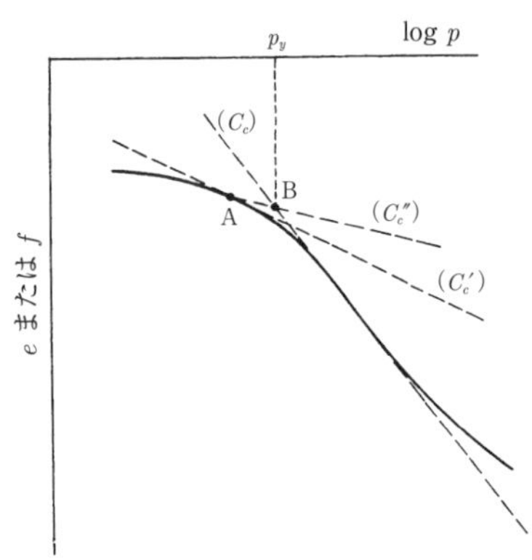

土質工学会による p_y の決定

圧密降伏応力の求め方は、圧密試験による圧密圧力（p）と、間隙比（e）または体積比（f）の関係を示す図（圧縮曲線：e−log p 曲線または f−log p 曲線）において、曲率最大の点Oから水平線OCおよび曲線への接線OBを引く。そしてこの2つの直線のなす角 α の二等分線ODと e−log p 曲線の直線部分の延長との交点Eの横座標を p_y とするCasagrandeの図解法がある。しかしながら、この方法は e のスケールのとり方によって e−log p 曲線の曲率が変化して、p_y の値も変わるため土質工学会では、次の方法によって p_y を求めることとしている。それは、$C_c' = 0.1 + 0.25C_c$ なる傾度を有する直線と e−log p 曲線または f−log p 曲線の接点Aを決め、A点を通って $C_c'' = C_c'/2$ なる傾度の直線と e−log p 曲線（または f−log p 曲線）の正規圧密部分の最急傾度の部分を延長した直線との交点Bを求める。このB点の横座標を p_y とするという方法である。

関連用語 先行圧密荷重、正規圧密（*29*）、圧密試験、圧縮曲線、間隙比（*15*）、体積比、Casagrandeの図解法

7. 圧密促進工法

粘性土地盤の圧密の進行を早めるためには、バーチカルドレーンなどの圧

密促進工法が用いられている。

圧密度は時間係数の関数であるが、$T_v = \dfrac{c_v \times t}{H^2}$（$T_v$：時間係数、$c_v$：圧密試験より求められる圧密係数、$t$：時間、$H$：最大排水長さ）において$H$を小さくすれば時間に対応する$T$の値が増大し、圧密度が増大することになる。最大排水長さHを小さくするために、粘性土中にバーチカルドレーンを敷設し水平方向の排水長さの短縮を図ろうとするものである。

関連用語 圧密度、時間係数、バーチカルドレーン、排水長さ、圧密係数（3）

8. 圧密沈下量と圧密沈下に要する時間

（圧密沈下量の計算）

圧密試験によって得られる体積圧縮係数m_v、および$e-\log p$曲線から求められる圧縮指数C_cなどがわかっていれば、圧密沈下量は、地盤の圧密層の中心面における載荷前の圧力と載荷後の増加圧力を求めることによって算出することができる。

圧密沈下量の計算に必要な体積圧縮係数m_vは、次式を用いて計算される。

$$m_v = \frac{\varepsilon}{\Delta_p} = \frac{\dfrac{\Delta_h}{h}}{\Delta_p} = \frac{\dfrac{\Delta_e}{1+e_0}}{\Delta_p}$$

（Δ_p：各載荷段階ごとの増加荷重、ε：Δ_pによる圧縮ひずみ、Δ_h：Δ_pによる全圧密量、h：Δ_pによる圧密前の供試体の高さ、e_0：Δ_pがかかる前の間隙比、Δ_e：間隙の変化量）

また、圧縮指数C_cは$e-\log p$曲線における直線部分の勾配を意味し、次式で与えられる。

$$C_c = \frac{e_1 - e_2}{\log_{10} p_2 - \log_{10} p_1} = \frac{e_1 - e_2}{\log_{10} \dfrac{p_2}{p_1}}$$

（e_1・p_1は、それぞれ初めの間隙比および初めの土かぶり圧）

m_vとC_cなどを使って圧密沈下量Sを計算する式は、次のとおりである。

$$S = H\frac{e_0 - e}{1+e_0} = H \cdot m_v \cdot \Delta_p = H\frac{C_c}{1+e_0}\log_{10}\frac{p_0 + \Delta_p}{p_0}$$

（H：粘土層の層厚、e_0：粘土層の中心面における載荷前の間隙比、p_0：粘土層の中心面における載荷前の有効土かぶり圧、Δ_p：載荷重によって生じた粘土層の中心面での増加圧力、e：粘土層の中心面において増加圧力Δ_pによって圧密された後の間隙比）

（圧密沈下に要する時間の計算）

圧密沈下に要する時間tは、次式から計算される。

$$t=\frac{T_v\left(H'\right)^2}{C_v}$$

（t：圧密時間、T_v：時間係数、H'：排水距離、C_v：圧密係数）

なお、対象とする粘土層厚Hの片側が不透水層の場合には排水距離は$H'=H$をとるが、両側が透水層の場合には両面排水になるため、排水距離は$H'=H/2$として計算する。

関連用語　圧密試験、体積圧縮係数、$e-\log p$曲線、圧縮指数、間隙比（*15*）、時間係数、排水距離、圧密係数（*3*）、両面排水

9. 圧力水頭

圧力水頭は、液体の静水圧をその流体柱の高さで表した値のことであり、静水圧をp（kg/m^2）、流体の単位体積当たりの重量をγ（kg/m^3）、重力加速度をgとすると、圧力水頭は$p/\gamma g$（m）で表される。

一方、ベルヌーイの定理によれば、『全水頭＝速度水頭＋位置水頭＋圧力水頭＝一定』であり、水理学における管路の流れは全水頭（全エネルギー）によって生じるものである。また、単一管路の定常流において管路の一部が動水勾配線の上に出る揚合は、この点での圧力は大気圧以下となる。単一管路の定常流れにおいて、管路の途中で圧力水頭がゼロを下回っても、ただちに流れが中断することはない。

工学では一般に、静水圧は大気圧を加えた絶対圧ではなくゲージ圧が用いられ、また圧力水頭は圧力の大きさを表す単位としてよく用いられる。

関連用語　間隙水圧（*15*）、単位体積重量、ベルヌーイの定理（*234*）、全水頭、速度水頭、位置水頭、動水勾配線（*216*）、絶対圧、ゲージ圧

10. 一次圧密／二次圧密

一次圧密は、圧密曲線の圧密量のうち、熱伝導型圧密方程式の解に従う圧密度100％までに対応する部分をいう。すなわち一次圧密は、土の圧密現象において圧密理論に従う（間隙水が長時間かけてゆっくりと排水しながら体積が減少していく）とみなされる圧密部分をいう。

一方、土の種類によっては、一次圧密が終了した以降（過剰間隙水圧がゼ

ロになった後）も長期にわたって圧密が進行することがあるが、これを二次圧密と呼んでいる。二次圧密は、粘土の構造の変化に伴って土の体積が変化する現象と考えられており、一定の有効応力のもとで進行する粘性土骨格のクリープで時間の対数に関してほぼ直線的に変化し、その大きさは土の層厚や載荷時間によって変化する。一般に、低圧縮性から中圧縮性の無機質土では、二次圧密量は圧密量全体に比べて非常に小さく、ゆっくり起こるので通常の沈下計算では一次圧密を対象とする。ところが、高圧縮性の粘土や有機質土の場合には、二次圧密量はかなり大きなものとなるため、圧密の時間的な進行を圧密理論で推定することは難しくなる。二次圧密は、粘土地盤の沈下や残留沈下の予測をする場合に重要となる。

関連用語 圧密（*3*）、過剰間隙水圧（*14*）、圧密係数（*3*）、圧密降伏応力（*4*）、圧密試験、圧密度、正規圧密（*29*）、過圧密

11. 一軸圧縮試験

一軸圧縮試験は、土のせん断強さを求めるための一般的な試験方法の1つである。一軸圧縮試験は、粘性土の圧縮強さを求め、これから間接的にせん断強さを決定するとともに、応力と変形との関係及び鋭敏比を簡単に求めることができる。この試験で適用できる土質は、原則として自然地盤から採取した乱されない飽和粘土であるが、実用上は不飽和粘性土の乱されない試料や、締固めた粘性土に対しても適用できる。

供試体に加えられる荷重Pに対して圧縮応力σは、破壊時の供試体断面積をAとすると$\sigma = P/A$で求められる。

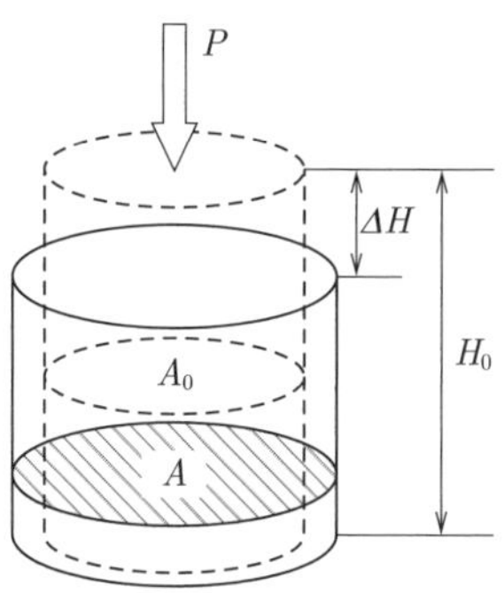

なお、図に示すように供試体の初期高さがH_0、初期断面積がA_0、破壊時の軸変位がΔHの場合は、供試体の圧縮ひずみεは、$\varepsilon = \dfrac{\Delta H}{H_0} \times 100$ になり、

圧縮ひずみεに対する供試体の断面積Aは、$A=\dfrac{A_0}{1-\dfrac{\varepsilon}{100}}$　になる。

また、圧縮ひずみが15%に達するまでに現れる最大圧縮応力を一軸圧縮強さという。また、土の圧縮力と変形の関係を知る手段として変形係数があるが、この変形係数は応力–ひずみ曲線上の一軸圧縮強さの1/2の点と原点を結ぶ直線の傾度をとる。

飽和した乱さない正規圧密粘土の一軸圧縮試験を行うと、三軸圧縮試験のUU試験（非圧密非排水試験）における見かけの粘着力c_uに相当する強度定数が得られ、$c_u=q_u/2$となる。

関連用語 土のせん断強さ、鋭敏比（*9*）、飽和粘土、不飽和粘性土、粘性土、変形係数

12. 一面せん断試験

土のせん断強さを試験する方法には、室内で行う試験と原位置試験とがある。

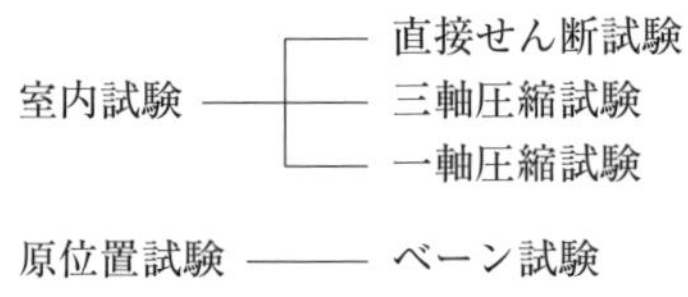

土のせん断強さの代表的な試験方法

一面せん断試験は、室内試験の直接せん断試験として一般に用いられている試験方法である。一面せん断試験は、上下2段に分けられている箱の中に試料を詰め、試料の上から垂直応力を加えたまま上下の箱のいずれかを水平に移動させ、破壊を生じさせるときのせん断抵抗力を測定するものである。

また、直接せん断試験のうち、ドーナツ状のリング供試体を回転せん断することで、せん断面積を変更せずに最大せん断強さを超えて、きわめて大きい変形を起こさせることが可能なリングせん断試験がある。そのためリングせん断試験は、地すべりなどの大きな変位またはひずみを受ける場合の土の残留強度を求めるのに適した試験である。

関連用語 直接せん断試験、三軸圧縮試験（*23*）、一軸圧縮試験（*7*）、ベーン試験（*41*）、せん断抵抗力、リングせん断試験、地すべり、残留濃度

13. 鋭敏比

鋭敏比は、土のせん断強さの安定性を表すパラメータの1つである。一般に土は乱されると強度を低下させるが、これは粘性土において著しく、この粘性土の強度低下は、練り返しによって電気化学的な結合構造が破壊されることに起因する。

鋭敏比は、粘性土の乱さない試料と、これを同じ含水比のまま十分に練り返した試料のそれぞれの非排水せん断強さの比であり、S_t＝(不かく乱強度)／(練り返し強度) により求められる。この不かく乱強度や練り返し強度の値は一般に、土の乱さない状態における一軸圧縮試験結果と、含水量を変えないで練り返した状態における一軸圧縮試験結果が用いられる。

鋭敏比が4以上の鋭敏土にあっては、建設工事中の練り返しによりトラフィカビリティが低下するので対策が必要となる。

関連用語 土のせん断強さ、非排水せん断強さ、不かく乱強度、練り返し強度、一軸圧縮試験 (*7*)、鋭敏土、トラフィカビリティ

14. 液状化

液状化は、飽和したゆるい砂が地震などの繰り返しのせん断力によって粒子間のかみ合わせがはずれ、粒子が間隙水中に浮いた状態になる現象をいう。

ゆるい砂地盤では地震により水平方向の揺れを受けると、骨格がずれて破壊され粒子は一度ばらばらになり、その後より密な地盤になる。しかし地下水面以下のゆるい砂層では、隙間が地下水で満たされているため粒子の動きは緩慢になり粒子がばらばらになった状態が長く続くことになる。この状態は地盤が泥水になった状態にあたり、この泥水が上からの圧力を支えようとするが、地盤に亀裂があると水鉄砲のように吹き出すことがある。これが噴砂とか噴水といわれる現象である。このように液状化は、ゆるい砂層で地下水位が高い箇所で生じる。

昭和39年 (1964年) 6月16日に起こった新潟地震は、地震による液状化研究の端緒となったことで有名である。

関連用語 せん断力、砂地盤、噴砂、噴水、液状化強度、液状化の判定 (*10*)、流動化

15. 液状化対策工法

液状化対策としては、①液状化発生の防止、②液状化発生を前提とした構造対策、の2つの考え方がある。代表的な液状化発生の防止工法としては、以下のものがある。

(1) 地盤の改良
  a. バイブロフロテーション工法
  b. サンドコンパクションパイル工法
  c. 深層混合処理工法
  d. 注入固化工法
  e. 置換工法

(2) 排水（過剰間隙水圧の低減）
  a. ディープウェル工法
  b. グラベルドレーン工法

(3) せん断変形の抑制
  a. 連続地中壁工法

関連用語 地盤の改良、バイブロフロテーション工法（*39*）、サンドコンパクションパイル工法（*25*）、深層混合処理工法、排水、過剰間隙水圧（*14*）、ディープウェル工法（*391*）、せん断変形

16. 液状化の判定

地盤の液状化の予測は、FL法やPL法などの方法が使われている。これらのうち、FL法は、地盤内の深さごとに液状化の可能性を判定しようとするもので、各深さにおいて、その深度の液状化強度（*R*）と地震時せん断強度（*L*）との比（*R*/*L*）をとって、液状化に対する安全率を求めるものである。FL≦1なら液状化の可能性があり、FL＞1なら可能性が少ないと判断する。

一方、PL法は、ある地点での液状化の可能性を総合的に評価しようとするもので、各土層の液状化強度を深さ方向に重みをつけて足し合わせた値（液状化指数：PL値）によって評価をするというものである。PL＝0.0ならば液状化発生の危険性はかなり低い、0.0＜PL≦5.0ならば液状化危険度は低い、5.0＜PL≦15.0ならば液状化危険度が高い、15.0＜PLならば液状化の危険性がきわめて高いと判断している。

関連用語 FL法、PL法、液状化強度、地震時せん断強度、液状化指数、PL値、

液状化危険度

17. 液性限界／塑性限界

液性限界ならびに塑性限界は、土のコンシステンシー（水の含有状態による流動を伴った変形と抵抗力の関係）の段階を示すのに用いられる指標の1つである。土のコンシステンシーの状態、すなわち液体（スラリー状）→塑性体→半固体→固体という変化の境界を、それぞれ液性限界（w_L）、塑性限界（w_p）、収縮限界（w_s）と定義し、これらを合わせてコンシステンシー限界と呼んでいる。

液性限界は、練り返した土が塑性状態と液状の境界にあるときの含水比であり、塑性限界は、土が塑性体から半固体に変わる限界の含水比である。なお、塑性限界は420 μふるいを通過した試料を転がして紐状にする操作を繰り返し、試料がきれぎれになったときの含水比を測定することによって求める。

液性限界や塑性限界は、塑性指数とともに細粒度の分類の指標に用いられている。

関連用語 含水比（*16*）、収縮限界、コンシステンシー限界（*21*）、塑性指数（*31*）

18. 液性指数

液性指数は、コンシステンシー指数とともに塑性領域の中で、対象土の含水比がどの位置にあるかによって土の安定性を評価するものである。液性指数が大きいほど、土の鋭敏比が増大する。

液性指数I_Lは、次の式により算出する。

$$I_L = (w - w_p) / I_p \qquad (w\text{：自然含水比、}w_p\text{：塑性限界、}I_p\text{：塑性指数})$$

塑性の上限（液性限界）は安定性の低い高含水状態であり、塑性の下限（塑性限界）では安定性のきわめて高い低含水状態である。そのため液性指数は、自然含水比wが液性限界に近ければ$I_L = 1$（不安定）、塑性限界に近ければ$I_L = 0$（安定）となる。

液性指数は一般に、乱さない地盤土の安定性（特に鋭敏な粘土）を評価する場合に用いられる。

関連用語 含水比（*16*）、コンシステンシー指数（*21*）、鋭敏比（*9*）、塑性限界（*11*）、液性限界（*11*）、塑性指数（*31*）

19. 円弧すべり

円弧すべりとは、斜面などの破壊がほぼ円弧状のすべり面によることをいう。

斜面の破壊形式は、硬い地層の位置、斜面の傾斜角、斜面の高さならびに斜面を構成している土の内部摩擦角の大きさによって、1）底部破壊、2）斜面先破壊、3）斜面内破壊の3種類に大別される。

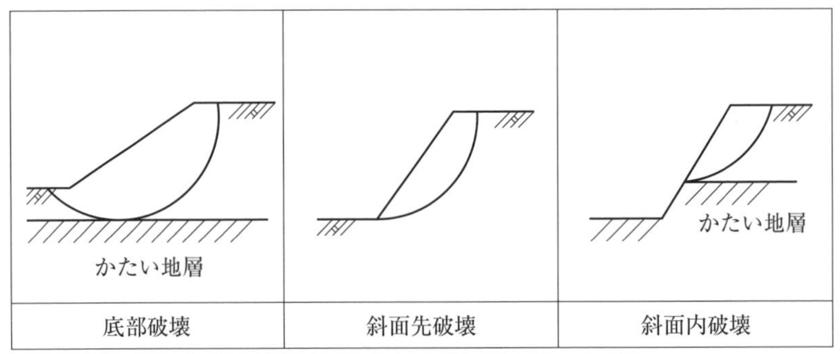

斜面の破壊形式

斜面の安定解析を行う場合は、一般に斜面の破壊形状（すべり）を円弧と仮定して行う。すべり面を円弧と仮定した斜面の安定解析の方法には、1）すべり面を円弧と仮定した簡便分割法、2）Bishopの分割法、3）Spencerの分割法、4）Taylorの解析法、などがある。

円弧による解析法は、円弧（円形）すべり（面）法といわれ、種々の円弧すべりを描くことができ、最小安全率に対応するものを臨界円という。

一方、すべり面を円弧と仮定しない安定解析には、1）Morgensternの一般分割法、2）Janbuの解析法、などのほかに、すべり面を直線と円弧を組み合わせて表現する複合すべり面法がある。複合すべり面法は、Morgensternの方法を基本としたものであるが、実務に利用されているものとしては、1）Wedge法、2）Fellenius法、3）修正スウェーデン法（Modified Fellenius法）、などがある。すべり面内の不静定内力を取り入れる解析法は、複雑で面倒である一方、不静定内力を事実上無視した簡便分析法やWedge法は解析手法が単純で汎用性に優れているが、解析結果の精度に問題があるなどから前述した解析法のうち、実務にどの方法を適用すべきかについては意見の分かれるところである。

安定を保ちうる斜面の限界の高さを臨界高さH_cというが、H_cは斜面を構成している土の内部摩擦角ϕ、粘着力c、単位体積重量γから次式で与えられる。

臨界高さ $H_c = N_s \times c / \gamma$

（N_sは安定係数と呼ばれるもので、ϕと斜面傾斜角β、深さ係数n_dから求められる）

また、斜面の安全率F_sは、臨界高さH_cを斜面の高さHで割って求める。

斜面の安全率 $F_s = H_c / H$

関連用語 内部摩擦角（*37*）、底部破壊、斜面先破壊、斜面内破壊、臨界円、臨界高さ、粘着力、単位体積重量、安定係数、深さ係数、斜面のすべり（*27*）

20. 応力経路

応力経路は、主としてせん断過程における地盤材料の応力状態の変化を、2つの応力成分を両軸にとった応力平面上の点の軌跡として表したものである。応力経路は応力座標のとり方によってベクトルカーブとレンデュリックの応力経路に分けられる。

ベクトルカーブは、せん断の進行に伴い変化するモールの応力円の大きさと位置との関係を表すもので、せん断面上の垂直応力とせん断応力をプロットする。縦軸にせん断応力τ、横軸に垂直応力σをとって測定値をプロットすることで応力経路を示すことができる。ベクトルカーブは一面せん断試験結果を表すのに便利である。

一方、レンデュリックの応力経路は三軸圧縮試験の場合に用いられるものであり、土中の応力状態を3つの主応力σ_1、σ_2、σ_3で表せば、つねに$\sigma_2 = \sigma_3$であるから、この場合の応力状態を面上に表すことができる。この平面を$\sigma_1 - \sqrt{2} \cdot \sigma_3$座標で表したものがレンデュリックの応力経路である。

関連用語 ベクトルカーブ、レンデュリックの応力経路、一面せん断試験（*8*）、三軸圧縮試験（*23*）

21. オーバーコンパクション

オーバーコンパクションとは、過転圧のことで、高含水比の粘性土等を締固めた場合に、締固めエネルギーが過大になると、こね返しを起こし、強度が著しく低下する現象をいう。

軟弱粘性土地盤の施工による土の乱れは、最小限にとどめるべきであるが、杭の打設やバーチカルドレーンの施工などで乱れが避けられない場合は、土の乱れの影響をあらかじめ考慮して施工の実施計画を立てる必要がある。

関連用語 高含水比の粘性土、バーチカルドレーン、過転圧

22. 過圧密粘土

過圧密粘土は、過去において現在受けている以上の圧密圧力で、圧密を受けたことのある状態の粘土のことをいう。

圧密降伏応力に対して、現在受けている有効土かぶり圧の大きさが低い場合を「過圧密」と呼んでいる。すなわち「過圧密」とは、地中で現在受けている有効上載圧力よりも大きな有効圧密荷重を過去に受けており、締め固められた状態といえる。一方、現在受けている有効土かぶり圧が等しい場合を「正規圧密」と呼んでいる。

正規圧密領域では塑性変形（除荷しても元には戻らない変形）が卓越するのに対して、過圧密領域では弾性変形（除荷すると元に戻る変形）を示す。なお、現在受けている有効土かぶり圧の大きさが、先行圧密圧力より大きくなっている状態は、圧密がまだ終わっていないことから「圧密未了」と呼んでおり、圧密沈下が進行中の状態を指している。

また過圧密地盤において、地盤内で現在受けている有効土かぶり圧に対する圧密降伏応力（先行圧密応力）の比のことを過圧密比といい、過圧密の度合いを定量的に表す指標である。

過圧密比＝圧密降伏応力／有効土かぶり圧

関連用語 圧密降伏応力（*4*）、有効土かぶり圧、過圧密、正規圧密（*29*）、正規圧密領域、塑性変形、過圧密領域、弾性変形、圧密未了、過圧密比、圧密度

23. 過剰間隙水圧

過剰間隙水圧は、圧密が終了したときの定常状態における間隙水圧を基準とし、それを上回る分の間隙水圧をいう。

荷重が土層の上に載っても圧縮現象（圧密）はすぐに起こらないため、土粒子の骨組構造がただちに荷重を支えるには至らずに間隙内の水がそれを受け持つことになる。このときに生じる、定常状態における間隙水圧を上回る分の、荷重に等しいだけの過剰水圧を過剰間隙水圧と呼んでいる。

時間とともに圧縮が進行して発生水が抜け出すにつれて、土粒子構造は荷重を負担するようになり、最終的には過剰間隙水圧がゼロになって圧密（一

次圧密）が完了したことになる。

関連用語 圧密（*3*）、間隙水圧（*15*）、一次圧密／二次圧密（*6*）

24. 間隙水圧

土の間隙には一般に水と空気が存在する。荷重の作用によってこの間隙流体に圧力が発生する。土を土粒子と間隙流体（水と空気）に分けるとき、間隙流体の有する圧力を間隙圧という。飽和土の場合、間隙は水のみであることから、このときの間隙圧を間隙水圧という。飽和土中の水が静止している場合には、間隙水圧は静水圧と等しくなる。また、過圧密粘土を非排水せん断すると、破壊時には負の間隙水圧が発生する。

間隙水圧は、全応力から有効応力（土粒子自体が受け持つ応力）を差し引いた圧力になる。間隙水の排出による間隙水圧の変化は、圧密の進行やその圧縮量の大きさに深い関係があり、圧密を介して土の強度や斜面の安定、基礎地盤の安定などにも大きな影響を及ぼす。なお、間隙水圧自体は、土の強度には関係しない。

関連用語 間隙流体、間隙圧、飽和土、静水圧、過圧密粘土（*14*）、非排水せん断、全応力（*30*）、有効応力（*30*）、圧密（*3*）、過剰間隙水圧（*14*）、間隙圧係数

25. 間隙比

土は固体の土粒子と、水及び空気と水蒸気などの間隙からなるが、間隙比はこの間隙の体積と土粒子の体積の比率 $e = V_v / V_s$（V_v：間隙の体積、V_s：土粒子の体積）をいう。

したがって水の密度をρ_w、土粒子の比重をG_s、土の含水比をw、土の湿潤密度をρ_tとすると間隙比eは次式で表される。

$$e = V_v / V_s = \{\rho_w \cdot G_s (1 + w / 100) / \rho_t\} - 1$$

また、湿潤密度ρ_tと乾燥密度ρ_dには次の関係がある。

$$\rho_d = \rho_t / (1 + w / 100)$$

さらに、$\rho_w \cdot G_s$は土粒子の密度ρ_sに等しい。

したがって間隙比eを土粒子の密度ρ_sと土の乾燥密度をρ_dで表すと、次のとおりになる。

$$e = \rho_s / \rho_d - 1$$

間隙比や間隙率の小さい土は密な状態にあり、大きな土はゆるい状態にあ

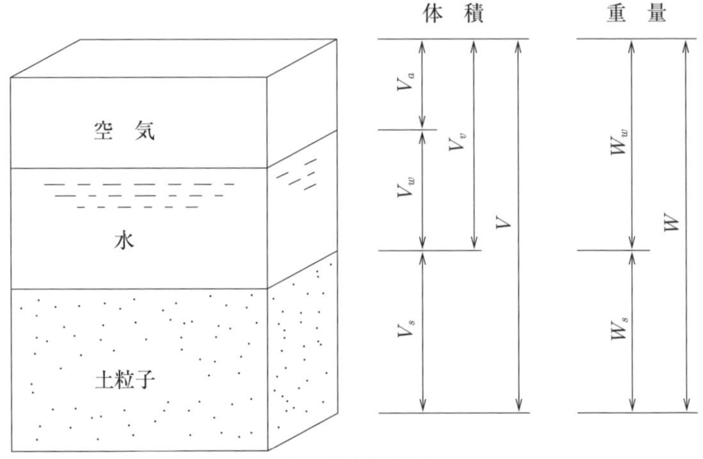

土の構成模型図

る。間隙の多少を表すのに間隙率を用いると、分母と分子がともに変わるので、地盤沈下の計算などでは分母が不変な間隙比が一般に用いられる。

V_vやV_sを直接測定することは困難であるため、一般には土粒子の比重と乾燥密度から計算する。間隙比eと間隙率nの間にはそれぞれ次の関係がある。

$$e = n / (100 - n)$$

$$n = e / (1 + e) \times 100 \quad (\%)$$

関連用語　土粒子、間隙率（*16*）、乾燥密度（*17*）

26. 間隙率

間隙率は、土の間隙の体積（V_v）と土全体の体積（V）との百分率$n = (V_v / V) \times 100$（%）をいう。間隙率や間隙比の大小は、土の体積変化特性や支持力特性、動的特性などを取り扱うときに、重要なパラメータとなる。

関連用語　間隙比（*15*）

27. 含水比

含水比は、湿潤土中に含まれる水の重量と、その乾燥土の重量との百分率をいう。すなわち、含水比$W = m_w / m_s \times 100$（%）（m_w：湿潤土中の水重量（含水量）、m_s：炉乾燥土の重量）と表される。土中の水分の量は、土の種々の性質に大きな影響をもつ。

関連用語　乾燥土重量、含水量、飽和度（*42*）

28. 乾燥密度

乾燥密度（乾燥単位体積重量）は、単位体積の土の中に含まれる土粒子の重量をいい、土を炉乾燥した質量m_sを土の全体積Vで割って求める。

乾燥密度$\rho_d = m_s / V$ (g/cm^3)

土の密度は、土圧計算や斜面の安定計算などに必要な値であり、乾燥密度に対して湿潤密度ρ_tがある。乾燥密度と湿潤密度の間には次の関係がある。

$\rho_d = \rho_t / (1 + w / 100)$　（w：含水比）

締固めた土は一般的に、乾燥密度が高いほど強度が大きく、圧縮性が低く、透水係数が小さい。

関連用語　土粒子、湿潤密度（*25*）、含水比（*16*）、透水係数（*36*）

29. 極限支持力

極限支持力は、地盤がせん断破壊を生じずに支え得る基礎の最大荷重あるいは荷重強度のことである。地盤の破壊には、よく締まった砂質土や硬い過圧密粘土の地盤で生じる「全般せん断破壊」と、ゆるい砂質土や柔らかい粘土地盤で生じる「局部せん断破壊」がある。全般せん断破壊の場合には、地中の急増する点の荷重を極限支持力とし、局部せん断破壊の場合には、荷重と沈下が直線的となる点、あるいは両対数プロットでの折れ点を極限支持力としている。

なお、基礎の設計では載荷試験結果あるいは地盤の塑性平衡条件から導かれる極限支持力を安全率で除した許容支持力が用いられる。

関連用語　せん断破壊、過圧密粘土（*14*）、全般せん断破壊（*30*）、局部せん断破壊（*30*）、載荷試験、許容支持力

30. 均等係数

均等係数とは、土粒子の大きさの均等さを数値で表したもので、粒子の重量百分率が10％に相当する粒径（D_{10}）に対する60％粒径（D_{60}）の比をいう。すなわち、均等係数$U_c = D_{60} / D_{10}$　で表される。

一般に、均等係数が4～5以下の土は均等であるといい、10以上の土は粒度組成のいい土とされている。液状化現象は、均等係数が10以下の粒度の悪い砂地盤で起こりやすい。

なお、D_{10}は有効径と呼ばれ、砂質土の透水の難易に影響する。

関連用語 液状化現象、有効径

31. 杭基礎

杭基礎は支持機能によって、軟弱な地盤を貫いて硬い地層まで打ち込み、主に杭の先端部で荷重を支持する「支持杭」と、主として杭の周面摩擦によって荷重を支持する「摩擦杭」とに分けられる。

杭の鉛直方向の支持力（Q）は、杭の先端支持力（Q_p）と杭の周面摩擦力（Q_f）との和として与えられる。

$$Q = Q_p + Q_f = Q_p + U \cdot F_s \cdot L$$

（U：杭の周長、F_s：杭周面の摩擦力、L：地中部分にある杭の長さ）

周面摩擦力には、正の周面摩擦力と負の周面摩擦力（ネガティブフリクション）があり、沈下を伴うような軟弱地盤においてはネガティブフリクションに留意する必要がある。一方、杭基礎には鉛直方向だけではなく水平方向（杭軸に直角な方向）の外力も作用する。杭の水平抵抗は、一般に地盤反力法（杭を梁に置き換えてこれに作用する地盤反力を考える方法）によって求められる。また地盤反力法には、杭の水平方向の変位に比例して地盤反力が働くとする弾性地盤反力法と、地盤反力は塑性地盤反力を超えないとする弾塑性地盤反力法があるが、杭の水平抵抗の計算には弾性地盤反力法のうち、地盤を連続するばねによって代表させるという考え方の弾性支承梁モデル（またはWinklerモデル）が広く用いられている。

道路橋示方書では施工の方法によって、杭基礎を1）打込み杭工法、2）中掘り杭工法、3）場所打ち杭工法、などに分類している。

関連用語 支持杭、摩擦杭、先端支持力、周面摩擦力、ネガティブフリクション（*38*）、水平抵抗、地盤反力法、弾性地盤反力法、弾塑性地盤反力法、弾性支承梁モデル、打込み杭工法、中掘り杭工法、場所打ち杭工法

32. クイックサンド

クイックサンドは、砂質地盤において上昇する浸透水の影響により、砂がその粒子間力を失い、液状になることをいう。この現象は、一般にボイリングと呼ばれるが、特に砂質土に起こることが多いことから、クイックサンド現象といわれる。

クイックサンド現象は、地下水面の浅い砂質地盤において矢板による土留

で、オープンカットをしたときなどに生じやすい現象である。

関連用語 液状化現象、ボイリング（*42*）、パイピング（*38*）

33. クーロンの土圧

クーロンの土圧理論は、壁体背面にくさび形の土塊を考えて、壁体によって支えられる土について、壁体が少し移動した場合の力のつり合いから土圧を求める方法をいう。この方法は、ランキンの土圧理論よりも広く用いられている。

土圧公式には、クーロン、ランキン、テルツァギーの土圧公式等、多くの式が提案されているが、構造物それ自体が剛体で、回転したり、前面に押し出されるような変位をする場合は、主働土圧および受働土圧はクーロンの土圧公式が比較的実測値に近い値を示すと言われている。しかし道路橋示方書では、『鋼矢板等たわみやすい構造物に作用する土圧は複雑な曲線分布を示すので、この場合にはクーロン土圧を用いてはならない』としている。

関連用語 くさび形の土塊、ランキンの土圧（*43*）、テルツァギーの土圧公式、主働土圧（*27*）、受働土圧（*27*）、たわみやすい構造物、土圧係数（*35*）

34. ケーソン基礎

ケーソン基礎は、橋梁や建物の基礎、あるいはシールドトンネルなどの発進立抗、地下鉄や地下駐車場などの工事で、湧水の多い場所や水中などで行う場合に箱型のコンクリート製の構造物を沈めるようにした施工法をいう。

ケーソン基礎にはウェルポイント工法などで水抜きをして、空気を用いないオープンケーソンと、躯体下部に気密な作業室を設け、ここに地下水圧に見合った圧縮空気を送り込み、地下水の浸入を防ぎながら掘削、排土を行って躯体を地中に沈める空気ケーソン（ニューマチックケーソン）がある。

ケーソン基礎は、剛性が高く、大きな支持力が期待されるだけでなく、支持層を直接確認することができるなどの特徴があり、重要構造物の基礎形式として広く用いられている。

関連用語 シールドトンネル、発進立抗、オープンケーソン、空気ケーソン（ニューマチックケーソン）（*437*）、ウェルポイント工法（*375*）

35. 限界動水勾配

限界動水勾配は、上向きの浸透力によって土中の有効応力が次第に減少してゼロになるような動水勾配をいう。

限界動水勾配 $i_c = (G_s - 1) / (1 + e)$　（G_s：土粒子の比重、e：間隙比）

地盤内のある深さにある土は、それより上にある土の自重によって、その土粒子骨組みに力（有効応力）が作用している。その土が地下水位以下にあれば浮力の分だけ有効応力は小さくなる。ここで、地下水が上向きに流れている場合を考えると、土粒子骨組みはこの水の流れによって水圧（浸透水圧）を受ける。上向きの浸透水圧が下向きの有効応力と等しくなるか、それ以上になれば土粒子は水とともに浮かび上がり土の耐力が低下することになるが、これをクイックサンド現象と呼んでいる。

関連用語　限界動水傾度、一次元浸透条件、有効応力（*30*）、クイックサンド現象、動水勾配、浸透水圧

36. 固結工法

固結工法は、安定剤を注入あるいは添加することにより軟弱地盤の土を固結させ、せん断、圧縮、透水性等の改良を図る工法をいう。固結工法には使用する安定剤によってさまざまな工法があるが、軟弱地盤中にセメントや石灰などの固結材を添加して混合撹拌することにより、土を化学的に固結させる方法がよく用いられる。

関連用語　地盤改良、安定処理工法、化学的安定剤

37. コーン貫入試験

コーン貫入試験は、サウンディングの1つであり、載荷方法によって静的試験と動的試験に分けられる。試験装置としては、オランダ式二重管コーンペネトロメータ（通称ダッチコーン）やコーンペネトロメータの中でも最も軽量で携帯に便利なポータブル型のコーンペネトロメータなどの静的コーン貫入試験装置がよく使われている。ダッチコーンなどの多くのコーンペネトロメータでは、先端コーンを一定速度で圧入する際の貫入抵抗（q_c）を求める。

ダッチコーンによる静的貫入試験と標準貫入試験を比べると、探査能力と土質適性の面では標準貫入試験が優れているが、調査能率と測定値の精度についてはダッチコーンが優れている。

関連用語 サウンディング（*23*）、静的試験、動的試験、ダッチコーン、ポータブル型コーンペネトロメータ、標準貫入試験

38. コンシステンシー限界

コンシステンシー限界（またはアッターベルグ限界）とは、細粒土が含水量に応じて、液態→塑性態→半固態→固態とそれぞれの状態に移り変わるときの限界をいう。コンシステンシー限界には、液性限界、塑性限界、収縮限界の3つがあり、これらの限界はいずれも性状の変化するときの土の含水比として表す。

関連用語 アッターベルグ限界、液性指数（*11*）、塑性指数（*31*）、塑性限界（*11*）、液性限界（*11*）、収縮限界、コンシステンシー指数（*21*）、タフネス指数

39. コンシステンシー指数

コンシステンシー指数は、液性指数と同様に、対象土の含水比がどの位置にあるかによって土の安定性を評価するものである。コンシステンシー指数I_cは、次の式により算出する。

$I_c = (w_L - w) / I_p$　（w_L：液性限界、w：自然含水比、I_p：塑性指数）

コンシステンシー指数は液性指数とは逆で、自然含水比wが液性限界に近ければ$I_c = 0$（不安定）、塑性限界に近ければ$I_c = 1$（安定）となる。

液性指数は、乱さない地盤土の安定性（特に鋭敏な粘土）を評価する場合に用いられるのに対して、コンシステンシー指数は、土工工事などで変化する含水状態の土を排土したり、締固めたりする場合の安定性を評価する場合に用いられる。

関連用語 液性指数（*11*）、塑性限界（*11*）、液性限界（*11*）、塑性指数（*31*）、安定性

40. 最大間隙比

最大間隙比は、砂のような粗粒の粘着性のない材料において最もゆるい状態の間隙比をいう。最大間隙比は、相対密度を計算する際に用いられる値であり、対象とする土を一定の方法で容器の中に流し込むことによって測定する。なお、最大間隙比は求め方によって変動が大きいので、慎重に算定することが必要とされる。

関連用語　相対密度、最小間隙比

41. 最大乾燥密度

突固めによる土の締固め試験（JIS A 1210）において、含水比を変化させながら締固め試験を行うと、含水比の変化に応じて初めは乾燥密度が増大するが、含水比がある限界を超えると乾燥密度は減少する。この乾燥密度と含水比の関係を描いた締固め曲線の頂点の密度を、最大乾燥密度（$\gamma_{d\,\max}$）という。

最大乾燥密度は、道路の盛土や河川の堤防を施工する場合などで、締固め度を測定する際に施工管理基準の基本の値となる。

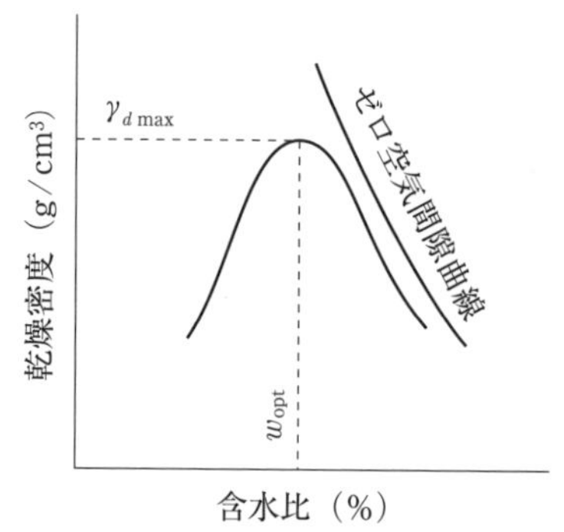

締固め曲線図

関連用語　突固めによる土の締固め試験（*34*）、含水比（*16*）、乾燥密度（*17*）、締固め曲線、締固め度、最適含水比（*22*）

42. 最適含水比

突固めによる土の締固め試験によって得られた締固め曲線の頂点の含水比を、最適含水比（w_{opt}）という。

最適含水比は、室内試験において土を最も安定な状態に締固めることができる含水比の値であることから、締固めの施工現場における含水比の管理に利用される。

最適含水比や最大乾燥密度は、締固めの方法が異なれば変化する値であり、固有の性質ではないので、室内試験結果と現場における締固め回数や転圧機種などによる違いに留意する必要がある。

関連用語　突固めによる土の締固め試験（*34*）、含水比（*16*）、最大乾燥密度（*22*）

43. サウンディング

サウンディングは、原位置でロッドに付けた抵抗体を地中に挿入し、貫入、回転、引抜きなどの抵抗から土層の性状を探査することをいう。サウンディングは載荷状態によって静的試験と動的試験に分類され、各種のコーンペネトロメータによる貫入試験、スウェーデン式サウンディング、ベーン試験、標準貫入試験などがある。

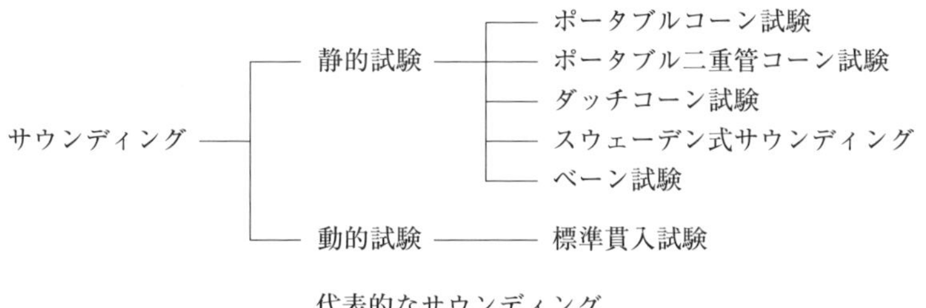

代表的なサウンディング

関連用語 静的試験、動的試験、コーン貫入試験（*20*）、スウェーデン式サウンディング、ベーン試験（*41*）、標準貫入試験

44. サクション

乾燥した不飽和土の間隙内では、間隙水の表面張力によって水圧が空気圧よりも低下し、その分だけ地下水面から水が吸い上げられてくる。サクションは、乾燥した不飽和土において土粒子が間隙水を吸い上げる力のことであり、間隙内の空気圧と水圧の差として算定される。

不飽和土の間隙水圧は常に間隙空気圧より小さく、このことが不飽和土の力学挙動を特徴づけている。地上の土の間隙空気圧は大気圧と等しい場合がほとんどであり、大気圧を基準とすると間隙水圧は負（大気圧より小さい）になる。したがって、サクションが大きいということは、間隙水圧が小さいということを意味する。

一般にサクションは飽和度が低いほど高く、飽和度が高いほど低くなる。また、土粒子が小さく間隙のサイズが小さいほどサクションは大きくなる。

関連用語 不飽和土、飽和度（*42*）

45. 三軸圧縮試験

三軸圧縮試験は、主に破壊時の主応力状態を求めることによって土のせん断強度や強度定数を求める試験である。この試験は、一面せん断試験に比べて供試体内部の応力やひずみの分布を一様にでき、試験中の排水条件を制御することや間隙水圧を測定することができるため広く用いられている。

三軸圧縮試験は、円筒形の供試体に拘束圧力（側圧）を加えた状態で、さらに軸方向に軸差応力を加えてせん断破壊を引き起こすものである。各段階の側圧に対する軸応力を測定することにより、モールの応力円を描くことができ、このモールの応力円に対する破壊包絡線の傾きが内部摩擦角ϕ、縦軸との交点が粘着力cを与える。

試験の種類としては、1. 地盤内の応力変化する時間が、発生する間隙水圧の消散時間に比べて短い場合を想定したもの、例えば試験施工中の粘土地盤の安定や支持力を見積もるなどの短期的な設計値を求めるための「非圧密非排水試験（UU試験）」、2. サンドドレーン工法などによって現在の地盤を圧密させたときに期待しうる地盤の強さを見積もるために、ある圧力で圧密したのち、供試体の排水あるいは吸水を許さずにせん断する「圧密非排水試験（CU試験）」、3. 砂質土地盤の支持力や安定、または粘性土地盤の長期安定を調べるための「圧密排水試験（CD試験）」、の3種類がある。

粘性土の圧密非排水試験より得られる非排水せん断強さc_uは、有効拘束圧pに対して直線的に（一定の割合で）増加していき、この比（直線の勾配：c_u / p）を非排水せん断強度増加率という。

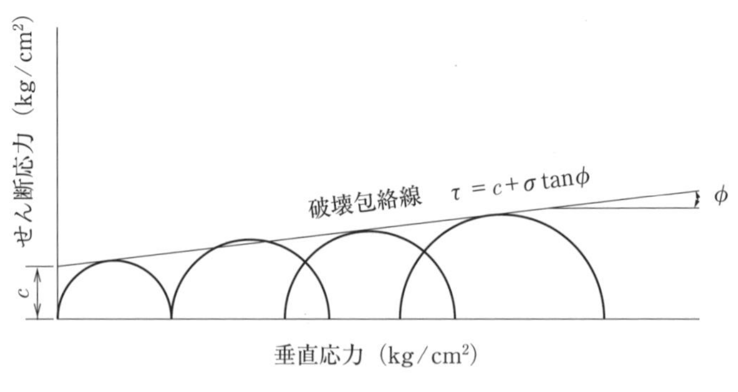

モールの応力円

関連用語　一面せん断試験（*8*）、間隙水圧（*15*）、せん断破壊、モールの応力円、破壊包絡線、内部摩擦角（*37*）、粘着力、非圧密非排水試験、圧密非排水試験、圧密排水試験、非排水せん断強度増加率

46. サンドコンパクションパイル工法

サンドコンパクションパイル工法は、地盤改良工法の1つで、軟弱地盤中に衝撃荷重あるいは振動によって砂を圧入し、締め固められた砂杭（サンドコンパクションパイル）によって地盤の安定化を図る工法をいう。

サンドコンパクションパイル工法は、砂質土と粘性土のどちらの地盤にも適用でき、砂質土に対しては、支持力の増加、沈下の低減、液状化の防止などの効果が期待でき、粘性土に対しては、せん断強度の増加、沈下の低減などの効果が期待できる。

関連用語 地盤改良工法、砂質土、粘性土液状化、バイブロフロテーション工法（*39*）

47. サンドドレーン工法

サンドドレーン工法は、バーチカルドレーン工法として最初に開発された工法であり、砂杭（サンドパイル）によって軟弱地盤から排水して地盤の圧密を促進することにより、地盤の力学的な強さを増す方法である。

サンドドレーン工法の施工は、一般に直径50 cm程度のサンドパイルを、土質と排水の所要時間に応じた間隔（2 m程度）で打設し、サンドパイルの上端を厚さ1 m程度の砂層（サンドマット）で連結した後、砂層上に盛土などにより載荷するという手順で行う。サンドドレーンによる土中の水分は、サンドパイルに向かって水平に排水されるため、土中の排水長さが著しく短くなり、同じ圧密度に達するまでの所要時間を短縮することができる。

関連用語 排水、バーチカルドレーン工法（*439*）、サンドパイル、圧密（*3*）、圧密促進工法（*4*）、プレローディング工法、ウェルポイント工法（*375*）

48. 湿潤密度

湿潤密度（湿潤単位体積重量）は、自然のままの含水量をもつ土の単位体積重量をいう。

湿潤密度$\rho_t = W / V$（g/cm^3）　（W：土の重量、V：土の全体積）

沖積粘性土は、砂質土に比べて湿潤密度は多少小さな値を示し、乾燥密度はさらに小さくなる。また、泥炭や関東ロームは自然含水比が大きいため、乾燥密度は湿潤密度に比べて著しく小さな値となる。

関連用語 単位体積重量、乾燥密度（*17*）、沖積粘性土、自然含水比

49. 地盤材料の粒径区分

地盤材料の構造をなしている個々の土粒子は、その粒径によって礫、砂、シルト、粘土、コロイド等に区分されている。日本統一土質分類においては、次の図のように土粒子を分類している。

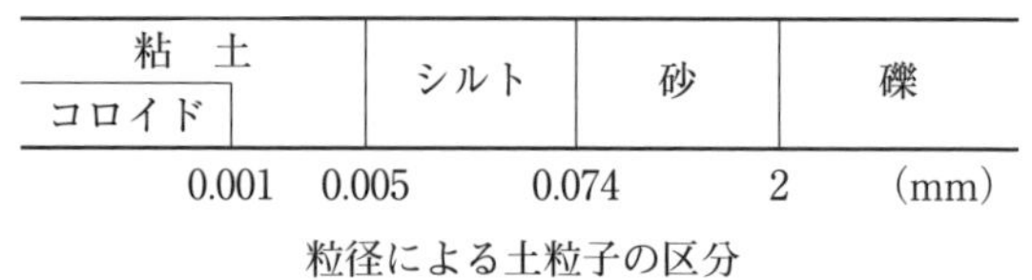

粒径による土粒子の区分

関連用語　礫、砂、シルト、粘土、コロイド、日本統一土質分類法（*38*）

50. 地盤の鉛直方向の支持力

地盤が、せん断破壊を生じずに支え得る基礎の最大荷重あるいは荷重強度のことを極限支持力という。

地盤の鉛直方向の極限支持力度は、一般に次に示すテルツァギー系の支持力公式で求められている。

$$q_u = \alpha c N_c + \beta \gamma_1 B N_r + \gamma_2 D_f N_q$$

（q_u：地盤の極限支持力度、c：地盤の粘着力、γ_1：基礎底面より下の地盤の単位体積重量、γ_2：基礎底面より上の周面地盤の単位体積重量、α、β：基礎底面の形状係数、B：基礎の側面幅で円の場合は直径、D_f：基礎底面までの有効根入れ深さ、N_c、N_q、N_r：支持力係数）

許容支持力度は、極限支持力度を所定の安全率で除して求められ、わが国では一般に常時$n=3$、地震時$n=2$としている。また、安全率を適用する場合、根入れの大きい基礎では基礎底面の深さにおいて作用していたと考えられる土かぶり圧に対しては安全率を考慮せず、基礎施工後の増加圧に対してのみこれを考慮する方法が広くとられており、この場合には次の式により許容支持力度を求める。

$$q_a = \frac{1}{n}(q_u - \gamma_2 D_f) + \gamma_2 D_f$$

（q_a：地盤の許容支持力度、n：安全率）

テルツァギーの支持力公式では、粘着力によるせん断抵抗力（第1項）、摩擦力によるせん断抵抗力（第2項）、載荷面より上部にある土の重量による抵抗力（第3項）について、それぞれの破壊に対応した支持力係数を用いている。この支持力係数は、土の内部摩擦角（地盤のせん断抵抗角）だけによって決まる値である。

関連用語 極限支持力度、テルツァギー、粘着力、単位体積重量、形状係数、側面幅、有効根入れ深さ、支持力係数、許容支持力度、安全率、内部摩擦角（地盤のせん断抵抗角）(*37*)

51. 斜面のすべり

斜面のすべりに対する安全率の値を具体的に求める方法には、すべり面の形状を円形と仮定する円弧すべり解析と、任意形状のすべり面を対象とした非円形すべり面解析がある。

斜面の安全率の定義の1つは、土のせん断強さによる抵抗モーメントをある点に関する滑動モーメントで除した値として定義され、円弧すべり（面）法はこの定義に基づいている。盛土のり面の安定検討においては、盛土のり面のすべり面形状が円弧で近似できることから、円弧すべり（面）法によるのが一般的である。また、円弧すべり（面）法は、臨界円を求めることにより最小安全率およびすべり面の位置が簡易に算定できるために、汎用的に普及し活用されている。

関連用語 円弧すべり解析、非円形すべり面解析、円弧すべり（面）法、臨界円、円弧すべり (*12*)

52. 主働土圧

擁壁などの壁体が、背面の土から水平方向の土圧を受けて、その土から離れるように動くときの土圧を主働土圧という。

壁体が背面の土によって押されて外側に動き出す場合に、土は水平方向に広がる形で変形していく。このとき土の水平応力は次第に減少し、土は崩れはじめ1つのすべり面に沿って滑るようになる。このような状態になると土圧はある最小値に達する。このような主働状態において、擁壁などの構造物接触面に作用する圧力を主働土圧という。主働土圧は、受働土圧および静止土圧よりも小さく、最小の値となる。

関連用語 土圧係数 (*35*)、受働土圧 (*27*)、静止土圧 (*29*)

53. 受働土圧

擁壁などの壁体を、背面の土に水平方向に移動させたときに構造物に作用する土圧を受働土圧という。

壁体を背面の土に向かって押し込む側に移動させると、土は次第に水平方向に圧縮されて水平応力は次第に増大し、ある移動量に達したときに背面の土の一部が1つのすべり面に沿って上の方に持ち上げられる。この間に土圧は次第に増加していくが、土が持ち上がったときにおける土圧は最大値となる。このような受働状態において擁壁などの構造物接触面に作用する圧力を受働土圧という。受働土圧は、主働土圧および静止土圧よりも大きく最大値の値となる。

主働土圧および受働土圧は、いずれも深さに比例して増大する三角形分布と仮定していることから、土圧の作用点はいずれも壁体の底面から高さの1/3の距離にある。

関連用語　土圧係数（*35*）、主働土圧（*27*）、静止土圧（*29*）

54. 水頭

水頭は、単位重量の流体（一般には水1 kgf）がもっているエネルギーを、その流体柱の高さ（メートル）で表したものである。水頭には、圧力水頭、速度水頭、位置水頭などの他に、管路の場合には管と流体の摩擦や屈曲部、出入口などで失われるエネルギーとして各種の損失水頭がある。ここで、圧力水頭とは、対象とする位置での水圧の大きさを水柱の高さに換算して表したものであり、水圧をp、水の密度をρ、重力加速度をgとすると（$p/\rho g$）で表される。また、位置水頭は、ある任意の基準面から対象とする位置までの水柱の長さを表したもので、水深をhとすると（h）で表される。さらに速度水頭は、運動エネルギーを水柱の高さに置き換えたもので、流速をvとすると（$v^2/2g$）で表される。これらの水頭の総和は全水頭といい特に、圧力水頭と位置水頭の和はピエゾ水頭と呼ばれている。

一方、土質力学においては、土中の水の流速は非常に小さいと考えて速度水頭は無視し、水頭を圧力水頭と位置水頭の和で定義している。そのため土質力学では、水理学でのピエゾ水頭のことを全水頭と呼んでいることになる。

土質力学における全水頭　$h = h_p + z = \dfrac{u_w}{\gamma_w} + z$

（h：全水頭、h_p：圧力水頭、z：位置水頭、u_w：土中の任意の点における間隙水圧、γ_w：水の単位体積重量）

関連用語 圧力水頭（*6*）、速度水頭、位置水頭、損失水頭、全水頭、ピエゾ水頭、ベルヌーイの定理（*234*）

55. 正規圧密

正規圧密とは、対象とする地盤が地中で現在受けている有効上載圧力よりも大きな有効圧密荷重、すなわち応力履歴を過去に受けていない状態をいう。正規圧密状態の土では、テルツァギーの圧密理論に合った圧密変形を示す。すなわち正規圧密粘土の非排水せん断強さは、圧密圧力の大きさに比例して変化する。

構造物や盛土による地盤中の粘土層の圧密沈下を検討する際は、対象としている土が過圧密粘土なのか正規圧密粘土であるのかを把握しておく必要がある。

関連用語 テルツァギーの圧密理論、非排水せん断強さ、圧密（*3*）、過圧密、過圧密粘土（*14*）、正規圧密粘土

56. 静止土圧

擁壁などの壁体の移動がなく、静止した状態において土が壁体に及ぼす水平方向の土圧を静止土圧という。

静止土圧は、主働土圧と受働土圧との間の値をとり、地下室の設計などに用いられる。

関連用語 土圧係数（*35*）、主働土圧（*27*）、受働土圧（*27*）

57. ゼロ空気間隙曲線

ゼロ空気間隙曲線は、間隙が水で飽和されているときの土の乾燥密度と含水比の関係を示す曲線をいう。

水分及び空気を含む土の乾燥密度γ_dは、理論上次の式で表される。

$$\gamma_d = G_s(100 - V_a) / (G_s w + 100)$$

（G_s：土粒子の比重、V_a：空気間隙率、w：土の含水比）

この式において、$V_a = 0$とおいた式がゼロ空気間隙曲線を表す式となる。ゼロ空気間隙曲線は、一般に締固め曲線に併記することが多い。

関連用語 乾燥密度（*17*）、含水比（*16*）、締固め曲線、突固めによる土の締固め試験（*34*）

58. 全応力と有効応力

土は、土粒子と間隙水と空気で構成されているが、これらの構成要素が土内部の各部位で発生する応力の総和を全応力という。

一方、有効応力は土が外力を受けたときに、土粒子骨格が受け持つ応力のことをいう。土粒子骨格で負担できなかった応力は、間隙水に作用し水圧として発生する。土の強度や変形特性などの力学的性質は全応力ではなく、有効応力に左右される。

通常、全応力は計算によって求まり、間隙水圧は測定できる。そこで、有効応力をσ'、全応力をσ、間隙水圧をuとすると有効応力は$\sigma'=\sigma-u$という関係になり、全応力から間隙水圧を差し引くことによって有効応力が求められる。地下水の流れがない場合に間隙水圧は、地下水そのものの重さによる静水圧と、さらに何らかの荷重が加わったために発生する過剰間隙水圧とからなる。

関連用語　間隙水圧（*15*）、静水圧、過剰間隙水圧（*14*）

59. 全般せん断破壊／局部せん断破壊

全般せん断破壊は、基礎に荷重が加わったときに起こる地盤のせん断破壊形態の1つで、密な砂質地盤や硬い粘性土地盤における浅い基礎において、小さな沈下にもかかわらず、荷重がある点に達すると地盤は急激に破壊して沈下が進行していく現象をいう。なお、このときの荷重が、全般せん断破壊における極限支持力である。

一方、局部せん断破壊は、地盤がゆるい砂質地盤や軟弱な粘土質地盤において、沈下が大きくだらだらと進行して徐々に破壊していく現象をいい、進行性破壊とも呼ばれる。局部せん断破壊における極限支持力は、荷重−沈下曲線の曲率が最も大きくなる点の荷重としている。

載荷された地盤の破壊は、全般せん断破壊と局部せん断破壊とに分けられ、テルツァギーの支持力算定式では、それぞれの破壊に対応した支持力係数が用いられている。

関連用語　せん断破壊形態、極限支持力（*17*）、テルツァギーの支持力算定式、支持力係数

60. 塑性指数

塑性指数（I_p）は、土を工学的に分類するのに利用する指標で、土の塑性（外力による変形が外力を除いても元の状態に戻らない性質）の範囲を示すものである。

塑性指数は液性限界（w_L）と塑性限界（w_p）との差、すなわち$I_p = w_L - w_p$として求める。

塑性指数の大きい土は、一般に粘り気が大きい。

関連用語 液性限界（*11*）、塑性限界（*11*）、収縮限界、コンシステンシー限界（*21*）

61. 塑性図

塑性図は、統一土質分類法における地盤材料の工学的分類のうち、細粒土について分類するために、縦軸を塑性指数、横軸を液性限界として両者の関係を示した図のことである。

塑性図では、液性限界が50以下かどうか、塑性指数が4より小さいのか7より大きいかによって、また下図中においてA線と呼ばれる$I_p = 0.73(w_L - 20)$の直線の上側にあるか下側にあるか等によって細粒土を分類している。また、塑性図上にプロットされた点によって、土の圧縮や、透水性、塑性限界付近の硬さ、乾燥強さの程度などを推定することができる。

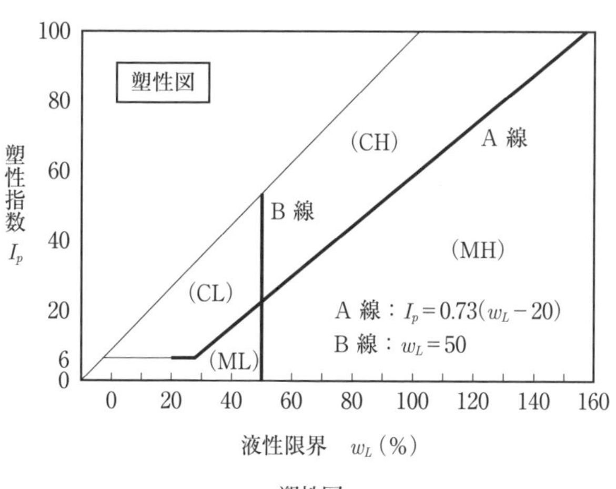

塑性図

関連用語 統一土質分類法、細粒土、塑性指数（*31*）、液性限界（*11*）、A線、圧縮、透水性

62. 帯水層

帯水層は、地下水によって飽和されている透水性の良好な地盤のことをいう。未固結の砂層や礫層などの透水層が、粘土や固結した岩盤などの不透水層の上にある場合に帯水層をなすことが多いが、透水性を有する堆積岩や風化あるいは多数の亀裂を有する岩盤等も帯水層になる。井戸の水は帯水層中の水を汲み上げているものである。

帯水層の下部が不透水層で、地下水が帯水層の空隙を満たす形で存在し、地下水面が大気圧と平衡を保っている状態を不圧帯水層という。一方、帯水層と不透水層が何層にも重なり合うような場合には、帯水層の中の地下水は不透水層と不透水層の間に挟まれて大気圧より高い圧力で被圧される。このような状態の帯水層を被圧帯水層といい、被圧帯水層には地下水面は存在しない。また、被圧帯水層では上下境界または一方の境界が難透水層であることが多く、このような場合に地下水は、上部層あるいは下部層に移動することができる。このような状態を漏水性帯水層と呼んでいる。

関連用語　不圧帯水層、被圧帯水層、漏水性帯水層

63. ダイレタンシー（ダイレイタンシー）

ダイレタンシー（ダイレイタンシー）は、せん断変形に伴う体積変化のことをいい、せん断されて膨張する場合、ダイレタンシーが正であるという。ダイレタンシーが正になるのか負になるのかは、土の密度に依存しており、一般に正規圧密粘土はダイレタンシーが負になる。

一般に、ゆるく詰めた砂はせん断中に体積が減少するが、密な砂はせん断によって膨張する。これは密な砂は、せん断面に沿って砂粒子が移動するときに他の粒子の上を乗り越えようとし、その結果体積が増加するという理由によるものである。

また、土の間隙が水で飽和されている状態でせん断による体積変化が起こる場合は、間隙水に発生する過剰間隙水圧がダイレタンシーに影響するが、この過剰間隙水圧は、せん断時の間隙水の排水条件によって異なる。

砂が密になるほど、せん断中の膨張量は増大するので、せん断強さも大きくなる。

粘性土における正規圧密粘土と過圧密粘土とのせん断挙動の差についても、ダイレタンシーによって説明がつく。

関連用語 せん断変形、正規圧密粘土、過圧密粘土（*14*）、圧密係数（*3*）、間隙圧係数、過剰間隙水圧（*14*）

64. ダルシーの法則

ダルシーの法則とは、ある時間に土中を浸透する水の量は、動水勾配に比例するという関係をいう。

土中の間隙内を自由水が流動する場合、まっすぐな細い管や開渠の中を流れる水の運動に似ている点が多い。ダルシーは、実験的に砂層の中を流れる地下水の流れについて次のような経験式を導いた。

$$Q=k\cdot A\cdot i=k\cdot A\cdot \frac{\Delta h}{l}$$

（Q：流量、k：透水係数、A：断面積、i：動水勾配、Δh：水頭差、l：Δhに応ずる距離）

飽和した多孔質媒体中の地下水の流量、速度は、ダルシーの法則に従う。また、ダルシーの法則は、水流が層流であればどんな場合にでも当てはまる。

関連用語 透水性、透水係数（*36*）、動水勾配、水頭差、層流（*207*）

65. 弾性波探査

弾性波探査（地震探査法）は、発破により発生させた弾性波を利用して、縦波（P波）の伝播速度から地下の土層あるいは岩盤の状態を調べる方法をいう。

弾性波探査には屈折法と反射法があるが、土木においては屈折法が主に利用されている。

密度などが異なる地層の境界があると、地中を伝わる弾性波は、その面で反射・屈折する。弾性波探査は、表層を直接伝わる直接波と地層の境界から表層に戻る屈折波との関係を利用して、地盤の速度構成から弾性定数の分布を測定するものである。

関連用語 P波、屈折法、反射法、直接波、屈折波、物理探査法、地震探査法、音波探査法、電気探査法

66. 地下水面

地下水面は、土中の間隙において地下水の圧力と気圧が釣り合う水平面、すなわち水が自由に上下に移動できる大気圧と等しい圧力を持つ地下水の表

面のことをいう。地下水面を境として、その上部を不飽和帯（通気帯）、下部の地下水を含む地層を帯水層と呼んでいる。

地下水面の高さは、基盤や不透水層の位置、地盤の構成などに関係するが、一般に地表面の形にほぼ順応している。また、地下水面の傾斜は動水勾配で表される。

関連用語　不飽和帯、帯水層（*32*）、動水勾配

67. 置換工法

置換工法は、地盤改良工法の1つで、軟弱層の一部または全部を取り除き、良質土で置き換えることによって良好な支持地盤を形成する工法をいう。置換工法は、主に粘土質地盤の改良工法として利用される。

比較的短い工期で確実な改良効果が期待できるが、取り除いた土の処理や良質土の入手など、環境問題に係る制約を受ける場合が多い。

関連用語　粘土質地盤、地盤改良工法、プレローディング工法、ウェルポイント工法（*375*）、サンドドレーン工法（*25*）

68. 直接基礎

直接基礎とは、上部構造からの荷重を、基礎スラブの底面から良質な支持地盤に直接伝える基礎のことである。直接基礎の支持層は、砂層または砂礫層の場合は十分な強度が必要であり、粘性土層では圧密沈下のおそれがないことが必要になる。直接基礎は、べた基礎とフーチング基礎に分類される。

直接基礎の安定計算においては、地盤の支持力、転倒および滑動に対して安定であるかどうかを照査する。また地盤の許容支持力は、破壊に対する許容支持力と基礎の沈下に対する許容支持力の両者のうち、小さいほうの値をとる。

関連用語　べた基礎、フーチング基礎、支持力、転倒、滑動、圧密沈下

69. 突固めによる土の締固め試験

突固めによる土の締固め試験（JIS A 1210）は、モールドに締固めた土の含水比と乾燥密度の関係から、締固め曲線を求める試験をいう。

モールドに3層に分けて土を入れ、各層ごとにランマを自由落下させ試料を突固め、含水比および湿潤密度からその土の乾燥密度を求め、含水比−乾

燥密度図（締固め曲線）を描き、この図から最大乾燥密度と最適含水比を求める。締固めの方法には、2.5 kgランマを30 cmの高さから落下させる第1方法と、4.5 kgランマを45 cmの高さから落下させる第2方法がある。

一般に締固め曲線には、ゼロ空気間隙曲線も併せて記入することが多い。

関連用語 含水比（*16*）、乾燥密度（*17*）、最適含水比（*22*）、最大乾燥密度（*22*）、第1方法、第2方法、ゼロ空気間隙曲線（*29*）

70. 土圧係数

地表面からある深さzの点に、垂直応力σ_vと水平応力σ_hが働いているとき、この応力の比を土圧係数という。

土圧係数$K = \sigma_h / \sigma_v$

（σ_vは土かぶり圧で、土の単位体積重量をγとすると$\sigma_v = \gamma \times z$で求められる）

一般に土圧の大きさは、クーロン式とランキン式を用いて求めている。これらの式はいずれも土圧は三角形分布すると仮定しており、土圧はその三角形の面積に基づいて次の式で与えられる。

土圧$P = \frac{1}{2} \cdot \gamma \cdot H^2 \cdot K$　（γ：土の単位体積重量、H：壁体の高さ）

この式におけるKが土圧係数であり、クーロンとランキンではそれぞれ考え方が違うために土圧係数Kの式は異なったものとなる。

特に、地表面が水平で壁背面が鉛直かつ壁背面が滑らかな場合は、クーロンの主働（受働）土圧係数K_a（K_p）とランキンの主働（受働）土圧係数K_a（K_p）は等しく、

$$K_a = \tan^2\left(\frac{\pi}{4} - \frac{\phi}{2}\right)$$

$$K_p = \tan^2\left(\frac{\pi}{4} + \frac{\phi}{2}\right)$$

となるので、クーロン土圧とランキン土圧とは等しくなる。

主働土圧：$\frac{1}{2} \cdot \gamma \cdot H^2 \left(\frac{\pi}{4} - \frac{\phi}{2}\right)$

受働土圧：$\frac{1}{2} \cdot \gamma \cdot H^2 \left(\frac{\pi}{4} + \frac{\phi}{2}\right)$

また、地盤に粘着力がない場合には、ランキンの土圧論による主働土圧係数は、地盤の内部摩擦角ϕを用いて$\tan^2\left(\frac{\pi}{4} - \frac{\phi}{2}\right)$となる。

関連用語 土圧、クーロン式、ランキン式、主働土圧係数、内部摩擦角（*37*）、主働土圧（*27*）、受働土圧（*27*）、静止土圧（*29*）

71. 透水係数

透水係数は、土の透水性を定量的に表す値であり、単位は［cm/sec］または［m/day］を用いる。透水係数は、土の種類、密度や飽和度などによって大きく異なる。

浸透水が土の中を流れる場合、ダルシーの法則により、

$Q=k\cdot A\cdot i$　（Q：流量、k：透水係数、A：断面積、i：動水勾配）

で示されるが、透水係数は$i=1$の場合の流速であり、現場および室内透水試験により求められる。

また、透水係数kは圧密試験の結果から、次式を使って求められる。

$k=C_v\times m_v\times\gamma_w$

（C_v：圧密係数、m_v：体積圧縮係数、γ_w：水の単位体積重量）

原位置における試験方法としては、１本のボーリング孔や井戸を利用する単孔式透水試験や揚水試験、孔内水位回復法による岩盤の透水試験などがある。一方、室内における試験方法には、透水係数の比較的大きい材料に適用する定水位透水試験と、透水係数が10^{-9}～10^{-5}［m/s］のシルトや細粒分を含む透水係数の比較的小さい材料に適用する変水位透水試験がある。透水係数の値は一般に、砂質土よりも粘性土のほうが小さく、透水係数が10^{-9}［m/s］未満の土は、実質上不透水であると考えてもよい。

締固めた供試体を用いた室内透水試験の結果は、アースダムや堤防、道路、埋立地といった人工造成地盤の透水性、浸透水量を推定することに利用されることが多い。

関連用語 密度、飽和度（*42*）、ダルシーの法則（*33*）、動水勾配、透水試験、圧密試験、圧密係数（*3*）、体積圧縮係数、単孔式透水試験、揚水試験、孔内水位回復法、定水位透水試験、変水位透水試験

72. 土かぶり圧

土中において、ある水平面を考えたときに、その面はそれより上の土の自重によって応力を受けている。土の自重による鉛直方向の有効応力を、有効土かぶり圧または単に土かぶり圧といい、σ_z'で表す。

土かぶり圧（鉛直有効応力）を式で表すと、

$\sigma_z'=\gamma\times z$ (kN/m^2)

ここで、γ：土の単位体積重量（kN/m^3）、z：深さ（m）

土の単位体積重量γは、地下水面以上の土では湿潤単位体積重量γ_tとし、地下水面以下の土では水中単位体積重量γ'とする。なお、γ_{sat}を土の飽和単位体積重量、γ_wを水の単位体積重量とすると、水中単位体積重量は、$\gamma' = \gamma_{sat} - \gamma_w$となる。

関連用語 有効応力（*30*）、全応力（*30*）、湿潤単位体積重量、水中単位体積重量、飽和単位体積重量

73. 土砂災害の分類

土砂災害は、大きく「土石流」、「地すべり」、「がけ崩れ」の3つに分類することができる。土石流は、山体を構成する土砂や礫の一部が、水と混合し河床堆積物とともに渓岸を削りながら急速（5～20 m/s）に流下する現象である。地すべりは、斜面を構成する物質が、重力の影響で斜面下方へ移動するような斜面移動現象である。がけ崩れは、地すべりと比較して小規模で、急傾斜部分で比較的急速に斜面が崩壊する現象で、崩壊土砂が原形を留めず崩落するものと、ある程度原形を留めたまま滑落するものとがある。

関連用語 土石流（*221*）、地すべり、がけ崩れ、渓岸

74. 内部摩擦角

内部摩擦角は、土のせん断強さのうち鉛直応力に比例する摩擦抵抗分を表す角度のことをいう。すなわち、物体の一部が滑り面を境に移動するときの滑り面の摩擦を内部摩擦と呼び、内部摩擦角はその摩擦抵抗を垂直応力（横軸）とせん断抵抗力（縦軸）の関係で表現したときの、直線の横軸との角度によって表される。

土のような粒状体の破壊時には、破壊面上の垂直応力σとせん断応力τは直線関係となり、

クーロンの破壊基準$\tau = c + \sigma \tan\phi$

（τ：せん断応力、c：粘着力、σ：土中の破壊面に働く全垂直応力、ϕ：内部摩擦角）

として示される。内部摩擦角は、せん断抵抗角ともいわれる。

内部摩擦角の大きさは、砂質土では大きく粘土質では小さい値になる。

関連用語 土のせん断強さ、内部摩擦、角度、クーロンの破壊基準、せん断抵抗角、安息角

75. 日本統一土質分類法

日本統一土質分類法は、一般土工事を対象とした土の判別分類基準として、米国の統一土質分類法を日本の土質に適するように修正し、土質工学会基準として1973年に制定された土質分類法である。

日本統一土質分類法における、土粒子の粒径区分と呼び名は次に示す図のとおりであり、粒径が0.075 mm以下の土粒子を細粒分（細粒土）と呼び、特に粒径が0.005 mm以下の土を粘土と呼んでいる。

粒径（mm）

0.005　0.075　0.25　0.85　2　4.75　19　75

<table>
<tr><td rowspan="2">粘土</td><td rowspan="2">シルト</td><td>細砂</td><td>中砂</td><td>粗砂</td><td>細礫</td><td>中礫</td><td>粗礫</td><td rowspan="3">石分</td></tr>
<tr><td colspan="3">砂分</td><td colspan="3">礫分</td></tr>
<tr><td colspan="2">細粒分</td><td colspan="6">粗粒分</td></tr>
</table>

土粒子の粒径区分と呼び名

関連用語 粗粒分、細粒分、シルト、粘土、粒径加積曲線図、地盤材料の粒径区分（*26*）

76. ネガティブフリクション

ネガティブフリクション（負の摩擦力）は、軟弱地盤に打設した支持杭において、杭の周囲の地盤沈下により、杭の周りに作用する下向きの摩擦力のことをいう。ネガティブフリクションが働くと、杭材に大きな軸力が負荷されるとともに、杭先端地盤に大きな荷重が作用することとなる。

ネガティブフリクションを軽減する対策としては、杭周囲に瀝青材などの減摩剤を塗布する方法や二重管工法などがある。

関連用語 杭基礎（*18*）、軟弱地盤、地盤沈下（*461*）、減摩剤、二重管工法

77. パイピング

パイピングは、土中の浸透水により土粒子を移動させて、土中にパイプ状の水孔を作る作用をいう。

パイピングは、透水性の基礎地盤の上に基礎地盤より透水度の低いダムを築造したり、比較的透水度が高く深い地盤に矢板によって締切を行うような場合に発生しやすい。パイピングには、鉛直方向に起こるものと水平方向に起こるものとがある。パイピングによる地盤破壊は、一般に進行性破壊の形

態をとる。

クイックサンド現象が起こると、土砂が噴出するばかりではなく、上流側からも土砂が流出しパイピングの発生につながる場合がある。また、堤防などで発生するパイピングは、下流側付近に起こり次第に上流を浸食し洗掘していく。

関連用語 水孔、クイックサンド（*18*）、ボイリング（*42*）

78. バイブロフローテーション工法

バイブロフローテーション工法は、水平振動とウォータージェットによる水締めを同時に行い、生じた孔に砂利、砂などの填充材を補給することにより、ゆるい砂質地盤を改良する工法をいう。この工法は、砂地盤の液状化対策に有効である。

施工順序は、バイブロフロットと呼ばれる棒状振動体の先端ノズルによる水の噴射と振動体の振動を利用して地盤中へ貫入させ、横ノズルより水を噴射し、飽和させながら強制振動を与え締固める。次に、フロット上部に生じた孔に砂利や砂を補給しながら地表面まで引き上げて締固める。

バイブロフローテーション工法は、砂地盤を対象としているが、細粒分が30％程度まで含まれる地盤でも施工が可能であるとされている。

関連用語 ゆるい砂地盤の改良工法、液状化対策、サンドコンパクションパイル工法（*25*）

79. 場所打ちコンクリート杭工法

場所打ちコンクリート杭工法（場所打ち杭）は、地盤を掘削した中に鉄筋を挿入しコンクリートを打設してつくる杭をいう。場所打ちコンクリート杭には、貫入方式と掘削方式の2種類あるが、無騒音・無振動の掘削方式が主に使われている。

場所打ちコンクリート杭工法は、騒音・振動が少なく都市部の施工に適していることや、単位支持力あたり工費が安いなどの利点があるが、既成コンクリート杭に比べてコンクリートの品質の信頼性が低いこと、さらに地盤の種類や施工状態により杭の品質が左右されるなどの欠点もある。掘削方式などにより場所打ちコンクリート杭工法を分けると、オールケーシング工法、リバース工法、アースドリル工法、深礎工法などに分類される。

関連用語　場所打ち杭、貫入方式、掘削方式、オールケーシング工法（*411*）、リバース工法、アースドリル工法（*410*）、深礎工法（*424*）

80. 被圧地下水

地表面付近の帯水層と難透水層で分け隔てられている「深い」帯水層などで、帯水層が地下水で満たされており、上部の難透水層との境界面に上向きに水圧がかかっているような圧力状態の帯水層を被圧帯水層といい、また、そこを流れる地下水を被圧地下水という。

一般には、被圧地下水は標高の高い山地などにつながっており、山地などで地表から浸透してきた水が地下水となり、被圧帯水層の中を平野部まで流動している。このため、被圧地下水には、水源域の高い標高に相当する高い水圧がかかっている。下流の平野部で被圧帯水層まで井戸を掘削すると、高い水圧のため地下水位が地表面より高く、水が噴き出す自噴井となる。

なお「深い」帯水層の場合でも、その帯水層の上部に難透水層がなく帯水層が地表までつながっている場合、あるいは、帯水層が満杯ではなく地下水面がある場合には、被圧されていないため不圧帯水層であり、ここを流れる地下水は不圧地下水となる。

関連用語　帯水層（*32*）、被圧帯水層、自噴井、不圧帯水層、不圧地下水

81. ヒービング

ヒービングは、粘性土地盤のような柔らかい地盤を掘削するとき、土留め壁の背面の土が底部から回り込んで掘削面が押し上げられる現象のことである。ヒービングは、掘削面の下方の被圧帯水層からの揚圧力が原因で生じることもある。ヒービングが発生すると土留め壁の背面地盤で沈下が生じて、土留め壁が変形したり転倒したりすることがある。

ヒービングへの対策としては、(1) 土留め壁の根入れを深くして剛性を増す、(2) 地盤改良により地盤の強度を高める、(3) 土留め壁の背面地盤の盤下げをする、等がある。

関連用語　粘性土地盤、被圧帯水層、ボイリング（*42*）

82. 表層処理工法

表層処理工法は、高含水比の粘性土や泥炭の地盤など、支持力の小さい地盤の表面付近の強度を、排水や敷設材・添加剤などによって増加させ、土工事に必要なトラフィカビリティの改善を図るための工法をいう。

表層処理工法には、表層排水処理を目的とした表層排水工法、地盤の補強や排水処理を目的とした敷砂工法あるいは敷設材工法、地盤改良を目的とした添加剤工法などがある。

関連用語 トラフィカビリティ、表層排水工法、敷砂工法、敷設材工法、添加剤工法

83. フローネット（流線網）

フローネット（流線網）は、土中の二次元的な浸透流を、流線群（水の流れの方向を示す線群）と等ポテンシャル線群（土中の浸透流等において水頭が等しい点を連ねた線群）の2組の曲線群によってつくられる無数の網目のうちから、代表的なもの数本ずつを選んでできる網目状図形のことをいう。流線は水の分子が移動する経路、すなわち流れを表し、等ポテンシャル線は流線上において水頭の等しい点を連ねた線、すなわち等圧線を示している。

流線網の中で、ある等ポテンシャル線に沿った各点では間隙水の水頭が一定であり、浸透水の分子は等ポテンシャル線に直交する流線に沿って移動することになる。流線網は、浸透量を求めたり、土中の任意の点の浸透圧を求めたりするような場合に利用することができる。流線網を求める方法には、1）解析的方法や数値計算法による数学的方法、2）模型による透水実験や電気的相似を利用した模型実験や光弾性実験などによる実験的方法、3）図式解法、などがある。

関連用語 浸透流、流線群、等ポテンシャル線群、水頭（*28*）、間隙水、浸透量、浸透圧、数学的方法、実験的方法、図式解法

84. ベーン試験

ベーン試験は、土のせん断強さを求めるために、ボーリング孔を利用して行う原位置試験をいう。ベーン試験はやわらかい粘土層に用いられ、ロッドの先端に十字形の羽根につけた抵抗体を地中に挿入し、その回転抵抗から理論的に粘着力を求めるものである。試験は地層の変化ごとに行い、同じ地層

が続く場合は原則として1.5 mごとに行う。

最近は、試料採取管内の軟粘土について、室内試験としても実施されている。

関連用語 せん断強さ、ボーリング孔、原位置試験、回転抵抗、粘着力、直接せん断試験、三軸圧縮試験（*23*）、一軸圧縮試験（*7*）

85. ボイリング

ボイリングは、地下水位が高い砂質地盤や砂礫地盤において、土留め壁を設置した後に、土留め背面の水位と掘削面側の水位の差によって、土留め壁の下を地下水が迂回して根切り面の表面に水と砂が湧き出す現象のことである。ボイリングが発生すると掘削底面を破壊することがあり、土留め壁の近くで大量の湧水を伴って生じれば、地盤が緩んで土留め全体の崩壊を起こすことがある。

ボイリングへの対策としては、(1) 土留め壁の根入れを深くする、(2) 土留め壁の先端付近を薬液などの地盤改良によって不透水層を作る、(3) 土留め壁の背面の地下水位を低下させる、等がある。

関連用語 砂質地盤、砂礫地盤、薬液などの地盤改良、ヒービング（*40*）

86. 飽和度

飽和度は、土の間隙の体積に対する間隙中の水の体積の割合（百分率）をいう。

$$飽和度\ S_r = \frac{V_w}{V_v} \times 100 = \frac{w \cdot G_s}{e} \times 100$$

（V_w：間隙中の水の体積、V_v：土の間隙の体積、w：含水比、G_s：土粒子の比重、e：間隙比）

飽和度の値によって間隙の状態は次のように分けられる。

(1) $S_r < 1$：不飽和の状態

(2) $S_r = 1$：間隙が完全に水で満たされた飽和状態

(3) $S_r = 0$：完全乾燥の状態

関連用語 間隙比（*15*）、間隙率（*16*）、含水比（*16*）、飽和状態

87. ランキンの土圧

ランキンの土圧理論は、重力だけが働く半無限の土体の中に生じる任意の要素について、応力の平衡状態から土圧を求める方法である。ランキンの土圧理論では、擁壁の水平変位によって盛土が塑性化したときの応力を求め、それを深さ方向に積分することによって壁面に作用する主働・受働土圧を算定することができる。

関連用語 応力の平衡状態、主働土圧（*27*）、受働土圧（*27*）、クーロンの土圧（*19*）

88. 粒度分布

地盤材料は、さまざまな鉱物や粒径のものから構成されているが、土の性質を表す1つの指標に粒度（土粒子径の分布状態を質量百分率で表したもの）がある。粒度分布は、土を構成する土粒子を粒径によって区分けしたときの分布状態のことである。

粒度分布の状態は、「土の粒度試験方法」によって求められる通過質量百分率とふるい網目で得られる粒径との関係を、通過質量百分率を縦軸に算術目盛りで、粒径を横軸に対数目盛りにとったグラフ上に描いた「粒径加積曲線図」によって知ることができる。

粒径加積曲線が水平に幅広く描かれ、含まれる土粒子の粒径範囲が広い土は、密で安定な構造をつくりやすいため粒度配合の良い土という。

関連用語 粒度、土の粒度試験方法、通過質量百分率、粒径加積曲線図

第2章　鋼構造及びコンクリート

1. AE減水剤

AE減水剤は、AE剤と減水剤の両者の効果を併せ持つコンクリート混和剤をいう。AE剤と減水剤を別々に計量するための設備や手間を省くことができるため、レディーミクストコンクリート工場などでの利用が多い。

関連用語 混和剤、AE剤（*46*）、減水剤（*62*）、レディーミクストコンクリート工場、AEコンクリート（*46*）

2. AEコンクリート

AEコンクリートは、①ワーカビリティーやブリーディングの改善、②単位水量の減少、③凍結融解に対する抵抗性の向上などを目的に、コンクリートを練り混ぜる際にAE剤を混入させたコンクリートをいう。

空気量が過多になると強度が低下し、この傾向は単位セメント量が多い場合に著しい。

関連用語 ワーカビリティー（*113*）、ブリーディング（*106*）、単位水量、凍結融解、AE剤（*46*）、単位セメント量、AE減水剤（*46*）

3. AE剤

AE剤は、微細な独立した気泡（エントレインドエアー）をコンクリート中に混入する目的で用いられるコンクリート混和剤をいう。AE剤は、一般にセメント重量の0.04～0.06％程度使用する。

関連用語 エントレインドエアー（*52*）、混和剤、AE減水剤（*46*）、AEコンクリート（*46*）

4. PC構造

PC（Prestressed Concrete）構造は、プレストレストコンクリートを用いた構造で、コンクリート部材に配置されたPC鋼材に緊張力を導入することにより、その反力としてコンクリートにあらかじめ圧縮応力を与えるものをいう。セメントコンクリートは、圧縮力には強いが引張力には弱いために、この欠点を補うために引張力が生じる部分にあらかじめ圧縮応力のプレストレスを与えておくというものである。プレストレスの導入方法としては、コンクリート打設前に鋼材を緊張するプレテンション方式、ならびにコンクリート硬化後に鋼材を緊張するポストテンション方式がある。このプレストレスを与える高強度の鋼材をPC鋼材という。PC鋼材は、PC鋼棒、PC鋼線、PC鋼より線等に分類される。『コンクリート標準示方書』（土木学会）には「PC構造は、使用性に関する照査においてひび割れの発生を許さないことを前提とし、プレストレスの導入により、コンクリートの縁応力度を制御する構造とする。」としている。

プレテンション方式は、PC工場でのみ製作が可能で、PC鋼材をあらかじめ所定の力・位置に緊張しておき、これにコンクリートを打込み、硬化した後に緊張力を解放してプレストレスを与える方式で、一般に、所定の張力を導入した複数の緊張材を同時に解放してプレストレスを導入する。緊張力は鋼材とコンクリートの付着力で保持される。

ポストテンション方式は、コンクリート部材が硬化した後に、その内部に設けられたダクト（シース）に配置されたPC鋼材を緊張するもので、PC定着具を使って緊張力を保持する。ポストテンション方式は、PC鋼材の本数や配置あるいは緊張力を自由に選択できるため、工事現場での施工に適しており、緊張材を1本又は複数のグループに分割し、それぞれを順次緊張する。ポストテンション方式には、PC鋼材をコンクリート部材の内部に設置する内ケーブル構造と、コンクリート部材の外部に設置する外ケーブル構造がある。内ケーブル構造は、コンクリート部材が硬化した後に、その内部に設けられたダクト（シース）に配置されたPC鋼材を緊張し、緊張後にPC鋼材が腐食しないようにシース管の空隙部にグラウトを注入する方式で、緊張力はPC定着具を使って保持される。外ケーブル構造は、コンクリート部材の外部にPC鋼材を配置してプレストレスを与えた構造である。

PC構造には、RC構造との共通の長所に加えて、次のような長所がある。

(1) ひび割れが生じにくい。
(2) 高強度コンクリートおよび高張力鋼を有効に利用できる。
(3) 一般に、RC構造よりも部材断面を小さくできるので、自重が支配するような大スパン構造（長大橋や大スパン架構）に有利である。
(4) PC接合（PC圧着接合）を前提として、分割、継足し、組立てによる施工が可能で、プレハブ化が容易である。
(5) 一時的な過大荷重によるひび割れ、変形が生じても、除荷後はほぼ復元する。

PC構造には前述したような長所の反面、以下のような短所もある。

(1) プレストレスの設計・施工には、緊張力の導入・定着、グラウト材の注入など慎重を要するPC特有の技術が必要である。

(2) 若材齢でプレストレスを与えることから、部材の弾性およびクリープ変形が大きくなる可能性があり、設計および施工・製作時に技術的配慮が必要である。

(3) 部材が大きな損傷を受けた場合、その修復がRC構造に比較してむずかしい。

(4) ポストテンション方式において、グラウトの充填が十分でない場合、PC鋼材破断による耐荷性能および耐久性の低下や第三者被害等の問題が発生するおそれがある。

なお、プレストレッシング直後のコンクリートに生じる最大圧縮応力度は、PC鋼材のリラクセーション、コンクリートのクリープ、乾燥収縮、死荷重等により減少する。

関連用語　PC鋼材、プレテンション方式、ポストテンション方式、PC鋼棒、PC鋼線、PC鋼より線、内ケーブル構造、外ケーブル構造、RC構造（*48*）、リラクセーション、クリープ（*61*）、乾燥収縮、死荷重

5. PRC構造

PRC構造は、プレストレストコンクリートを用いたPC構造と、鉄筋を用いたRC構造の中間的な構造をいう。ただし、中間的とはいってもプレストレスを導入するという点では、PC構造の一種と位置づけられる。PRC構造は、曲げひび割れの発生を許すが、軽度のプレストレスを導入することで、RC構造よりもきびしいひび割れ幅制限を満足するように設計されるものである。

『コンクリート標準示方書』（土木学会）では、「PRC構造は、使用性に関する照査においてひび割れの発生を許容し、異形鉄筋の配置とプレストレスの導入により、ひび割れ幅を制御する構造とする。」としている。

関連用語　プレストレス、PC構造（*46*）、RC構造（*48*）

6. RC構造

RC（Reinforced Concrete）構造は、鉄筋コンクリート構造のことをいう。RC構造は、セメントコンクリートが引張力に弱いため、これを補うために鉄筋を引張補強材として用いた一種の複合構造といえる。鉄筋コンクリート

に使用する鉄筋の効果としては、主に梁や柱の曲げ補強ならびにせん断補強、あばら筋や帯筋のような軸方向鉄筋の座屈防止があるが、これら以外にも変形性能改善や、ひび割れ幅増大の抑制などがある。

鉄筋は、その強度を十分に発揮させるため、鉄筋端部がコンクリートから抜け出さないよう、コンクリート中に確実に定着しなければならない。鉄筋の配置については、例えば、ぜい性的な破壊を防止するために鉄筋量が過多又は過少とならないように、あるいは有害なひび割れを制御できるように、鉄筋を配置しなければならない。また、鉄筋のあきは、部材の種類及び寸法、粗骨材の最大寸法、鉄筋の直径、コンクリートの施工性等を考慮して、コンクリートが鉄筋の周囲にいきわたり、鉄筋が十分な付着を発揮できる寸法を確保しなければならない。

鉄筋コンクリートのかぶりは、鉄筋からコンクリート表面までの最短距離のことで、コンクリートと鉄筋との付着強度を確保するとともに、要求される耐火性、耐久性、構造物の重要度、施工誤差等を考慮して定める。『コンクリート標準示方書』（土木学会）には「かぶりは鉄筋の直径に施工誤差を加えた値よりも小さい値としてはならない。」としている。すなわち鉄筋コンクリートのかぶりは、鉄筋の直径または耐久性及び耐火性を満足する値のうち、いずれか大きい値に施工誤差を加えた値以上として設計する必要がある。

関連用語 鉄筋、せん断補強、あばら筋、帯筋、座屈防止、PC構造（*46*）、PRC構造（*48*）、鉄筋の配置、鉄筋のあき、鉄筋コンクリートのかぶり、鉄筋コンクリートの前提（*96*）

7. RCDコンクリート

RCDコンクリートは、RCD工法に用いられる硬練り（スランプの値はゼロ）で貧配合（単位セメント量が少ない）のコンクリートをいう。

RCD工法は、ダムコンクリート打設工法の一種で、コンクリートをダンプトラックで運搬し、ブルドーザーで敷きならし、振動ローラーで締め固める工法である。

関連用語 RCD工法（*408*）、スランプ（*86*）、単位セメント量、振動ローラー

8. SRC構造

SRC構造は、形鋼その他の鉄骨の周囲に鉄筋コンクリートを包んで一体となって働くように設計した、鉄骨鉄筋コンクリート構造をいう。

SRCは、部材断面における鉄骨量、鉄筋量、鉄骨の形状寸法、コンクリートの性質などにより、その力学的性質は大きく変わる。SRCの設計では、鉄骨部分は座屈しないと仮定しているのでコンクリートのかぶりは大きい方が望ましいが、10～15 cm以下とするのがよいとされている。また、部材断面の閉塞率（コンクリートの流動方向に直角な特定断面における閉塞率：その断面に対する型枠内のり断面積に対する、その断面を閉塞する鋼材の全断面積の百分率）は、40%以下とするようにする。

SRC構造は、鉄骨構造と鉄筋コンクリート構造の長所を併せ持っているため、高層マンションなどに用いられているが、コストは鉄筋コンクリート構造よりやや高くなる。

関連用語 鉄骨鉄筋コンクリート構造、座屈（*79*）、RC構造（*48*）、かぶり、閉塞率

9. アルカリ骨材反応

アルカリ骨材反応は、セメント中のナトリウムやカリウムのアルカリイオンと反応性骨材が湿度の高い条件下で反応し、コンクリートに膨張ひび割れを生じさせるものをいう。

アルカリ骨材反応には、その反応成分の違いからアルカリシリカ反応・アルカリ炭酸塩反応・アルカリシリケート反応の3種類があるが、わが国で報告されているのはアルカリシリカ反応である。アルカリシリカ反応を起こしやすい鉱物としては、オパール、玉髄、クリストバライト、トリディマイト、火山性ガラス、潜晶質の石英などがある。

アルカリシリカ反応を抑制する方法としては、①低アルカリ形のセメントを用いる、②高炉セメントあるいはフライアッシュセメントを用いる、③コンクリート中の全アルカリ量をある限度以下に抑える、などが有効であるとされている。

関連用語 反応性骨材、膨張ひび割れ、アルカリシリカ反応、アルカリ炭酸塩反応、アルカリシリケート反応、低アルカリ形セメント（*96*）、高炉セメント（*73*）、フライアッシュセメント（*105*）

10. エコセメント

エコセメントは、都市ごみを焼却した際に発生する灰を主とし、必要に応じて下水汚泥などの廃棄物を従としてエコセメントクリンカーの主原料に用い、製品1トンについてこれらの廃棄物をJIS A 1203に規定される乾燥ベースで500キログラム以上使用してつくられるセメントのことである。

エコセメントは、普通エコセメント（塩化物イオン量がセメント質量の0.1％以下のもので、普通ポルトランドセメントに類似する性質をもつセメント）と速硬エコセメント（塩化物イオン量がセメント質量の0.5％以上1.5％以下のもので、塩素成分をクリンカー鉱物として固定した速硬性をもつセメント）の2種類に分類される。

関連用語　普通エコセメント、塩化物イオン量、普通ポルトランドセメント、速硬エコセメント

11. 塩害

塩害は、コンクリート中の内部鋼材（鉄筋）が塩化物イオンの作用で発錆することにより、コンクリートに損傷を与えることをいう。塩害によりコンクリートにひび割れの発生、さび汁による表面の汚れ、かぶりコンクリートのはく離、内部鋼材の断面欠損などを引き起こす。塩害の原因である塩化物は、使用材料中に含まれることもあるし、海洋環境などによっては潮風によりコンクリート表面から内部に浸透するものもある。

この対策としては、①当初からコンクリートに含まれる塩化物の総量を低く抑える、②コンクリートを低スランプ・低水セメント比として配合し、締固めや養生を十分に行うことにより耐久的なコンクリートとする、③鉄筋のかぶりを十分にとる、④コンクリート表面の塗装や防錆剤の使用により塩化物イオンを遮断する、⑤耐塩鉄筋などの防錆鉄筋を使用する、などがある。

また、塩害の影響を受けたコンクリートの補修方法としては、①断面修復工による進入した塩化物イオンの除去、②表面保護工による補修後の塩化物イオン、水分、酸素の進入抑制、③陽極材料・電源装置による鉄筋の電位制御、などがある。

関連用語　塩化物イオン、ひび割れの発生、表面の汚れ、かぶりコンクリートのはく離、内部鋼材の断面欠損、スランプ（*86*）、水セメント比（*109*）、かぶり

12. 延性破壊

延性破壊は、金属材料などにおいて、材料の持つ強度よりも大きな応力が加わり、大きな変形を伴って破壊することをいう。この破壊は、材料の強度不足や設計推定以上の応力の発生などで起きる。

構造物や溶接継手周辺で起きる破壊には、大きく分けて延性破壊、脆性破壊、疲労破壊などがあり、これらの破壊の形態は、壊れた破面を観察することにより、何によって破壊したかを推定することができる。延性破壊をした破面（引きちぎられた面）には、ゴルフボールの表面にあるくぼみを小さくしたような、ディンプルと呼ばれるものが無数に形成される。

関連用語 脆性破壊（*86*）、疲労破壊（*104*）、ディンプル

13. エントラップトエアー

エントラップトエアーは、セメントや細骨材の空隙中に含まれていた空気が、練り混ぜに際してコンクリート中に自然に含まれて生じた気泡のことをいう。エントラップトエアーは、コンクリート中のモルタル部分に含まれるため、モルタル量が多いほど空気量は多くなり、一般に通常のコンクリートには0.5～3%程度存在する。気泡の大きさはエントレインドエアーよりは大きく、ワーカビリティーや凍結融解作用に対する耐久性などの改善の効果は少ない。

関連用語 気泡、エントレインドエアー（*52*）、ワーカビリティー（*113*）

14. エントレインドエアー

エントレインドエアーは、AE剤やAE減水剤などによってコンクリート中に生じた微細で安定な空気泡のことをいう。エントレインドエアーは、エントラップトエアーに比べて気泡径が小さいため、ボールベアリングのような役割を果たしてコンクリートのワーカビリティーの改善に寄与し、所要のワーカビリティーを得るのに必要な単位水量を相当に減らすことが可能であるとともに、凍結融解作用に対する抵抗性を増大する働きがある。そのため、コンクリートを練り混ぜる際に人工的にAE剤を混入させて、AEコンクリートとすることが多い。

配合設計に際しては、水セメント比が一定のとき空気量を多くするとコンクリート強度の低下を生じるので、要求されるコンクリートの品質に応じて、

必要な性能が得られる範囲でなるべく小さな値を選ぶことが望ましい。

関連用語 AE剤（*46*）、AE減水剤（*46*）、エントラップトエアー（*52*）、ワーカビリティー（*113*）、凍結融解作用、AEコンクリート（*46*）、水セメント比（*109*）、空気量

15. 応力集中

応力集中は、部材の断面形状や寸法の急変箇所、あるいは穴や切欠き溝がある場合に外力が加えられると、局部的にきわめて大きい応力が生じることをいう。

応力集中によって生じる最大応力（σ_{max}）と平均応力（σ_n）の比を応力集中係数（α）といい、この値が大きいほど応力集中によって部材が破壊されやすい。

応力集中係数（α）＝最大応力（σ_{max}）／平均応力（σ_n）

（σ_{max}が弾性限界を超えるとαは不安定となるのでσ_{max}は弾性限界以下とする）

応力集中係数は、材料の機械的性質とは無関係に、形状寸法から決まる値であることから形状係数ともいう。

関連用語 最大応力、平均応力、応力集中係数、弾性限界、形状係数

16. 遅れ破壊

遅れ破壊は、高強度鋼が高い静荷重下において、ある時間が経過した後に突然、脆性的に破壊する現象をいう。遅れ破壊に影響する要因としては、環境、温度、応力分布などさまざまなものがあるが、最も重要なものは材料の強度レベルである。

遅れ破壊の代表的な例としては、摩擦接合用高力ボルトがある。高力ボルトの遅れ破壊は、高力ボルト締め付け時の導入ボルト軸力により静的な高い引張力が継続的に加えられている状態で、ある時間経過した後に、外見上ほとんど変形することなく、突然、ねじ部切欠きや腐食ピットなどの応力集中部から、ぜい性的な破壊を起こす現象である。

遅れ破壊は、引張強度が1,200 N/mm^{2}程度を超える高張力鋼特有の現象であり、1960年代には引張強度が1,300 N/mm^{2}程度を超えるF13Tを使用した橋梁が突然破壊するという現象が確認され、製造中止となった。さらに、引張強度が1,100 N/mm^{2}程度を超えるF11Tのボルトについても1975年頃か

ら突然破壊する現象が確認されたことからF11Tも1981年に製造中止となった。なお、現在使用されているF10Tの高力ボルトでは、遅れ破壊は発生していない。そのため、高力ボルトの損傷が発見された場合は、F11TボルトをF10Tに交換する対策が取られている。

関連用語　摩擦接合用高力ボルト、疲労破壊（*104*）、脆性破壊（*86*）、F13T、F11T、F10T

17. 温度ひび割れ

温度ひび割れは、セメントの水和熱や気温の変化などが原因となって生じるひび割れをいう。温度変化によるひび割れは一般に、温度が下降するときに生じる引張応力がコンクリートの引張強度を超えたときに発生する。そのため温度ひび割れは、方向や間隔などに規則性があり、多くの場合ほぼ一定の間隔で生じる。

温度ひび割れの発生時期は、沈下ひび割れやプラスチック収縮ひび割れより遅く、コンクリートが凝結した後の硬化の初期である。

関連用語　引張応力、沈下ひび割れ、プラスチック収縮ひび割れ、凝結（*57*）

18. 活荷重

活荷重は、列車や自動車の荷重のように構造物の上を移動する荷重をいう。道路橋における自動車荷重には、床版及び床組を設計する場合に用いるT荷重と、主げたを設計する場合に用いるL荷重がある。また、活荷重は総重量245 kNの大型の自動車の走行頻度が比較的高い状況を想定したB活荷重と、総重量245 kNの大型の自動車の走行頻度が比較的低い状況を想定したA活荷重の2つに区分している。

T荷重は、実際の車両の軸重を示したものではなく、車両の隣り合う車軸を1組の集中荷重に置き換えたものである。

L荷重には、主載荷荷重（p_1）と従載荷荷重（p_2）があり、設計するけたの載荷幅が5.5 m以上のときはその幅だけ従載荷荷重を載荷することにしている。

高速自動車国道、一般国道、都道府県道及びこれらの道路と基幹的な道路網を形成する基幹市町村道についてはB活荷重を適用し、その他の市町村道については、大型の自動車の交通の状況に応じてA活荷重またはB活荷重を適用することとしている。

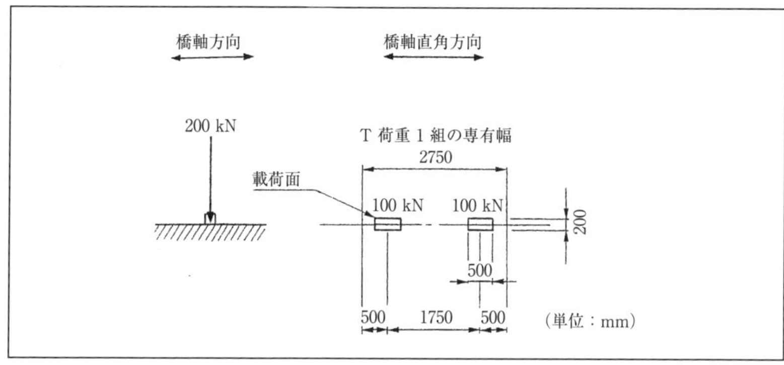

T荷重

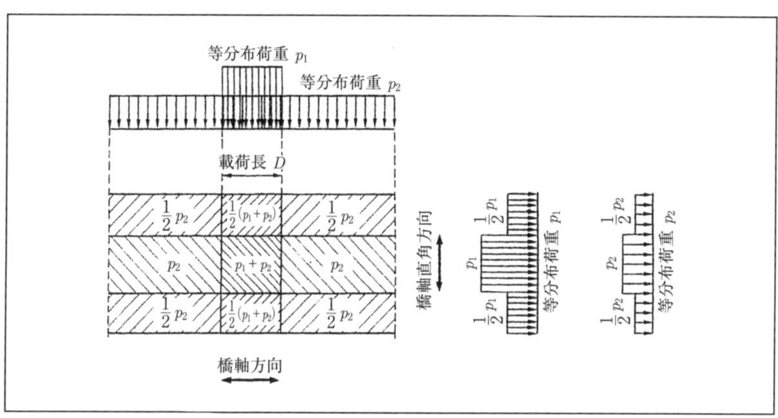

L荷重

L荷重

荷　重	主載荷荷重（幅 5.5 m）						従載荷荷　重
	等分布荷重 p_1			等分布荷重 p_2			
	載荷長 D (m)	荷重（kN/m²）		荷重（kN/m²）			
		曲げモーメントを算出する場合	せん断力を算出する場合	$L \leqq 80$	$80 < L \leqq 130$	$130 < L$	
A 活荷重	6	10	12	3.5	4.3～0.01L	3.0	主載荷荷重の50%
B 活荷重	10						

L：支間長（m）

活荷重は、着目する部材等の応答が最も不利となる方法で路面部分に載荷しなければならない。また、活荷重は橋面の凹凸、車両の加速・減速、前後車両との協同作用などの要因によって静荷重よりも大きな影響を橋の構造に与えるので、活荷重の載荷に際しては衝撃の影響を考慮する。衝撃の影響は、活荷重にその影響分に相当する係数を乗じてこれを考慮する。なお、設計に用いる基準温度は＋20℃を標準としている。ただし、寒冷な地域においては＋10℃を標準としている。

歩道等の床版及び床組を設計する場合の活荷重には、群集荷重として5.0 kN/m^2 の等分布荷重を載荷する。

関連用語　T荷重、L荷重、B活荷重、A活荷重、衝撃、基準温度、群集荷重

19. 割線弾性係数

割線弾性係数（割線ヤング係数）は、コンクリートが圧縮を受けるときの応力ひずみ曲線において、原点と曲線状の1点（通常、最大応力（＝圧縮強度）の1/3の点）とを結ぶ直線の勾配をいう。割線弾性係数は、鉄筋コンクリート構造の弾性解析に用いられる。また、割線弾性係数は、圧縮強度および単位容積重量との間に次式の関係がある。

$$E = 0.0446 \times \rho^{3/2} \times f_c'^{\,1/2}$$

（E：割線弾性係数、ρ：コンクリートの単位容積重量、f_c'：コンクリートの圧縮強度）

関連用語　応力ひずみ曲線、弾性解析、圧縮強度、単位容積重量、弾性係数（*91*）、接線弾性係数

20. 寒中コンクリート

寒中コンクリートは、打込み後の養生期間内に凍結するおそれのある場合に施工されるコンクリートのことをいう。コンクリート標準示方書では、日平均気温4℃以下の気象条件としている。

寒中コンクリートでは、水和反応が遅延され、コンクリートの凝結・硬化が遅れるばかりではなく、初期凍害を受けると強度低下や耐久性の低下など品質に著しい影響を及ぼす。そのため、これを防止するためには、①早強ポルトランドセメント、AE剤、AE減水剤を使用する、②材料の貯蔵加熱（材料温度は40℃以下とし、セメントは加熱してはならない）により、打込み

時のコンクリート温度を5～20℃の範囲とする、③断熱保温養生、加温保温養生などにより十分な保護を行う、などの対策が必要となる。

関連用語 早強ポルトランドセメント、AE剤（*46*）、AE減水剤（*46*）、断熱保温養生、加温保温養生、暑中コンクリート（*84*）

21. 気乾状態

気乾状態（気中乾燥状態）は、材料の表面付近の水分が蒸発し乾燥しているが、内部にいくらかの水分を残している含水状態をいう。

骨材の含水状態は、気乾状態のほかに絶乾状態（絶対乾燥状態）、表乾状態（表面乾燥飽水状態）、湿潤状態に分けられる。

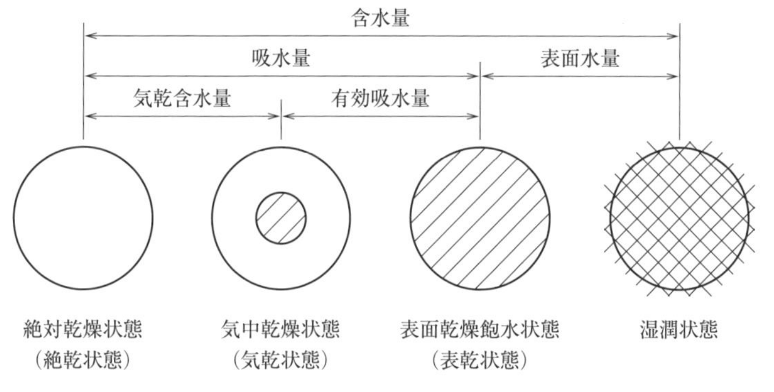

骨材の含水状態

関連用語 絶乾状態、表乾状態、湿潤状態、吸水量、含水量、表面水量

22. 急結剤

急結剤は、セメントの硬化時間を短縮しコンクリートの凝結や硬化を早めて早期の強度発現を促進する混和剤をいう。急結剤は吹付けコンクリートに用いられることが多い。

関連用語 混和剤、AE剤（*46*）、減水剤（*62*）、AE減水剤（*46*）、高性能AE減水剤（*68*）、流動化剤、遅延剤（*95*）、発泡剤

23. 凝結

凝結は、セメントペーストやコンクリートが練混ぜ後に水和作用によって時間の経過とともに次第に流動性を失って固体に移行する現象をいう。固体

化した後における強度の増加過程は、一般に硬化と呼んでいる。

凝結時間は、セメントの種類や成分、セメントの粉末度、水セメント比、温度などに影響を受ける。

関連用語　水和作用、硬化、凝結時間

24. 橋梁の形式

橋梁の形式は主に、その構造によって、1）けた（桁）橋、2）トラス橋、3）アーチ橋、4）ラーメン橋、5）斜張橋、6）吊り橋、などに分類される。

【けた（桁）橋】

桁橋は、さまざまな橋の中で最も経済的とされている形式である。橋の断面形状によってＩ形やπ形、箱形などがあるが、一般にはＩ形のものを単純に桁橋と呼び、箱形に断面を補強したものを箱桁橋と呼んでいる。箱桁形式はねじれに対して抵抗が大きく、曲線橋に多く用いられている。また、橋の支持の仕方の違いによって、両端のみを支える単純桁、あるいは両端以外に中間部分をも支える連続桁と呼んでいる。

【トラス橋】

トラス橋は、主構造が三角形を組み合わせたような構造（トラス構造）によって、引張りと圧縮の力に抵抗する部材で構成される形式である。トラス橋は、製作・架設が比較的容易な橋梁である。トラス橋には、圧縮力と引張力とが交互に働くようにしたワーレントラス、垂直材には圧縮力が、斜材には引張力が働くようにしたプラットトラス、プラットトラスとは逆に垂直材に引張力、斜材に圧縮力が働くようにしたハウトラス、Ｋを連ねたような形状のＫトラス等がある。トラスは一般に静定構造である。

【アーチ橋】

アーチ橋は、主構造が上向きに凸（アーチ）の形をしており、自重や活荷重に対して主としてアーチ部材が圧縮力で抵抗する、曲線を持った構造物である。桁橋には可動する支承を設けるのに対して、アーチ橋は両端とも水平方向に対して固定するために、アーチ特有の水平力（荷重により水平に保つ力）が生じる。アーチ橋は、構造力学的に分類すると、固定アーチ、1ヒンジアーチ、2ヒンジアーチ、3ヒンジアーチに区分される。また、構造形式別には、比較的長大支間の橋に適用される開腹式アーチと一般に支間が30 m以内の比較的短支間の橋に適用される閉腹式アーチがある。

さらにアーチ橋は、アーチ部材が軸力部材として抵抗し、曲げ抵抗をしないとして設計された下路アーチ橋のランガー橋、アーチ部材が軸力のみならず曲げにも抵抗するとしてアーチリブと桁の剛性を高め、曲げ、せん断、軸力を分担させる構造のローゼ橋、ローゼ橋の鉛直吊材を斜引張材（ケーブル）で置き換えたニールセン橋、アーチリブの両端を引張部材で連結した形式のタイドアーチ橋などに分類される。これらのアーチ橋の一般的な適用支間長は、アーチ橋50～120 m、ランガー橋50～120 m、ローゼ橋70～180 m、ニールセン橋100～170 mとされている。

【ラーメン橋】

ラーメン橋は、剛な節点（rigid frame）をもち、橋脚と桁が一体化した構造の形式である。ラーメン橋には、斜めに立った橋脚と橋桁が一体になった形状のπ型ラーメン（方丈桁）や門型ラーメンなどがあり、門型ラーメンが多数連続した連続ラーメン構造は、耐震性が高く、地震の多い日本ではよく使用されている。ラーメンは不静定構造である。

【斜張橋】

斜張橋は、橋桁の中間支点上に塔を建て、塔から桁に斜めのケーブルを張った構造である。このため、アンカレイジのような大きな土台がいらないのが特徴であるが、桁にはケーブルからの圧縮力が加わる。斜張橋は、重心が低いため地震には強いが、長支間になると風に対して弱くなるので、空気力学的な考慮が必要となる。

外見が斜張橋に似ているものにエクストラドーズド橋がある。エクストラドーズド橋は、従来の桁橋において桁内に配置されていたPC鋼材を、より効果的に用いるために桁外に配置（大偏心外ケーブル）した構造であり、外観は斜張橋に似ているが構造的には通常の桁橋に近く、桁橋と斜張橋の中間的な挙動を示すために、斜張橋と桁橋の間を補う新しい構造形式といえる。斜張橋に比べて、斜材の活荷重による変動応力が小さくなるため、長い支間がとれるという利点を有しており、また、主塔高を低くできることから施工性の向上や景観破壊が少ないとともに、低コスト、振動、騒音に強い等の利点がある。

【吊り橋】

吊り橋は、両岸に渡してアンカレイジに固定したケーブル、またはそれを塔の上部に渡したケーブルに連結する鉛直方向の吊り材を介して床組を支持する形式である。吊り橋は、最も長支間の架橋が可能な形式であり、風に強くするために床組みにはトラスや箱桁形式が多く用いられている。

関連用語 けた（桁）橋、トラス橋、アーチ橋、ラーメン橋、斜張橋、吊り橋、箱桁橋、単純桁、連続桁、ワーレントラス、プラットトラス、ハウトラス、Kトラス、固定アーチ、1ヒンジアーチ、2ヒンジアーチ、3ヒンジアーチ、開腹式アーチ、閉腹式アーチ、ランガー橋、ローゼ橋、ニールセン橋、タイドアーチ橋、π型ラーメン、門型ラーメン、アンカレイジ、エクストラドーズド橋、大偏心外ケーブル

25. 許容応力度

許容応力度は、構造物の部材に発生することが許される応力度、すなわち部材が破壊されない範囲の応力の許容値をいう。

許容応力度設計法は、設計荷重によって部材断面に生じる応力度が許容応力度以下になるように部材断面を定めるものであり、荷重条件や部材耐力の未知数を考慮して安全率として部材耐力を小さめに評価する、という考え方に基づいたものである。

関連用語 許容応力度設計法、安全率、終局強度設計法、信頼性設計法、限界状態設計法、性能照査型設計法

26. 金属溶射

溶射とは、溶射材と呼ばれるコーティング材料を加熱し、溶融もしくは軟化させて被施工物に吹き付けることによって、表面の機能を向上させるための表面処理技術の1つである。金属溶射は、ブラスト処理等の表面処理を施した鋼材面に溶融した金属を圧縮空気で吹き付けて被膜層を形成させるもので、長期のメンテナンスを不要とする防錆技術であり広く利用されている。溶射直後の皮膜には多くの気孔が存在し、この気孔に水分などの腐食因子が侵入し不具合が生じることを防ぐため、金属溶射後に封孔処理が必要となる。

鋼の防錆・防食を目的とした溶射については1900年代初期から主に欧州において研究開発が進められ、溶射と塗装を組み合わせた重防食溶射法は、数十年単位での長期防錆効果があるといわれている。わが国では、2002年の『道路橋示方書・同解説』（日本道路協会）において、金属溶射が代表的防錆防食法の1つとして明記されるとともに、2005年には『鋼道路橋塗装・防食便覧』（日本道路協会）に金属溶射法の位置づけが明記され、具体的な施工

技術内容及び留意点等が記載されるようになった。

関連用語 表面処理技術、ブラスト処理、封孔処理、重防食溶射法

27. クリープ

クリープは、持続して荷重が作用する場合に、ひずみが時間とともに増大する現象をいう。コンクリートのクリープは、載荷の初期に著しく次第に増加率は小さくなり、普通は3～4年で停止する。コンリートのクリープは、湿度が小さいほど、部材の寸法（容積の表面積に対する比）が小さいほど大きい。その他にクリープを大きくする要因としては、①セメントペーストが多い、②水セメント比が大きい、③作用応力が大きい、④材齢が若い、⑤載荷中の乾燥が進む場合、等が挙げられる。

また、セメントの種類はクリープに影響を及ぼし、強度発現が早いセメントほどクリープは小さくなる。すなわち、早強ポルトランドセメント、普通ポルトランドセメント、低熱ポルトランドセメントのクリープの大きさを比較すると、早強＜普通＜低熱の順になる。

コンクリートのクリープが生じると、たわみやひび割れ幅などが時間とともに増大したり、プレストレス力が減少するなどの悪影響があるが、応力集中を減じてひび割れ発生の危険性を減らすという利点もある。

関連用語 ひずみ、プレストレス、応力集中（*53*）、クリープ係数、早強ポルトランドセメント、普通ポルトランドセメント、低熱ポルトランドセメント

28. ゲルバーばり

橋長が長い橋をつくる場合に、いくつかの支点に連続した1本のはりで荷重を受け持つようにすると、地震などによって支点の1つが沈下すると、長支間のはりになって破壊してしまう。そのために、いくつかのはりをヒンジで結ぶことによって、この沈下に対する欠点を補うことができる。このような考え方で、n個の支点を有する連続ばりに（$n-2$）個のヒンジを適当に入れ、釣り合いの3条件だけで解き得るようにしたはりを、ゲルバーばりという。すなわちゲルバーばりは、単純ばりと張出ばりを組み合わせたものと考えることができる。

ゲルバーばりの反力、せん断力、曲げモーメントなどの計算は、単純ばりと張出ばりに分けて考えることができる。単純ばりの反力が張出ばりに荷重

として作用するので、計算についても、せん断力図や曲げモーメント図についてもすべて単純ばりと張出ばりを組み合わせたものとして示すことができる。

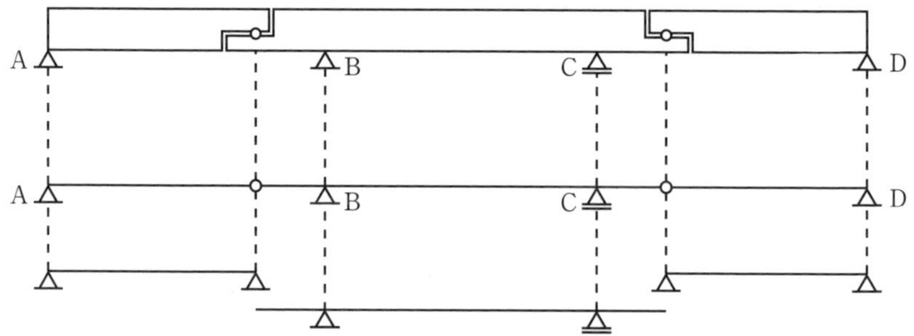

なおゲルバーばりの影響線の考え方は、次のようになる。

(1) 単純ばりと考えられる部分の支点反力、およびそこにとった断面の断面力に対する影響線は、その部分を単純ばりとしたときの影響線と全く同じになる。

(2) 張出ばりとみなされる部分については、その支点反力およびその断面の断面力の影響線は、荷重$P=1$がその部分の上にある場合は、張出ばりの場合と同じである。

(3) 張出ばりの部分の支点反力と、そこにとった断面の断面力の影響線が、荷重$P=1$が単純ばりの部分にきたときにどうなるのかを考えればよい。

関連用語　単純ばり、張出ばり、影響線

29. 減水剤

減水剤は、セメント粒子を分散させる効果を持ち、所定のコンシステンシーを有するコンクリートを得るのに必要な単位水量を減少させることを目的とする混和剤をいう。

減水剤を用いることによりワーカビリティーの改善や、所要のスランプや強度を得るために必要な単位水量や単位セメント量を減らすことができる。コンクリートに減水剤を用いると、通常5～8%程度の減水効果が得られ、若材齢における強度を大きくすることができる。

減水剤には標準形のほか、凝結時間を遅らすように調整した遅延形や凝結時間を早めるように調整した促進形などがある。

関連用語　コンシステンシー（*78*）、混和剤、ワーカビリティー（*113*）、スランプ

(*86*)、単位水量、単位セメント量、AE減水剤（*46*）、高性能AE減水剤（*68*）、高性能減水剤（*68*）

30. 高機能鋼材

高機能鋼材は、一般に使用されている鋼種と比較して、強度やじん性、溶接性、曲げ加工性、耐腐食性などが、より優れた性能を有する鋼材をいう。高機能鋼材には、以下に示すように多くの種類がある。

1）TMCP（Thermo−Mechanical Control Process）鋼

鋼板製造時の加熱から圧延、冷却に至る各工程を適切にコントロールすることにより製造された鋼材。従来鋼より炭素当量を低減でき予熱条件を大幅に改善できるため溶接性に優れ、また強度、靱性も改善される。

2）低降伏比鋼

降伏比を低くすることで塑性変形能力を高めた鋼材。ひずみが大きくても鋼材にエネルギーが吸収されるため、破断しにくい。

3）大入熱溶接用鋼

大入熱溶接が可能な鋼材。調質鋼の溶接ビード近傍は熱サイクルにより調質効果が失われ、軟化、脆化を起こすが、その欠点を補うものである。

4）クラックフリー鋼、予熱低減鋼

溶接施工時の予熱温度低減が可能な鋼材。溶接部に発生する低温割れは、主に溶接部の水素、硬化組織により生ずるので、一般的には低水素溶材を用いたり予熱により溶接部近傍の冷却速度を遅くして水素の放出を促進させるが、その予熱作業を軽減できる鋼材である。

5）耐ラメラテア鋼

板厚方向の強度特性を改善した鋼材。介在物の主なものである硫黄（S）を低減させることにより、ラメラテア（板厚方向に引張応力を受ける溶接継手で鋼板表面に平行な割れが発生する現象）に対する感受性を抑えた鋼材である。

6）LP鋼板

板の長手方向に直線的に板厚を変化させた鋼板。板厚変化などの断面変化に伴う突き合せ溶接を省略できるために、コスト削減に有効である。

7）制振鋼板

サンドイッチ構造のずり変形により振動エネルギーを熱エネルギーに

変換する鋼板。樹脂複合制振鋼板や合金型制振鋼板があり、前者は2枚の鋼板の間に40～60 μmの樹脂を挟み込みロール圧着したものである。

8）耐候性鋼

表面に安定さびを形成し耐食性を呈する鋼材。緻密な保護性さび（安定さび）によってさびの進展を抑制するため無塗装での使用が可能である。保護性さびは、凍結防止剤を散布する地域や塩分の影響を受ける環境、ならびに常時乾燥している部位では形成されにくいが、雨水が直接かかり、かつ水切りの良好な部分では形成されやすい。

9）非磁性鋼

非磁性（透磁率がある値以下）で電気抵抗が大きい高マンガン鋼。浮力の減少や誘導電流による磁場の発生の抑制を目的として、リニアモーターカーのガイドウェイ構造物への適用が考えられている。

10）クラッド鋼

鋼材を母材として、ステンレスやチタンなどの他の金属で被覆されたもの。一般的には被覆金属に耐食性を持たせ、母材で強度を確保するという使い方をしている。

11）降伏点一定鋼

板厚に関係なく規格降伏点を保証した鋼材。板厚が大きくなっても降伏点が下がらない特徴を有している。

12）高強度鋼

引張強さが690 N/mm以上の高強度の鋼材。

関連用語 TMCP鋼、低降伏比鋼、大入熱溶接用鋼、クラックフリー鋼、予熱低減鋼、耐ラメラテア鋼、LP鋼板、制振鋼板、耐候性鋼（*90*）、保護性さび、凍結防止剤、非磁性鋼、クラッド鋼、降伏点一定鋼、高強度鋼

31. 高強度コンクリート

高強度コンクリートは、一般のコンクリートに比べて圧縮強度の高いコンクリートをいう。日本建築学会JASS5では、高強度コンクリートの設計基準強度は36 N/mm^{2}を超える範囲としている。また、土木学会では高強度コンクリートの強度範囲として明確な定義はしていないが、土木構造物では設計基準強度が60～80 N/mm^{2}程度までのコンクリートに適用するとしている。

高強度コンクリートに対して、建築系では実強度で60～100 N/mm^{2}以上

を超高強度コンクリートと呼ぶ研究者が多く、土木系では土木学会の『超高強度繊維補強コンクリートの設計・施工指針（案）』において、超高強度繊維補強コンクリートの圧縮強度を150 N/mm^{2}以上として実構造物にも適用されている。

高強度コンクリートは圧縮強度が高いため、例えばプレストレストコンクリート橋に適用するような場合には断面の寸法を小さくでき、スレンダーで軽量な橋梁にすることが可能になる。また、高強度コンクリートは組織が緻密で強度が高くなるため、劣化因子である塩化物イオンや水が浸透しにくくなり、長期的な耐久性が高まることによりライフサイクルコストの低減も期待される。

関連用語 圧縮強度、設計基準強度（*87*）、超高強度コンクリート、超高強度繊維補強コンクリート、ライフサイクルコスト（*441*）

32. 鋼構造の継手

鋼材の接合は一般に、ボルトによる継手（普通ボルト継手及び高力ボルト継手）と溶接による継手（溶接継手）がある。鋼道路橋の部材の連結においては、連結部の構造はなるべく単純にして、構成する材片の応力伝達が明確で、部材軸に対してなるべく偏心がないような構造が望ましい。

【普通ボルト接合】

普通ボルト接合は、いわゆる普通のボルトで部材同士を接合する方法で、軸力の伝達はボルトそのものに働くという機構である。普通ボルト接合は、継手材と母材の支圧、継手材のせん断を利用した接合といえる。

【高力ボルト接合】

高力ボルト接合は、摩擦接合を主体とした接合方法であり、継手材をボルトで強く締め付けることによって生じる継手材と母材との接触面間における摩擦力で応力を伝達するというものである。そのために高力ボルト接合では、ボルト本体の軸断面のせん断力や接合材の側圧力を期待しないことから、摩擦が切れて滑り出すまでは剛接合としている。高力ボルトは、強度を大きくすると遅れ破壊によって突然ボルトが脆性的に破損することがあるため、強度の制約がある。

【溶接接合】

溶接接合は冶金的接合法の一種であり、ボルト接合などの機械的接合法に比べて次のような利点を持っている。

1）継手の構造形状が簡単なため、材料の節減や腐食対策上有利である。

2）継手設計の自由度が高く、鋼板の厚さに制約を受けることが少ない。

3）継手の剛性が高く、継手効率が高い。

4）水密性、気密性が高いため、継手内部の密閉が可能である。

一方、溶接継手の設計施工にあたっては次のような注意が必要である。

1）局部的な加熱・冷却によって残留応力が発生する。

2）局部的な加熱・冷却によって接合される材片に変形を伴うことがある。

3）内部欠陥や形状欠陥があると、疲労による亀裂の原因になる。

4）外形的あるいは熱影響による不良な溶接により、応力集中箇所ができやすい。

通常用いられる溶接継手の種類には、接合する2材片の間に凹部（グルーブ）を設けて溶接するグルーブ溶接（グルーブ溶接では突合せ部に開先を設ける）と、直交（あるいは斜交）する2面間の隅角部に三角形断面の溶着部を設けるすみ肉溶接とがある。また溶接継手の形状分類として、突合せ継手、T継手、十字継手、かど継手、へり継手などがある。溶接部の許容応力度は、開先溶接の圧縮、引張りに関しては母材と同等とし、せん断に関しては開先溶接、すみ肉溶接ともその$1/\sqrt{3}$をとることとしている。

関連用語 普通ボルト継手、高力ボルト継手、溶接継手（*109*）、支圧、せん断、摩擦接合、剛接合、遅れ破壊（*53*）、冶金的接合法、機械的接合法、残留応力、疲労、応力集中（*53*）、グルーブ溶接、すみ肉溶接、突合せ継手、T継手、十字継手、かど継手、へり継手、許容応力度（*60*）

33. 鋼コンクリート合成床版

鋼コンクリート合成床版は、鋼板や形鋼等の鋼部材とコンクリートが一体となって荷重に抵抗するよう合成構造として設計される床版である。

鋼コンクリート合成床版は、底鋼板や鋼製の主部材の強度が床版強度に占める割合が高いため、活荷重に対する疲労強度はRC床版に対して高く、輪荷重走行試験の結果からもその耐久性が確認されている。また、鋼コンクリート合成床版は、PC鋼材の緊張などの特殊技術がなくても施工可能であり、また型枠支保工が不要であることから、工期を短縮できるとともに、鋼桁架設時に形状保持材としての機能を期待することも可能であるため、施工性と安全性に優れている。

平成14年発行の『道路橋示方書・同解説　Ⅱ鋼橋編』（日本道路協会）には、新しい形式の床版形式として要求性能を満足することが確認できれば、鋼コンクリート合成床版を用いることが可能であることが記述されている。

関連用語　RC床版、PC鋼材、型枠支保工

34. 鋼材の非破壊試験

非破壊試験は、材料や製品の良否を判断するために非破壊で、その表面や内部の状態を試験することである。鋼材の非破壊試験は、一般的には鋼材の溶接部の非破壊検査のことを指すことが多い。

鋼材の非破壊試験には、放射線透過試験、超音波探傷試験、浸透探傷試験、磁粉探傷試験、渦流探傷試験など、さまざまな試験方法がある。一般に、溶接部に対しては、内部のきずを検出する方法として放射線透過試験と超音波探傷試験が、表面や表層部のきずを検出する方法として浸透探傷試験や磁粉探傷試験などが使われている。

(1) 放射線透過試験（RT）

放射線透過試験は、X線やγ線の放射線を試験体に照射して透過した放射線の強さの変化を反対側に配置したフィルムに画像表示して、空洞や割れなどの不連続部（欠陥）を調べる試験である。放射線は物質を透過する性質があり、その透過の程度は物質の種類と厚さより決まることから、この性質を利用して溶接きずなどの情報を検出するというものである。

(2) 超音波探傷試験（UT）

超音波探傷試験は、超音波パルスを試験体中に伝搬させ、内部にあるきずなどの不連続部から反射したパルスを電気信号に変えて、内部欠陥を調べる試験である。超音波には、金属などの物体内部に伝達しやすい、物体内部を伝達しているときに違う材質との境界に当たったりした場合に反射しやすい等の性質があることから、これらの性質を利用して、物体内部のきずや凹凸、空洞の有無を検出するというものである。

(3) 浸透探傷試験（PT）

浸透探傷試験は、きずやクラック等の表面欠陥に浸透させた浸透液を、毛管現象によって試験体表面に吸い出し、きずやクラックを拡大した像の指示模様として知覚的に感知しやすくして行う試験である。浸透探傷試験は、表

面に露出したきずやクラックしか検出することができない。そのため、材料内部にクラック等の欠陥が存在する場合には、放射線透過試験や超音波探傷試験などの非破壊検査方法を用いる必要がある。

(4) 磁粉探傷試験（MT）

磁粉探傷試験は、鉄鋼材料などの強磁性体の試験体を磁化させて、磁粉を試験体の表面に散布し、表面きず部分等に吸着されてできた磁粉模様を利用して、欠陥を調べる試験である。適用できる試験体は、強磁性体すなわち磁石に吸着する材料である炭素鋼や低合金鋼などに限られる。

(5) 渦流探傷試験（ET）

渦流探傷試験は、導体の試験体表面に渦電流を流して、材料に発生する電磁誘導の変化から、きずとその深さを検出する試験である。コイルに電流を流したときに生じる磁界によって、試験体に渦電流を発生させ、きずなどの欠陥により乱れた渦電流のインピーダンス変化を検出するというものである。

関連用語　放射線透過試験、超音波探傷試験、浸透探傷試験、磁粉探傷試験、渦流探傷試験、コンクリートの非破壊検査（*76*）

35. 高性能AE減水剤

高性能AE減水剤は、AE減水剤より高い減水性能を有するばかりではなく、良好なスランプ保持性能を有する混和剤をいう。

高性能AE減水剤は、高強度コンクリートや高流動コンクリートの製造あるいは単位水量を、許容限度を超えないようにする目的で使用されている。

関連用語　混和剤、AE減水剤（*46*）、スランプ（*86*）、高強度コンクリート（*64*）、高流動コンクリート

36. 高性能減水剤

高性能減水剤は、優れた減水性能を有するとともに低凝結遅延性と低空気連行性を特徴とする物質を主成分とする減水剤で、水セメント比の小さい高強度コンクリートの製造に用いられる混和剤をいう。

高性能減水剤を使用することにより、通常のコンクリートと同程度のワーカビリティーを保ったまま、単位水量を15～25％と大幅に減少することができる。半面、使用にあたっては、使用量が多すぎるとセメントの水和が遅れ長期強度に影響すること、あるいは材料分離が生じやすくなること、スラン

プの経時低下が大きいこと、などに考慮する必要がある。

関連用語 減水剤（*62*）、混和剤、ワーカビリティー（*113*）、スランプ（*86*）

37. 鋼繊維補強コンクリート

鋼繊維補強コンクリートは、長さ3～4 cm程度の繊維状に加工した針状の鋼（スチールファイバー）をコンクリート中に均一に混合分散させて、強度を高めたコンクリートをいう。

鋼繊維補強コンクリートは、コンクリートの耐摩耗性を著しく改善することから、舗装用コンクリートとして用いられ、また吹付けコンクリートとしても用いられている。

関連用語 スチールファイバー、耐摩耗性、舗装用コンクリート、吹付けコンクリート（*397*）

38. 構造物の補強工法

耐荷力の増強や耐震性の向上、さらには維持管理面からの耐久性の向上などを目的として既設構造物の補強が行われており、目的ならびに対象とする構造物の種類などに応じてさまざまな補強工法が開発されている。

1）外ケーブル工法

プレストレス導入工法のうち、コンクリート部材の外側に緊張材を配置し、定着部および偏向部を介してプレストレスを与える工法。既設橋の耐荷力向上や応力改善、主桁の連結化だけではなく、施工性、経済性の向上および耐久性向上の目的から、新設の橋梁でも用いられている。

2）鋼板接着工法

損傷したRC床版の下面に鋼板を接着させて、床版の曲げ耐荷力向上を図る工法。一般に、厚さ4.5 mm程度の鋼板を5 mm程度の隙間を確保して固定され、エポキシ樹脂の接着力で既設床版と一体化してRC床版との合成部材として活荷重に抵抗する。

3）繊維シート接着工法

鋼板接着工法と同様に接着工法の1つで、活荷重により床版に発生する引張応力を炭素繊維シートにより補強する工法。

4）耐震壁増設工法

鉄筋コンクリート造の建物の中で、窓等の開口を有している部分の袖壁

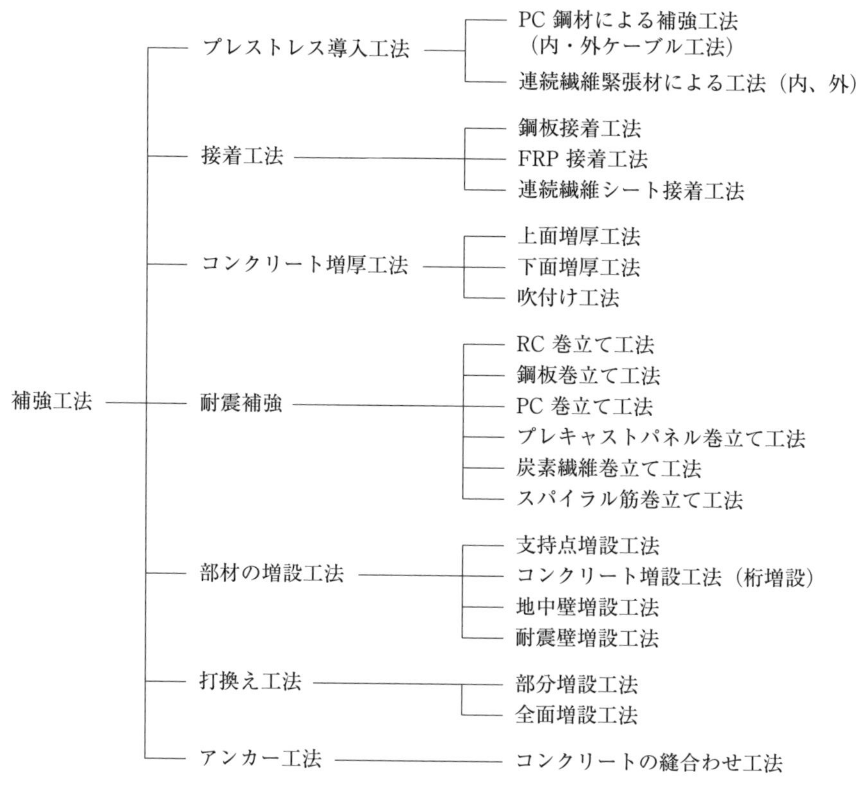

既設構造物の補強工法例

や腰壁を取り除き、開口が無いあるいは開口の小さな鉄筋コンクリートの壁を作ることにより建物の強度を増す工法。

5）上面増厚工法

既設コンクリート床版上面にスチールファイバーコンクリートを打設して新旧コンクリートを一体化させ、床版厚の増加によって補強する工法。

6）下面増厚工法

上面増厚工法と同様に増厚工法の1つで、コンクリート床版下面に鉄筋や炭素繊維格子等の補強材を配置し、これを接着性に優れたポリマーセメントモルタルを合成させることにより、床版の合成を向上させる工法。

関連用語 プレストレス導入工法、接着工法、コンクリート増厚工法、耐震補強、増設工法、打換え工法、アンカー工法

39. 構造用鋼材

道路橋に使用する構造用鋼材には、1）一般構造用圧延鋼材、2）溶接構造用圧延鋼材、3）溶接構造用耐候性熱間圧延鋼材、の3種類があり、鋼材記号としてはそれぞれ「SS」、「SM」、「SMA」が付けられている。鋼材は、強度、伸び、じん性等の機械的性質、化学組成、有害成分の制限、厚さやそり等の形状寸法等の特性や品質が確かなものでなければならない。

また、鋼種の選定にあたっては、部材の応力状態、製作方法、架橋位置の環境条件、防せい防食法等に応じて、鋼材の機械的性質や化学組成、有害成分の制限、形状寸法等の特性や品質を考慮する必要がある。特に気温が著しく低下する地方に架設される橋は、延性的な破壊から脆性的な破壊へと移行するため、じん性に注意して鋼種の選定を行わなければならない。さらに板厚の厚い部材は内部の応力状態が複雑になり、製造あるいは溶接上問題が生じやすいため、じん性のよい鋼材が要求される。また、溶接により拘束力を受ける主要部材で主として板厚方向に引張力を受ける場合には、溶接又はその周辺部に割れが発生する可能性があるので、絞り値等鋼材の板厚方向の特性に配慮しなければならない。なお、主要部材において冷間曲げ加工を行う場合には、内側半径は板厚の15倍程度とするのが望ましいとされている。

鋼材の強度（許容応力度）は鋼種ごとに決められており、例えば溶接構造用圧延鋼材の場合にはSM400、SM490、SM490Y、SM520、SM570などの鋼種があり、それぞれの数値によって許容応力度が異なるが、これらはそれぞれの基準降伏点をもとに、許容軸方向引張応力度及び許容曲げ引張応力度が規定されている。

鋼材は自然環境中において不可逆的に腐食またはさび化していくため、表面被覆、表面改質など、適切な防せい防食の処置を講じる必要がある。

関連用語 一般構造用圧延鋼材、溶接構造用圧延鋼材、溶接構造用耐候性熱間圧延鋼材、延性破壊（*52*）、脆性破壊（*86*）、冷間曲げ加工

40. 降伏点

鋼材などに荷重を加えて次第に増していくと、応力はほとんど増さずに（あるいは下がり）ひずみが急に増す点に達する。このときの応力を降伏点といい、その現象を降伏という。

応力が急に下がる場合のピークの点を上降伏点といい、下がった点を下降

伏点というが、一般に降伏点といった場合には上降伏点のことをさす場合が多い。

鋼材の中には、高張力鋼やPC鋼材のように、明確な降伏点が表れないものがある。このような場合には0.2%の永久ひずみを生じさせる応力（これを耐力という）を求め、これを降伏点に相当するものとして扱っている。また、PC鋼線およびPCより線の場合には、応力の代わりに荷重を用い、0.2%の永久ひずみを生じさせる荷重を降伏荷重と称している。

なお、引張強さに対する降伏点（通常は上降伏点）の割合のことを降伏比という。降伏比が大きいと部材の変形能力が低く、逆に降伏比が小さいほど鋼材の降伏後の伸び能力と耐力が大きいということを表している。

関連用語　ひずみ、降伏、上降伏点、下降伏点、高張力鋼、PC鋼材、PC鋼線、PCより線、降伏荷重、降伏比

41. 高力ボルト接合

高力ボルト接合は、高張力鋼でできたボルトを用いたボルト接合をいい、摩擦接合、引張接合、支圧接合の3種類の方法がある。

高力ボルト摩擦接合は、複数の鋼板等を高力ボルトで締め付ける際に生じる圧縮力で生じる接合材間の摩擦抵抗によって、ボルト直角方向の応力を鋼板等に伝達する接合方法である。ボルト周辺に広く分散した材間圧縮力を介して応力伝達が行われるために応力集中も少なく、応力の流れは滑らかになる。

高力ボルト引張接合は、複数の鋼板等を高力ボルトで締め付ける点は摩擦接合と同様であるが、ボルトの軸方向に応力を伝達する接合方法である。作用外力は主として高力ボルトの締付け力によって生じる材間圧縮力と打消し合う形で応力伝達が行われる。

高力ボルト支圧接合は、複数の鋼板等を高力ボルトで締め付けて得られる接合材間の摩擦抵抗と、リベットや普通ボルトのようなボルト軸部のせん断抵抗および接合材の支圧力とを同時に働かせて、ボルト直角方向の応力を伝達する接合方法である。高力ボルト支圧接合では、応力の伝達がボルトのせん断変形によって行われる。そのため、高力ボルト支圧接合と溶接では力と変位の関係が著しく異なっているので『道路橋示方書・同解説　Ⅱ鋼橋編』（日本道路協会）では、溶接と高力ボルト支圧接合とは併用してはならないとしている。

高力ボルト接合において、外側の板が局部座屈するようなことがあると高力ボルト継手の性能が十分に発揮できず、また密着が悪いと腐食の原因にもなる。そのためにボルトの最大中心間隔は、ボルト間の材片が局部座屈することがなく、かつ材片の密着性が確保できる寸法以下に定められている。また、ボルト孔の中心から板の縁までの最小距離は、ボルトがその強度を発揮する前に縁端部が破断しないように決める必要がある。

関連用語 摩擦接合、引張接合、支圧接合、溶接、ボルトの最大中心間隔、ボルト孔の中心から板の縁までの最小距離

42. 高炉セメント

高炉セメントは、潜在水硬性を有する高炉スラグを混合材として用いたセメントをいう。高炉セメントには、高炉スラグを5～30%混合したA種、30～60%混合したB種、60～70%混合したC種の3種類があり、一般的にはB種高炉セメントが用いられる。高炉セメントを使用したコンクリートは、1）長期強度が大きい、2）耐海水性や化学抵抗性に優れている、3）断熱温度上昇速度が小さい、4）アルカリシリカ反応が抑制される、等の特徴を有している。

しかしながら反面、初期の湿潤養生を十分に行わないと所要の品質が得られないことや、高炉スラグの均一性に影響を受ける、また混合材の混合割合が多くないと断熱温度上昇量があまり低くならない、などの点に注意する必要がある。

高炉セメントは、主に海洋構造物や、ダム、トンネル、下水工事等に使用されている。

関連用語 高炉スラグ、セメント（*87*）、長期強度、化学抵抗性、断熱温度上昇速度、アルカリシリカ反応、混合セメント

43. コンクリート構造物のひび割れ

コンクリート構造物においては、ひび割れの発生しにくいコンクリートを用いることはきわめて重要である。一方で、構造物の性能に悪影響を及ぼさない程度のひび割れも許容しない等の過度な対策を講じることは、必ずしも経済的で合理的な対応とはならない。そのため、ひび割れの発生はできるだけ少なく、また発生してもひび割れ幅を限界値以下に制御することによって、

鋼材を保護する性能および水密性や気密性等への悪影響が無い範囲にとどめる必要がある。

施工段階で発生するひび割れには、沈みひび割れ、プラスチック収縮ひび割れ、温度ひび割れ、自己収縮ひび割れ、乾燥収縮ひび割れ等があるが、これらの発生はできるだけ少ないものでなければならない。これらのひび割れのうち、初期ひび割れに対する照査で照査されるひび割れは、セメントの水和に起因する温度ひび割れと収縮に伴うひび割れである。ひび割れが少なく、耐久性や水密性に優れたコンクリート構造物を構築するためには、運搬、打込み、締固め等の作業に適する範囲内で、できるだけ単位水量を少なくし、材料分離の少ないコンクリートを使用することが基本である。

沈みひび割れを防ぐためには、減水効果を有する混和材料を用い、単位水量の少ない配合とする。打込み面の沈みひび割れについては施工上、ブリーディングを低減するとともに適切な時期にタンピングや再振動を施すことによって防ぐことができる。

プラスチック収縮ひび割れは、コンクリートを打ち込んだ後に表面からの急激な乾燥を防止すれば、一般に防ぐことができる。

温度ひび割れを防ぐためにコンクリートの温度上昇を抑制するには、水和熱の小さいセメントの選定や単位セメント量をできるだけ少なくすることが重要であり、施工方法としては材料の温度を低く抑える等の処置が有効である。

自己収縮は、水セメント比の小さい範囲で大きくなり、使用するセメントの種類や混和材によって大きく相違するとともに、高温度履歴を伴うマスコンクリートにおいても無視できない。したがって、高強度コンクリートなどの自己収縮への配慮が必要なコンクリートの場合には、材料や配合を適切に選定することが重要である。

乾燥収縮の抑制には、単位水量をできるだけ少なくするとともに骨材の選定にも留意する。また、膨張剤や収縮低減性を有する化学混和剤などの乾燥ひび割れの抑制効果が確かめられた混和材料を用いることも有効である。

関連用語 沈みひび割れ、プラスチック収縮ひび割れ、温度ひび割れ（*54*）、自己収縮ひび割れ、乾燥収縮ひび割れ、単位水量、混和材、ブリーディング（*106*）、マスコンクリート（*108*）、高強度コンクリート（*64*）、膨張剤

44. コンクリートの乾燥収縮

コンクリートの乾燥収縮は、コンクリートが乾燥を受けて硬化体中の水分が失われるときに、収縮する現象である。乾燥収縮は、変形に応じて発生する応力が大きく、コンクリート打込み後のごく早い時期に直射日光や風等により、表面だけが急激に乾燥するとひび割れが生じる。乾燥収縮の経時変化は、構造物の周辺の温度、相対湿度等の環境条件、結合材や骨材等の使用材料の種類、コンクリートの配合及び部材断面の形状寸法の影響を受ける。

コンクリートの乾燥収縮は、セメント水和物の化学的、鉱物的な性質の変化ではなく、水分逸散に伴う物理的な挙動と考えられており、その機構の主な理論としては毛細管張力機構、分離圧機構、表面張力機構、層間水の移動機構などがある。一般には複数のメカニズムが混在していると受け取られており、中・高湿度域では毛細管張力機構と分離圧機構、低湿度域では表面張力機構と層間水の移動機構を有力とする説が多い。

コンクリートの乾燥収縮は、一般に部材厚さの増大とともに小さくなる。すなわち乾燥収縮ひずみは、コンクリートの体積表面積比（V/S）に反比例する。また、単位水量が多いほど大きくなる。

関連用語　乾燥収縮ひずみ、コンクリートの体積表面積比（V/S）、単位水量

45. コンクリートの強度性状

硬化したコンクリートの強度には、圧縮強度、引張強度、曲げ強度、せん断強度、付着強度などがある。

コンクリートの圧縮強度は通常、コンクリート構造物の設計基準強度に用いられるもので、一般には一軸圧縮試験による最大荷重を、加圧軸に直交する供試体面積で割った値をいう。コンクリートに必要な強度は、圧縮強度のほかに曲げ強度、引張強度などもあるが、これらの強度も圧縮強度によって大体判断できる。

コンクリートの引張強度は、割裂引張強度試験によって求められ、引張強度は圧縮強度のおよそ1/10～1/13である。また、コンクリートの曲げ強度は3等分点載荷法による曲げ試験によって求められ、曲げ強度は圧縮強度のおよそ1/5～1/7である。

コンクリートの圧縮強度に影響を及ぼす要因は、セメントの種類・粗骨材の最大寸法・粗骨材の種類・混和材料の種類など使用材料によるもの、水セ

メント比・空気量など配合によるもの、養生温度・養生時の乾湿など養生条件によるもの、載荷速度・試験時の乾湿・供試体端面の平滑度や拘束度などの試験条件によるものなどがある。

養生条件が良好であることを前提にすれば、コンクリートは半永久的に強度が増加するといわれているが、標準養生の場合には材齢28日までに水和反応が進行し、その後の強度増加が少ないことから、一般のコンクリート構造物では材齢28日の圧縮強度、舗装コンクリートでは材齢28日の曲げ強度を設計基準強度としている。また、ダムコンクリートでは材齢91日の圧縮強度を設計基準強度としている。なお、高強度コンクリートの長期強度性状に関する研究結果によると、材齢28日から91日までの強度増進は小さいが91日から15年までの強度増進は大きいという報告がある。

与えられた材料に対し、コンクリートの強度に最も影響のあるものは、W/CまたはC/Wである。

関連用語　圧縮強度、引張強度、曲げ強度、せん断強度、付着強度、設計基準強度(*87*)、一軸圧縮試験(*7*)、割裂引張強度試験、3等分点載荷法、水セメント比(*109*)、空気量、養生、W/C、C/W

46. コンクリートの練混ぜから打ち終わりまでの時間

コンクリートを練り混ぜてから打ち終わるまでの時間の限度は、コンクリートの配合、使用材料、温度、湿度、運搬方法等によって変わるため、これらの条件を考慮したうえで、個々の工事に即した限度を設定するのが良い。

コンクリート標準示方書［施工編］（土木学会）では、練混ぜから打ち終わりまでの時間について「練り混ぜてから打ち終わるまでの時間は、外気温が25℃以下のときで2時間以内、25℃を超えるときで1.5時間以内を標準とする。」としている。

関連用語　コンクリート標準示方書

47. コンクリートの非破壊検査

非破壊検査は、コンクリート構造物などを破壊することなく、その品質や状態を検査する方法をいう。非破壊検査の方法にはその目的によってさまざまな方法があるが、検査によって得られるデータごとに検査方法を示すと次ページのとおりとなる。

コンクリートの非破壊検査の種類

評価の対象		非破壊検査の種類
品質	強度・弾性係数	テストハンマー法（シュミットハンマー法） 超音波法、衝撃弾性波法、打音法 引抜き法 共鳴振動法
	材料劣化	超音波法 AE 法
内部欠陥	ひび割れ	超音波法 AE 法 サーモグラフィー法 X 線透過法
	空隙・剥離	超音波法 衝撃弾性波法、打音法 サーモグラフィー法 電磁波レーダー法 X 線透過法
	鉄筋腐食	自然電位法などの電気化学的方法 X 線透過法
鉄筋探査（かぶり・鉄筋径）		電磁誘導法 電磁波レーダー法

関連用語 テストハンマー法（シュミットハンマー法）、超音波法、衝撃弾性波法、打音法、引抜き法、共鳴振動法、AE法、サーモグラフィー法、X線透過法、電磁波レーダー法、自然電位法（*84*）、電磁誘導法（*98*）、鋼材の非破壊試験（*67*）

48. コンクリートの劣化機構と劣化機構による変状の外観上の特徴

コンクリート標準示方書の［維持管理編］では、対象としている中性化、塩害、凍害、化学的侵食、アルカリシリカ反応、疲労、すりへりの劣化機構による変状の外観上の特徴として次のようにまとめている。

鋼材軸方向のひび割れ、コンクリート剥離 …………… 中性化
鋼材軸方向のひび割れ、さび汁、コンクリートや …… 塩害
鋼材の断面欠損
微細ひび割れ、スケーリング、ポップアウト、変形 …… 凍害

変色、コンクリート剥離	化学的侵食
膨張ひび割れ（拘束方向、亀甲状）、ゲル、変色	アルカリシリカ反応
格子状ひび割れ、角落ち、エフロレッセンス	疲労（道路橋床版）
モルタルの欠損、粗骨材の露出、コンクリートの断面欠損	すりへり

関連用語　中性化（*95*）、塩害（*51*）、凍害（*98*）、化学的侵食、アルカリシリカ反応、疲労、すりへり、スケーリング、ポップアウト、エフロレッセンス

49. コンシステンシー

コンシステンシーは、主として水量の多少によるやわらかさ（変形あるいは流動性に対する抵抗性）の程度をいう。

一般のコンクリートのコンシステンシーは、スランプ試験によるスランプ値によって表す。また、高流動コンクリートや水中不分離性コンクリートではスランプフロー試験が用いられ、舗装用コンクリートのような硬練りコンクリートではスランプ試験とV.B.試験が併用されて用いられることが多い。

コンシステンシーに影響を及ぼす要因としては、①水量、②空気量、③粗骨材の最大寸法、④骨材粒形、⑤粗粒率及び細骨材率、⑥AE剤、AE減水剤、減水剤、⑦フライアッシュ、⑧温度、などがある。なお、単位水量を一定とした場合、水セメント比の変化はコンクリートのコンシステンシーにはあまり影響を及ぼさない。

関連用語　スランプ（*86*）、高流動コンクリート、水中不分離性コンクリート、スランプフロー試験（*86*）、舗装用コンクリート、V.B.試験、ワーカビリティー（*113*）、プラスティシティー（*105*）、フィニッシャビリティー（*105*）

50. 細骨材率

細骨材率（s/a）は、コンクリート中の細骨材量と骨材全量との絶対容積比を百分率で表したものをいう。細骨材率の計算では、骨材のうち5 mmふるいを通る部分を細骨材、5 mmふるいにとどまる部分を粗骨材として算出する。

細骨材率は、コンクリートの配合設計において大切な項目の1つであり、細骨材率の値が小さくなると、同じスランプのコンクリートを得るのに必要な単位水量は減少し、単位セメント量の低減も図れるが、粗骨材とモルタル

が分離しやすくワーカビリティーが悪くなる。一方、細骨材率が大きくなりすぎると、細かい砂が多くなるので流動性が悪くなるとともに、単位水量や単位セメント量が大きくなる。

関連用語 スランプ（*86*）、単位水量、単位セメント量、ワーカビリティー（*113*）、粗粒率（*90*）

51. 座屈

座屈は、細長い柱や薄い板が縦方向の圧縮力を受けたときに、横方向に変形を起こす現象をいう。

座屈にはオイラー座屈、横座屈、局部座屈がある。座屈を引き起こす荷重をその構造の座屈荷重といい、座屈荷重はその構造の曲げ剛性および座屈長さ（形状）に依存するために、材料の強度（降伏応力）とは無関係に幾何学的な条件だけで決まる。オイラー座屈は湾曲座屈ともいい、両端ピン支持（両端回転自由）の等断面圧縮材において完全弾性体としての座屈荷重 P_{cri} はオイラーの座屈荷重として次式で表される。

$$P_{cri}=\pi^2\cdot EI/l^2=\pi^2\cdot EA/\lambda^2$$

（E：鋼材のヤング係数、I：圧縮材の断面2次モーメント、l：両支点間の部材長、λ：細長比）

また、柱の支持方法が異なる場合のオイラーの座屈荷重 P の計算式は、次のようになる。

$$P=n\pi^2\cdot EI/l^2=n\pi^2\cdot EA/\lambda^2$$ （n：端末係数）

代表的な端末係数の値

端末支持条件	端末係数 n
一端固定	0.25
両端固定	4
一端回転自由、一端固定	2.046
両端回転自由	1

なお、座屈荷重を求める場合の部材長は端部の条件によって異なり、端部条件を考慮した座屈長（両端ヒンジの場合を基準とした換算長）を有効座屈長と呼んでいる。柱部材の長さを l としたときの柱の有効座屈長 l_e は、端部の条件によってそれぞれ次のようになる。

両端ヒンジの場合　　　　　　　：$l_e = l$

一端固定、一端自由の場合　　　：$l_e = 2\ l$

一端固定、一端ヒンジの場合　　：$l_e = 0.7\ l$

両端固定の場合　　　　　　　　：$l_e = 0.5\ l$

両端固定、一端移動自由の場合：$l_e = l$

部材の細長比が小さいほど、断面2次半径が大きいほど座屈しにくい。一方、横座屈は部材にかかる力が曲げによる場合に生じる座屈である。座屈による最大たわみの値は、柱の座屈モードだけではなく部材長や部材のヤング係数などによっても変わる。

部材が薄板により構成される場合には、面内に圧縮応力が作用しても座屈が生じないように補剛設計が行われる。

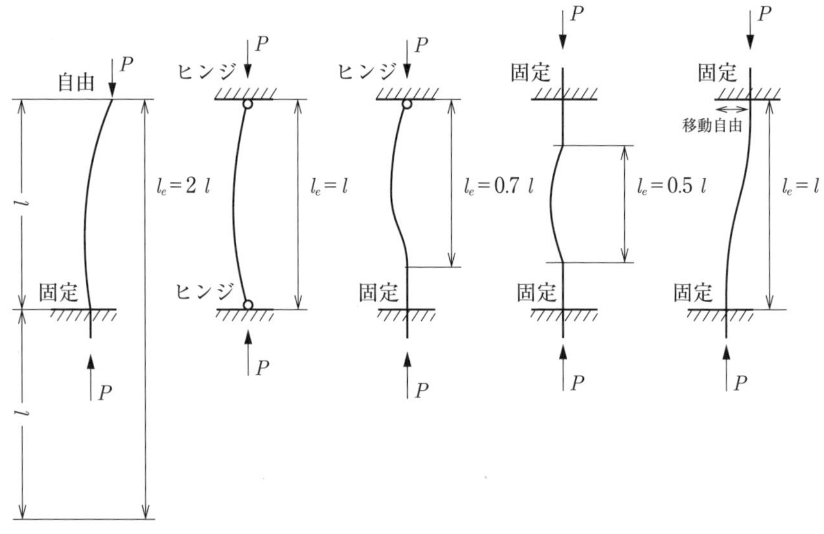

端部条件に対する有効座屈長

関連用語 オイラー座屈、横座屈、局部座屈、座屈荷重、オイラーの座屈荷重、ヤング係数、断面2次モーメント（*93*）、端末係数、有効座屈長、細長比（*107*）、断面2次半径（*92*）、補剛設計

52. 支承

橋梁の支承は、載荷や温度変化、クリープなどによる上部構造の伸縮や回転を円滑に行わせる基本機能と、減衰機能やアイソレート機能（水平方向に上部構造をやわらかく支持することで固有周期を長くして地震力低減する機能）、振動制御機能などの振動に対する付加的な機能を有し、橋梁の上部構造を安定に支持し、その荷重を下部構造に均等に分布させるための部分またはその構造をいう。

支承部の機能と機構は次の図に示すように種々のものがある。

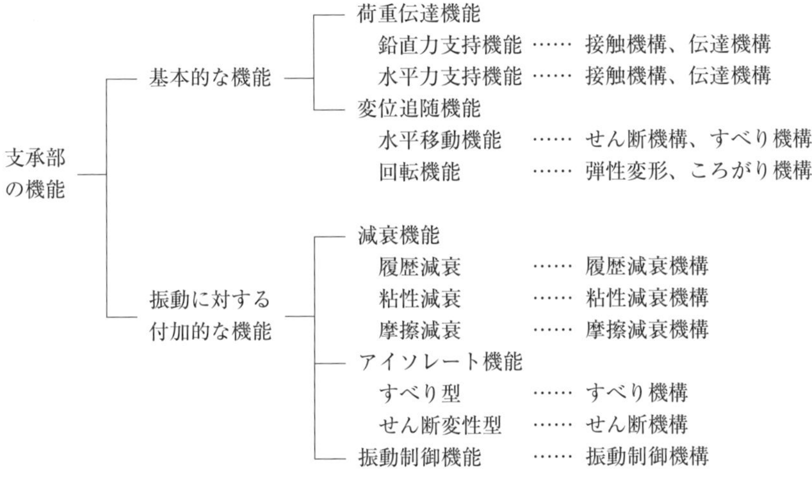

支承部の機能と機構

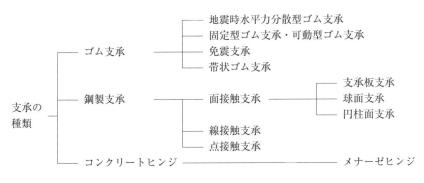

- 支承の種類
  - ゴム支承
    - 地震時水平力分散型ゴム支承
    - 固定型ゴム支承・可動型ゴム支承
    - 免震支承
    - 帯状ゴム支承
  - 鋼製支承
    - 面接触支承
      - 支承板支承
      - 球面支承
      - 円柱面支承
    - 線接触支承
    - 点接触支承
  - コンクリートヒンジ ― メナーゼヒンジ

支承の種類

また、支承部を適用別に分類すると、1）水平力の支持方法による分類、2）機能構成による分類、3）耐震設計における支承部のタイプ、にそれぞれ分けられる。水平力の支持方法による分類では、固定支持型、可動支持型、ゴム支承のせん断変形を利用する弾性支持型、の3種類に分けられる。さらに、機能構成による分類では機能一体型と機能分離型に、そして耐震設計における支承部のタイプは、タイプBの支承部とタイプAの支承部とにそれぞれ分けられる。

タイプBの支承部は、レベル2地震動により生じる地震力に対して所定の性能を確保する必要があるものを想定し、タイプAの支承部は、発生頻度が比較的高いレベル1地震動に対しては機能を損なうことなく確実に抵抗できる構造を想定している。そのために、タイプAの支承部はレベル2地震動により生じる水平力に対しては、変位制限構造と補完しあって慣性力に抵抗する構造としている。なおこの場合は、両端に橋台を有するけた長50 m以下の橋のように比較的地震による振動を生じにくい橋に限定している。

支承の種類は、使用材料や必要とされる機能などによって種々の形式が考えられるが、計画にあたっては橋を安全かつ確実に支持することを基本とし、最適な形式の選定を行う必要がある。

なお、吊り橋や斜張橋などの吊形式の橋梁では、規模と構造的な特性から、鉛直方向に荷重を伝達する構造と水平力を支持する構造を組み合わせた支承を採用することが多い。鉛直方向の荷重を伝達する構造には、両端部にピンを使ったアイバー状の部材で上部と下部の構造を連結し、水平方向には連結部材の傾きで追随するペンデル支承がある。このペンデル支承は、橋軸直角方向の水平力には抵抗できない構造のため、水平力を支持するウインド支承などと組み合わせて使用されることが多い。

関連用語　基本機能、減衰機能、アイソレート機能、振動制御機能、振動に対する付加的な機能、水平力の支持方法による分類、機能構成による分類、耐震設計における支承部のタイプ、固定支持型、可動支持型、弾性支持型、機能一体型、機能分離型、タイプBの支承部、タイプAの支承部、レベル2地震動、レベル1地震動、変位制限構造、ゴム支承、鋼製支承、コンクリートヒンジ、ペンデル支承、ウインド支承

53. 地震動（震度とマグニチュード）

地震の規模を表す尺度をマグニチュードと呼び、ある地点での地震の揺れの程度を表す量を震度と呼んでいる。

【震度】

地震による揺れの大きさは、地震のエネルギー規模だけではなく、震源からその地点までの距離や震源の深さ、伝播経路、その地点周辺の地盤条件等に左右される。わが国では、地震による揺れの度合いを10階級（0、1、2、3、4、5弱、5強、6弱、6強、7）に分けた「気象庁震度階級」が使われている。この震度階級は、全国各地にある約600の震度観測点の計測震度計による計測震度によって求めるもので、それまでの体感や建物の倒壊率などによって決めていた震度の算定方法が改められて、平成8年（1996）10月から運用されたものである。この震度階級は日本独自のものであり、欧米では12階級の「改正メルカリ震度階（MM震度階）」が、国際的には12階級（Ⅰ“無感”～Ⅻ“景色が変わる”）の「MSK震度階」というものが使われている。なお、耐震設計においては、別の意味の震度が設計震度という言葉で使われている。

【マグニチュード】

マグニチュードは、1935年にアメリカの地震学者リヒターが考案した尺度で、震源から放出される地震波のエネルギーの大きさを間接的に表現する手段として用いた。マグニチュードの定義は、震源の真上の地表から100 kmの位置に設置してあるウッドアンダーソン型地震計の記録の片振幅をマイクロメートル（1/1000 mm）の単位で読みとり、これを対数で表した数値としており、リヒタースケールといわれている。

地震の性質は多様であるため、1種類の尺度では地震の規模を正確に表現できないため、地震計で観測した地震波の周期が20秒程度の表面波の最大の揺れと、地震計と震央との距離からマグニチュードを求める表面波マグニチュードや、震源となった断層のずれの量、断層の面積、断層付近の岩盤の性質などの断層運動からマグニチュードを求めるモーメントマグニチュード、地震計で観測した地震波の実体波（P波とS波）の最大の揺れと周期、震源の深さなどからマグニチュードを求める実体波マグニチュード、津波の大きさから求める津波マグニチュードなど7種類のマグニチュードがある。わが国では、表面波マグニチュードの一種の「気象庁マグニチュード」が用いられており、Mで表している。

地震のエネルギーは、グーテンベルクとリヒターによってマグニチュードとの間に次の関係式が提出されている。

$\log E = 4.8 + 1.5M$　（Eは地震波として出されたエネルギーをergの単位で表したもの。Eの単位はジュール（J））

この関係式から、マグニチュードが1増えると、地震のエネルギーは約32倍になり、2増えれば、エネルギーは32倍の32倍なので1,000倍ということが算出される。

関連用語 震度、気象庁震度階級、改正メルカリ震度階、MSK震度階、マグニチュード、リヒタースケール、表面波マグニチュード、モーメントマグニチュード、実体波マグニチュード、津波マグニチュード、気象庁マグニチュード、地震のエネルギー

54. 自然電位法

自然電位法は、コンクリート中の鋼材腐食の推定を行うために最もよく用いられる非破壊検査法の1つである。コンクリート中の鉄筋の腐食は、電気化学反応であるため、鉄筋は腐食状態に対応した電位を示すということを利用した測定法である。

関連用語 鋼材腐食、非破壊検査法、分極抵抗法

55. 純断面積

純断面積は、引張力を受ける部材にリベット孔やボルト孔がある場合に、設計計算に用いる断面積をいう。引張力を受ける部材にボルト孔が設けられる場合の有効断面積には、幅と板厚の積からボルト孔の断面積を引いた純断面積を用いる。

56. 暑中コンクリート

暑中コンクリートは、日平均気温が一般に25℃を超える時期に施工されるコンクリートをいう。

暑中コンクリートでは、スランプ低下、単位水量の増加、凝結の促進、コンクリート表面からの急激な水分蒸発などによりコールドジョイントやひび割れの発生、長期強度の低下などが生じやすくなる。そのため、これを防止するためには、①AE減水剤遅延形や減水剤遅延形、高性能AE減水剤を使

用する、②材料はなるべく低温のものを用いるが場合によってはクーリングを行う（コンクリートの温度を1℃下げるのに次のいずれかについて、セメント温度で8℃、水の温度で4℃、骨材温度で2℃下げればよい）、③コンクリートに接する部分は散水して十分に湿らせるとともに打込み直後から湿潤養生を行う、などの対策が必要となる。

関連用語 スランプ（*86*）、単位水量、コールドジョイント、寒中コンクリート（*56*）、AE減水剤遅延形、減水剤遅延形、高性能AE減水剤（*68*）

57. 伸縮装置

伸縮装置は、橋梁の種々の変位を平滑に行うことができるよう、桁の端部に設ける装置で、ジョイントと呼ばれることもある。伸縮装置に段差や破損、はがれ、き裂などが発生すると、衝撃音の発生や走行性に悪影響を与える。

伸縮装置は、以下の性能を満足するよう、適切な形式、構造及び材料を選定するものとしている。(1) 桁の温度変化、コンクリートのクリープおよび乾燥収縮、活荷重等による橋の変形が生じた場合にも、車両が支障なく通行できる路面の平坦性を確保する。(2) 車両の通行に対して耐久性を有する。(3) 雨水等の侵入に対して水密性を有する。(4) 車両の通行による騒音、振動が極力発生しないよう配慮した構造とする。(5) 施工、維持管理及び補修の容易さに配慮した構造とする。

また伸縮装置は、耐震設計上の供用性を確保する観点から、レベル1地震動に対して損傷を生じないように設計することとしている。

耐震設計上有利となるだけでなく、橋梁全体の振動や伸縮装置部の衝撃音を緩和できることから、単純桁の連続化が行われる。

関連用語 ジョイント、クリープ（*61*）、乾燥収縮、活荷重（*54*）、レベル1地震動、単純桁の連続化

58. 水和熱

セメントの水和熱は、セメントに水を加えたときに生じる化学反応の際に発生する熱をいう。水和熱による発熱量はセメントの種類によって異なるが、熱によってコンクリート内に応力が生じるため、マスコンクリートでは特に水和熱が重視される。そのため、マスコンクリート用として水和熱が低い中庸熱セメントが製造されている。

水和熱の試験は、ヘスの法則を応用した溶解熱方法で行われるが、この方法は中庸熱セメント以外のセメントにも適用できる。

関連用語 マスコンクリート（*108*）、中庸熱セメント、ヘスの法則、溶解熱方法

59. スランプ

スランプは、まだ固まらないコンクリートのコンシステンシーの指標として用いられる値をいう。コンクリートのスランプ試験は、スランプコーンの中にコンクリートを入れて突きならした後にコーンを引き上げたときの、その頂部からのコンクリートの下がりをセンチメートル単位で測定するものである。

スランプの大きいコンクリートは、一般に材料分離を生じやすく、打込み後のコンクリートが不均一になりやすく、乾燥収縮も大きい。そのためコンクリートのスランプは、作業に適するコンシステンシーが得られる範囲内で、できるだけ小さい値を選定する必要がある。

関連用語 コンシステンシー（*78*）、スランプ試験（*86*）、乾燥収縮

60. スランプ試験／スランプフロー試験

スランプ試験は、フレッシュコンクリートのワーカビリティーやコンクリートの均質性を確認するための試験である。上面が直径100 mm、底面が直径200 mm、高さ300 mmのスランプコーンにコンクリートを詰めた後、ゆっくりとスランプコーンを引き抜き、自重で沈下した量を、スランプコーンの天端から引き抜いた後のコンクリートの天端までの距離で表す。

一方、高流動コンクリートや高強度コンクリートは、流動性が高いためにスランプ試験による計測が難しいことから、スランプフロー試験を行う。スランプフロー試験は、スランプコーンを抜いた後に、円形に広がったコンクリートの直径を測定するものである。

関連用語 ワーカビリティー（*113*）、スランプコーン、高流動コンクリート、コンシステンシー（*78*）

61. 脆性破壊

脆性破壊は、ガラスや陶器などのように外部からある程度以上の力が加わると、小さな変形で亀裂が瞬間的に生じて壊れてしまう現象をいう。鉄鋼材

料でも、構造物の使用環境が、当該鋼材が保有する特性に比べて、より低温であったり予想外の衝撃力が加わったりすると、この脆性破壊が発生しやすくなる。特に低温による破壊の場合は、低温脆性破壊という。破壊の形態は、壊れた破面を観察することにより、何によって破壊したかを推定することができるが、脆性破壊は、比較的平たんできらきらと輝く破面を呈し、マクロ的にはシェブロンパターンと呼ばれる魚の背骨状の模様が見られる。

脆性破壊は小さな変形で、非常に高速な伝播であるため、瞬時の破壊を起こし構造物の不安定破壊の代表的なものといわれている。阪神淡路大震災での多くの溶接構造物も溶接継手周辺を起点として、脆性破壊により破壊したことが報告されている。

関連用語 低温脆性破壊、シェブロンパターン、溶接構造物、延性破壊（*52*）、疲労破壊（*104*）

62. 設計基準強度

設計基準強度は、コンクリート部材の設計において基準となる強度をいう。コンクリート構造物がその供用期間中、所定の安全性や供用性を有しているためには、使用するコンクリートが、設計段階で想定した強度、すなわち、設計基準強度を有しなければならない。

コンクリートの設計基準強度は、一般に材齢28日の圧縮強度で表す。また、舗装用コンクリートは材齢28日の曲げ強度を、ダムコンクリートは材齢91日の圧縮強度を使用する。これらの強度の場合には、それぞれ設計基準曲げ強度、91日設計基準強度という。

コンクリートの配合強度は、設計基準強度に現場に応じた割増係数を乗じて求める。

関連用語 圧縮強度、曲げ強度、設計基準曲げ強度、91日設計基準強度、配合強度（*101*）

63. セメント

セメントは、JIS規格に規定された（1）ポルトランドセメント、（2）混合セメント、（3）それ以外のセメント、そして特殊なセメントに大別することができ、これらのうちわが国で生産されているセメントのほとんどは、ポルトランドセメントと混合セメントである。JISに品質が規定されたセメント

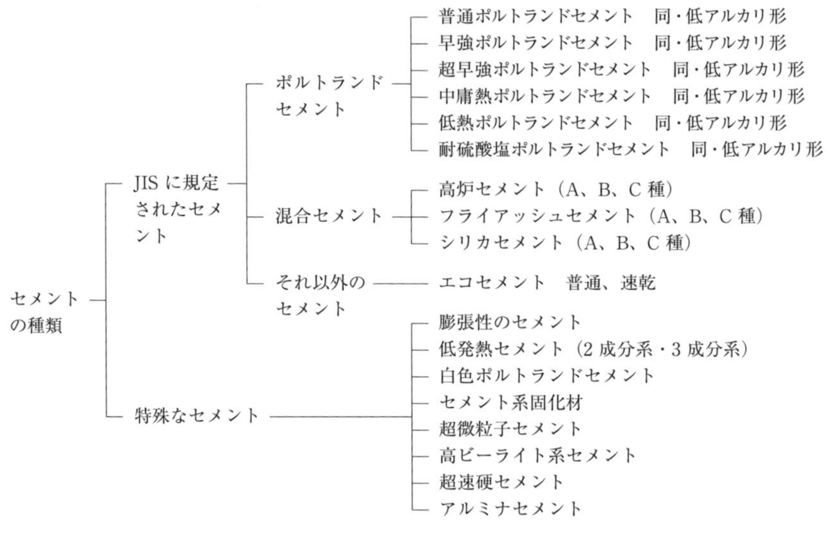

セメントの種類

には、ポルトランドセメント、高炉セメント、フライアッシュセメント、シリカセメント、エコセメントがある。

普通ポルトランドセメントは、全国どこでも入手できる最も汎用性の高いセメントであり、国内で使用されるセメントの約70%が普通ポルトランドセメントである。

早強ポルトランドセメントは、短期間で高い強度を発現するために、初期強度の発現性に優れるエーライト（C_3S）の含有率を高めるとともに、セメント粒子を細かくして水と接触する面積を多くしたセメントである。早強ポルトランドセメントは、普通ポルトランドセメントが材齢7日で発現する強さがほぼ3日で得られる特性を持っており、緊急工事や初期強度を要するプレストレストコンクリート工事、あるいは日平均気温が4℃以下になることが予想されるような寒冷期の工事などに使用される。なお、高温環境下で早強ポルトランドセメントを用いると、凝結が早いためコンクリートにこわばりが生じて均しが困難になったり、コールドジョイントが発生しやすくなったりすることがある。また、水和熱が大きいため、それに伴う温度ひび割れが発生しやすい。

超早強ポルトランドセメントは、普通ポルトランドセメントが材齢7日で発現する強さがほぼ1日で得られる特性を持っており、緊急補修用などに使用される。

中庸熱ポルトランドセメントは、普通ポルトランドセメントに比べ、水和熱が低く、長期強度に優れ、ダムなどのマスコンクリートに使用される。

低熱ポルトランドセメントは、中庸熱ポルトランドセメントより水和熱が低く高流動性に対応するセメントである。材齢初期の圧縮強さは低いが、長期において強さを発現する特性を持っており、高流動コンクリート、高強度コンクリートに使用される。

セメントは種類に応じて特徴があり、品質にも大きな差異があるためセメントを選定する場合は、構造物の種類、断面寸法、位置、気象条件、工事の時期、工期、施工方法等によって、所要の性能のコンクリートが経済的に安定して得られるように選ぶ必要がある。

関連用語 ポルトランドセメント、混合セメント、フライアッシュセメント（*105*）、高炉セメント（*73*）、シリカセメント、エコセメント（*51*）、普通ポルトランドセメント、早強ポルトランドセメント、超早強ポルトランドセメント、中庸熱ポルトランドセメント、低熱ポルトランドセメント、エーライト（C_3S）

64. せん断応力

せん断応力は、はりに曲げモーメントが作用した場合に受けるせん断力によって部材断面に生ずる応力をいう。せん断応力には、はりを垂直に切断しようとする垂直せん断応力と、はりが曲がるときにはりの水平断面にずれを起こさせようとする水平せん断応力がある。この2つのせん断応力は、はりが釣り合いの状態にあるときはその大きさは等しい。

せん断応力の大きさの分布は上下縁でゼロ、中立軸で最大となる曲線で示され、次式で求められる。

$$\tau = SQ / Ib$$

（S：応力を計算しようとしている点のせん断力、Q：せん断力を求めようとする断面の点と上縁または下縁間の面積にその面積の図心から中立軸までの距離を乗じたもの、I：中立軸に関する断面2次モーメント、b：せん断力を求めようとする断面の点の幅）

関連用語 垂直せん断応力、水平せん断応力、中立軸、断面2次モーメント（*93*）

65. せん断中心

せん断中心は、荷重の作用線が部材断面内の1つの点を通るときに、その部材にねじれ変形（ねじりモーメント）が発生しないような位置をいう。

対称断面であるI形断面や箱形断面において荷重の作用線が図心を通るような場合には、図心とせん断中心が一致して断面にねじりモーメントは発生しないが、溝形断面のように非対称断面ではせん断中心と図心が一致しないので、ねじりモーメントの評価に留意する必要がある。

関連用語　ねじりモーメント

66. 塑性断面係数

塑性断面係数は、部材の全断面が降伏して全塑性モーメントに達したときの断面係数のことをいう。σ_yを降伏応力、M_pを断面全体が塑性状態になったときの曲げモーメント（全塑性モーメント）、Z_pを塑性断面係数とすると、$\sigma_y = M_p / Z_p$の関係が成り立つ。なお、長方形断面の塑性断面係数は、$Z_p = bh^2 / 4$になる。

関連用語　全塑性モーメント、断面係数（*95*）

67. 粗粒率

粗粒率（F.M.：Fineness Modulus）は、骨材粒度の粗さを示す目安の値として、80、40、20、10、5、2.5、1.2、0.6、0.3、0.15 mmの各ふるいにとどまるものの質量百分率の和を求め、これを100で除した値をいう。骨材の粒径が大きいほど粗粒率の値は大きくなり、一般に細骨材で2.3～3.1、粗骨材で6～8程度の値となる。

関連用語　骨材粒度の粗さ、細骨材、粗骨材、細骨材率（*78*）

68. 耐候性鋼

耐候性鋼は、適量の銅、リン、クロム、ニッケルなどの合金元素を普通鋼材に添加することで、大気中での適度な乾湿の繰り返しにより鋼材表面に緻密な保護性さび（安定さび）を形成させ、さびの進展を抑制することで腐食速度を低下させる鋼材である。耐候性鋼材が大気中に暴露されると、鋼材の界面に連続して内層さびと大気側の外層さびの2層構造が形成される。このうち、内層は、超微細粒子で構成される緻密な非晶質さび、または微細なオキシ水酸化鉄等が環境を遮断する機能があり、これらが腐食性物質の侵入を抑制することで腐食速度が低下する。

しかしながら、耐候性鋼が大気中の塩分量が多い環境や、鋼材表面に湿潤状態が継続するような環境条件におかれた場合には、緻密なさび層は形成されず、著しい腐食や層状剥離さびが発生することとなる。

関連用語 保護性さび（安定さび）、層状剥離さび、高機能鋼材（*63*）

69. 耐候性高力ボルト

耐候性高力ボルトは、耐候性鋼材を用いた無塗装橋梁などの構造物の接合を目的とした高張力ボルトである。耐候性高力ボルトは、耐候性元素といわれるCu及びNiを多く含有し、大気中での耐腐食性に優れているために防錆処理は不要になる。

関連用語 耐候性鋼（*90*）、高張力ボルト、耐候性元素

70. 弾性係数

弾性係数（ヤング係数）は、物体に力を加えたときの比例限度内における応力度をひずみ量で除した値をいう。

荷重の増加に伴ってひずみも直線的に増える比例限度内においては、応力とひずみは比例の関係にあり、同一の材料では一定値をとる。これがフックの法則といわれるもので、弾性係数、せん断弾性係数は次式で与えられる。

$E=\sigma/\varepsilon$ （E：弾性係数、σ：応力、ε：ひずみ）

$G=\tau/\gamma$ （G：せん断弾性係数、τ：せん断応力、γ：せん断ひずみ）

コンクリートの弾性係数は普通コンクリートの場合$2\times10^4\sim3\times10^4\ \mathrm{N/mm^2}$程度である。

関連用語 ヤング係数、比例限度内、応力度、ひずみ量、フックの法則、せん断弾性係数

71. 断面1次モーメントと図心

図心は、1点を通る任意の直交軸まわりの断面1次モーメントが、それぞれ0になるような点、すなわち平面図形の重心をいう。一方、断面1次モーメントは、任意の軸に対して平面図形の面積とその図形の図心から軸までの距離の積で示される。これより、任意の図形の図心の位置は、断面1次モーメン

トを面積で割ることによって得ることができる。

〈面積 A〉

$$A = a_1 + a_2 + a_3 + \cdots\cdots a_n = \sum a$$

（平面図形の面積は、微小面積 a_1、a_2、a_3、……a_n の集まったもの）

〈X軸に対する断面1次モーメント Q_X〉

$$Q_X = a_1 y_1 + a_2 y_2 + a_3 y_3 + \cdots\cdots a_n y_n = \sum ay$$

（微小面積 a_1、a_2、a_3、……a_n の図心からX軸までの距離をそれぞれ y_1、y_2、y_3 ……y_n）

〈全体の図形の図心からX軸までの距離 y_0〉

$Q_X = Ay_0$　　　したがって $y_0 = Q_X / A$

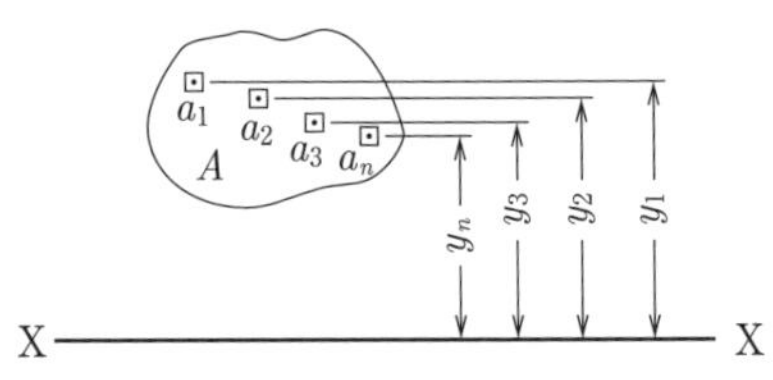

図心からX軸までの距離

関連用語　断面2次モーメント（*93*）、断面係数（*95*）

72. 断面2次半径

断面2次半径は、断面の性質を表すパラメータの1つであり、図形の面積を A、X軸に対する断面2次モーメントを I_x とするとき、

$$r_x = \sqrt{I_x / A}$$

で与えられる r_x を、X軸に対する断面2次半径という。

断面2次半径は断面回転半径とも呼ばれて長さの単位で表され、柱などの細長い部材が圧縮力を受けたときの強さを計算する場合に重要となるもので、その値が大きいほど座屈がしにくくなる。部材長を断面2次半径で除した値は細長比と呼ばれる。

関連用語　断面2次モーメント（*93*）、断面回転半径、座屈（*79*）、細長比（*107*）

73. 断面２次モーメント

断面２次モーメントは、任意の軸に対して微小面積とその図心から軸までの距離の２乗との積の総和で示される。

〈X、Y軸に対する断面２次モーメント I_X、I_Y〉

$$I_X = a_1{y_1}^2 + a_2{y_2}^2 + a_3{y_3}^2 + \cdots\cdots a_n{y_n}^2 = \sum ay^2$$

$$I_Y = a_1{x_1}^2 + a_2{x_2}^2 + a_3{x_3}^2 + \cdots\cdots a_n{x_n}^2 = \sum ax^2$$

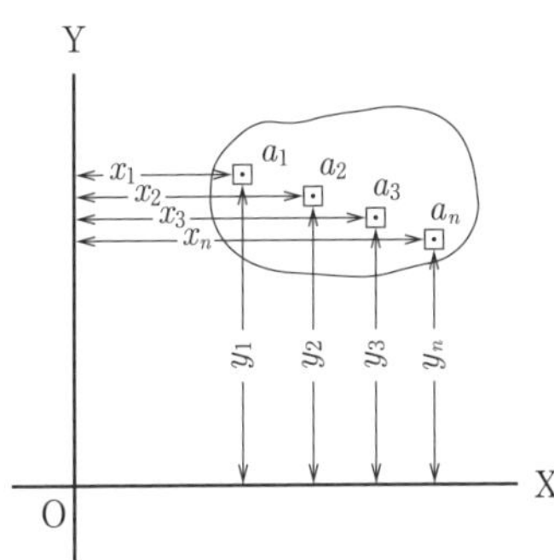

断面２次モーメント I_X、I_Y

また、図心から e だけ離れた全断面の図心軸に対する断面２次モーメントは、図心軸の断面２次モーメントに「面積×図心から辺BCまでの距離の２乗」を加えたものになる。

〈図心から e だけ離れた全断面の図心軸に対する断面２次モーメント I_{nX}〉

$$I_{nX} = I_n + A_1 \cdot e^2$$

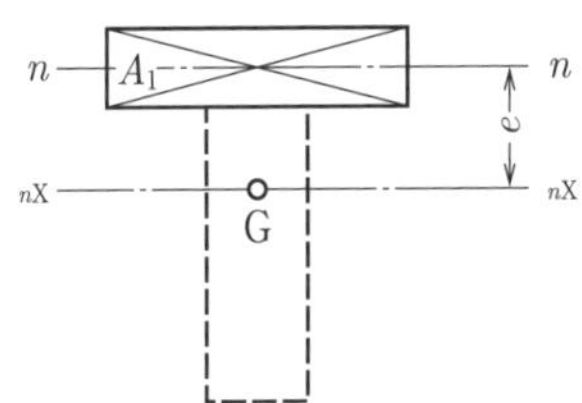

図心から e だけ離れた軸 $_{nX}$

なお、Y軸に対しても同様に求めることができる。

一般に断面２次モーメントの計算で端数が生じる場合は切り捨てる。

主な図形の断面２次モーメントの値は、次のとおりである。

2 鋼構造及びコンクリート

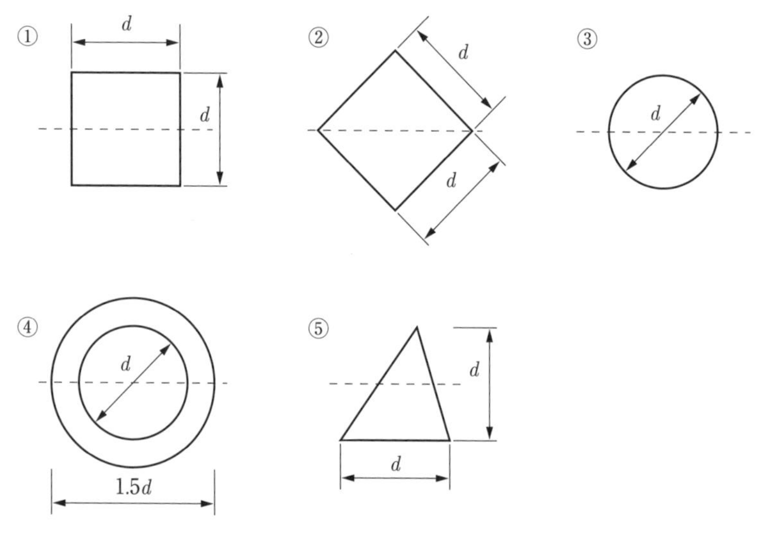

① $I_{nX} = d \times \frac{d^3}{12} = \frac{d^4}{12}$　② $I_{nX} = d \times \frac{d^3}{12} = \frac{d^4}{12}$　③ $I_{nX} = \frac{\pi d^4}{64}$

④ $I_{nX} = \frac{\pi (1.5d)^4}{64} - \frac{\pi d^4}{64} = \frac{4.0625\pi d^4}{64}$　⑤ $I_{nX} = d \times \frac{d^3}{36} = \frac{d^4}{36}$

なお、I形の断面の断面2次モーメントは、四角形Aの断面2次モーメントをI_A、I型の空洞部分の四角形B1の断面2次モーメントをI_{B1}、同様にB2の断面2次モーメントをI_{B2}とすると、I_AからI_{B1}とI_{B2}を差し引いて$I = I_A - I_{B1} - I_{B2}$として求めることができる。

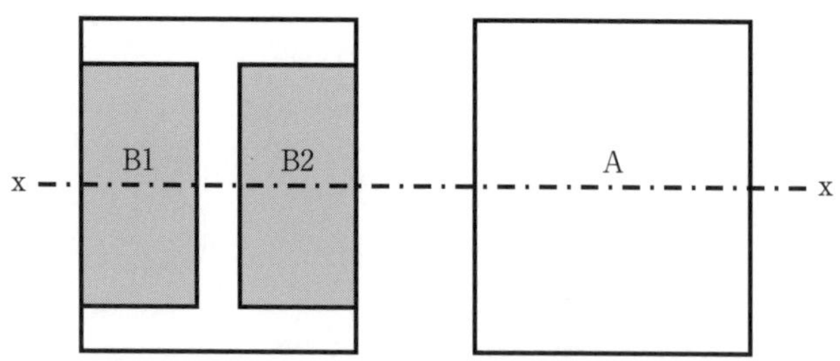

関連用語　断面1次モーメント（*91*）、図心（*91*）、断面係数（*95*）

74. 断面係数

断面係数は、ある図心軸に関する断面2次モーメントを、その軸から断面の最も遠い点までの距離で除した値をいう。断面係数は、はりなどの高さの影響を考えた数値であり、圧縮または引張応力を求めるときに必要となる。

関連用語 図心（*91*）、断面2次モーメント（*93*）

75. 遅延剤

遅延剤は、コンクリートの凝結や初期硬化を遅らせるために用いられる混和剤をいう。遅延剤は、長距離のレディーミクストコンクリートの運搬や暑中コンクリートの施工などに使用される。

また、長時間の遅延効果を有する超遅延剤があるが、これは数日に及ぶ凝結遅延効果を可能とするため、水平打継目の弱点をなくしたい場合などに使用される。

関連用語 混和剤、暑中コンクリート（*84*）、超遅延剤、水平打継目

76. 中性化

中性化は、年月を経てコンクリート中に含まれている水酸化カルシウムが空気中の炭酸ガスと反応して炭酸カルシウムに変化し、アルカリ性を失う現象をいう。一般にコンクリートはアルカリ性にあり、この中にある鉄筋には不働態皮膜が形成され、鉄筋にさびが発生することはない。しかし、中性化やアルカリ分の溶出によってpHが11.8以下に低下すると不働態を維持できなくなり、鉄筋の腐食が進行し、場合によっては発錆による膨張によってコンクリートに亀裂を生じさせるという問題を起こす。

コンクリートの中性化は、環境条件、水セメント比・単位セメント量などの配合条件、施工条件、表面仕上げの方法等が影響する。中性化促進試験からは、セメントの種類に関係なく、試験開始時の圧縮強度が大きいほど中性化速度は遅くなるという結果が得られている。したがって、水セメント比が大きいコンクリートは圧縮強度が小さくなるため、コンクリートの中性化速度は、水セメント比が小さくなるほど遅くなるといえる。

関連用語 炭酸カルシウム、不働態皮膜、鉄筋の腐食、炭酸化、中性化促進試験、中性化速度、水セメント比（*109*）

77. 低アルカリ形セメント

低アルカリ形セメントは、セメント中の全アルカリ量を0.6%以下に抑えたセメントのことをいう。低アルカリ形セメントの種類は、一般のポルトランドセメントと同じで次の6種類がある。①普通ポルトランドセメント（低アルカリ形)、②早強ポルトランドセメント（低アルカリ形)、③超早強ポルトランドセメント（低アルカリ形)、④中庸熱ポルトランドセメント（低アルカリ形)、⑤低熱ポルトランドセメント（低アルカリ形)、⑥耐硫酸塩ポルトランドセメント（低アルカリ形)。

低アルカリ形セメントは、アルカリ骨材反応のおそれのある骨材を使用する場合などに用いられる。

関連用語　全アルカリ量、ポルトランドセメント、アルカリ骨材反応（*50*）

78. 鉄筋コンクリートの前提

【かぶり】

かぶりは、最外縁に配置された鋼材からコンクリート表面までの距離である。かぶりは、コンクリート構造物の性能照査の前提である付着強度を確保するとともに、要求される耐火性、耐久性、構造物の重要度、施工誤差等を考慮して定めなければならない。

鉄筋のかぶりは、鉄筋の直径または耐久性を満足するかぶりのいずれか大きい値（耐火性を要求しない場合）に施工誤差を考慮した値を最小値とする。また、かぶり部分のコンクリートは、耐久性を確保するうえできわめて重要であり、確実に充填することが必要である。

【鉄筋のあき】

鉄筋のあきは、部材の種類および寸法、粗骨材の最大寸法、鉄筋の直径、コンクリートの施工性等を考慮して、コンクリートが鉄筋の周囲にいきわたり、鉄筋が十分な付着を発揮できる寸法を確保しなければならない。

はりにおける軸方向鉄筋の水平のあきは、20 mm以上、粗骨材の最大寸法の4/3倍以上、鉄筋の直径以上としなければならない。また、柱における軸方向鉄筋のあきは、40 mm以上、粗骨材の最大寸法の4/3倍以上、鉄筋直径の1.5倍以上としなければならない。

【鉄筋の配置】

鉄筋の配置は、鉄筋とコンクリートの力学的な相互作用の効果を確保し、かつ、コンクリートの打込みや締固めを考慮して定める。

例えば、ぜい性的な破壊を防止するために鉄筋量が過多または過少とならないように、あるいは有害なひび割れを制御できるように、鉄筋を配置しなければならない。

【鉄筋の曲げ形状】

折曲げ加工した鉄筋を用いる場合には、鉄筋の品質に与える影響やコンクリートに生じる支圧力の大きさを考慮して曲げ形状、配置方法を定めなければならない。

折曲鉄筋の曲げ内半径は、鉄筋の材質をいためないことやコンクリートに大きい支圧力を加えないことを考えて定める必要がある。

【鉄筋の定着】

鉄筋は、その強度を十分に発揮させるため、鉄筋端部がコンクリートから抜け出さないよう、コンクリート中に確実に定着しなければならない。鉄筋端部の定着は、次の（1）～（3）のいずれかの方法による。

（1）コンクリート中に埋め込み、鉄筋とコンクリートの付着力により定着する。

（2）コンクリート中に埋め込み、標準フックを付けて定着する。

（3）定着具等を取り付けて、機械的に定着する。

【鉄筋の継手】

鉄筋の継手は、鉄筋相互を接合する継手（圧縮継手、溶接継手、機械式継手）または重ね継手を用いることとし、力学的特性ならびに施工および検査に起因する信頼度を考慮して選定しなければならない。

一般に、鉄筋の継手は弱点となる場合が多いので、大きな応力の生じるところに継手を設けると、部材の強度を減じることになりかねない。そこで、大きな引張応力を生じる断面、たとえば、はりのスパン中央付近などには、できるだけ継手を設けないのが良い。

継手を同一断面に集中すると、継手に弱点がある場合、部材が危険になり、また、継手の種類によっては、その部分におけるコンクリートのいきわたりが悪くなることもある。そのため継手は、相互にずらして設けることを原則としている。

関連用語　かぶり、鉄筋のあき、鉄筋の配置、鉄筋の曲げ形状、鉄筋の定着、鉄筋の継手

79. 電磁誘導法

電磁誘導（渦流探傷）法は、コンクリート中の鋼材位置や径を推定するための非破壊検査法の1つをいう。鋼材位置や径はかぶりや鋼材量を知ることによって、腐食開始時期や部材耐荷力を判断するうえでの情報となる。

電磁誘導法では、コイルに交流電流を流すことによって、コンクリート中の鋼材に時間的に変化する磁場を与え、鉄筋に励起される二次電流が検査コイルあるいは二次コイルの誘起電圧に与える影響から、鋼材位置や径などを推定する。

関連用語　コンクリートの非破壊検査（*76*）、かぶり、鋼材量、渦流探傷法

80. 凍害

凍害は、コンクリート構造物が凍結融解作用を受けることによって、表層組織がゆるみ、ひび割れ、スケーリング、ポップアウトなどを引き起こすことをいう。凍害により、美観の低下、内部鋼材（鉄筋）への防錆効果の低下等を引き起こし、劣化が進むと部材の耐荷性にも影響を及ぼす。

コンクリートの凍害対策の1つとして、水セメント比を小さくすることが挙げられる。

関連用語　凍結融解作用、スケーリング、ポップアウト、水セメント比（*109*）

81. 道路橋の床版

橋梁の床版は、通行する自動車や人などの荷重を直接支持し、床組・主構造に荷重を伝達する構造部材である。そのため、床版の耐久性は輪荷重の大きさと頻度、すなわち大型の自動車の走行台数の影響を大きく受けるとともに、その損傷は車両の走行性に大きく影響する。

床版には、経済的に優れた鉄筋コンクリートを用いたRC床版が最も一般的に用いられているが、上部工形式や架設地点の状況などによってRC床版のほかにPC床版、鋼床版、合成床版、I形鋼格子床版、オープングレーチング床版などに使い分けられている。

RC床版を有する合成げたの床版は、一般に主げた作用としての応力と床版作用としての応力を同時に受ける。合成げたでは鋼げたと床版の合成作用を考慮したものであるが、床版に引張応力を負担させないために、合成断面の中立軸は鋼げた断面内としている。

PC床版は、プレストレストコンクリートを用いた床版で、路面線形が複雑な場合には対応できないが、プレストレスを導入することにより、主げた間隔を広くすることが可能となり主げた本数を少なくすることができるとともに、コンクリートのひび割れ発生を防止することができるなどの利点がある。

鋼床版は、デッキプレートと呼ばれる鋼鈑を使用した床版であるが、デッキプレートだけでは車両荷重により変形が大きくなるので、縦リブと横リブと呼ばれる補剛材によって補剛するとともに、鋼床版は縦げた、横げた等の床組構造または主げたで支持される。鋼床版は、輪荷重を直接支持するために疲労損傷に留意する必要があるが、コンクリート系床版に比べて重量を軽くできる、床版の厚さを抑えることができるなどの利点がある。

合成床版は、鋼とコンクリートとの合成構造を採用した床版のことで、鋼板や形鋼等の鋼部材とコンクリートが一体となって荷重に抵抗するよう合成構造として設計される床版である。合成床版は、鋼材が表面に露出するために塗装などの防錆対策が必要となるが、耐久性の向上、床版の長支間化、工期の短縮などを図ることができる。

床版の設計にはT荷重を用いる。このT荷重は、実際の車両の軸重を示したものではなく、車両の隣り合う車軸を1組の集中荷重に置き換えたものである。

関連用語 RC床版、PC床版、鋼床版、合成床版、I形鋼格子床版、オープングレーチング床版、合成げた、鋼げた、プレストレストコンクリート、デッキプレート、縦リブ、横リブ、補剛材、T荷重、活荷重（*54*）

82. 道路橋の耐震設計

道路橋の耐震設計は、設計地震動のレベルと橋の重要度に応じて、必要とされる耐震性能を確保することを目的として行う。耐震設計にあたっては、地形・地質・地盤条件、立地条件、津波に関する地域の防災計画等を考慮したうえで構造を計画するとともに、橋を構成する各部材および橋全体系が必要な耐震性を有するように配慮しなければならない。

1）耐震設計で考慮する地震動

設計地震動の表し方としては時刻暦波形や加速度応答スペクトル等がある。設計地震動は、特定の地震動に対して任意の固有周期及び減衰定数を持つ1自由度系の最大応答加速度として定義される加速度応答スペクトルに基づいて設定されている。

① レベル1地震動：橋の供用期間中に発生する確率が高い地震動（中規模程度の地震による地震動）

② レベル2地震動：橋の供用期間中に発生する確率は低いが大きな強度を持つ地震動（発生頻度が低いプレート境界型の大規模な地震による地震動〔タイプⅠの地震動〕と、発生頻度がきわめて低い内陸直下型地震による地震動〔タイプⅡの地震動〕の2種類）

なお、建設地点周辺における過去の地震情報、活断層情報、プレート境界で発生する地震の情報、地下構造に関する情報、建設地点の地盤条件に関する情報、既往の強度記録等を考慮して建設地点における設計地震動を適切に推定できる場合には、これに基づいて設計地震動を設定する。

設計地震動と目標とする橋の耐震性能

設計地震動		A 種の橋	B 種の橋
レベル 1 地震動		耐震性能 1	
レベル 2 地震動	タイプⅠの地震動	耐震性能 3	耐震性能 2
	タイプⅡの地震動		

2）耐震設計上の橋の重要度

① A種の橋：道路種別及び橋の機能・構造に応じて、重要度が標準的な橋

② B種の橋：道路種別及び橋の機能・構造に応じて、特に重要度が高い橋（高速自動車道、都市高速道路、指定都市高速道路、本州四国連絡道路、一般国道の橋。都道府県道、市町村道のうち複断面、跨線橋、跨道橋及び地域の防災計画上の位置づけや当該道路の利用状況等から特に重要な橋。）

3）耐震設計で目標とする耐震性能

① 耐震性能1：地震によって橋としての健全性を損なわない性能

② 耐震性能2：地震による損傷が限定的なものにとどまり、橋としての機能の回復が速やかに行い得る性能

③ 耐震性能3：地震による損傷が橋として致命的にならない性能

レベル1地震動に対しては、A種の橋、B種の橋ともに耐震性能1を確保するように耐震設計を行い、レベル2地震動に対しては、A種の橋は耐震性

能3を、B種の橋は耐震性能2を確保するように耐震設計を行う。

関連用語 レベル1地震動、レベル2地震動、A種の橋、B種の橋、耐震性能1、耐震性能2、耐震性能3

83. トラス

トラスは、細長い部材を三角形状に組合せ、部材に曲げモーメントの作用を受けないように各部材の交点をヒンジによって結合し、外力に抵抗するようにつくられた構造物をいう。したがって、トラスを構成する部材はすべて圧縮材と引張材になる。

代表的なトラス構造として、「ハウトラス」、「プラットトラス」、「ワーレントラス」がある。ハウトラスは、斜材を中心から「ハ」の形に設置したトラス構造で、鉛直材は引張材、斜材は圧縮材として機能する。プラットトラスは、ハウトラスとは逆に斜材を中心から斜め下に設置したトラス構造で、鉛直材は圧縮材、斜材は引張材として機能する。ワーレントラスは、斜材の向きが交互になっているトラス構造で、斜材は引張材と圧縮材が交番する。

トラスの部材応力の求め方には、各接点の力の釣り合いを考えた接点法（数式解法及び図式解法）と、トラスのある断面を切断して、この部分の釣り合いを考えた断面法などがある。いずれも最初に、単純ばりと同じ要領で支点反力を求めてから各部材の応力を求めていく。接点法では、垂直方向と水平方向の合力をゼロ（$\sum V=0$、$\sum H=0$）として部材応力を求めるが、断面法では曲げモーメントがゼロ（$\sum M=0$）であることも用いる。

トラスの設計にあたっては、格点剛結の影響による二次応力をできるだけ小さくするように配慮する必要がある。

関連用語 ヒンジ、ハウトラス、プラットトラス、ワーレントラス、接点法、断面法、二次応力（*396*）

84. 配合強度

配合強度は、コンクリートの配合を定める場合に目標とする強度をいう。配合強度は、部材設計の際に基準とした設計基準強度に、製造上のばらつきを考慮し、余裕をみて設定した割増し係数を乗じて算出する。

配合強度を求める際の割増し係数は、現場において予想される圧縮強度の変動係数に応じて求めた値以上とする。

関連用語　設計基準強度（*87*）、割増し係数、圧縮強度、変動係数

85. 橋の限界状態

橋の限界状態は、橋の耐荷性能を照査するに当たって、応答値に対応する橋や部材等の状態を区分するために用いる状態の代表点をいう。なお、橋の耐荷性能とは、設計状況に対して、橋としての荷重を支持する能力の観点及び橋の構造安全性の観点から、橋の状態が想定される区分にあることを所要の信頼性で実現する性能をいう。道路橋示方書・同解説Ⅰ共通編では、橋の耐荷性能を橋が置かれる状況と状態の組合せで定義している。

橋の限界状態として、橋としての荷重を支持する能力に関わる観点及び橋の構造安全性の観点から、橋の限界状態1から3を設定している。

(1) 橋の限界状態1

橋としての荷重を支持する能力が損なわれていない限界の状態

(2) 橋の限界状態2

部分的に荷重を支持する能力の低下が生じているが、橋としての荷重を支持する能力に及ぼす影響は限定的であり、荷重を支持する能力があらかじめ想定する範囲にある限界の状態

(3) 橋の限界状態3

これを超えると構造安全性が失われる限界の状態

橋の耐荷性能の照査に用いる橋の限界状態は、橋を構成する部材等及び橋の安定に関わる周辺地盤の安定等の限界状態によって代表させることができる。また、上部構造、下部構造及び上下部接続部の限界状態によって橋の限界状態を代表させる場合には、規定に従って適切に上部構造、下部構造及び上下部接続部の限界状態を設定することとしている。

関連用語　橋の耐荷性能、橋の限界状態1、橋の限界状態2、橋の限界状態3、上部構造、下部構造、上下部接続部

86. 橋の耐震性能の照査方法

橋の耐震性能の照査は、設計地震動、橋の構造形式およびその限界状態に応じて、適切な方法に基づいて行う。

耐震性能の照査方法には、大きく分けて静的照査法と動的照査法の2つがある。地震時の挙動が複雑ではない橋に対しては、比較的簡便に地震時の挙

動を推定することができる静的照査法により耐震性能の照査を行う。一方、静的照査法では十分な精度で地震時の挙動を表すことができない橋や、静的照査法の適用性が限定される橋など、地震時の挙動が複雑な橋に対しては、動的照査法によって耐震性能の照査を行う。地震時の挙動が複雑な橋としては、一般に次のような場合がある。

1）橋の応答に主たる影響を与える固有振動モードの形状が、静的照査方法で考慮する1次の固有振動モードの形状と著しく異なる場合。

2）橋の応答に主たる影響を与える振動モードが2種類以上ある場合。

3）レベル2地震動に対する耐震性能の照査において、塑性化が複数箇所に生じる可能性がある場合、または複雑な構造で塑性化がどこに生じるかはっきりしない場合。

4）レベル2地震動に対する耐震性能の照査において、構造部材や橋全体系の非線形履歴特性に基づくエネルギー一定則の適用性が十分検討されていない場合。

地震時の挙動の複雑さと耐震性能の照査方法

橋の動的特性 ＼ 照査をする耐震性能	地震時の挙動が複雑ではない橋	塑性化やエネルギー吸収を複数個所に考慮する橋またはエネルギー一定則の適用性が十分検討されていない構造の橋	動的解析の適用性が限定される橋	
			高次モードの影響が懸念される橋	塑性ヒンジの発生箇所がはっきりしない橋または複雑な振動挙動をする橋
耐震性能 1	静的照査法	静的照査法	動的照査法	動的照査法
耐震性能 2 耐震性能 3	静的照査法	動的照査法	動的照査法	動的照査法

関連用語　限界状態、静的照査法、動的照査法、固有振動モード、塑性化、エネルギー一定則、耐震性能1、耐震性能2、耐震性能3

87. 反発硬度法

反発硬度法は、コンクリートの強度を測定する非破壊検査法の1つであり、シュミットハンマーを用いる方法をいう。プランジャーの反発による硬度から、コンクリートのハンマー硬度を推定する。推定値は表面の硬度に大きく依存するため、コンクリート内部について知ることは困難であるが、非常に簡単に現場計測ができる利点がある。

関連用語　コンクリートの非破壊検査（*76*）、シュミットハンマー、衝撃弾性波法

88. 疲労設計

疲労設計は、変動荷重あるいは変位の繰り返しが作用する構造物について、疲労を考慮した設計法をいう。鋼構造物の疲労設計ではS−N線図を基本とすることが多く、変動する荷重に対する疲労の設計ではマイナー則を用いることが多い。

従来は鋼鉄道橋の場合、道路橋に比べて全荷重に対する活荷重の割合が高く、高い頻度で繰り返し載荷されることから疲労の影響を考慮していたが、平成14年に発行された『道路橋示方書』では、さまざまな部材で自動車荷重が原因と考えられる鋼材の疲労損傷の発生が報告されてきており、現状の厳しい重交通の実態を考慮したとき、将来の疲労被害の拡大が懸念されるとして、鋼道路橋の設計にあたっても疲労の影響を考慮することとなった。

鋼道路橋の疲労設計にあたっては、疲労耐久性に優れた継手形式の選定や構造を採用することなどで対応するとともに、部材に生じる応力変動の評価が可能なものについては、将来の大型車交通量を想定して疲労耐久性を評価することとしている。

関連用語　S−N線図、マイナー則、鋼鉄道橋、鋼道路橋、道路橋示方書

89. 疲労破壊

疲労破壊は、材料または構造物が破壊荷重より小さい荷重を、繰り返し受けたときに生じる破壊をいい、小さな変形であっても負荷が何回も繰り返されると、亀裂が徐々に進行し突然破壊に至る。疲労破壊は、材質の部分変化、残留応力、応力集中、加工時の欠陥などが疲労により成長し破壊に至るもので、静的荷重の場合と違った状況を示す。なお、繰返し応力の応力振幅が同じでも、平均応力の有無によって疲労限度の値は変わってくる。応力振幅で表した疲労限度の値は、引張りの平均応力が存在すると減少し、圧縮の平均応力が存在すると増大する。

疲労破面はマクロ的には亀裂の進行方向に対して、比較的平滑な貝殻状の模様と最終破断での凹凸の多い粗い破面を呈し、ミクロ的にはストライエーションと呼ばれる、繰り返し亀裂の成長を示す縞模様の破面が観察される。

関連用語　残留応力、応力集中（*53*）、静的荷重、平均応力、疲労限度、ストライエーション、延性破壊（*52*）、脆性破壊（*86*）

90. フィニッシャビリティー

フィニッシャビリティーは、粗骨材の最大寸法、細骨材率、細骨材の粒度、コンシステンシー等による仕上げの容易さを示すフレッシュコンクリートの性質をいう。

良いフィニッシャビリティーのコンクリートとは、ブリーディングや粗骨材の沈下といった材料分離が少なく、ひび割れが発生せずに仕上げのしやすいものをいう。

関連用語 細骨材率（*78*）、コンシステンシー（*78*）、仕上げの容易さ、ワーカビリティー（*113*）、プラスティシティー（*105*）

91. フライアッシュセメント

フライアッシュセメントは、ポゾラン反応性を有するフライアッシュを混合材として用いたセメントをいう。フライアッシュセメントを用いたコンクリートの特徴としては、次の点が挙げられる。①流動性が良いためワーカビリティーの改善効果が大きい、②長期強度が大きい、③断熱温度上昇量が低い、④収縮が小さい、⑤化学抵抗性が大きい、⑥アルカリシリカ反応が抑制される。

フライアッシュセメントを使用する場合は、初期強度の発現が遅れること、ならびに湿潤養生を十分に行わないとポゾラン反応による効果が小さくなること、などに留意する必要がある。フライアッシュセメントは、ダム工事、港湾工事、プレパックドコンクリートの注入モルタルなどに使われている。

なお、我が国の2016年度におけるフライアッシュセメントの生産高は、全セメント生産量のおよそ0.2%となっている。

関連用語 セメント（*87*）、ポゾラン反応、フライアッシュ、ワーカビリティー（*113*）、長期強度、断熱温度上昇、アルカリシリカ反応、プレパックドコンクリート、混合セメント

92. プラスティシティー

プラスティシティーは、容易に型に詰めることができ、型を取り去るとゆっくり形を変えるが、くずれたり材料が分離したりすることのないような、まだ固まらないコンクリートの性質をいう。

関連用語 コンシステンシー（*78*）、ワーカビリティー（*113*）、フィニッシャビリ

ティー（*105*）

93. ブリーディング

ブリーディングは、コンクリートの打込み後に、練混ぜ水が上昇して表面に浮き出てくる現象をいう。ブリーディングは水密性の低下や水平鉄筋とコンクリートの付着強度の低下、レイタンスなどの原因となるとともに、ブリーディングが大きいコンクリートでは沈下も大きくなって沈下ひび割れの原因となることがある。

一般にブリーディングは、コンクリートの単位水量が多いほど、モルタルの保水性が小さいほど、セメントペーストの凝結が遅いほど増大する。そのため、ブリーディングを少なくするためには、AE剤や減水剤などを用いて単位水量が少なくモルタルの保水性の大きいコンクリートとするのが有効である。

関連用語 付着強度、レイタンス（*112*）、沈下ひび割れ、単位水量、AE剤（*46*）、減水剤（*62*）

94. ポアソン比

ポアソン比は、弾性限度内において部材の載荷方向と直角方向のひずみ（横ひずみ度β）と載荷方向のひずみ（縦ひずみ度ε）との比の絶対値（β/ε）をいう。

縦ひずみ度、横ひずみ度ならびにそれらの間には次の関係がある。

・縦ひずみ度$\varepsilon=\Delta l/l$

（Δl：張力または圧縮力による縦変形、l：もとの部材長さ）

・横ひずみ度$\beta=\Delta b/b$

（Δb：張力または圧縮力による横変形、b：もとの部材幅）

・m＝縦ひずみ度ε／横ひずみ度β

このmをポアソン数といい、材料によって一定の範囲の値を示す。したがってポアソン比は、ポアソン数の逆数$1/m$を表していることになる。

ポアソン比は一般に、鋼材では1/3～1/4の値をとり、コンクリートでは1/6～1/12の値をとる。

関連用語 弾性限度、横ひずみ度、縦ひずみ度、ポアソン数

95. 防錆方法

鋼構造部材の防錆方法としては耐候性鋼材の使用、あるいは塗装がある。一般に鋼橋の防錆は、塗装をすることにより外気や水分などの腐食因子を遮断し、さびの発生を防いでいる。

塗装の下塗りであるさび止めペイントの防錆機構には、①塗膜による水・酸素の遮断効果、②透過水の塩基性化、③素地鉄面の不働態化作用、④顔料の分極作用、⑤顔料の電気化学作用、などがある。

一方、鉄筋の防錆方法としては、鉄筋防錆材料の塗布、あるいはコンクリートに混合する混和剤（防錆材）の使用等がある。鉄筋防錆材料にはさび転換型防錆材料、樹脂系防錆材料、ポリマーセメント系材料がある。

関連用語 耐候性鋼（*90*）、塩基性化、不働態化作用、分極作用、電気化学作用、鉄筋防錆材料、混和剤（防錆材）

96. 膨張材

膨張材は、コンクリートを膨張させる作用を有する混和材をいう。膨張材を使用する目的は、①収縮補償として、コンクリートの乾燥収縮ひび割れを低減すること、②乾燥収縮やクリープが生じた後もコンクリート中に圧縮応力が残るようにして、通常のプレストレストコンクリートと類似の効果（ケミカルプレストレス）を得ようとすること、の2つに大別できる。

膨張材は、充填用のモルタルあるいはコンクリートにも使用される。

関連用語 混和材、収縮補償、乾燥収縮ひび割れ、クリープ（*61*）、ケミカルプレストレス

97. 細長比

細長比は、断面2次半径あたりの座屈長さ（長柱の長さ）で表される量をいう。すなわち、細長比λは次の式となる。

$$\lambda = L / r$$

（L：長柱の長さ、r：断面2次半径$r=\sqrt{I/A}$、I：断面2次モーメント、A：断面積）

細長比は、長柱の座屈問題において重要であり、オイラーによって示された長柱の座屈応力度は、この細長比λを用いて次の式で表すことができる。

オイラーの座屈応力度$\sigma_{cri} = \pi^2 E / \lambda^2$

この式は、オイラーの座屈応力度は細長比の２乗に反比例し、細長比が大きいほど座屈応力度が小さく座屈しやすいことを表している。

関連用語　断面２次半径（*92*）、断面２次モーメント（*93*）、座屈（*79*）、オイラーの座屈応力度、オイラーの座屈荷重

98. ポゾラン

ポゾランはそれ自体には水硬性はないが、コンクリート中の水に溶けている水酸化カルシウムと常温で徐々に化合して、不溶性の化合物を作り硬化する微粉末状の混和材をいう。

ポゾランの代表的なものはフライアッシュであり、フライアッシュは火力発電所などの微粉炭燃焼ボイラーから出る灰分の微粉粒子を採集したものである。シリカフュームや天然の火山灰、けい酸白土、けい藻土などもポゾラン反応性を有する。これらのポゾラン反応性を有するものを総称してポゾラン類と呼んでいる。

関連用語　混和材、フライアッシュ、シリカフューム、ポゾラン類

99. 曲げモーメント図の形

曲げモーメントは、部材が外力を受けて曲げられようとするときに外力を受ける点の近くに働く、扇形状に曲げて抵抗しようとする力のことである。

単純ばりに集中荷重が作用した場合の曲げモーメントは、支点からの距離xの変数を含む一次関数になるので、集中荷重Pが作用した場合の曲げモーメント図は直線で表される。また、単純ばりに等分布荷重が作用した場合の曲げモーメントは、支点からの距離xの変数を含む二次関数になるので、曲げモーメント図は曲線（放物線）で表される。

関連用語　曲げモーメント、単純ばり、集中荷重、等分布荷重

100. マスコンクリート

マスコンクリートは、部材あるいは構造物の寸法が大きく、セメントの水和熱による温度の上昇・降下に伴って温度応力が発生し、このためにひび割れの発生するおそれのあるコンクリートをいう。マスコンクリートとする構造物の寸法は厳密に定義できないが、おおよそ80 cm以上の部材最小寸法の構造物か、下端が拘束された厚さ50 cm以上の壁状構造物を施工する場合に

適用している。

マスコンクリートの対策としては、①低発熱性セメントの使用、②セメント量の低減、③温度変化を小さくする養生方法、④パイプクーリングや材料のプレクーリングによる温度上昇の低減、⑤誘発目地の設置あるいは鉄筋によるひび割れの分散等、設計上からの配慮、などが挙げられる。

関連用語 水和熱（*85*）、温度応力、低発熱性セメント、パイプクーリング、プレクーリング、誘発目地

101. 水セメント比

水セメント比は、コンクリートの配合における水量のセメント量に対する重量比をいう。水セメント比は、コンクリートの所要の強度ならびに耐久性を考慮して定めることになっており、水密であることを必要とする構造物ではコンクリートの水密性についても考慮する必要がある。

一般に水セメント比を小さくするほどコンクリートの強度、耐久性および水密性は向上するが、同じスランプのコンクリートとすると、単位セメント量が増大する。そのために、必要以上に水セメント比を小さくするのは、経済的にならないばかりか温度ひび割れが生じやすくなるので、それぞれの条件から定まる水セメント比のうちで最も小さい値とすることが望ましい。

関連用語 スランプ（*86*）、単位セメント量、温度ひび割れ（*54*）

102. 溶接継手

溶接継手は、鋼材を相互に溶接して一体とする継手をいう。溶接継手においては、溶接品質や溶接部の応力状態が疲労耐久性に大きく影響する。

溶接の種類には、開先（グルーブ）をとって溶接する開先溶接と、部材と部材が交わった隅角を溶接するすみ肉溶接がある。また、溶接方法としては、アーク溶接、電気圧接、ガス圧接などが用いられている。

応力を伝える溶接継手には、完全溶込み開先溶接、部分溶込み開先溶接、または連続すみ肉溶接を用いることとしている。また、溶接部に直角な方向に引張応力を受ける継手には、完全溶込み開先溶接を用いるのを原則とし、部分溶込み開先溶接を用いてはならない。さらに、プラグ溶接及びスロット溶接では十分な溶込みを得ることが難しく、スラグ巻込み等の欠陥が生じやすくなるため、主要部材にはプラグ溶接及びスロット溶接を用いないことを

原則としている。

応力を伝える溶接部の有効厚は、その溶接の理論のど厚としている。なお、完全溶込み開先溶接における溶接部の有効厚（理論のど厚）は、ビード仕上げをするとしないとにかかわらず母材の厚さとする。

溶接部の有効長は、理論のど厚を有する溶接部の長さとしている。また、まわし溶接部では応力の方向が変わり応力の伝達が不明になること、ならびにクレーターや溶接開始点の影響を除くことが難しいことなどから、すみ肉溶接でまわし溶接を行った場合は、まわし溶接部分は有効長に含めないこととしている。

溶接継手の設計にあたっては、溶接が集中しないこと、確実に施工できること、検査しやすいようにすること等の点について考慮する。設計上、次のような点に留意する。(1) 有害な応力集中を生じさせない。また、必要な溶接サイズを確保したうえで、できるだけ溶接量は少なくする。(2) 構成する各材片においてなるべく偏心がないようにし、できるだけ板厚差の少ない組合せを考える。(3) 連結部の構造はなるべく単純にし、応力の伝達を明確にする。溶接の集中、交差は避け、必要に応じてスカラップ（切欠き）を設ける。(4) 衝撃や繰返し応力を受ける継手はできるだけ全断面溶込みグルーブ（開先）溶接にする。(5) 溶接継手の組立方法、溶接順序を十分考慮し、できるだけ下向き溶接が可能な構造とする。

関連用語 開先溶接（グループ溶接）、すみ肉溶接、アーク溶接、電気圧接、ガス圧接、プラグ溶接、スロット溶接、理論のど厚、まわし溶接、溶接部の許容応力度（*110*）、スカラップ（切欠き）、下向姿勢

103. 溶接部の許容応力度

溶接部の許容応力度は、鋼道路橋および鋼鉄道橋に対して『道路橋示方書』および『建築基準法施行令』などで、鋼種、溶接方法、応力の種類ごとにそれぞれ規定されている。強度の異なる鋼材を接合するときは、強度の低い方の値をとる。

溶接入熱量が大きすぎると、溶接金属部、熱影響部の加熱時間が長くなるとともに冷却速度が小さくなるため結晶粒は粗大化し、多くの鋼種で組織は脆い上部ベイナイトやその間隙は高炭素濃度マルテンサイトになりやすく、一部には軟らかい初析フェライトを示すことになり、強度やじん性値が低下

するなどの問題が生じる。そのために、溶接入熱量を制限することが多い。

溶接部は、溶加材と鋼母材の一部が溶け合って凝固した溶接金属、および熱影響部からなっている。そのために溶加材としての溶接棒は、接合しようとする母材の静的強度と同等以上の強度のものが用いられる。

関連用語 溶接継手（*109*）、溶接入熱量、溶接金属、熱影響部、溶接棒

104. 溶接割れ

溶接割れは、溶接部における溶接欠陥の1つで、割れ状となって発生する溶接欠陥のことをいう。溶接割れは、溶融金属が凝固する過程で起こる高温割れと、溶接部が常温に復帰してから起こる低温割れに分かれる。

高温割れは、溶接金属の組成と溶接条件、とりわけ溶接電流と溶接速度の組合せを変えることにより防止することができる。一方、低温割れの直接の原因は水素である。溶接部中に含まれる水素量が多い場合には、低温割れが発生しやすくなる。その限界量は、鋼材の割れ感受性と継手の拘束度によって定まるとされている。低温割れを防止するためには、予熱処理を溶接に先立って行う。予熱は、溶接部内の水素を大気中に放出して水素濃度を低下させるのに必要な時間だけ、溶接部を常温より高い温度に保持する効果を有する。

関連用語 高温割れ、低温割れ、予熱処理

105. 溶融亜鉛めっき

溶融亜鉛めっきは、鋼材を溶かした亜鉛に浸し、表面に亜鉛の皮膜を作る技術である。亜鉛めっきを施した鋼材は、「保護皮膜作用」と「犠牲防食作用」という2つの大きな特徴によってさびや腐食を抑制する。「保護皮膜作用」は、塗装や電気めっき等とは異なって亜鉛めっきの表面にできる亜鉛の酸化皮膜が、空気や水を通しにくい安定した性質を持つためにさびにくくなるという作用である。一方、「犠牲防食作用」は、亜鉛めっきにキズが発生して素地の鉄が露出しても、キズの周囲の亜鉛が鉄よりも先に溶け出して電気化学的に保護するために鉄を腐食させないという作用である。

溶融亜鉛めっきは、鉄の防錆処理としては効果的かつ経済的な方法であるため、屋外に設置される鋼構造物の防食処理として広く利用されており、箱桁橋梁や跨線橋など各種の橋梁や送電用鉄塔などをはじめ、ガードレール、

照明柱、溶融亜鉛めっき鉄筋など多くの分野で使われている。

関連用語 保護皮膜作用、犠牲防食作用、塗装、電気めっき

106. 呼び強度

呼び強度は、レディーミクストコンクリートの強度区分を示す呼称で、生コンを現場で荷卸した地点で採取したものが、所定の材齢（日数）までに必要とする圧縮強度を示したものをいう。

生コンを購入する際は、コンクリート構造物に必要とされている強度（設計基準強度）に見合う生コンを、JIS規格で示されている呼び強度から選択する。

関連用語 レディーミクストコンクリート、圧縮強度、設計基準強度（*87*）、配合強度（*101*）

107. 流動化コンクリート

流動化コンクリートは、あらかじめ練り混ぜられたコンクリートに流動化剤を添加し、これを撹拌して流動性を増大させたコンクリートのことをいう。流動化剤は、高性能減水剤の一種で、メラミンスルフォン酸塩系および変性リグニンスルフォン酸塩系のものがある。

流動化剤の減水率は20～30％と大きく、一般の減水剤に比べて硬化不良、凝結遅延作用、空気の過剰連行などの悪影響が少ないため、乾燥収縮やブリーディングの減少、水密性や耐久性の向上、水和熱によるひび割れの減少を図るため等に用いられる。

流動化コンクリートの製造方法には、現場添加方式、工場流動化方式、工場添加方式などがある。

関連用語 添加剤、流動化剤、高性能減水剤（*68*）、乾燥収縮、ブリーディング（*106*）、水和熱（*85*）

108. レイタンス

レイタンスは、コンクリート打込み後にブリーディング水とともにコンクリート内部の泥や粘土などの微粒物が浮かび出て堆積した層をいう。レイタンスは、粒子間の結合力がきわめて小さく強度低下や剥離、ひび割れなどの原因になるため、打継ぎの際には必ず除去する必要がある。

関連用語 ブリーディング（*106*）、打継ぎ

109. ワーカビリティー

ワーカビリティーは、コンシステンシーと材料分離に対する抵抗性を合わせたもので、練混ぜ、運搬、打込み、締固め、仕上げなどの作業の容易さに関するフレッシュコンクリートの性質をいい、一般にフレッシュコンクリートの変形のしやすさ及び材料分離に対する抵抗性から定まる。

ワーカビリティーに関する定量的な測定・評価方法はないが、一般にはスランプ値、変形・流動性、材料分離抵抗性等の観察結果からその良否を、定性的かつ相対的に判定している。特にJISに規定されているスランプ試験やスランプフロー試験は、現場においてコンクリートのワーカビリティーの判定に簡便に行うことのできる方法として普及している。ワーカビリティーは、流動性と材料分離抵抗性のバランスから定まる「充てん性」、「圧送性」ならびに仕上げのしやすさやコールドジョイントのできにくさに影響する「凝結特性」の要素で構成される。

施工を適切かつ効率的に行い、欠陥の少ないコンクリート構造物を造るためには、使用するコンクリートが運搬、打込み、締固め、仕上げ等の作業に適するワーカビリティーを有していなければならない。

関連用語 コンシステンシー（*78*）、材料分離抵抗性、スランプ値、スランプ試験（*86*）、スランプフロー試験（*86*）、プラスティシティー（*105*）、充てん性、圧送性、凝結特性、フィニッシャビリティー（*105*）

第3章　都市及び地方計画

1. 4段階推定法
2. BRT
3. LRT
4. エリアマネジメント
5. 開発許可制度
6. 開発許可制度の適用除外物件
7. 街路
8. 画地
9. 換地
10. 区域区分
11. 減歩
12. 建ぺい率
13. 公園施設
14. 高度地区／高度利用地区
15. 国勢調査
16. 国土形成計画
17. コミュニティバス
18. コンパクトシティ
19. コンパクトシティ政策
20. 産業革命以降の理想の都市の提案者
21. 市街化区域
22. 市街化調整区域
23. 市街地開発事業
24. 市街地再開発事業
25. 斜線制限
26. 集計モデル／非集計モデル
27. 準住居地域
28. 準都市計画区域
29. 白地地域
30. 人口集中地区（DID）
31. 生産緑地地区
32. 全国総合開発計画
33. 線引き（制度）
34. 大都市交通センサス調査
35. 地域地区
36. 地区計画
37. デマンド交通
38. 道路交通センサス
39. 特定街区
40. 特定工作物
41. 特定土地区画整理事業
42. 特定用途制限地域（制度）
43. 特別用途地区
44. 特例容積率適用地区（制度）
45. 都市計画区域
46. 都市計画区域外の開発行為
47. 都市計画事業
48. 都市計画法
49. 都市再生（本部）
50. 都市施設
51. 都市緑地法
52. 土地区画整理
53. 土地区画整理事業
54. 土地区画整理促進区域
55. トランジットモール
56. 日影規制
57. 農地転用
58. パーソントリップ調査
59. 非集計ロジットモデル
60. 風致地区
61. ブキャナンレポート
62. 物資流動調査
63. 北海道総合開発計画
64. （都市計画）マスタープラン
65. 容積率
66. 用途地域
67. ラドバーン方式
68. 立体都市計画の対象となる都市施設
69. 立地適正化計画
70. 緑地協定
71. 路線価

1. 4段階推定法

4段階推定（推計）法は、交通ネットワーク上の交通量推計を4つの計算段階に分解して行う方法をいい、鉄道交通や道路交通の交通需要予測、あるいは新しく空港を建設する際の需要予測などに用いられている。4段階推定法は、データをゾーンに集計してからモデルを作ることから、集計分析と呼ばれている。この推定法では、主として人口、経済規模等の社会経済フレームおよび各交通機関の費用、所要時間等のサービスレベルによって対象交通機関の需要を求めることができる。ゾーニング（調査または計画対象地域をいくつかのゾーンに分割する作業）は、基本的には都心部、都心部周辺、郊外部の各リングを方向別に分割し、行政区画またはそれをまとめたものを基本ゾーンとして、その基本ゾーンをさらに細分化して決定する。ゾーニングにあたっては、1）行政区画と一致させる、2）土地利用や人口構成はできるだけ一様にする、3）中心部では小さく、周辺部では大きくとる、4）ゾーンの大きさはなるべく小さくとる、5）ゾーンの形はなるべく円形にとる、などを考慮する。

4段階推定法は、需要予測のステップを、①発生集中交通量の予測、②分布交通量の予測、③交通機関（交通手段）別分担交通量の予測、④配分交通量の予測、の4段階に分け、それぞれのステップごとに交通需要の予測を行う。

1）発生集中交通量は、各ゾーンから出ていく交通量および各ゾーンに入ってくる交通量をいい、原単位法やクロス分類法、回帰モデル法などを用いて予測する。

2）分布交通量（OD分布交通量）は、各ゾーン間の交通量をいい、現在パターン法の1つであるフレーター法や重力モデル、エントロピーモデルなどを用いて予測し将来OD表を作成する。分布交通量の推定段階では、ゾーンに発生あるいは集中する交通がどのゾーンに集中あるいは発生するのかを推定する。

3）交通機関（交通手段）別分担交通量は、全交通手段交通を各種交通機関別の交通量に分割したものをいい、分担率曲線（選択率曲線）法や非集計モデルのロジットモデルを用いて予測する。交通機関（交通手段）別分担交通量の推定段階では、各ODペアの交通がどの交通手段を利用するかを推定する。

4）配分交通量は、起終点ゾーン間の交通手段別交通量を一定の配分原則に従って複数の経過ルートに配分したものをいい、Wardropの第一原則に基づいた均衡配分法（厳密解法）や分割配分法を用いて予測する。配分交通量の推定段階では、鉄道、バス、自動車の交通機関別OD表を与えられた交通ネットワークに割り当てる。最適配分には、利用者最適（等時間配分）とシステム最適（総走行時間最小）がある。

4段階推定法は一般には、①→④の順番で算出していくが、各ゾーンにおける発生集中交通量を算出した時点で交通機関ごとに配分するというように②と③の順番を入替えて行うこともある。

関連用語 交通需要予測、集計分析、ゾーニング、発生集中交通量、分布交通量（OD分布交通量）、交通機関（交通手段）別分担交通量、配分交通量、原単位法、クロス分類法、回帰モデル法、現在パターン法、フレーター法、重力モデル、エントロピーモデル、分担率曲線法、ロジットモデル、Wardropの第一原則、均衡配分法、分割配分法、利用者最適、システム最適

2. BRT

BRT（Bus Rapid Transit）は、地下鉄等に相当する大量輸送型（片方向1時間当たり5千人以上）の都心軌道系交通を、軌道ではなくバスを用いて実現した旅客輸送システムである。そのためには、低床化されている連節バスと、バス専用レーン、バスロケーションシステム（バス位置管理システム）等を組み合わせて定時性、速達性を確保して大量輸送を実現できるようにしている。都市部においては、路線バスでは需要が不足し定時性が保てない場合などに用いられ、地方部においては、鉄道による輸送では需要過剰で経営が難しい場合などに用いられる。

関連用語 連節バス、バス専用レーン、バスロケーションシステム

3. LRT

LRT（Light Rail Transit）は、低床式車両（LRV）の活用や軌道・電停の改良による乗降の容易性、定時性、速達性、快適性などの面で優れた特徴を有する次世代の軌道系交通システムのことで、近年、道路交通を補完し、人と環境にやさしい公共交通として再評価されている。

LRTの整備効果には、1）交通環境負荷の軽減、2）自動車交通がLRTに

転換されることによる交通円滑化、3）床式車両や電停のバリアフリー化による移動のバリアフリー化、4）鉄道への乗り入れや他の公共交通機関との乗換え利便性向上、P&R（パークアンドライド）駐車・駐輪場の整備を図ることによる公共交通ネットワークの充実、5）LRT導入を契機とした道路空間の再構築や、トランジットモールの導入などによる中心市街地の活性化、都市と地域の魅力の向上、などが挙げられる。

関連用語　低床式車両（LRV）、バリアフリー化、P&R（パークアンドライド）、トランジットモール（*151*）

4. エリアマネジメント

エリアマネジメントは、地域における良好な環境や地域の価値を維持・向上させるための、住民・事業主・地権者等による主体的な取組みのことをいう。「良好な環境や地域の価値の維持・向上」には、快適で魅力に富む環境の創出や美しい街並みの形成、資産価値の保全・増進等に加えて、人をひきつけるブランド力の形成や安全・安心な地域づくり、良好なコミュニティの形成、地域の伝統・文化の継承等、ソフトな領域のものも含まれる。

例えば、住宅地では、住民が建築協定等を活用して、良好な街並み景観を形成・維持したり、広場や集会所等を共有する方々が管理組合を組織し、管理行為を手がかりとして良好なコミュニティづくりをしたりするような取組みがある。また、業務・商業地では、市街地開発と連動して街並みを目指すべき方向に誘導したり、地域美化やイベントの開催、広報等の地域プロモーションを展開したり、といった取組みがある。

関連用語　建築協定、市街地開発

5. 開発許可制度

開発許可制度は、都市計画区域内の市街化区域と市街化調整区域の線引きに実効性をもたせるために設けられた許可制度をいう。「都市計画区域又は準都市計画区域内において開発行為をしようとする者は、都道府県知事、政令指定都市の長、中核市の長、特例市の長及び地方自治法の規定に基づく事務処理市町村の長の許可を受けなければならない」と定められている。

関連用語　都市計画区域（*143*）、市街化区域（*129*）、市街化調整区域（*130*）、準都市計画区域（*133*）、開発行為

6. 開発許可制度の適用除外物件

開発許可制度では、一定規模以下のもの、スプロールを引き起こすおそれのないもの、あるいは公益上必要なものについて適用が除外されている。なお、平成18年5月に公布され平成19年11月に施行された「都市の秩序ある整備を図るための都市計画法等の一部を改正する法律」により、従来までは開発許可制度の適用が除外されていた医療施設や社会福祉施設、学校、庁舎等の公益的施設に関して、新たに開発許可が必要になったので留意する必要がある。開発許可制度の適用が除外されるものは以下のとおりである。

(1) 市街化区域

1) 市街化区域、区域区分が定められていない都市計画区域又は準都市計画区域内において行う開発行為で、その規模がそれぞれの区域の区分に応じて政令で定める規模未満であるもの

2) 市街化調整区域、区域区分が定められていない都市計画区域又は準都市計画区域内において行う開発行為で、農業、林業若しくは漁業の用に供する政令で定める建築物又はこれらの業務を営む者の居住の用に供する建築物の建築の用に供する目的で行うもの

3) 駅舎その他の鉄道の施設、図書館、公民館、変電所その他これらに類する公益上必要な建築物のうち開発区域及びその周辺の地域における適正かつ合理的な土地利用及び環境の保全を図るうえで支障がないものとして政令で定める建築物の建築の用に供する目的で行う開発行為

4) 都市計画事業の施行として行う開発行為

5) 土地区画整理事業、市街地再開発事業、住宅街区整備事業、防災街区整備事業等の施行として行う開発行為

6) 公有水面埋立法による埋立地であって、まだ竣工認可告示がないものにおいて行う開発行為

7) 非常災害のため必要な応急措置として行う開発行為

8) 通常の管理行為、軽易な行為その他の行為で政令で定めるもの

(2) 市街化調整区域

市街化区域の3)、4)、6)、7)、8)、および農業、林業若しくは漁業の用に供する政令で定める建築物又はこれらの業務を営む者の居住の用に供する建築物の建築の用に供する目的で行う開発行為を加えたもの。

(3) 開発区域が、市街化区域、区域区分が定められていない都市計画区域、準都市計画区域又は都市計画区域及び準都市計画区域外の区域のうち2以上の区域にわたる場合における市街化区域、区域区分が定められていない都市計画区域又は準都市計画区域内において行う開発行為で、その規模がそれぞれの区域の区分に応じて政令で定める規模未満であるもの及び市街化調整区域の規定の適用については、政令で定める。

関連用語　開発許可制度（*118*）、スプロール、都市計画事業（*145*）、土地区画整理事業（*150*）、市街地再開発事業（*130*）、住宅街区整備事業、防災街区整備事業

7. 街路

街路は、都市計画決定された道路のうち、都市内の道路をいう。街路は、自動車専用道路（都市高速道路や一般の自動車専用道路）、幹線街路（都市内の交通を受け持ち、都市の骨格となる道路）、区画街路（街区での宅地利用のための道路）、特殊街路（歩行者や自転車、路面電車などの専用道路）に区分されており、それらの組合せにより道路の機能や都市機能を発揮できるよう考慮されている。

街路の機能は、①都市交通施設機能、②都市環境保全機能、③都市防災機能、④都市施設のための空間機能、⑤街区の構成と市街化の誘導機能、などに分類される。街路は都市における根幹的施設であり、都市機能を維持し増進させるためには必要不可欠な施設である。

関連用語　都市計画決定、自動車専用道路、幹線街路、区画街路、特殊街路

8. 画地

画地は、使用収益の目的となる土地の単位である1区画の土地のことをいう。画地には、①普通地（矩形に近い土地で1辺が道路に面しているもの）、②角地（2辺が道路の交差する角にあるもの）、③正背地（正面と背面の2辺が道路に接しているもの）、④三方路線地（3辺が道路に接しているもの）、⑤四方路線地（4辺が道路に接しているもの）などがある。

画地の規模は住宅地、商業地、工業地などにより異なるが、街区の設計によりほぼ定まる。

関連用語　筆、普通地、角地、正背地、三方路線地、四方路線地、街区

9. 換地

換地は、土地区画整理事業において、従前の土地（工事施工前の土地）に代えて交付される工事施工後の土地をいう。換地は、従前の土地との位置、地積、土質、水利、利用状況、環境等が照応するよう定めなければならないとされている（照応の原則）。換地の評価額と従前の土地の評価額に差がある場合、また他の換地と比較して不均衡がある場合には金銭によって清算される。

換地計画では換地設計図、各筆換地明細、各筆各権利別清算金明細、保留地その他の特別の定めをする土地の明細を定めなければならない。換地計画により定められる換地予定地を仮換地という。換地処分により仮換地がそのまま換地となる。

換地設計の計算方法には、①地積式換地計算法、②比例評価式換地計算法（評価式換地計算法）、③折衷式換地計算法、④再評価式換地計算法、などがある。

①地積式換地計算法

土地の評価は考慮せずに、従前の土地の地積や位置を基準として、それが面する道路の幅員と間口長によって地先加算地積を計算し、換地が面する道路の幅員と間口長により地先負担地積を計算して、換地の権利地積を計算するという方法。

②比例評価式換地計算法（評価式換地計算法）

整理後における換地の評定価額総額と、従前の土地の評定価額総額との比を、従前の土地の評定価額に乗じたものを換地権利価額として、この権利価額を標準として換地を割込み、清算金を算出するという方法。

③折衷式換地計算法

地積式換地計算法と比例評価式換地計算法の欠点を緩和するために、両者の折衷的な換地計算法として考えられたもので、考え方によりさまざまな計算方法がある。

④再評価式換地計算法

折衷式換地計算法の一種であり、従前の土地がそのままで整理後の評価になったものと仮定して、その値上がり額に比例して公共減歩及び保留地減歩を負担させようとする方法。

換地は、換地処分の公告があった日の翌日から従前の土地とみなされる。

関連用語　土地区画整理事業（*150*）、照応の原則、換地計画、仮換地、地積式換

地計算法、比例評価式換地計算法（評価式換地計算法）、折衷式換地計算法、再評価式換地計算法

10. 区域区分

区域区分は、無秩序な市街化を防止し、計画的な市街化を図るために都市計画区域を「市街化区域」と「市街化調整区域」に区分して定める制度のことをいう。都市計画法では「区域区分」と言うが、一般には「線引き」とも言われている。区域区分は、すべての都市計画区域において実施されるものではなく、区域区分が定められていない都市計画区域は一般に「非線引き区域」とも呼ばれている。

区域区分を定めるかどうかは都道府県が行うが、1）大都市に係る都市計画区域として政令で定めるもの、2）首都圏整備法に規定する既成市街地又は近郊整備地帯、3）近畿圏整備法に規定する既成都市区域又は近郊整備区域、4）中部圏開発整備法に規定する都市整備区域、のいずれかの土地の区域の全部又は一部を含む都市計画区域については、必ず区域区分を定めるものとしている。

関連用語　市街化区域（*129*）、市街化調整区域（*130*）、線引き（*136*）、非線引き区域、都市計画区域（*143*）、首都圏整備法、近畿圏整備法、中部圏開発整備法

11. 減歩

減歩は、土地区画整理事業の換地処分によって公共施設用地や保留地を確保することで、従前の土地が減少することをいう。

土地区画整理事業は、土地所有者が無償で所有地の一部を施行者に提供し、それによって公共施設を整備したり売却用の保留地を設けることにより行われるため、施行後の換地の面積は従前の土地の面積より減少するのが通常である。

減歩面積の従前の宅地の面積に対する比率を減歩率という。

関連用語　保留地、公共減歩、保留地減歩、減歩率

12. 建ぺい率

建ぺい率は、建築物の建築面積（建坪）の敷地面積に対する割合のことである。都市計画において用途地域と合わせて建ぺい率が定められている場合

には、原則として、規定を上回る建ぺい率の建物を建ててはならないとされている。

建築基準法第53条において建ぺい率は、原則として、用途地域の指定区分に従って、次に定める数値を超えてはならないとしている。

1. 第一種低層住居専用地域、第二種低層住居専用地域、第一種中高層住居専用地域、第二種中高層住居専用地域又は工業専用地域内の建築物……3/10、4/10、5/10または6/10のうち当該地域に関する都市計画において定められたもの
2. 第一種住居地域、第二種住居地域、準住居地域又は準工業地域内の建築物……5/10、6/10または8/10のうち当該地域に関する都市計画において定められたもの
3. 近隣商業地域内の建築物……6/10または8/10のうち当該地域に関する都市計画において定められたもの
4. 商業地域内の建築物……8/10
5. 工業地域内の建築物……5/10、または6/10のうち当該地域に関する都市計画において定められたもの
6. 用途地域の指定のない区域内の建築物……3/10、4/10、5/10、6/10または7/10のうち、特定行政庁が土地利用の状況等を考慮し当該区域を区分して都道府県都市計画審議会の議を経て定めるもの

関連用語 用途地域（*158*）、建築基準法、第一種低層住居専用地域、第二種低層住居専用地域、第一種中高層住居専用地域、第二種中高層住居専用地域、工業専用地域、第一種住居地域、第二種住居地域、準住居地域（*133*）、準工業地域、近隣商業地域、商業地域、工業地域、都道府県都市計画審議会、容積率（*157*）

13. 公園施設

公園施設は、都市公園の効用を全うするために設けられる施設をいう。公園施設には次のものがある。

1. 園路及び広場
2. 植栽、花壇、噴水その他の修景施設で政令で定めるもの
3. 休憩所、ベンチその他の休養施設で政令で定めるもの
4. ぶらんこ、滑り台、砂場その他の遊戯施設で政令で定めるもの
5. 野球場、陸上競技場、水泳プールその他の運動施設で政令で定めるもの

6. 植物園、動物園、野外劇場その他の教養施設で政令で定めるもの
7. 飲食店、売店、駐車場、便所その他の便益施設で政令で定めるもの
8. 門、柵、管理事務所その他の管理施設で政令で定めるもの
9. 前各号に掲げるもののほか、都市公園の効用を全うする施設で政令で定めるもの

都市公園法では、「都市公園に公園施設として設けられる建築物の建築面積（国立公園又は国定公園の施設としての建築物の建築面積を除く）の総計は、当該都市公園の敷地面積の2%を超えてはならない」という設置基準が定められている。

関連用語　都市公園、都市公園法

14. 高度地区／高度利用地区

高度地区は、用途地域内において市街地の環境を維持し、又は土地利用の増進を図るため、建築物の高さの最高限度又は最低限度を定める地域地区をいう。

一方、高度利用地区は、用途地域内の市街地における土地の合理的かつ健全な高度利用と都市機能の更新とを図るため、建築物の容積率の最高限度及び最低限度、建築物の建ぺい率の最高限度、建築物の建築面積の最低限度ならびに壁面の位置の制限を定める地区をいう。

関連用語　最高限高度地区、最低限高度地区、容積率（*157*）、建ぺい率（*122*）

15. 国勢調査

国勢調査は、政府が日本国内に居住している者として政令で定める者について行う人口に関する全数調査で、当該調査に係る統計につき総務大臣が指定し、その旨を公示したものをいう。国勢調査は10年ごとに行わなければならないとしているが、国勢調査を行った年から5年目にあたる年には、簡易な方法により国勢調査を行うものとしている。また、必要があると認めたときには、この期間の中間においても臨時の国勢調査を行うことができるとしている。平成以降の大規模調査は平成2年、平成12年、平成22年、令和2年に行われ、簡易調査は平成7年と平成17年に行われている。

国勢調査は、人口、世帯、就業者からみた産業構造などの状況を地域別に明らかにする統計を得るために行われるもので、国の最も基本的な統計調査

である。国勢調査から得られる各種統計は、国や地方公共団体における各種の行政施策を立案するための基礎資料として用いられることはもとより、国民の共有財産として研究・教育活動、経済活動など幅広い分野で利用される。なお、10年ごとの大規模調査では通勤通学の利用交通手段等も調査に含まれる。

関連用語 総務大臣、統計調査、大規模調査、簡易調査

16. 国土形成計画

国土形成計画は、人口減少時代を迎えて国土づくりにおいても大きな転換が必要となっている状況の中で、5次にわたって策定・推進されてきた全国総合開発計画（全総）に代わって国土の利用、整備及び保全を推進するために策定された、総合的かつ基本的な新しい国土づくりの計画である。

国土形成計画は、「全国計画」と、2つ以上の都府県にまたがる広域ブロックごとに作成される「広域地方計画」から構成されている。国土形成計画（全国計画）は、「国土形成計画法」に基づいて、概ね10年間における国土づくりの方向性を示す計画として、平成20年7月4日に閣議決定されたものである。その後、平成27年8月に「第二次国土形成計画（全国計画）」の変更の閣議決定がなされ、さらに令和5年7月に第三次となる国土形成計画（全国計画）の変更の閣議決定がなされた。なお、国土交通大臣は、全国計画の案を作成しようとするときは、あらかじめ、国土交通省令で定めるところにより、国民の意見を反映させるために必要な措置を講ずるとともに、環境大臣その他関係行政機関の長に協議し、都道府県及び指定都市の意見を聴き、並びに国土審議会の調査審議を経ることが義務付けられている。

「第三次国土形成計画（全国計画）」は、「時代の重大な岐路に立つ国土」として、人口減少等の加速による地方の危機や、巨大災害リスクの切迫、気候危機、国際情勢を始めとした直面する課題に対する危機感を共有し、こうした難局を乗り越えるため、総合的かつ長期的な国土づくりの方向性を定めたものである。本計画では、目指す国土の姿として「新時代に地域力をつなぐ国土」を掲げ、その実現に向けた国土構造の基本構想として「シームレスな拠点連結型国土」の構築を図ることとしている。

一方、広域地方計画は、全国計画を踏まえ、北海道と沖縄県を除く東北圏・首都圏・北陸圏・中部圏・近畿圏・中国圏・四国圏・九州圏の全国8ブ

ロックごとに、概ね10年間の国土づくりの戦略を定め、各地域独自の個性を活かした取組が進められている。

関連用語　全国総合開発計画（全総）（*135*）、全国計画、広域地方計画、国土形成計画法、第三次国土形成計画、シームレスな拠点連結型国土

17. コミュニティバス

コミュニティバスに一般的な定義はないが、「コミュニティバスの導入に関するガイドライン」では、『コミュニティバスとは、交通空白地域・不便地域の解消等を図るため、市町村等が主体的に計画し、以下の方法により運行するものをいう。(1) 一般乗合旅客自動車運送事業者に委託して運送を行う乗合バス（乗車定員11人未満の車両を用いる「乗合タクシー」を含む。)、(2) 市町村自らが自家用有償旅客運送者の登録を受けて行う市町村運営有償運送』としている。

関連用語　乗合バス、乗合タクシー、市町村運営有償運送

18. コンパクトシティ

コンパクトシティは、住宅や商業施設、交通機関、公共施設などの都市機能を中心市街地に集約する都市計画の総称をいう。

20世紀末ごろから欧米諸国を中心とする国際的な地球環境問題への関心が高まり、都市の無秩序で際限のない拡張を押しとどめ、持続可能な都市化のありかたが地球環境に必要不可欠であるというコンパクトシティの考え方が提案された。

人口減少下においては、行政や医療・福祉、商業等、生活に必要な各種のサービスを維持し、効率的に提供していくためには、各種機能を一定のエリアに集約化することが不可欠であり、これにより各種サービスの効率性を確保することができる。国土交通省は、立地適正化計画制度を創設し、人口減に悩む地方都市向けにコンパクトシティを推進している。

関連用語　立地適正化計画制度、コンパクトシティ政策（*127*）、コンパクト＋ネットワーク

19. コンパクトシティ政策

コンパクトシティ政策は、郊外への都市的土地利用の拡大の抑制、中心市街地の活性化等を図るために、都市中心部にさまざまな機能を集めることによって、相乗的な経済交流活動を活発化させ、持続可能な暮らしやすい街をつくっていこうとする都市政策である。2012年に施行された「都市の低炭素化の促進に関する法律」により、市町村や民間が低炭素化を通じた都市のコンパクト化を進めるための後押しがなされるようになった。また、2014年の都市再生特別措置法の改正により、市町村は公共交通ターミナルを中心とした都市機能誘導区域や、居住を誘導し人口密度を維持する居住誘導区域を指定することが可能となった。

コンパクトシティ政策を推進するうえでは、都市の密度だけではなく、居住者の生活スタイルや行動パターンを含めた検討を行うことが重要である。

関連用語 コンパクトシティ（*126*）、都市の低炭素化の促進に関する法律、都市再生特別措置法、都市機能誘導区域、居住誘導区域

20. 産業革命以降の理想の都市の提案者

【ロバート・オウエン】

ロバート・オウエン（1771～1858年）は、イギリス社会主義の創始者・社会改革家・実業家であり、人間の活動が環境によって決定されるとする環境決定論を主張し、今の協同組合の基礎を作った。「一致と協同の村」というオウエンの共同体は、住民は農業に従事して自給自足の生活を支えると同時に工業の生産活動にも参加するというもので、村の中核となるのは四角形の建物で、建物の周囲に1,000～1,500エーカーの土地があり、敷地の中央には共同食堂などの公共建物や学校、礼拝堂、図書室などが設置される。このオウエンの共同体は、イギリス社会主義の先駆的形態を示すものとなっている。

【エベネザー・ハワード】

エベネザー・ハワード（1850～1928年）は、近代都市計画の祖と呼ばれるイギリスの社会改良家であり、1898年に出版された「明日—真の改革にいたる平和な道」には、彼の思想を表現した都市と田園と田園都市の3つの磁石が人々をひきつけようとしている「三つの磁石」の図が掲載された。これは、都市環境と自然環境の調和を目指し、人口数万程度の限定された規模の、自

律した職住近接型の都市を郊外に建設するというものである。エベネザー・ハワードが説いた田園都市は、既成都市の周辺に人口約3万人の田園都市を数箇所配置し、鉄道で田園都市相互および中心都市を連絡し、都市生活と田園生活の長所を生かしつつ増加する人口を定着させることを図ったものである。

【トニー・ガルニエ】

トニー・ガルニエ（1869～1948年）は、フランスの都市計画家・建築家であり、1917年に出版された「工業都市」では、工業を都市計画の主題として近代都市が備えるすべての施設と空間を構成要素とし、それぞれの機能と環境を考慮して配置した、近代的都市計画理論を提示した。

【クラレンス・アーサー・ペリー】

クラレンス・アーサー・ペリー（1872～1944年）は、アメリカ合衆国のプランナー・社会学者・地域計画研究者・教育者であり、1924年に発表した「近隣住区論」によって、幹線道路で区切られた小学校の校区を一つのコミュニティと捉え、商店やレクリエーション施設を計画的に配置する『近隣住区』が体系化された。

【クラレンス・スタイン】

クラレンス・スタイン（1882～1975年）は、アメリカ合衆国の都市計画家・建築家であり、ガーデンシティをヒントに歩行者と自動車のアクセスを完全に分けてつくられた「都市ラドバーン」の設計者として知られる。

【ル・コルビジェ】

ル・コルビジェは、ハワードの田園都市構想とは反対の立場で、都心に超高層建築物を建設し、緑地などのオープン・スペースを確保する大都市論を提唱した。1922年にパリで開催されたサロン・ドートンヌにおいてコルビジェが出展した「人口300万人の現代都市」で示された理想都市の形態は、厳格な幾何学パターンのもとに、広大なオープン・スペースに囲まれた壮大な超高層建築物群が立ち並び、その足元には高速自動車道や幹線道路、鉄道などの交通システムが貫くものであった。

関連用語　ロバート・オウエン、協同組合、「一致と協同の村」というオウエンの共同体、エベネザー・ハワード、三つの磁石、自律した職住近接型の都市、トニー・ガルニエ、工業都市、クラレンス・アーサー・ペリー、近隣住区、クラレンス・スタイン、都市ラドバーン、ル・コルビジェ、人口300万人の現代都市

21. 市街化区域

市街化区域は、すでに市街地を形成している区域及び概ね10年以内に優先的かつ計画的に市街化を図るべき区域をいう。

都市計画法では、無秩序な市街化を防止し、計画的な市街化を図るため市街化区域と市街化調整区域に都市計画区域を区分して、都市地域の発展を将来の目標に向かって段階的、計画的に導いていくこととしているとともに、概ね5年以内に基礎調査を行い、その動向により必要があれば線引きの見直しをすることとしている。また、市街化区域については、少なくとも用途地域を定めるものとし、市街化調整区域については、原則として用途地域を定めないものとしている。

なお、都市計画法施行令の第八条（都市計画基準）二では、次のように定められている。

「おおむね十年以内に優先的かつ計画的に市街化を図るべき区域として市街化区域に定める土地の区域は、原則として、次に掲げる土地の区域を含まないものとすること。

イ　当該都市計画区域における市街化の動向並びに鉄道、道路、河川及び用排水施設の整備の見通し等を勘案して市街化することが不適当な土地の区域

ロ　溢水、湛水、津波、高潮等による災害の発生のおそれのある土地の区域

ハ　優良な集団農地その他長期にわたり農用地として保存すべき土地の区域

ニ　優れた自然の風景を維持し、都市の環境を保持し、水源を涵養し、土砂の流出を防備する等のため保全すべき土地の区域」

市街地開発事業や土地区画整理事業は、市街化区域の開発や整理を推進するものである。

関連用語　市街化調整区域（*130*）、都市計画区域（*143*）、線引き（*136*）、用途地域（*158*）、都市計画法施行令、市街地開発事業（*130*）、土地区画整理事業（*150*）

3 都市及び地方計画

22. 市街化調整区域

市街化調整区域は、市街化を抑制すべき区域をいう。

市街化調整区域では、農業や林業等の用に供する建築物等および特に定められた用途に関する開発行為、および都道府県知事があらかじめ開発審議会の審議を経たもの以外については、開発行為は原則として許可されない。なお、市街化調整区域であっても都市計画事業の施行として行う開発行為は、開発許可制度の適用が除外されている。

関連用語　市街化区域（*129*）、開発行為、都市計画事業（*145*）、開発許可制度の適用除外物件（*119*）

23. 市街地開発事業

市街地開発事業は、既成市街地を都市計画のマスタープランに応じた高層建築物を建設し、土地の高度利用を実現することにより、効率の良い都市に再開発する計画をいう。

都市計画法において、都市計画として定める市街地開発事業には、①土地区画整理事業、②新住宅市街地開発事業、③工業団地造成事業、④市街地再開発事業、⑤新都市基盤整備事業、⑥住宅街区整備事業、⑦防災街区整備事業、などがありそれぞれの法律によって施行される。

市街地開発事業については、市街地開発事業の種類、名称及び施行区域その他政令で定める事項（施行区域の面積）を都市計画に定めるものとしており、土地区画整理事業については、これらに加えて公共施設の配置及び宅地の整備に関する事項を定めるものとしている。

関連用語　マスタープラン（*157*）、都市計画法（*145*）、土地区画整理事業（*150*）、新住宅市街地開発事業、工業団地造成事業、市街地再開発事業（*130*）、新都市基盤整備事業、住宅街区整備事業、防災街区整備事業、市街地開発事業等予定区域

24. 市街地再開発事業

市街地再開発事業は、都市再開発法に基づき市街地開発事業の1つとして、建築物及び建築敷地の整備とあわせて公共施設の整備を行う事業をいう。

市街地再開発事業は、市街地の土地の合理的かつ健全な高度利用と都市機能の更新とを図るため、密集した低層の木造建築物が多く生活環境の悪化し

ている地区、あるいは有効な土地利用が図られていない地区等で、土地の共同化と高度利用を図り空地を確保しながら不燃化共同建築物を整備するとともに、道路・広場・公園等の公共施設の整備を総合的に行うことにより安全で快適な都市環境をつくりだすものである。そのために市街地再開発事業は、防災上危険な地区の改善、駅前広場等公共施設の整備の遅れている地区の再整備、市民交流やにぎわいの創出に寄与する公益施設等の整備等に用いることができる。

市街地再開発事業は、施行地区内の権利者の、権利の変換方法の違いによって第1種市街地再開発事業（権利変換方式）と第2種市街地再開発事業（用地買収方式）に区分される。第1種市街地再開発事業は、土地の高度利用によって生み出される保留床の処分などによって事業費をまかなうもので、従前建物や土地所有者等は、従前資産の評価に見合う権利床を受け取るものである。一方、第2種市街地再開発事業は、災害発生の危険などで緊急性の高い事業について認められるもので、保留床処分により事業費をまかなう点は第1種事業と同じであるが、施行地区内の建物や土地等をいったん施行者が買収又は収用し、買収又は収用された者が希望すれば、その対償に代えて権利床が与えられるというものである。

第1種市街地再開発事業の施行者には、個人施行者、市街地再開発組合、再開発会社、地方公共団体、独立行政法人都市再生機構及び地方住宅供給公社などがあるが、第2種市街地再開発事業では、個人施行者や市街地再開発組合が施行者になることはできない。

関連用語　都市再開発法、第1種市街地再開発事業（権利変換方式）、第2種市街地再開発事業（用地買収方式）、権利床

25. 斜線制限

斜線制限は、道路や隣接地の日照・通風・採光などの都市生活環境を確保する目的で、ある範囲内で建築物各部分の高さを制限する限界線のことをいう。建築物を真横から見たときに空間を斜線で切り取ったようになることから、斜線制限と呼ばれている。斜線制限には、道路斜線制限、隣地斜線制限、北側斜線制限の3つがある。

道路斜線制限は、道路の日当たりや通風に支障をきたさないように、道路に面した敷地で建物を建てるときの高さの上限規定で、前面道路の幅員との

関係で、用途地域や容積率に応じて定められる。道路斜線制限は、用途地域の指定のない区域や日影規制が行われている区域を含めて、すべての用途地域に適用される。

隣地斜線制限は、隣地の日当たりや風通しの維持のために定められる建物の高さの上限規定で、建物の高さを隣地との境界から一定の高さ（住居系地域で20 m、それ以外の地域では31 m）を起点とする斜線の範囲内に収めるというものである。隣地斜線制限は、第一種低層住居専用地域と第二種低層住居専用地域を除く用途地域で適用される。

北側斜線制限は、建物を建築する土地の北側の土地における日当たりや風通し等を確保するために定められる建物の高さの上限規定で、建物の高さを北側の隣地・道路との境界から一定の高さを起点とする斜線の範囲内に収めるというものである。北側斜線制限は、住居専用地域に限って適用されるものであり、第一種中高層住居専用地域と第二種中高層住居専用地域では、そこで日影規制されていれば北側斜線制限は適用されない。

関連用語　道路斜線制限、隣地斜線制限、北側斜線制限、用途地域（*158*）、容積率（*157*）、日影規制（*151*）、第一種低層住居専用地域、第二種低層住居専用地域、住居専用地域、第一種中高層住居専用地域、第二種中高層住居専用地域

26. 集計モデル／非集計モデル

交通需要予測法のうち、個人や世帯というような交通の意思決定単位の選択行動をゾーンやグループなど、特定の集合体として集計して分析する交通モデルを集計モデルという。一方、これに対して、個人を交通行動の単位とした交通行動モデルを非集計モデルと呼んでいる。

一般に、段階推定法におけるモデルは集計モデルとして取扱われているが、このような集計モデルにおいては、集計データを用いることによって真実の現象とは全く異なる関係（生態学的相関）が導かれるとか、分散が大きいときにその平均値を使用することで交通行動をゆがんだ形で記述してしまうなどの問題が生じることがある。しかしながら、非集計モデルでは、個人や世帯ごとのデータをそのまま分析単位としてモデルの構築をすることから、このような問題を避けることができる。

非集計モデルは、ミクロ経済学における確率効用関数を用いた期待効用最大化理論に基づく消費者行動理論を、交通行動分析に適用したものであり、

1）集計モデルに比べて少数のサンプルでモデル構築が可能である、2）集計モデルに比べて他地域、他地点への移転性が高い（時間的空間的移転が可能）、3）個人行動に影響する要因を数多く導入できることから種々の交通政策の短期的評価に対応できる、などの特徴がある。また、非集計モデルは選択対象が連続量ではなく、選択するしない、あるいはどの乗り物を利用するかなどの選択行動を推定することから、離散選択モデルとも呼ばれている。非集計モデルにおいては、確率変動部分の分布としてガンベル分布や正規分布を仮定することによって、ロジットモデルやプロビットモデルなどが導かれる。

関連用語 交通需要予測法、交通行動モデル、段階推定法、生態学的相関、ミクロ経済学、確率効用関数、期待効用最大化理論、時間的空間的移転、選択行動、離散選択モデル、ガンベル分布、正規分布、ロジットモデル、プロビットモデル

27. 準住居地域

準住居地域は、都市計画法の市街化区域内に指定される用途地域の1つで、道路の沿道としての地域の特性にふさわしい業務の利便の増進を図りつつ、これと調和した住居の環境を保護するために定める地域をいう。

準住居地域には、建ぺい率や容積率などの制限が加えられる。

関連用語 都市計画法（*145*）、市街化区域（*129*）、用途地域（*158*）、建ぺい率（*122*）、容積率（*157*）

28. 準都市計画区域

準都市計画区域は、都市計画区域外の区域のうち、相当数の建築物等の建築もしくは建設またはこれらの敷地の造成が現に行われ、または行われると見込まれる区域を含み、かつ、そのまま放置すれば、将来における一体の都市としての整備、開発及び保全に支障が生じるおそれがあるとして、都道府県が指定する一定の区域をいう。

都道府県は、準都市計画区域を指定しようとするときは、あらかじめ、関係市町村および都道府県都市計画審議会の意見を聴かなければならない。

準都市計画区域により都市計画区域外の区域のうち、一体の都市として積極的な整備、開発を行うまでの必要はないが、高速道路のインターチェンジ周辺などにおいて、無秩序な土地利用が懸念されている地区で適切な土地利用を図るために、用途地域など土地の使われ方を決めることができるように

したものである。

関連用語　都市計画区域外、都市計画地方審議会、土地利用、用途地域（*158*）

29. 白地地域

白地地域とは、都市計画区域及び準都市計画区域において用途地域の指定のない区域のことをいう。

白地地域においては、その良好な環境の形成又は保持のため当該区域の特性に応じて合理的な土地利用が行われるよう、制限すべき特定の建築物等の用途の概要を定める特定用途制限地域を定めることができることとし、地方公共団体の条例で、建築物の用途の制限を定めることとしている。

関連用語　都市計画区域（*143*）、準都市計画区域（*133*）、用途地域（*158*）、特定用途制限地域（*142*）

30. 人口集中地区（DID）

人口集中地区（DID：Densely Inhabited District）は、市町村の区域内で人口密度が1平方キロメートルあたり4,000人以上の区域が、互いに隣接してその人口が5,000人以上となる地区をいう。

一般にDID地区とは、市街地部とほとんど同じ意味で使われており、都市生活がなされている地区をさす。

31. 生産緑地地区

生産緑地地区は、都市計画法に基づく地域地区の1つであり、市街化区域内にある農地等のうち、公害又は災害の防止、農林漁業と調和した都市環境の保全などに役立つ農地等を将来にわたって適切に保全される緑地として指定された地区のことをいう。

生産緑地法では、市街化区域内にある農地等で、次に掲げる条件に該当する区域について生産緑地地区を定めることができるとしている。

1. 公害又は災害の防止、農林漁業と調和した都市環境の保全等良好な生活環境の確保に相当の効用があり、かつ、公共施設等の敷地の用に供する土地として適しているものであること。
2. 500 m^2以上の規模の区域であること。
3. 用排水その他の状況を勘案して農林漁業の継続が可能な条件を備えて

いると認められるものであること。

生産緑地地区に指定されると、原則30年間、所有者は農地としての管理が義務づけられ、その他の利用が制限される。一般には、市街化区域内の農地は宅地並みの課税となるが、生産緑地は税制上の措置として農地としての課税となる。また、相続税の納税猶予や免除の制度が適用される。

関連用語 地域地区（*137*）、市街化区域（*129*）、生産緑地法

32. 全国総合開発計画

全国総合開発計画は、「国土総合開発法」（平成17年に改正され「国土形成計画法」に改称されている）に基づいて、我が国の国土づくりの基本目標等を示すとともに、その目標を実現するための社会資本整備のあり方などを方向づけるために作成される国の施策の総合的かつ基本的な計画である。全国総合開発計画は、昭和37年から5次にわたって策定されてきた。

昭和37年の「全国総合開発計画」（一全総）では、地域格差の是正、都市基盤整備の充実を目指し、大都市圏からある程度離れた地域に、工業地域や都市を開発する拠点（開発拠点）を配置し、それらを大都市圏と交通・通信網で結ぶ「拠点開発方式」が採用された。第一次全国総合開発計画の拠点開発方式による工業開発地区の構想を背景として、新産業都市建設促進法及び工業整備特別地域整備促進法が制定され、新産業都市と工業整備特別地域が指定された。

一全総策定から7年後の昭和44年に、「新全国総合開発計画」（新全総）が策定された。新全総では地域格差等の諸問題解決のため、自然との調和、安全で快適な環境条件を考慮に入れつつ、全国土に開発可能性の拡大を基本として「大規模プロジェクト構想」を取り入れた。

新全総の計画施行中であったが昭和52年には、「第三次全国総合開発計画」（三全総）が策定された。三全総では、大都市への人口集中の抑制とともに、地方を振興し過疎過密問題に対処しながら全国土の利用の均衡を図り、人間居住の総合的環境の形成を目指して「定住構想」を開発方式とした。

昭和62年には、「第四次全国総合開発計画」（四全総）が策定された。四全総では、多極分散型国土の形成、地域格差の是正を目指して、三全総における定住構想に交流ネットワークの概念を加えた「交流ネットワーク構想」を開発方式とした。

平成10年には、新たな国土計画体系づくりを目指して5番目の全総である、「21世紀の国土のグランドデザイン―地域の自立の促進と美しい国土の創造―」（五全総）が策定された。五全総では、さまざまな共通性を持った地域の連なりを圏域として、その圏域（国土軸）が複数存在することにより、相互に連携して国土を形成していく国土構造を目指して「多軸型国土の形成」を提示している。国土軸としては、今後の発展方向と国際交流の姿を展望し、①北東国土軸、②日本海国土軸、③太平洋新国土軸、④西日本国土軸、の4軸を構想している。また、五全総では基本的課題として、(1) 自立の促進と誇りの持てる地域の創造、(2) 国土の安全と暮らしの安心の確保、(3) 恵み豊かな自然の享受と継承、(4) 活力ある経済社会の構築、(5) 世界に開かれた国土の形成、の5つが掲げられている。

なお、21世紀の国土のグランドデザインの策定後、それまでの国土総合開発法を中心とする国土計画の制度が改められて、平成17年7月には国土総合開発法が抜本的に改正され、法律名は国土形成計画法になった。

関連用語　国土総合開発法、国土審議会、拠点開発方式、大規模プロジェクト構想、定住構想、交流ネットワーク構想、多軸型国土の形成、国土形成計画法

33. 線引き（制度）

線引き（制度）は、都市計画区域について無秩序な市街化を防止し、計画的な市街化を図るために都市計画区域を市街化区域と市街化調整区域とに分けて指定することをいう。

三大都市圏及び政令で定める大都市区域は、法令で線引きが義務づけられているが、その他の地域については、線引きするか否かについて、原則として都道府県が都市計画マスタープランにおいて決定することとしている。

関連用語　市街化区域（*129*）、市街化調整区域（*130*）、都市計画マスタープラン（*157*）

34. 大都市交通センサス調査

大都市交通センサスは、首都圏、中京圏、近畿圏の三大都市圏における鉄道、バス等の大量輸送交通機関を対象に、その利用の実態等について調査を行い、公共交通政策を検討するための基礎資料を得ることを目的に、昭和35年から5年ごとに実施している交通統計調査である。

大都市交通センサスの調査結果は、国や地方公共団体における都市計画や、通勤・通学時の混雑緩和、速達性向上、乗り継ぎ円滑化、バリアフリー化の推進など、さまざまな交通政策検討の基礎資料として活用される。

大都市交通センサスの調査方法は、1）調査区域内の調査対象鉄道駅で降車する旅客に対して調査票を配布し、住所、目的地、利用区間、移動目的等を記入してもらう鉄道定期券・普通券等利用者調査、2）調査対象となるバスターミナルにおいて乗降する旅客に対して調査票を配布し、住所、目的地、利用区間、移動目的等を記入してもらうバス・路面電車定期券・普通券等利用者調査、3）鉄道利用者の駅間の流動量を調査する鉄道OD調査、4）調査対象となるターミナルに乗り入れる系統における、バス・路面電車の停留所間または駅間の流動量を調査するバス・路面電車OD調査、5）調査対象路線・系統の車両定員数、車両編成数、運行本数等から、時間帯別の輸送力を調査する鉄道、バス・路面電車輸送サービス実態調査、などによって行われる。

関連用語　三大都市圏、大量輸送交通機関、公共交通政策、交通統計調査、鉄道定期券・普通券等利用者調査、バス・路面電車定期券・普通券等利用者調査、鉄道OD調査、バス・路面電車OD調査、鉄道、バス・路面電車輸送サービス実態調査

35. 地域地区

地域地区は、都市の空間的な構成を規制し、最も有効な利用方法を決める計画であり、都市計画区域ならびに準都市計画区域内の土地を利用目的によって区分し、建築物などについて用途、形態、構造等の必要な制限を課すことができるよう定めたものをいう。

地域等の建築物等の制限は、都市計画法、建築基準法その他の法律または条令によってなされている。地域地区の中の用途地域は、建築物の用途や建ぺい率・容積率等を規制しようとするものであり、地域地区の中で最も基本的なものである。

都市計画区域について定めることができる地域地区は次のとおりである。

1. 用途地域

　第一種低層住居専用地域、第二種低層住居専用地域、第一種中高層住居専用地域、第二種中高層住居専用地域、第一種住居地域、第二種住居地域、準住居地域、近隣商業地域、商業地域、準工業地域、工業地域ま

たは工業専用地域

2. 特別用途地区、特定用途制限地域、特例容積率適用地区、高層住居誘導地区
3. 高度地区または高度利用地区
4. 特定街区、都市再生特別地区
5. 防火地域または準防火地域、特定防災街区整備地区
6. 景観地区
7. 風致地区
8. 駐車場整備地区
9. 臨港地区
10. 歴史的風土特別保存地区
11. 第一種歴史的風土保存地区または第二種歴史的風土保存地区
12. 緑地保全地域、特別緑地保全地区または緑化地域緑地保全地区
13. 流通業務地区
14. 生産緑地地区
15. 伝統的建造物群保存地区
16. 航空機騒音障害防止地区または航空機騒音障害防止特別地区

また、準都市計画区域について定めることができる地域地区は次のとおりである。

1. 用途地域
2. 特別用途地区、特定用途制限地域
3. 高度地区
4. 景観地区
5. 風致地区
6. 緑地保全地域
7. 伝統的建造物群保存地区

関連用語　都市計画区域（*143*）、準都市計画区域（*133*）、都市計画法（*145*）、建築基準法、用途地域（*158*）

36. 地区計画

地区計画は、建築物の建築形態、公共施設その他の施設の配置等からみて、一体としてそれぞれの区域の特性にふさわしい態様を備えた良好な環境の各

街区を整備し、開発し、および保全するための計画をいう。

地区計画の内容は、該当する土地の区域を定めるほか、①当該地区計画の目標、②当該区域の整備、開発及び保全に関する方針、③主として街区内の居住者等の利用に供される道路、公園その他の政令で定める施設（地区施設）および建築物等の整備並びに土地の利用に関する計画（地区整備計画）、などで構成される。

地区計画は、用途地域が定められている土地の区域のほか、1）住宅市街地の開発その他建築物もしくはその敷地の整備に関する事業が行われる、または行われた土地の区域、2）建築物の建築またはその敷地の造成が無秩序に行われ、または行われると見込まれる一定の土地の区域で、公共施設の整備の状況、土地利用の動向等からみて不良な街区の環境が形成されるおそれがあるもの、3）健全な住宅市街地における良好な居住環境その他優れた街区の環境が形成されている土地の区域、などについて定めることができる。

また、用途地域が定められている区域のほか、1）現に土地の利用状況が著しく変化しつつあり、又は著しく変化することが確実であると見込まれる土地の区域、2）土地の合理的かつ健全な高度利用を図るため、適正な配置及び規模の公共施設を整備する必要がある土地の区域、3）当該区域内の土地の高度利用を図ることが、当該都市の機能の増進に貢献することとなる土地の区域、であることなどの条件に該当する土地の区域における地区計画については、土地の合理的かつ健全な高度利用と都市機能の増進とを図るため、一体的かつ総合的な市街地の再開発又は開発整備を実施すべき区域（再開発等促進区）を都市計画に定めることができる。

関連用語　地区施設、地区整備計画、高度利用、再開発等促進区

37. デマンド交通

デマンド交通に明確な定義はないが、大まかな概念として、定時・定路線のバス運行に対して、電話予約など利用者のニーズに応じて柔軟な運行を行う公共交通の一つの形態とされている。デマンド交通は、公共交通不便地域に住む高齢者などの交通弱者が利用しやすい公共交通サービスの提供を図るような場合に導入される。

関連用語　公共交通サービス

38. 道路交通センサス

道路交通センサス（全国道路・街路交通情勢調査）は、全国の道路と道路利用の実態を把握して、道路計画や管理に活用するとともに将来の道路整備の方向を明らかにすることを目的に、全国の道路状況、交通量、旅行速度、自動車運行の起終点、運行目的等を調査するものである。調査は、1）一般交通量調査、2）自動車起終点調査（OD調査）、3）駐車調査、4）機能調査、の4つから構成されている。さらに、一般交通量調査は、道路の幅員構成や整備状況を調査する「道路状況調査」、自動車・二輪車・歩行者の交通量を観測する「交通量調査」、自動車で実走して速度を測定する「旅行速度調査」、の3つに分けられている。調査項目ごとの調査内容は、次の表のとおりである。

調査項目	調査内容
一般交通量調査	（道路状況調査）車道及び歩道の幅員、交差点数、バス路線、沿道状況など、道路状況の調査
	（交通量調査）平日及び休日における歩行者、自転車、自動車（車種別）の交通量の調査
	（旅行速度調査）朝または夕方のピーク時において実走行により区間の旅行速度を計測する調査
自動車起終点調査（OD調査）	（路側OD調査）県境等を横切る道路において自動車をとめて運行状況を聞き取る調査、ならびにフェリー乗船時に運行状況等を聞き取る調査
	（オーナーインタビューOD調査）車の所有者や使用者に対して調査日の運行状況等を調査
	（高速OD調査）高速道路の利用者に対してインターネットによるアンケート調査
駐車調査	人口20万人以上の都市もしくは県庁所在地に対する、駐車場数、駐車台数、駐車料金などの調査
機能調査	医療、福祉、観光等における道路の使われ方の調査

関連用語 一般交通量調査、自動車起終点調査（OD調査）（*308*）、駐車調査、機能調査、道路状況調査（*333*）、交通量調査（*318*）、旅行速度調査（*344*）

39. 特定街区

特定街区は、都市計画の地域地区の1つで、市街地の整備改善を図るため街区の整備または造成が行われる地区について、その街区内における建築物の容積率や高さの最高限度および壁面の位置の制限などを定める街区をいう。

特定街区では、建築基準法の一般的な建ぺい率、容積率、高さ制限等に関する規定を適用すると高層ビル街が形成できないため、その街区だけに適用する各制限を定めることができるというもので、東京の新宿副都心にある超高層ビル街などが代表的な例である。

関連用語 地域地区（*137*）、街区、超高層ビル街

40. 特定工作物

特定工作物は、一般建築物の概念には当てはまらない建設物で開発許可の対象となる、周辺地域の環境の悪化をもたらすおそれがある工作物や大規模な工作物のうち、政令で定めるもののことをいう。特定工作物は、第一種特定工作物と第二種特定工作物に分かれている。

（第一種特定工作物）

周辺の地域の環境の悪化をもたらすおそれがある工作物で、都市計画法ならびに都市計画法施行令には次のものが規定されている。

1. コンクリートプラント
2. アスファルトプラント
3. クラッシャープラント
4. 危険物（建築基準法施行令第116条第1項の表の危険物品の種類の欄に掲げる危険物をいう）の貯蔵又は処理に供する工作物

（第二種特定工作物）

大規模な工作物であって、次のものが規定されている。

1. ゴルフコース（面積関係なし）
2. 1 ha以上の野球場、庭球場、陸上競技場、遊園地、動物園その他の運動・レジャー施設
3. 1 ha以上の墓園

なお、都市計画法における開発行為とは、主として建築物の建築又は特定工作物の建設の用に供する目的で行う土地の区画形質の変更としている。

関連用語 開発許可、第一種特定工作物、第二種特定工作物、開発行為、区画形質

41. 特定土地区画整理事業

特定土地区画整理事業は、「大都市地域における住宅地等の供給の促進に関する特別措置法」（大都市法）に基づいて、大都市地域の土地区画整理促進区域内で行う土地区画整理事業をいう。

特定土地区画整理事業の施行者は、原則として個人または組合であるが、促進区域の都市計画決定から２年を経過しても施行が認可されない場合は、市町村が施行しなければならない。また、特別の事情がある場合は、市町村、都府県、公団等も特定土地区画整理事業を施行することができる。この事業においては、共同住宅区、集合農地区を設けることができるようにするとともに、その他助成措置を含め特別の措置ができるようにされている。

関連用語　大都市法、土地区画整理促進区域（*150*）、土地区画整理事業（*150*）、都市計画決定

42. 特定用途制限地域（制度）

特定用途制限地域は、用途地域が定められていない土地の区域（市街化調整区域を除く）内ならびに準都市計画区域内において、その良好な環境の形成または保持のため当該地域の特性に応じて合理的な土地利用が行われるよう、制限すべき特定の建築物等の用途の概要を定める地域をいう。

線引き制度の選択制導入により、いわゆる非線引き白地地域について良好な環境の保持を図るために、都市計画により地域の特性に応じた合理的な土地利用が行われるように、特定用途制限地域制度が定められたものである。都市計画においては、特定用途制限地域の位置及び区域のほか、制限すべき特定の建築物その他の工作物の用途の概要を定めることとされている。

関連用語　市街化調整区域（*130*）、準都市計画区域（*133*）、線引き（制度）（*136*）、白地地域（*134*）

43. 特別用途地区

特別用途地区は、都市計画の地域地区の１つで、用途地域が定められている一定の地区における、地区の特性にふさわしい土地利用の増進、環境の保護等の特別の目的の実現を図るために用途地域の指定を補完して定める地区をいう。

特別用途地区は、全国同一内容の用途地域の指定では、その都市や地区の

特性や個性が維持できない所や積極的に地区特性を創出していく場合に適用される。そのため特別用途地区の区域内では、区市町村の条例により建築物の制限内容を強化したり、国土交通大臣の承認を得ることにより、用途を緩和したりすることができる。

特別用途地区及び特定用途制限地域における具体的な建築物の用途の制限は、地方公共団体の条例で定められる。

関連用語 地域地区（*137*）、用途地域（*158*）、特定用途制限地域（*142*）

44. 特例容積率適用地区（制度）

特例容積率適用地区は、第一種中高層住居専用地域、第二種中高層住居専用地域、第一種住居地域、第二種住居地域、準住居地域、近隣商業地域、商業地域、準工業地域又は工業地域内の適正な配置及び規模の公共施設を備えた土地の区域において、建築基準法の規定による建築物の容積率の限度からみて未利用となっている建築物の容積の活用を促進して土地の高度利用を図るために定められる地区をいう。

特例容積率適用地区においては、容積率を使い切ってない土地のあまった容積率分を隣近所に割り振って、高さの限度内において、より大きな建物を建てることが可能になる。

関連用語 第一種中高層住居専用地域、第二種中高層住居専用地域、第一種住居地域、第二種住居地域、準住居地域（*133*）、近隣商業地域、商業地域、準工業地域、工業地域、容積率（*157*）、高度利用

45. 都市計画区域

都市計画区域は、自然的および社会的条件、ならびに人口、土地利用、交通量などの現況や推移の状況などから、一体の都市として総合的に整備し、開発し、および保全する必要がある区域を、都市計画法に基づき都道府県が指定した区域をいう。この場合において、都市計画区域は、市町村の行政区域と一致している必要はなく、当該市町村の区域外にわたり、都市計画区域を指定することができる。また、都道府県はこれ以外に首都圏整備法による都市開発区域、近畿圏整備法による都市開発区域、中部圏開発整備法による都市開発区域その他新たに住居都市、工業都市その他の都市として開発し、および保全する必要がある区域を都市計画区域として指定するものとしてい

る。

また2つ以上の都府県にまたがる都市計画区域については、あらかじめ、関係都府県の意見を聴いて国土交通大臣が指定する。

都市計画区域については、都市計画区域の整備、開発及び保全の方針を定めることとなっている。都市計画区域は、都市計画法等の法令の規制を受ける土地の範囲であり、土地区画整理事業は、この都市計画区域内の土地についてのみ施行することができる。都市計画区域は、必要に応じて市街化区域と市街化調整区域に区分（線引き）されている。

関連用語　都市計画法（*145*）、都市開発区域、住居都市、工業都市、土地区画整理事業（*150*）、市街化区域（*129*）、市街化調整区域（*130*）、線引き（制度）（*136*）

46. 都市計画区域外の開発行為

都市計画区域及び準都市計画区域外の区域内において、それにより一定の市街地を形成すると見込まれる規模として政令で定める規模以上の開発行為をしようとする者は、あらかじめ、国土交通省令で定めるところにより、都道府県知事の許可を受けなければならない。ただし、次に掲げる開発行為は、除外される。

1. 農業、林業若しくは漁業の用に供する政令で定める建築物又はこれらの業務を営む者の居住の用に供する建築物の建築の用に供する目的で行う開発行為
2. 駅舎その他の鉄道の施設、図書館、公民館、変電所その他これらに類する公益上必要な建築物のうち開発区域及びその周辺の地域における適正かつ合理的な土地利用及び環境の保全を図るうえで支障がないものとして政令で定める建築物の建築の用に供する目的で行う開発行為
3. 都市計画事業の施行として行う開発行為
4. 公有水面埋立法の免許を受けた埋立地であって、まだ告示がないものにおいて行う開発行為
5. 非常災害のため必要な応急措置として行う開発行為
6. 通常の管理行為、軽易な行為その他の行為で政令で定めるもの

関連用語　開発許可制度（*118*）、開発許可制度の適用除外物件（*119*）、都市計画区域（*143*）、準都市計画区域（*133*）、都市計画事業（*145*）

47. 都市計画事業

都市計画事業は、都市計画法に基づき国土交通大臣または都道府県知事の認可または承認を受けて行われる都市計画施設の整備に関する事業や市街地開発事業をいう。都市計画事業の施行者は、市町村、都道府県、国の機関（行政機関、住宅・都市整備公団等）及びそれ以外で知事の認可を受けた者があたる。

都市計画決定された市街地開発事業については、すべて都市計画事業として行われる。都市計画事業の認可などがあると、事業地内において都市計画事業の施行の障害となるおそれがある土地の形質の変更、建築物の建築などを行おうとする場合は、都道府県知事の許可を受けなければならない（都市計画事業制限）。

関連用語 都市計画法（*145*）、市街地開発事業（*130*）、都市計画決定、都市計画事業制限、都市施設（*147*）

48. 都市計画法

都市計画法は、高度経済成長期に起こった都市への人口集中等による無秩序な開発を防止し、計画的な市街化を図るために昭和43年に制定された法律をいう。

都市計画法の目的は、都市計画の内容及びその決定手続、都市計画制限、都市計画事業その他都市計画に必要な事項を定めることにより、都市の健全な発展と秩序ある整備を図り、もって国土の均衡ある発展と公共の福祉の増進に寄与することとしている。

都市計画法第15条では、都市計画を定める者について「次に掲げる都市計画は都道府県が、その他の都市計画は市町村が定める。」として、次の7つの項目を挙げている。

1. 都市計画区域の整備、開発及び保全の方針に関する都市計画
2. 区域区分に関する都市計画
3. 都市再開発方針等に関する都市計画
4. 第八条第一項第四号の二、第九号から第十三号まで及び第十六号に掲げる地域地区に関する都市計画
5. 一の市町村の区域を超える広域の見地から決定すべき地域地区として政令で定めるもの又は一の市町村の区域を超える広域の見地から決定す

べき都市施設若しくは根幹的都市施設として政令で定めるものに関する都市計画

6. 市街地開発事業に関する都市計画

7. 市街地開発事業等予定区域に関する都市計画

関連用語 都市計画制限、都市計画事業（*145*）、都市計画区域（*143*）、区域区分（*122*）、都市再開発、地域地区（*137*）、市街地開発事業（*130*）

49. 都市再生（本部）

都市再生本部は、環境、防災、国際化等の観点から都市の再生を目指す21世紀型都市再生プロジェクトの推進や、土地の有効利用等都市の再生に関する施策を総合的かつ強力に推進することを目的として、平成13年5月閣議決定により内閣に設置された。その後、平成14年6月都市再生特別措置法が施行され、都市の再生に関する施策を迅速かつ重点的に推進するための機関として、都市再生本部が法律に位置づけられた。

都市再生の目標としているところは、わが国の都市を、文化と歴史を継承しつつ、豊かで快適な、さらに国際的にみて活力に満ちあふれた都市に再生し、将来の世代に「世界に誇れる都市」として受け継ぐことができるようにすることにある。その際に、以下の観点を重視するとしている。

ア．高度成長期を通じて生じていた都市の外延化を抑制し、求心力のあるコンパクトな都市構造に転換を図る。

イ．地震に危険な市街地の存在、慢性的な交通渋滞、交通事故など都市生活に過重な負担を強いている「20世紀の負の遺産」を緊急に解消する。

ウ．国際競争力のある世界都市、安心して暮らせる美しい都市の形成、持続発展可能な社会の実現、自然と共生した社会の形成などの「21世紀の新しい都市創造」に取り組む。

エ．施設等の新たな整備に併せ、これまで蓄積された都市資産の価値を的確に評価し、これを将来に向けて大切に活かしていく。

オ．先進的な産業活動の場としての側面と暮らしや生活を支える側面という都市が併せ持つ2つの機能を充実させ、国民生活の質の向上に資する。

その後、平成19年10月9日に地域の再生に向けた戦略を一元的に立案し、実行する体制をつくり、有機的総合的に政策を実施していくため、都市再生本部、構造改革特別区域推進本部、地域再生本部及び中心市街地活性化本部の地域活性化関係の4本部を合同で開催することとし、4本部の事務局を統合して「地域活性化統合事務局」が新たに設置された。

都市再生本部における具体的な取組は、次に示す3つの柱に分けることができる。

1）解決を図るべき様々な都市の課題について、関係省庁、地方公共団体、関係民間主体が参加・連携し、総力を挙げて取組む具体的な行動計画である「都市再生プロジェクト」の推進

2）都市の再生のためには、民間に存在する資金やノウハウなどの民間の力を引き出し、それを都市に振り向け、新たな需要を喚起することが不可欠であるため、民間都市開発事業の立ち上がりを支援するなどの「民間都市開発投資」の促進

3）全国の都市を対象に、市町村やNPOなど地域が「自ら考え自ら行動する」都市の再生に関する取組を応援する「全国都市再生の推進～稚内から石垣まで～」の実施

なお、これらの3つの柱の取組みとともに、自治会、町内会など地縁による団体、商店会、NPO、大学、開発事業者、企業・企業コミュニティなどの「都市再生の担い手」の応援も併せて行われている。

関連用語　21世紀型都市再生プロジェクト、都市再生特別措置法、地域活性化統合事務局、都市再生プロジェクト、民間都市開発投資、全国都市再生の推進～稚内から石垣まで～、都市再生の担い手

50. 都市施設

都市施設は、都市に必要な施設として都市計画法で定めたものをいう。

都市計画区域については、都市計画に、次に掲げる施設で必要なものを定めるものとしている。この場合において、特に必要があるときは、当該都市計画区域外においても、これらの施設を定めることができる。

1. 道路、都市高速鉄道、駐車場、自動車ターミナルその他の交通施設
2. 公園、緑地、広場、墓園その他の公共空地
3. 水道、電気供給施設、ガス供給施設、下水道、汚物処理場、ごみ焼却場その他の供給施設又は処理施設
4. 河川、運河その他の水路
5. 学校、図書館、研究施設その他の教育文化施設

6. 病院、保育所その他の医療施設又は社会福祉施設
7. 市場、と畜場又は火葬場
8. 一団地の住宅施設（一団地における50戸以上の集団住宅及びこれらに附帯する通路その他の施設をいう）
9. 一団地の官公庁施設（一団地の国家機関又は地方公共団体の建築物及びこれらに附帯する通路その他の施設をいう）
10. 流通業務団地
11. 一団地の津波防災拠点市街地形成施設（津波防災地域づくりに関する法律（平成23年法律第123号）第2条第15項に規定する一団地の津波防災拠点市街地形成施設をいう。）
12. 一団地の復興再生拠点市街地形成施設（福島復興再生特別措置法（平成24年法律第25号）第32条第1項に規定する一団地の復興再生拠点市街地形成施設をいう。）
13. 一団地の復興拠点市街地形成施設（大規模災害からの復興に関する法律（平成25年法律第55号）第2条第8号に規定する一団地の復興拠点市街地形成施設をいう。）
14. その他政令で定める施設

なお、都市計画法の第13条第1項第11号では『都市施設は、土地利用、交通等の現状及び将来の見通しを勘案して、適切な規模で必要な位置に配置することにより、円滑な都市活動を確保し、良好な都市環境を保持するように定めること。この場合において、市街化区域及び区域区分が定められていない都市計画区域については、少なくとも道路、公園及び下水道を定めるものとし、第一種低層住居専用地域、第二種低層住居専用地域、第一種中高層住居専用地域、第二種中高層住居専用地域、第一種住居地域、第二種住居地域、準住居地域及び田園住居地域については、義務教育施設をも定めるものとする。』と定めている。

都市施設については、都市計画に、都市施設の種類、名称、位置及び区域を定めるものとするとともに、面積その他の政令で定める事項を定めるよう努めるものとしている。

関連用語 都市計画法（*145*）、都市計画区域（*143*）、受益施設／受損施設、市街化区域（*129*）、第一種低層住居専用地域、第二種低層住居専用地域、第一種中高層住居専用地域、第二種中高層住居専用地域、第一種住居地域、第二種住居地

域、準住居地域（*133*）、田園住居地域

51. 都市緑地法

都市緑地法は、都市における緑地の保全および緑化の推進に関し必要な事項を定めることにより、都市公園法その他の都市における自然的環境の整備を目的とする法律と相まって、良好な都市環境の形成を図り、もって健康で文化的な都市生活の確保に寄与することを目的として定められた法律である。都市緑地法は、それまでの都市緑地保全法が2004年の都市緑地保全法等の一部を改正する法律（いわゆる景観緑三法の制定）に伴い改称されたものである。

都市緑地法では、都市計画区域又は準都市計画区域内の緑地で、1）無秩序な市街地化の防止又は公害若しくは災害の防止のため適正に保全する必要があるもの、あるいは2）地域住民の健全な生活環境を確保するため適正に保全する必要があるもの、のいずれかに該当する相当規模の土地の区域については、都市計画に緑地保全地域を定めることができるとしている。緑地保全地区内においては、公益性が特に高いと認められる行為のほか、1）建築物その他の工作物の新築、改築又は増築、2）宅地の造成、土地の開墾、土石の採取、鉱物の掘採その他の土地の形質の変更、3）木竹の伐採、4）水面の埋立て又は干拓、5）その他政令で定めるものについて、都道府県知事の許可を要するとしている。

都市緑地法では、この緑地保全地域制度に加えて、緑の基本計画（都市における緑地の保全及び緑化の推進に関する基本計画）、緑化地域制度、地区計画等による緑化率規制制度などについて規定している。

関連用語　緑地の保全、緑化の推進、都市緑地保全法、景観緑三法、都市計画区域（*143*）、準都市計画区域（*133*）、緑地保全地域、緑の基本計画、緑地保全地域制度、緑化地域制度、地区計画等による緑化率規制制度、都市公園法

52. 土地区画整理

土地区画整理は、都市計画区域内の土地について、宅地の利用増進を図り健全な市街地をつくるために、土地を整理して街区を整える、あるいは公共施設を確保し整備改善を図ることをいう。土地区画整理のイメージとしては、曲がりくねった土地を公共施設の整備された区画に整備するというものである。

日本の社会構造の変化や都市への人口集中を背景に、都市や建築の統制が必要という機運が高まり、1919年（大正8年）に市街地建築物法（建築基準法の前身）と合わせて都市計画法（旧法）が制定され、このときに耕地整理の手法が土地区画整理として組み入れられた。その後、関東大震災後および第二次世界大戦後の復興に際しては、それぞれ区画整理を中心とする特別都市計画法が制定され、震災復興や戦災市街地の復興と公共施設整備のために、土地区画整理が大規模に実行に移された。

関連用語　都市計画区域（*143*）、街区、市街地建築物法、都市計画法（*145*）、耕地整理、特別都市計画法、土地区画整理事業（*150*）

53. 土地区画整理事業

土地区画整理事業は、都市計画区域内の土地について、公共施設の整備改善及び宅地の利用の増進を図るために、土地の区画形質の変更（換地）及び公共施設の新設又は変更に関する事業である。一般には、換地後の宅地面積は減少するが、土地区画整理事業によって宅地の価値が増大するため、宅地所有者に損失は生じないと考えられている。

土地区画整理事業の目的は、都市計画区域内の土地について道路、公園、河川等の公共施設を整備し、土地の区画を整え宅地の利用の増進を図ることにより、健全な市街の形成と良好な宅地の供給に資することにある。

減歩により新しく生み出された土地は、公共用地（道路や公園）と売却する土地とに分けられる。売却し事業費の一部に充てる土地を保留地といい、地価の上昇が続くときには保留地処分によって事業費の捻出が容易となる。事業に要する費用は、原則として施行者である組合員が負担する。また保留地を定めたときは、この処分金が財源となる。

関連用語　都市計画区域（*143*）、換地（*121*）、減歩（*122*）、土地区画整理法、保留地、土地区画整理（*149*）

54. 土地区画整理促進区域

土地区画整理促進区域は、「大都市地域における住宅及び住宅地の供給に関する特別措置法」（大都市法）により、大都市地域内の市街化区域のうち、良好な住宅市街地として一体的に開発される自然的条件を備え、すでに住宅市街地を形成している区域または住宅市街地を形成する見込みが確実である区域に近接している区域で、その区域の大部分が建築物の敷地として利用されておらず、かつ0.5ヘクタール以上の区域で、大部分が第一種低層住居専用地域、第二種低層住居専用地域、第一種中高層住居専用地域、第二種中高層住居専用地域、第一種住居地域、第二種住居地域、準住居地域、または近隣商業地域、商業地域、準工業地域内の地区計画が定められている区域のうち、地区整備計画が定められている区域について都市計画として定めた地域をいう。

促進区域内の土地の所有者または借地権者は、できる限り速やかに土地区画整理事業を施行するように努めなければならない。促進区域の都市計画決定から2年を経過しても、個人または組合施工の土地区画整理事業が認可されない場合は、市町村は特定土地区画整理事業を施行しなければならない。

関連用語 大都市地域における住宅及び住宅地の供給に関する特別措置法（大都市法）、第一種低層住居専用地域、第二種低層住居専用地域、第一種中高層住居専用地域、第二種中高層住居専用地域、第一種住居地域、第二種住居地域、準住居地域（*133*）、近隣商業地域、商業地域、準工業地域、地区計画（*138*）、地区整備計画、土地区画整理事業（*150*）、特定土地区画整理事業（*142*）

55. トランジットモール

トランジットモールは、中心市街地のメインストリート等で警察と連携して一般車両の利用を制限して、歩行者・自転車とバスや路面電車などの公共交通機関の利便性を高めることによって、まちの賑わいを創出することを目的とした歩行者専用の街路や商店街のことである。

トランジットモール内では、歩行者は自動車を気にせず安心して買物を楽しむことができるとともに、バスや路面電車などの公共交通機関が歩行者の移動を補助する役割を果たす。さらに、高齢者や子供、身障者など自動車を利用できない人々も安心して中心市街地に来ることができるようになる。

関連用語 公共交通機関、まちの賑わい、LRT（*117*）

56. 日影規制

日影規制は、中高層建築物が周囲の敷地に日影を生じさせる場合、その敷地境界線から一定の距離を超える範囲に一定時間以上の日影を生じさせないように建築物の形態を規制し、これによって住宅地における近隣の日照などの居住環境を保護しようとするものである。規制される日影の時期・時間は、日影が最も長くなる日、すなわち日照条件の最も悪い冬至の日における真太陽時（太陽が真南にくるときを正午として算定する時刻法）の午前8時から午後4時までの時間が対象になる。

日影規制は、住居系の用途地域のほか、近隣商業地域、準工業地域および用途地域の指定のない区域で、地方公共団体の条例で指定する日影規制対象区域にのみ適用される。なお、日影規制対象区域外にある建築物であっても高さが10 mを超え、かつ、日影規制の対象区域内に一定時間日影を生じさせる場合には規制の対象になる。

関連用語　用途地域（*158*）、住居系の用途地域、近隣商業地域、準工業地域、日影規制対象区域

57. 農地転用

農地転用は、水田、畑地など耕作に用いられている土地を農地以外のものにすること（区画形質の変更を加えて住宅工場等の施設の用地にし、また道路山林等の用地にする行為）をいう。また、農地の区画形質に変更を加えない場合でも、道路沿いの畑を資材置場や駐車場にするなど、農地を耕作の目的に供されない状態にする行為も農地を転用する場合に該当する。

農地転用には、4ヘクタールまでは県知事の許可が、4ヘクタールを超える場合には農林水産大臣の許可が必要となる。

関連用語　区画形質

58. パーソントリップ調査

パーソントリップ調査は、一定の調査対象地域内において交通の主体である「人（パーソン）の動き（トリップ）」を把握することを目的としたものであり、調査はアンケートによって、どのような人が、どこからどこへ、どのような目的・交通手段で、どの時間帯に動いたのかについて、調査日1日のすべての動きを調べるものである。

パーソントリップ調査では、1）性別・年齢・職業などの個人属性に関わること、2）調査日の1日のすべての交通行動の概要として、出発地・到着地、出発到着の施設、時刻、移動の目的、移動時の利用手段、駐車・駐輪場所など、の2つの項目について把握する。調査結果は、交通実態の把握、将来の

交通量の予測、今後の都市交通施設の整備・運用方針の検討などの基礎資料として用いられる。なお、トリップとは、人がある目的をもってある地点からある地点へ移動することをいい、例えば自宅から勤務先へ行くのに、いくつかの交通手段を乗り換えても、「勤務先へ」という1トリップとしてとらえるものである。また、1つのトリップがいくつかの交通手段で成り立っているとき、このトリップで利用した主な交通手段を「代表交通手段」といい、代表交通手段の集計上の優先順位は、鉄道→バス→自動車→二輪車→徒歩の順である。また、トリップの起終点を空間的に集計するために、ある空間領域をゾーンとして設定する。

パーソントリップ調査は、標本調査である交通行動に関するアンケートを行う家庭訪問調査を主として、対象都市の境界線を出入りする人や車の交通量を調査するコードンライン調査のような補完調査、人口関連調査や土地利用調査のような補助調査、対象都市内を横断する河川や鉄道などの切断線（スクリーンライン）を横断する交通の全数調査のようなスクリーンライン調査など一連の調査から構成されている。なお、コードンラインとはある調査対象地域を囲む仮想の閉じた線のことをいう。

わが国では昭和30年代以降、自動車交通の増加による道路混雑や環境悪化等が深刻な社会問題となり、各交通機関の相互関係を加味した交通政策の必要性から、昭和42年に初めて広島都市圏で調査が実施された。パーソントリップ調査は、大都市圏、地方中枢都市圏においては概ね10年サイクルで、パーソントリップ補完調査はパーソントリップ調査の中間年次にそれぞれ実施されている。また、地方中核都市圏におけるパーソントリップ調査やパーソントリップ補完調査は、必要に応じて実施されている。

関連用語 一定の調査対象地域内、人の動き、アンケート、個人属性、交通行動の概要、トリップ、家庭訪問調査、コードンライン調査、補完調査、人口関連調査、土地利用調査、補助調査、スクリーンライン調査、大都市圏、地方中枢都市圏、地方中核都市圏

59. 非集計ロジットモデル

交通需要予測における非集計分析によって構築される非集計モデルは、集計分析といわれている4段階推定法に対して、個人が「利用可能な選択肢群の中から最も望ましい選択肢を選ぶ」という合理的な選択ルールに基づいて

3 都市及び地方計画

行動することを仮定してモデル化しようとするものである。一方、ロジット関数はロジスティック関数の逆関数であり、特に確率論と統計学で多く用いられ、統計学ではロジットをロジットモデルとしてよく用いられている。非集計モデルにおいて、選択肢の持つ効用は確率的に変動すると考えるのがランダム効用理論のアプローチであるが、このときに確率項の分布形についてパラメータ推定の容易なロジットモデルが使われている。このロジットモデルを使った非集計モデルを非集計ロジットモデルと呼んでいる。

非集計分析による交通需要予測は、トリップを行うか行わないか、どこへ行くのか、どのような交通手段を用いるのか、どのルートを通るのか等、交通行動単位としての個人が利用可能な選択肢の中からどう選ぶのかを表現する。そして、その結果をゾーン、交通機関、ルートで集計して交通需要を推計しようとするものである。

【非集計ロジットモデルの基本式】

1）二肢選択ロジットモデル（バスと自動車の2者択一とした事例）

（選択要因）①乗車時間

②乗車外時間（バス待ち時間、徒歩時間）

③費用（バス運賃、自動車の燃費・駐車料金）

④専用自動車の有無（専用あり＝1、共用＝0）

$P_{\text{bus}} = \exp(V_{\text{bus}}) \,/\, [\exp(V_{\text{bus}}) + \exp(V_{\text{car}})]$

$P_{\text{car}} = 1 - P_{\text{bus}}$

$V_{\text{bus}} = \theta_1 \times$（バスの乗合時間）$+ \theta_2 \times$（バスの乗合外時間／距離）

$+ \theta_3 \times$（バスの運賃）$+ \theta_4 \times (0)$

$V_{\text{car}} = \theta_1 \times$（車の乗合時間）$+ \theta_2 \times$（車の乗合外時間／距離）

$+ \theta_3 \times$（車の費用）$+ \theta_4 \times$（専用自動車の有無）

ここで、P_{bus}：バスの選択確率

P_{car}：車の選択確率

V_{bus}：バスによる効用の確定項

V_{car}：自動車による効用の確定項

θ_1、θ_2、θ_3、θ_4：パラメータ

2）多肢選択ロジットモデル

$P_{\text{in}} = \exp(V_i) \,/\, \sum \exp(V_j)$

$j \in J_n$

$V_1 = \beta_1 Z_{1i} + \beta_2 Z_{2i} + \cdots\cdots + \beta_k Z_{ki} = \beta' Z_i$

ここで、P_{in}：個人nが利用可能な選択肢集合（J_n）の中から選択肢jを選択する確率

V_1：選択肢iの選択による効用の確定項

Z_{ki}：選択肢iについてのk番目の説明変数

β_k：k番目の変数のパラメータ

関連用語　交通需要予測、非集計モデル（*132*）、集計分析、4段階推定法（*116*）、ロジット関数、ロジスティック関数、ロジットモデル、二肢選択ロジットモデル、多肢選択ロジットモデル

60. 風致地区

風致地区は、都市計画法で定める地域地区の1つで、都市の風致を維持するため定める地区をいう。

風致地区は主に都市内の、樹林地や丘陵、渓谷、水辺などの良好な自然景観を形成している地区や歴史的な人文景勝地について、建築物の新築・改増築、宅地の造成、土地の開墾、木竹の伐採などを規制し、都市の自然景観や良好な都市環境の維持を図るために定められている。

風致地区では条例により建築等が規制され、建物の新築や増改築、宅地の造成、木竹の伐採、水面の埋め立て等を行う場合に許可を受けなければならない。10ヘクタール未満の風致地区に係る都市計画決定権限は市町村に、10ヘクタール以上の風致地区に係る都市計画決定権限は都道府県にある。

関連用語　都市計画法（*145*）、地域地区（*137*）

61. ブキャナンレポート

ブキャナンレポートは1963年に、イギリス政府が2年間にわたる調査結果として発表した「都市の自動車交通」（Traffic in towns）のことで、研究グループ委員長のコーリン・ブキャナン（Colin Buchanan）の名をとってこのように呼ばれている。イギリスでは1950年代から車の急速な普及によって既存市街地の居住環境が悪化したことから、その対策を理論的に検討したものであり、ブキャナンレポートは自動車と都市の関係、地区交通計画についての古典的な著書とされている。

ブキャナンレポートは、①自動車交通が発達すれば環境の悪化がもたらされるため、居住地域では環境地域を設けて環境を守る必要があること、②大

都市では、自動車交通の増加に対応することは困難であり、自動車交通を抑制することが現実的な政策となること、を明らかにした。そして基本的な考え方として、道路網を主要幹線道路・幹線道路、補助幹線道路・区画道路というように機能に応じて段階的な構成を図り、通過交通のための空間（都市の廊下）と良好な居住空間（居住環境地域、都市の部屋）を明確に分けることを主張した。そして都市の部屋内では、トラフィック機能を抑制して居住環境を優先的に守るべき領域として、歩行者交通が完全に優先されるものとしている。

わが国では、1974年に策定された都市計画道路の計画標準においてその概念が明確に取り入れられており、道路を機能別に分類し、幹線道路に囲まれた住区は近隣住区として補助幹線道路の線形を工夫することが求められるようになった。

関連用語　地区交通計画、主要幹線道路、幹線道路、補助幹線道路、区画道路、都市の廊下、居住環境地域、都市の部屋、トラフィック機能、都市計画道路、近隣住区

62. 物資流動調査

物資流動調査（物流調査）は、交通の主体の一つである「物」に着目し、主にその動きとそれに関連する貨物自動車の動きを把握することを目的とした調査で、品目別の地域間流動量を把握することができる。物資流動調査は、「人」に着目したパーソントリップ調査と併せて、今後の交通計画の基本的な情報を得るものである。

関連用語　パーソントリップ調査（*152*）

63. 北海道総合開発計画

北海道総合開発計画は、北海道開発法に基づき、北海道の資源・特性を活かして我が国が直面する課題の解決に貢献するとともに、地域の活力ある発展を図るため、国が策定する計画である。

平成28年3月に、計画期間をおおむね令和7年度（2025年度）までとする、第8期の北海道総合開発計画が閣議決定された。この計画では、「世界水準の価値創造空間」の形成に向けて、人々の夢や希望が花開く大地を次世代に引き継ぐため、「人が輝く地域社会」、「世界に目を向けた産業」、「強靱で持続可能な国土」、の3点を目標として掲げて諸施策が進められている。

関連用語 北海道開発法、世界水準の価値創造空間

64. (都市計画) マスタープラン

都市計画マスタープランは、人口、人や物の動き、土地の利用、公共施設の整備などについて将来の見通しや目標を明らかにし、まちづくりの方向性を示すものをいう。

都市計画マスタープランは通常、都市計画法第18条の二に定める「市町村の都市計画に関する基本的な方針」のことを指すが、都市計画のマスタープランとしては、都市計画区域の整備、開発及び保全の方針について都道府県知事が定める「都市計画区域マスタープラン」と、市町村が市町村ごとに都市計画に関する基本的な方針を定める「市町村マスタープラン」の2つがある。

関連用語 都市計画法 (*145*)、都市計画区域マスタープラン、市町村マスタープラン

65. 容積率

容積率は、建築物の延べ面積(自動車車庫などの用途に供する部分の床面積を算入しない建築物の各階の床面積の合計)の敷地面積(敷地の水平投影面積)に対する割合である。すなわち、容積率は、建築物の延べ面積を敷地面積で除したものになる。

建築基準法第52条において容積率は、原則として、用途地域の指定区分に従って、次に定める数値を超えてはならないとしている。

1. 第一種低層住居専用地域又は第二種低層住居専用地域内の建築物……5/10、6/10、8/10、10/10、15/10、または20/10のうち当該地域に関する都市計画において定められたもの
2. 第一種中高層住居専用地域もしくは第二種中高層住居専用地域内の建築物又は第一種住居地域、第二種住居地域、準住居地域、近隣商業地域もしくは準工業地域内の建築物(第5号に掲げる建築物を除く)……10/10、15/10、20/10、30/10、40/10または50/10のうち当該地域に関する都市計画において定められたもの
3. 商業地域内の建築物……20/10、30/10、40/10、50/10、60/10、70/10、80/10、90/10、100/10、110/10、120/10または130/10のうち当該地域に関する都市計画において定められたもの
4. 工業地域又は工業専用地域内の建築物……10/10、15/10、20/10、

30/10または40/10のうち当該地域に関する都市計画において定められたもの

5. 高層住居誘導地区内の建築物であって、その住宅の用途に供する部分の床面積の合計がその延べ面積の2/3以上であるもの（当該高層住居誘導地区に関する都市計画において建築物の敷地面積の最低限度が定められたときは、その敷地面積が当該最低限度以上のものに限る）……当該建築物がある第一種住居地域、第二種住居地域、準住居地域、近隣商業地域又は準工業地域に関する都市計画において定められた第2号に定める数値から、その1.5倍以下で当該建築物の住宅の用途に供する部分の床面積の合計のその延べ面積に対する割合に応じて政令で定める方法により算出した数値までの範囲内で、当該高層住居誘導地区に関する都市計画において定められたもの

6. 特定用途誘導地区内の建築物であって、その全部又は一部を当該特定用途誘導地区に関する都市計画において定められた誘導すべき用途に供するもの……当該特定用途誘導地区に関する都市計画において定められた数値

7. 用途地域の指定のない区域内の建築物……5/10、8/10、10/10、20/10、30/10または40/10のうち、特定行政庁が土地利用の状況等を考慮し当該区域を区分して都道府県都市計画審議会の議を経て定めるもの

関連用語　建築基準法、用途地域（*158*）、第一種低層住居専用地域、第二種低層住居専用地域、第一種中高層住居専用地域、第二種中高層住居専用地域、第一種住居地域、第二種住居地域、準住居地域（*133*）、近隣商業地域、準工業地域、商業地域、工業地域、工業専用地域、高層住居誘導地区、都道府県都市計画審議会、建ぺい率（*122*）

66. 用途地域

用途地域は、良好な市街地環境の形成や、都市における住居、商業、工業などの適正な配置による機能的な都市活動の確保を目的として、都市計画区域および準都市計画区域における市街化区域内において、建築物の用途（容積率、建ぺい率、敷地の最低面積、外壁の後退の限度、高さの限度など）を規制するために定めた地域をいう。用途地域による建築物の用途の制限は、建築基準法によって規定されている。用途地域は原則として市町村が定める

が、必要と認めるときは公聴会を開催し、また決定に際しては知事の同意を必要とする。

用途地域には、次の13種類がある。

(1) 第一種低層住居専用地域：低層住宅にかかる良好な住居の環境を保護するための地域
(2) 第二種低層住居専用地域：主として低層住宅にかかる良好な住居の環境を保護するための地域
(3) 第一種中高層住居専用地域：中高層住宅にかかる良好な住居の環境を保護するための地域
(4) 第二種中高層住居専用地域：主として中高層住宅にかかる良好な住居の環境を保護するための地域
(5) 第一種住居地域：住居の環境を保護するための地域
(6) 第二種住居地域：主として住居の環境を保護するための地域
(7) 準住居地域：道路の沿道としての地域の特性にふさわしい業務の利便の増進を図りつつ、これと調和した住居の環境を保護するための地域
(8) 田園住居地域：農業の利便の増進を図りつつ、これと調和した低層住宅に係る良好な住居の環境を保護するための地域
(9) 近隣商業地域：近隣の住宅地の住民に対する日用品の供給を行うことを主たる内容とする、商業その他の業務の利便を増進するための地域
(10) 商業地域：主として商業その他の業務の利便を増進するための地域
(11) 準工業地域：主として環境の悪化をもたらすおそれのない工業の利便を増進するための地域
(12) 工業地域：主として工業の利便を増進するための地域
(13) 工業専用地域：工業の利便を増進するための地域

用途地域は、市街化を抑制すべき市街化調整地域については原則として定めない。用途地域は指定されるとただちに個別の建築物について用途・容積・高さの制限がかかってくるので、現況の土地利用実態を十分に把握しておかなければならない。なお、既存の土地利用が、指定した用途地域の規制に反する場合を「既存不適格」と呼んでいる。

関連用語 都市計画区域（*143*）、準都市計画区域（*133*）、市街化区域（*129*）、第一種低層住居専用地域、第二種低層住居専用地域、第一種中高層住居専用地域、第二種中高層住居専用地域、第一種住居地域、第二種住居地域、準住居地域（*133*）、

田園住居地域、近隣商業地域、商業地域、準工業地域、工業地域、工業専用地域、既存不適格、地域地区（*137*）

67. ラドバーン方式

ラドバーンは、米ニュージャージー州ラドバーン地区にある面積60万平方メートル、人口約2,800人の町で、歩車分離という開発コンセプトを持って1929年に一部完成し入居を開始した。

ラドバーン方式とは、街づくりの手法の1つで、ラドバーンで行われた住宅地内における歩行者と自動車のアクセスを完全に分けた、歩車分離型の代表的な考え方をいう。車路をクルドサック（袋小路）形式にして外部からの通過交通を抑制し、人が各住戸から学校・公園・商店などへ行く場合は、緑地のある歩行者専用道路を通るようにしている。ラドバーン方式は、交通安全対策と緑化スペースの確保の2つの面を両立でき、わが国のニュータウン開発にも大きな影響を与えた方式である。

関連用語　歩車分離、クルドサック、歩行者専用道路、交通安全対策、緑化スペース

68. 立体都市計画の対象となる都市施設

立体都市計画は、道路、河川その他の政令で定める都市施設について、適正かつ合理的な土地利用を図るため必要があるときは、当該都市施設の区域の地下又は空間について、当該都市施設を整備する立体的な範囲を都市計画に定めることができるとしたものである。

立体的範囲と、建築物の載加重、離隔距離の限度を都市計画で定めることにより、建築規制を緩和することができる。

立体都市計画の対象となる都市施設には、以下のものがある。

(1) 道路、都市高速鉄道、駐車場、自動車ターミナルその他の交通施設
(2) 水道、電気供給施設、ガス供給施設、下水道、汚物処理場、ごみ焼却場その他の供給施設又は処理施設
(3) 河川、運河その他の水路
(4) 電気通信事業の用に供する施設

関連用語　都市施設（*147*）、都市計画区域（*143*）、準都市計画区域（*133*）、市街化区域（*129*）

69. 立地適正化計画

立地適正化計画は、市町村が都市全体の観点から作成する、居住機能や福祉・医療・商業等の都市機能の立地、公共交通の充実等に関する包括的なマスタープランである。2014年に都市再生特別措置法が改正され、市町村は都市計画法第4条第2項に規定する都市計画区域内の区域について、都市再生基本方針に基づき、住宅及び都市機能増進施設の立地の適正化を図るため、立地適正化計画を作成することができるようになった。

立地適正化計画の区域は、都市計画区域内でなければならないが、都市全体を見渡す観点から、都市計画区域全体を立地適正化計画の区域とすることが基本となる。また、1つの市町村内に複数の都市計画区域がある場合には、すべての都市計画区域を対象として立地適正化計画を作成することが基本となる。また、立地適正化計画には、居住誘導区域と都市機能誘導区域の双方を定めるとともに、居住誘導区域の中に都市機能誘導区域を定めることが必要である。

都市機能誘導区域は、医療・福祉・商業等の都市機能を都市の中心拠点や生活拠点に誘導し集約することにより、これらの各種サービスの効率的な提供を図る区域である。

居住誘導区域は、人口減少の中にあっても一定エリアにおいて人口密度を維持することにより、生活サービスやコミュニティが持続的に確保されるよう、居住を誘導すべき区域である。居住誘導区域の設定においては、災害危険区域などの災害レッドゾーンを原則除外することが求められている。

関連用語　都市再生特別措置法、都市計画法（*145*）、都市計画区域（*143*）、都市再生基本方針、都市機能増進施設、居住誘導区域、都市機能誘導区域、災害レッドゾーン

70. 緑地協定

緑地協定は、市街地の良好な環境を確保するために、都市計画区域内の一定規模の区域について土地所有者及び借地権者の全員の同意を得て、緑地の保全や緑化を進めていくために結ぶ協定をいう。

緑地協定には、協定の対象区域、樹木を植栽する場所やその種類、垣または柵の構造、有効期間、ならびに違反した場合の措置等が定められ、許可の公告後その区域に移転してきた者に対しても効力を有する。

関連用語　都市計画区域（*143*）、緑地保全地域、都市緑地法（*149*）

71. 路線価

路線価は、各道路についてその道路に接する標準画地の価格をいう。路線価は土地の評価をする方法の1つで、土地の価格をその道路に接する間口長、形、道路との高低差等により算定する方法である。

路線価の算定にあたり、路線価を、街路係数、接近係数、宅地係数の3要素に分解して計算するのが普通の方法である。

各画地の評価は、その路線価より奥行逓減その他の減価修正をして定めている。

関連用語　画地（*120*）、受益施設／受損施設、街路係数、接近係数、宅地係数、減価修正

第4章　河川、砂防及び海岸・海洋

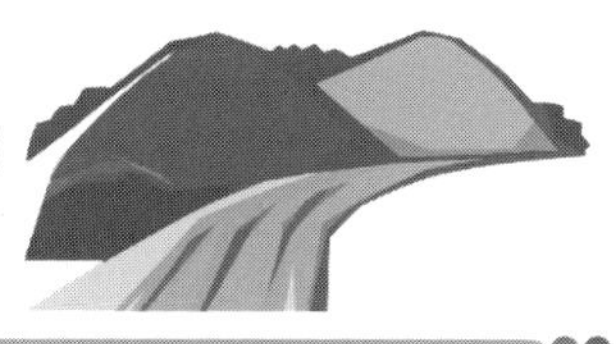

1. アースダム
2. アーチダム
3. アーマリング
4. 一級河川
5. ウェーブ・セットアップ
6. ウォッシュロード
7. うねり
8. 越流堤（溢流堤）
9. 沿岸砂州（沿岸州）
10. 沿岸流
11. 沖波
12. 押え盛土工
13. 帯工
14. 表のり面被覆工法
15. 海岸構造物に働く抗力
16. 海岸堤防
17. 海洋構造物
18. （海洋構造物の）設計波高
19. 海洋コンクリート
20. 河口堰
21. 河口密度流の形式
22. 河状係数
23. 河床堆積物流出防止ダム
24. 河床変動
25. （河川）維持流量
26. （河川）水利流量
27. （河川）正常流量
28. 河川整備基本方針／河川整備計画
29. 河川堤防高さ
30. 河川堤防の安全性
31. 河川堤防の浸透に対する安全性照査
32. 河川堤防の耐震性
33. 河川堤防ののり勾配
34. 河川の計画安全度
35. 河川法
36. 緩傾斜堤（緩傾斜型堤防）
37. 慣行水利権
38. 管水路の損失水頭
39. 既往最大洪水流量
40. 基本高水流量
41. キネマティックウェーブ法
42. 急傾斜地
43. 胸壁（パラペット）
44. 杭工
45. グリーンの法則
46. 計画許容流砂量
47. 計画降雨
48. 計画高水位
49. 計画高水流量
50. 計画高潮位
51. 計画最大放流量
52. 計画生産土砂量
53. 計画超過土砂量
54. 計画流出土砂量
55. 傾斜堤（傾斜型堤防）
56. 限界勾配
57. 高規格堤防（スーパー堤防）
58. 高水敷
59. 洪水波
60. 洪水防御計画
61. 洪水流出の計算法
62. 高ダム
63. 合理式法
64. 護岸
65. 混成堤（混成型堤防）
66. サヴィールの仮想勾配法
67. 砂防基本計画
68. 砂防ダム（砂防えん堤）
69. 山腹工
70. 地すべり防止工
71. 支川処理方式
72. シャフト工
73. 取水堰
74. 樹林帯
75. 準二次元不等流解析
76. 消波堤
77. 消波ブロック
78. 常流／射流／限界流
79. シールズ数
80. 深海波／浅海波
81. 水制工
82. スネルの法則
83. 正常流量（平水流量）
84. 堰
85. せき上げ背水
86. 設計高潮位
87. 設計津波
88. 浅水変形
89. 選択取水設備
90. 層流／乱流
91. 掃流（力）
92. 掃流砂／浮遊砂
93. 堆砂容量
94. 高潮による水位上昇
95. ダム貯水池の堆砂位
96. ダムの貯水位
97. タンクモデル法
98. 地下水排除工
99. 地表水排除工
100. 超過確率年
101. 跳水現象
102. 調節池
103. 直立堤（直立型堤防）
104. 貯留関数法
105. 津波
106. 定常流
107. 低水流出計算
108. T.P.（東京湾平均海面：旧東京湾中等潮位）
109. （河川）堤防の種類
110. 動水勾配線
111. 等流／不等流
112. 等流水深／限界水深
113. 導流工
114. 床固工（床止め）
115. 土砂災害警戒区域／土砂災害特別警戒区域
116. 土砂処理計画
117. 土砂生産抑制計画
118. 土砂流送制御計画
119. 土石流
120. 土石流対策ダム
121. 突堤
122. ドレーン工
123. 内水はん濫
124. 波の回折現象
125. 波の反射率
126. 二級河川
127. 根固工
128. 波圧（波力）算定式
129. 排土工
130. 波形勾配
131. 橋の桁下高
132. ハドソン公式
133. はん濫に係る水位
134. ピトー管
135. 樋門・樋管
136. 漂砂
137. 比流量
138. フィルダム
139. フルード数
140. ベッドマテリアルロード
141. ベルヌーイの定理
142. ベーン工
143. 有義波
144. 有効雨量（有効降雨）
145. 遊水池
146. 養浜
147. 離岸堤
148. 離岸流
149. リーフ工法
150. 流域の形状
151. 流出解析
152. 流出係数
153. 流量・流速とその連続性
154. 流路工
155. レイノルズ数

1. アースダム

アースダムは、フィルダムのうち堤体の大部分を土質材料で盛立てた型式のダムをいう。アースダムは、一般に非越流型で貯水池や調整池に用いられ、その歴史は古く灌漑用の溜池として紀元前から造られてきている。

関連用語　フィルダム（*232*）、非越流型

2. アーチダム

アーチダムは、コンクリートダムの1つであり、水平なアーチ作用と鉛直な片持ばり作用により荷重を側方と下方の岩盤に伝達する構造物をいう。

アーチダムは、谷幅が狭いU字形の地形に適し、谷幅とダムの高さの比率が3程度までは、重力式ダムより経済的に有利となる。しかしながらアーチダムは、コンクリートの強度を最大限に利用でき応力の無駄が堤体自体にも少ないために、基礎岩盤に作用する力が大きくなり、重力式ダムに比べ基礎岩盤の地形、地質の制約を受けやすい。

関連用語　コンクリートダム、重力式ダム、フィルダム（*232*）

3. アーマリング

アーマリングとは、河床表層の粗粒固化のことをいう。

自然状態の河川では一般に、洪水が発生すると多量の砂礫が流れて河床の礫も移動する。ところが、ダムが建設されると洪水時の水量が制御され、上流からの砂や礫が下流へ流れなくなる。そのため、ダムの下流側では小さな砂しか流れてこない状況で、石を動かすような洪水も起きないので河床から砂や細かい礫が流出して大粒径の礫だけが残り、その礫が固まってしまう粗粒化（アーマ化）が生じる。

関連用語　河床、ダム

4. 一級河川

一級河川は、国土保全上（治水上）または国民経済上（利水上）特に重要な水系で、政令で指定したものに係る河川で国土交通大臣が指定したものをいう。

国土交通大臣は、一級河川として河川を指定するときは、国土交通省令で定めるところにより、水系ごとに、その名称及び区間を公示しなければならないこととなっている。一級河川の管理は、国土交通大臣が行うが、国土交

通大臣が指定する区間（指定区間）の管理の一部は、都道府県知事が行う。

河川法では、河川法の適用を受ける河川を一級河川と二級河川に区分している。一級河川及び二級河川以外の河川で市町村長が指定したものは準用河川といい、市町村長が管理し、二級河川に関する規定が準用される。

関連用語 指定区間、二級河川（*225*）、準用河川

5. ウェーブ・セットアップ

ウェーブ・セットアップ（wave setup）は、波浪作用によって砕波帯内で平均海面が上昇する現象である。

砕波が生じる場所より岸側では、砕波が生じる場所に近いほど岸向きの力が大きくなるため、全体として岸向きに海水を滞留させる力が生じて沿岸部の潮位を上昇させる。海底勾配が急であるほど、波形勾配（波長と波高の比）が小さいほど、ウェーブ・セットアップの上昇量は多くなる。

関連用語 波浪作用、砕波帯、海底勾配、波形勾配（*226*）

6. ウォッシュロード

ウォッシュロード（wash load）は、平均粒径0.017 mmの細粒土で、浮遊砂のうち河床に沈降しない細かい粒径の土砂で構成されている流砂である。そのためウォッシュロードは、流速が遅くなってもなかなか沈殿せずに、ひとたび流水中に取り込まれれば河床材料と交換が行われることなく、長い距離を流下しやすい。また、ウォッシュロードはすぐに川底に沈んでしまう粒の大きな浮遊砂とは違い、何日も水中に沈まずに漂うため川の濁りの原因になる。

流砂はその粒径の大きさ等によって、粒径が細かい方からウォッシュロード、浮遊砂、掃流砂に分類される。浮遊砂量や掃流砂量は、掃流力の大きさによって、空間的に見ると急流部では掃流砂、緩流部ではウォッシュロードや浮遊砂が相対的に卓越している。それぞれの流砂の割合は、河道や洪水特性により異なるが、沖積河川では概ね7～8割がウォッシュロードや浮遊砂である。流砂特性としては、浮遊砂は粒径が0.2～0.3 mm以上になると、鉛直方向に濃度分布を持つようになるのに対して、ウォッシュロードはほぼ一様分布を示す。また、ウォッシュロードや浮遊砂は水平方向にも分布を持つ場合がある。

ダム貯水池に形成される堆砂のデルタでは、上流に粒径の粗い掃流砂が

堆積し、下流には粒径の細かい浮遊砂が堆積する。

関連用語 掃流砂／浮遊砂（*208*）、浮遊砂量、掃流砂量、流砂特性、堆砂のデルタ、河床変動（*172*）

7. うねり

海の波は主に風によって発生し発達するが、発達した波は風がない海域に入っても次第に減衰しながら遠くまで伝播する。このとき、波長の短い波ほど早く減衰するので、波長が長く滑らかな形をした波が残る。このような波をうねりという。うねりの伝播時間を計算するには、波速（位相速度）ではなく群速度（エネルギー伝達速度）を用いて計算する。

関連用語 波速（位相速度）、群速度（エネルギー伝達速度）

8. 越流堤（溢流堤）

越流堤（溢流堤）は、洪水調整を目的として堤防の一部の区間を低くして、一定の水位を超えると調整池や遊水池、あるいは分水路などに溢流させるようにした堤防をいう。越流堤は一般に、水の流れによって破損しないように、あふれる部分の表面をアスファルトやコンクリートで補強する。

関連用語 洪水調整、調整池、遊水池（*235*）、堤防、輪中堤、霞堤

9. 沿岸砂州（沿岸州）

砂浜海岸において、前浜の前面の海底には沿岸砂州（沿岸州）と呼ばれる砂の高まりがあり、ここで打ち寄せる波が砕けて砕波帯をなす。

静穏な海況が卓越する堆積傾向の強い夏浜は正常海浜と呼んでおり、大きな暴風の支配する侵食傾向の強い冬浜は暴風海浜と呼んでいる。また、冬浜（暴風海浜）の縦断形状には、沿岸砂州がみられる。

関連用語 砕波帯、夏浜、正常海浜、冬浜、暴風海浜

10. 沿岸流

沿岸流は海浜流の1つで、海岸から数十km以内で海岸にほぼ平行な海水の流れをいう。沿岸流は、波が汀線に斜めに入射したとき、汀線と平行方向の波のエネルギー輸送が原因となって発生する流れであり、砕波帯内で大きな流速を示し沿岸漂砂の移動に大きな影響を持っている。

沿岸流は、砕波点より若干岸側の地点で最大流速を示し、破砕点より沖側では急速に減少する分布形を示す。

関連用語 海浜流、汀線、砕波帯、沿岸漂砂、砕波点

11. 沖波

沖波は水深の影響を受けない波であり、越波量や打ち上げ高等を算定する基準になるものである。それらの算定に当たっては波の屈折や回折等の影響を補正した仮想的な波高（換算沖波波高）が用いられている。この波は沖波に地形変化が及ぼす波の屈折や回折の影響を考慮した仮想の沖波のことである。換算沖波波高 H'_0 は沖波 H_0 より次式で求められる。

$$H'_0 = K_r \times K_d \times H_0$$ （K_r と K_d は屈折係数と回折係数）

関連用語 屈折、回折、換算沖波波高

12. 押え盛土工

押え盛土工は、地すべり防止工における抑制工の1つで、地すべり土塊の末端部に盛土を行うことによって、地すべり滑動力の抵抗力を増加させて斜面の安定を図る工法をいう。

地すべり末端部は軟弱なことが多く、盛土部下方の地すべりを誘発するおそれがあるため、押え盛土工の設計にあたっては、盛土部基盤の安定性について十分な検討を行う必要がある。また、盛土による地下水経路の変化により斜面の安定に影響を与えることがあるため、地下水の処理には十分注意する必要がある。

押え盛土工は、排土工と併用すると効果的であるため、通常はこれらを組み合わせて施工することが多い。

関連用語 地すべり防止工（*195*）、抑制工、排土工（*226*）

13. 帯工

帯工は、床止工のうち落差のないものをいい、根固工が片岸洗掘や局所的な洗掘に対処する構造物であるのに対し、帯工は、横断方向に広範囲な河床低下や連続する河床洗掘に対処する構造物である。帯工は、単独床固工の下流あるいは流路工や連続した床固工の設置間隔が大きいところで、局所的な洗掘や護岸の吸い出しによる縦浸食の発生、あるいはそのおそれがあるとこ

ろに計画する。

帯工の構造は、落差工と同様に本体が被災しても堤防が安全であるように本体と堤防とは絶縁することが望ましいが、河床勾配が1／100より急流（1／100含む）な小河川では帯工の被災がすぐに堤防の決壊へつながるため、帯工の袖を堤防に嵌入することとし、帯工に準ずる構造とする。また、本体の構造は、コンクリート構造と屈とう性構造とがあるが、築堤河道の場合等は、流水に対して安定度の高いコンクリート構造とするのが望ましい。また、帯工本体には、上下流にそれぞれ屈とう性のある護床工を設けるものとし、その延長は最低でも計画高水流量時の水深程度を確保する。

関連用語　床止工、根固工（*225*）、流路工（*240*）、縦浸食、落差工、護床工、計画高水流量（*185*）

14. 表のり面被覆工法

表のり面被覆工法は、堤体の表のり面を土質材料または遮水シート等の難透水性材料で被覆することによって、高水位時の河川水の表のりから堤体への浸透を抑制する工法である。表のり面被覆工法は、河川水の堤防への浸透を抑制することにより、洪水末期の水位急低下時の表のりすべり破壊に対する安全性を向上させる。

関連用語　難透水性材料、高水位、浸透の抑制、すべり破壊

15. 海岸構造物に働く抗力

抗力とは、液体や気体などの流体中を移動する物体に働く力のうち、移動速度に対して逆方向の成分のことをいう。抗力には、流体が物体の表面に沿って流れることにより、粘性によって物体の表面に作用する摩擦抗力と、物体の後方に欠損速度を伴う後流が生じることによって、物体の後方では圧力が下がり物体は流れの方向に流体から抗力を受けやすくなるという圧力抗力とがある。

海岸構造物に働く抗力は、一般に波によって生じるものであるが、構造物の抗力Dは近傍流速をV_dとすると次の式で与えられる。

$$D=\frac{1}{2}\times\rho_w\times C_d\times A_b\times V_d^2$$

（ρ_w：水（海水）の密度、C_d：構造物の抗力係数（形状や大きさ、物体が流れに対してなす角度や迎角などで決まる）、A_b：構造物の代表面積（流下方向投影面積））

この式より、海岸構造物に働く抗力は波の速度（接近流速）の2乗に比例するといえる。

関連用語 摩擦抗力、圧力抗力、抗力係数

16. 海岸堤防

海岸堤防は、高潮、波浪による海水の浸入を防ぎ、津波による越波を阻止するとともに、地盤の侵食などから海岸を守る目的で造られる海岸保全施設をいう。海岸堤防に類似した海岸保全施設として海岸護岸があるが、堤防は現地盤より高くする構造をさすのに対して、護岸は現地盤を被覆する構造であり、天端高は地盤高と同じになる。海岸施設計画の考え方として、計画潮位は海岸堤防で処理することを原則としている。

海岸堤防には、堤防前面の勾配が1割以上の傾斜型、緩傾斜型、堤防前面の勾配が1割未満の直立型、上部と下部で勾配が2つ以上に分かれている混成型に分類される。海岸堤防は、越波やしぶきをある程度許容するため、表のりはもちろん天端や裏のりもコンクリートやアスファルトで被覆する。

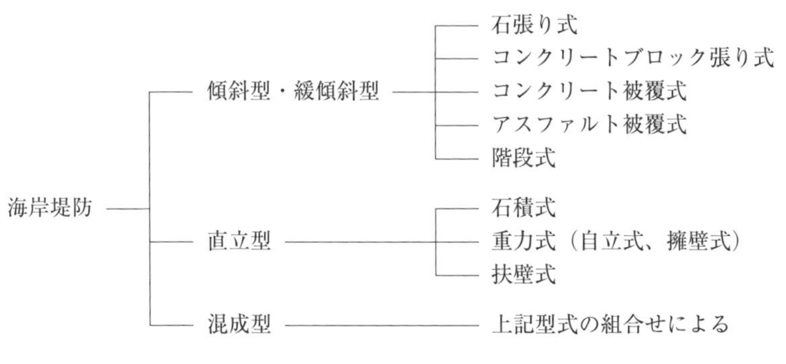

海岸堤防の分類

堤防の天端高は、設計高潮位に来襲波に対する必要高と余裕高を加えた高さとしている。また、堤防の天端幅は、傾斜型の堤防においては原則として3 m、直立型の堤防においては原則として重力式堤防で1 m以上、その他の堤防で後部に土砂を用いる場合には3 m程度としている。

関連用語 計画潮位、直立型堤防（*213*）、傾斜型堤防（*187*）、緩傾斜型堤防（*179*）、混成型堤防（*192*）、設計高潮位（*205*）、計画波、離岸堤（*237*）、消波堤（*199*）

17. 海洋構造物

海洋構造物は、波浪の作用する海洋の孤点に建設される構造物のことをいい、防波堤や埠頭、桟橋などの港湾構造物、あるいは突堤や離岸堤などの海洋保全施設とは異なる。海洋構造物には、灯標、海底油田、プラットフォーム、ならびに廃棄物再生処理工場や空港などとしてメガフロートと呼ばれる超大型浮体式海洋構造物などがあり、これらには固定式と浮遊式のものがある。

海洋構造物は、海象・気象の影響を大きく受けることから設計・施工にあたっては、1）波力、風圧力、船舶の衝突など外力に対する検討、2）海水の作用に対する材料面での検討、3）施工条件に応じたプレキャスト化への対応、4）過酷な腐食環境に対する長期耐久性に対する検討、などを実施する必要がある。

関連用語　港湾構造物、海洋保全施設、灯標、海底油田、プラットフォーム、メガフロート、波力、風圧力

18. （海洋構造物の）設計波高

海洋構造物の設計波高は、その受ける波浪はその位置における最悪の条件を推定し、それに基づく設計をしなければならないことから、設計波高としては有義波高（$H_{1/3}$）ではなく、最大波高（H_{max}）または建設地点の水深に対応して求めた限界砕波高（H_b）のいずれか小さい方の波をとる。

最大波高と有義波高、1／10最大波高（$H_{1/10}$）とは、次の関係がある。

$$H_{max} = 1.86 \cdot H_{1/3}$$

$$H_{1/10} = 1.3 \cdot H_{1/3}$$

関連用語　有義波高、最大波高、限界砕波高

19. 海洋コンクリート

海水の作用を受ける海洋コンクリートは、海水中の硫酸マグネシウムや塩化マグネシウムによる化学的侵食作用、ならびに乾湿の繰り返しや凍結融解作用、波浪や衝撃などによる物理的侵食作用を受けるため、コンクリートの配合ならびに設計施工上の配慮が必要である。

設計においては、塩分の浸透を考えて十分なかぶり厚さを確保するとともに、環境条件や構造物の重要度に応じてエポキシ樹脂塗装鉄筋等の使用を検討する。また施工上からは、干潮部付近には打継ぎ部を設けないなどの配慮

をする必要がある。さらに海洋コンクリートの配合は、コンクリート標準示方書によって置かれる環境区分に応じたW／Cの上限値が定められており、凍結融解作用に対しても環境条件に応じた空気量の標準値が定められている。

関連用語 化学的侵食作用、凍結融解作用、物理的侵食作用、エポキシ樹脂塗装鉄筋、W／C、空気量

20. 河口堰

河口堰は、治水的には潮止めや高潮の防御等を図り、利水的には貯留効果、潮止め効果により新規利水を開発するとともに取水機能を確保するために、河口部に設置する堰をいう。近年、水需要の逼迫に伴って多くの河川で河口堰の建設が行われるようになっている。

河口堰の計画最低水位は、河口の朔望平均満潮位等を勘案して決め、計画最高水位は、堤防の安定性ならびに利用水深によって開発される水量の経済性等によって決める。

関連用語 計画最低水位、朔望平均満潮位、計画最高水位

21. 河口密度流の形式

陸水と海水の境界領域である河口域における河口密度流は、河川水と海水との混合状態から、①弱混合型、②緩混合型、③強混合型、の3つの形式に大別できる。

①弱混合型

潮汐が弱く河川流量が相対的に大きい場合は、海水は上層の河水との間に明瞭な境界面を形成して、くさび状に河道内に入り込む塩水くさびといわれるものが生じる。この形式は日本海側の河川に多く、河口二層流ともいわれる。

②緩混合型

潮汐の影響がある程度大きくなると、海水と河水の混合が比較的よく行われ、流下方向にも水深方向にも密度勾配を生じる。太平洋側の河口密度流は一般にこの形式である。

③強混合型

河川流量が小さく潮汐の影響がきわめて大きい場合は、海水と河水はよく混合して鉛直方向の密度差がほとんどなくなり、塩分濃度は水平方向の

4 河川、砂防及び海岸・海洋

みの変化となる。

（河口に流入する総河川水量）／（河口に流入する総海水量）の値が大きくなるにつれて、強混合型から緩混合型、弱混合型へと感潮河川の流動形態は変化する。

関連用語 弱混合型、緩混合型、強混合型、塩水くさび、河口二層流

22. 河状係数

河状係数は、河川の年間最大流量と最小流量の比をいう。河状係数の値が小さいほど、流量が安定し利用価値が高く、大きいほど利用価値が低いことを示す。河状係数は、地点によっても異なるが、日本の河川は多くが高い数値を示す傾向にある。

関連用語 最大流量、最小流量、河川勾配

23. 河床堆積物流出防止ダム

河床堆積物流出防止ダムは、河床に堆積した崩壊土砂や土石流堆積物などの不安定な土砂の流出を防止することを目的とする砂防ダムをいう。河床堆積物流出防止ダムは、河床堆積物の直下流（下流端）に設置することを原則としている。また、ダムの高さは堆砂面内に河床堆積物が包含されるように計画する。

関連用語 砂防ダム（*194*）、山脚固定ダム、縦浸食防止ダム、土石流対策ダム（*221*）、流出土砂抑制・調節ダム

24. 河床変動

河床変動は、河川の流れによって川底の土砂が浸食（洗掘）や堆積を受けることによって、河床の様相が変化することをいう。河床変動の要因としては、洪水時における河川の流速、ならびに河床の土砂の比重、粒径の大きさ、その混合状態等が挙げられる。

河床の上昇または低下の傾向は、摩擦速度の縦断方向の分布により推定することができ、上流の摩擦速度に比べて下流側の摩擦速度が大きければ河床低下（浸食）、反対に下流側の摩擦速度が小さければ河床上昇傾向であることが予測される。

河床変動計算は、河床変動の生じた原因の推定や河川構造物を新設したこ

との影響の把握、将来における河道安定性の予測などのために一般に不等流計算と流砂量計算を組み合わせた数値計算により行う。また、河床変動に考慮すべき流砂量は、通常は浮遊砂（粒径が0.15～2.5 mmの水中を浮遊する砂で、流速が遅い場合に沈降するもの）と掃流砂（粒径が0.15～250 mmの、河床面上を転がったり、滑ったり、跳ねたりしながら移動する土砂で、流速が遅い場合に沈降するもの）であるが、貯水池の中の変動など、流速の変化が大きい場合には、ウォッシュロード（平均粒径0.017 mmの細粒土で、浮遊砂のうち、河床に沈降しない微細な土砂）についての検討も行う必要がある。

河床形状に関する解析レベルは、一次元／二次元の2レベルで設定する。一次元は、平均河床高の河道縦断方向分布の時間変化を得るものである。二次元は、河道縦横断方向の河床高の平面分布の時間変化を得るものである。土砂還元による変化は長期的かつ広範囲に把握する必要があり、二次元解析では計算負荷が大きく、長期かつ広範囲の河道を対象に解析を行うのは困難である。

関連用語　摩擦速度、河床低下、河床上昇、河床変動計算、不等流計算、流砂量計算、流砂量、浮遊砂（*208*）、掃流砂（*208*）、ウォッシュロード（*165*）、一次元河床変動解析、二次元河床変動解析

25. （河川）維持流量

維持流量は、河川が本来持っている機能のうち、舟運、漁業、景観、塩害の防止、河口閉塞の防止、河川管理施設の保護、地下水位の維持、動植物の保存、流水の清潔の保持等を総合的に考慮し、渇水時において維持すべきであるとして定められた流量をいう。

関連用語　渇水時、水利流量（*173*）、正常流量（*173, 203*）

26. （河川）水利流量

水利流量は、水利利用面上、定められた地点より下流における流水の占用のために必要な流量をいう。

関連用語　維持流量（*173*）、正常流量（*173, 203*）

27. （河川）正常流量

正常流量は、河川において流水の正常な機能を維持するのに必要な流量を

いう。正常流量は、利水基準点（特定の評価地点）における維持流量（機能維持のために必要な流量）と水利流量（下流における用水等の取水に必要な流量）を加えた流量であって適正な河川管理のために定めるものである。

関連用語　利水基準点、維持流量（*173*）、水利流量（*173*）

28. 河川整備基本方針／河川整備計画

河川法に基づき、河川管理者（一級水系は国土交通大臣、二級水系は都道府県知事）は、その管理する河川について、河川整備の長期的な方向を示す河川整備基本方針ならびに方針に沿って具体的・段階的な河川の姿を示す河川整備計画を定めるよう規定されている。

河川整備基本方針は、全国的なバランスを考慮し、また個々の河川や流域の特性を踏まえて、水系ごとの長期的な整備の方針や整備の基本となるべき抽象的な事項を科学的・客観的に定めるものである。河川整備基本方針においては、計画基準点における基本高水のピーク流量とその河道及び洪水調節施設への配分、並びに主要地点での計画高水流量とともに計画高水位、計画横断形に係る川幅などを定める。国土交通大臣は河川整備基本方針を定めようとするときは、社会資本整備審議会の意見を聴かなければならず、都道府県知事は河川整備基本方針を定めようとするときは、都道府県河川審議会の意見を聴かなければならない。

河川整備計画は、河川整備基本方針に定められた内容に沿って、地域住民のニーズなどを踏まえた、おおよそ20～30年間に行われる具体的な整備の内容を定める。河川整備計画においては、段階的に効果を発揮するよう目標年次を定め、一定規模の洪水の氾濫を防止し、必要に応じそれを超える洪水に対する被害を軽減する計画とする。河川管理者が河川法に基づいて河川整備計画の案を作成しようとする場合には、学識経験者や関係住民の意見を聴かなければならず、計画期間中に実現可能な投資配分を考慮するとともに、代替案との比較を行う。また、河川整備計画を定めようとするときには、関係地方公共団体の長の意見を聴かなければならない。さらにこの計画を定めたときには、これを公表しなければならない。

関連用語　河川管理者、基本高水のピーク流量、計画高水流量（*185*）、計画高水位（*184*）、社会資本整備審議会、都道府県河川審議会

29. 河川堤防高さ

河川堤防の高さは、計画高水位に所要の余裕高を加算した高さとしている。また堤防の余裕高は、計画高水流量に応じて定められた値以上の高さとしている。ただし、堤防に隣接する堤内の土地の地盤高が計画高水位より高く、かつ地形の状況により治水上の支障がないと認められる区間にあっては、計画上の配慮を行って適切な値（一般には0.6 m以上）の余裕高とすることができる。

計画高水流量と余裕高

項	1	2	3	4	5	6
計画高水流量（単位1秒間につき立方メートル）	200 未満	200 以上 500 未満	500 以上 2,000 未満	2,000 以上 5,000 未満	5,000 以上 10,000 未満	10,000 以上
計画高水位に加える値（単位メートル）	0.6	0.8	1	1.2	1.5	2

関連用語　計画高水流量（*185*）、計画高水位（*184*）、余裕高

30. 河川堤防の安全性

堤防が破堤する場合は、一般に堤体または基礎地盤からの漏水、流水等による洗掘、および計画高水位を上回った場合の越水などが原因であり、これらに対して堤防は必要とされる安全性を有する必要がある。

高規格堤防を除く一般の堤防は、計画高水位以下の水位の流水の通常の作用に対して安全な構造となるよう耐浸透性および耐侵食性について設計する必要がある。

関連用語　計画高水位（*184*）、高規格堤防（*188*）、河川堤防高さ（*175*）、河川堤防の浸透に対する安全性照査（*175*）

31. 河川堤防の浸透に対する安全性照査

河川堤防の浸透による被害は、降雨および河川水の浸透により堤体内浸潤面が上昇することによるすべり破壊（浸潤破壊）、および基礎地盤の浸透圧の上昇によるパイピング破壊（浸透破壊）が主なものである。浸透に対する堤体の安全性の評価にあたっては、外力として外水位及び降雨量を考慮する。

浸潤破壊では、まず降雨の浸透により堤体の飽和度が上昇し、堤体を構成する土の強度が低下する。場合によってはこの段階でのり面にすべり破壊を生ずることがある。堤体の飽和度の上昇は河川水の堤体への浸透を助長し、堤体内で浸潤面が急速に上昇する。これにより堤体内の間隙水圧上昇を招き、最終的には裏のりに崩壊やすべり破壊が発生するに至る。一方、浸透破壊による堤防の不安定化は、局所の動水勾配あるいは浸透流速が限界値を超えることによる土の組織構造の破壊に起因し、それが拡大進行することによるもので、ボイリングあるいはガマと呼ばれている現象も同様の機構によるものである。

表　浸透に対する堤防の安全性の照査基準

項　目	部　位	照 査 基 準
すべり破壊（浸潤破壊）に対する安全性	裏のり	$F_s \geqq 1.2 \times \alpha_1 \times \alpha_2$ F_s：すべり破壊に対する安全率 α_1：築堤履歴の複雑さに対する割増係数 ・築堤履歴が複雑な場合 $\alpha_1 = 1.2$ ・築堤履歴が単純な場合 $\alpha_1 = 1.1$ ・新設堤防の場合 $\alpha_1 = 1.0$ α_2：基礎地盤の複雑さに対する割増係数 ・被災履歴あるいは要注意地形がある場合 $\alpha_2 = 1.1$ ・被災履歴あるいは要注意地形がない場合 $\alpha_2 = 1.0$
	表のり	$F_s \geqq 1.0$ F_s：すべり破壊に対する安全率
パイピング破壊（浸透破壊）に対する安全性	被覆土なし	$i < 0.5$ i：裏のり尻近傍の基礎地盤の局所動水勾配の最大値
	被覆土あり	$G / W > 1.0$ G：被覆土層の重量 W：被覆土層基底面に作用する揚圧力

これらのことから、河川堤防の浸透に対する安全性照査は、①洪水時のすべり破壊に対する安全性、②洪水時の基礎地盤のパイピング破壊に対する安全性、の2つの項目について実施することとしている。

河川堤防の浸透に対する安全性は、非定常浸透流計算および円弧すべり法による安定計算によって照査する。非定常浸透流計算は非定常の外力を与えて経時的に浸潤面の位置や水頭の変化を追跡するもので、着目時点の浸潤面の形状を知り、また水頭分布から局所動水勾配等を計算することができる。

一方、円弧すべり法による安定計算では、表のりおよび裏のりのそれぞれにとって最も危険と想定される浸潤面を抽出し、これを照査対象断面に設定することで洪水時のすべり破壊に対する安全率を求めることができる。

関連用語 浸潤破壊、パイピング（*38*）、浸透破壊、間隙水圧（*15*）、動水勾配、浸透流速、ボイリング（*42*）、ガマ、非定常浸透流計算、円弧すべり法による安定計算

32. 河川堤防の耐震性

土堤には一般に、地震に対する安全性は考慮されていない。これは、地震と洪水が同時に発生する可能性が少なく、地震による被害を受けても、土堤であるため復旧が比較的容易であり、洪水や高潮の来襲の前に復旧すれば、堤防の機能は最低限度確保することができることから、頻繁に発生する洪水に対しての防御が優先であるという考え方によるものである。

しかし、堤内地が低いゼロメートル地帯等では、地震時の河川水位や堤防沈下の程度によっては、被害を受けた河川堤防を河川水が越流し、二次的に甚大な浸水被害へと波及するおそれがあるため、浸水による二次災害の可能性がある河川堤防では、土堤についても地震力を考慮することが必要である。

そこで、土堤の確保すべき耐震性として、地震により壊れない堤防とするのではなく、壊れても浸水による二次災害を起こさないことを原則として耐震性を評価し、必要に応じて対策を行うものとしている。

関連用語 土堤、洪水、高潮、堤内地、ゼロメートル地帯、二次災害

33. 河川堤防ののり勾配

『河川管理施設等構造令』では、盛土による堤防ののり勾配等として、「盛土による堤防（胸壁の部分及び護岸で保護される部分を除く）ののり勾配は、堤防の高さと堤内地盤高との差が0.6メートル未満である区間を除き、50パーセント以下とするものとする。」と定めている。すなわち、堤防ののり勾配は2割以上の緩やかな勾配とするものとしている。

一方、一連区間の引堤等を行う場合ののり勾配について『河川堤防設計指針』では、「堤防のり面は表のり、裏のりともに、原則としてのり勾配が3割より緩い勾配とし、一枚のりの台形断面として設定する。構造令では、のり勾配は2割より緩い勾配とし、一定の高さ以上の堤防については必要に応じ

小段を設けることとしているが、小段は雨水の浸透をむしろ助長する場合があり、浸透面からみると緩やかな勾配の一枚のりとした方が有利なこと、また除草等の維持管理面やのり面の利用面からも緩やかな勾配が望まれていること等を考慮し、緩傾斜の一枚のりとすることを原則とした。」としている。

関連用語　河川管理施設等構造令、河川堤防設計指針、小段

34. 河川の計画安全度

河川の計画安全度（計画規模）は、洪水を防ぐための計画を作成するときに対象となる地域の洪水に対する安全の度合い（治水安全度）を表すもので、計画のための目標とする値をいう。計画規模の決定にあたっては、河川の重要度を重視するとともに、既往洪水による被害の実態や経済効果等を総合的に考慮して定めるものとされている。

一般に、一級河川の主要区間の計画規模は1/100～1/200、すなわち確率統計学的に求められた概ね100～200年に一度の割合で発生する洪水流量を目標に整備されている。例えば、利根川や淀川などは200年確率、信濃川などは150年確率とされ、中小の一級河川では100年規模とされている。

関連用語　計画規模、治水安全度、既往洪水、経済効果、一級河川（*164*）

35. 河川法

河川法は、河川について洪水、高潮等による災害の発生の防止、河川の適正な利用、流水の正常な機能の維持、ならびに河川環境の整備と保全を図ることを目的とした法律をいう。

明治29年に「治水」を目的に重点を置いて旧河川法が制定されたのち、昭和39年に、旧河川法の全面的な見直しが行われ「治水」に加えて「利水」にも重点を置いた新河川法が制定された。その後、うるおいのある水辺空間や多様な生物の生息・生育環境として河川の役割が大きく見直され、平成9年に「河川環境の整備と保全」にも重点を置いた「治水」「利水」「環境」を目的とする現在の河川法に改正された。この改正により、河川整備に関する計画事項は、地方公共団体の長の意見を聞いたり、関係住民の意見を反映させるための措置を講じることが義務づけられることになった。

関連用語　河川環境、治水、利水

36. 緩傾斜堤（緩傾斜型堤防）

緩傾斜堤（緩傾斜型堤防）は、海岸保全施設としての堤防の型式の1つで、傾斜堤の中でのり勾配が1：3以上のものをいう。緩傾斜堤は、1）十分広い前浜があり、また海底勾配がゆるやかな海浜に新しく築堤する場合、2）消波工の代替施設として設置する場合、3）直立型護岸の沖側に離岸堤あるいは消波堤が完成している場合に、機能改善のために設置する場合、などに用いられる。

海岸堤防のうち緩傾斜型以外には、傾斜型、直立型、混成型がある。

関連用語　傾斜堤（傾斜型堤防）（*187*）、直立堤（直立型堤防）（*213*）、混成堤（混成型堤防）（*192*）

37. 慣行水利権

慣行水利権は、河川の流水を含む公水一般を、主として灌漑用水としての目的のために継続的・排他的に使用する権利である水利権のうち、旧河川法（1896年）制定以前から取水していた事実によって、社会慣行として成立した水利秩序が権利化したものをいう。慣行水利権は、河川やため池、渓流などのいずれについても発生するが、これが河川に係るものである場合に、明治29年（1896年）の旧河川法の制定にあたって、水利使用慣行が河川法上の権利として位置づけられたものである。慣行水利権は、わが国の総灌漑面積の3割程度残っている。

一般に水利権は、1）成立の由来による分類としては、①許可水利権（河川法に基づき、河川管理者の許可により生ずる水利権）と②慣行水利権に、2）使用目的による分類としては、①灌漑農業用水利権、②水力発電用水利権、③水道用水利権、④鉱工業用水利権、⑤その他に、さらに3）権利の安定性による分類としては、①安定水利権、②豊水水利権、③暫定豊水水利権、など、それぞれに分類されている。

関連用語　灌漑用水、水利権、旧河川法、河川法（*178*）、許可水利権、灌漑農業用水利権、水力発電用水利権、水道用水利権、鉱工業用水利権、安定水利権、豊水水利権、暫定豊水水利権

38. 管水路の損失水頭

水の流れはエネルギー線の高低によるので、管水路の流れの方向は管の高低に関係なく両端における（位置水頭＋圧力水頭＋速度水頭）の水頭差によって決まる。管水路の損失水頭には、管壁による摩擦損失と管路の変化や曲がり、弁などによる局所的な渦や乱れによるエネルギー損失がある。これらの損失は、ほとんど速度水頭に比例しており、摩擦の場合と同じく水頭で表される。

円管内定常流の管壁による摩擦損失は、次のダルシー・ワイスバッハの式で与えられる。

$$h_f = f\frac{L}{D}\cdot\frac{V^2}{2g}$$

ここに、

h_f：摩擦による損失水頭（国際単位系：m）
L：管路の長さ（m）
D：管径（m）
V：断面平均流速（配管断面の湿潤面積当たりの体積流量に一致する）（m/s）
g：重力加速度（m/s^2）
f：無次元の摩擦損失係数

この式より、摩擦による損失水頭は、管路の長さに比例して大きくなり、管径に比例して小さくなるとともに、断面平均流速の２乗に比例して大きくなることがわかる。

摩擦以外の損失水頭には、1）流入による損失水頭、2）流出による損失水頭、3）折れによる損失水頭、4）曲がりによる損失水頭、5）断面急拡による損失水頭、6）断面急縮による損失水頭、7）断面漸拡による損失水頭、8）断面漸縮による損失水頭、9）継手や弁による損失水頭、10）バルブによる損失水頭、11）合流による損失水頭、12）分流による損失水頭、などがある。

管の拡大又は縮小による損失水頭を算定する場合、小さい方の管における断面平均流速を用いる。

関連用語　位置水頭、圧力水頭（*6*）、速度水頭、ダルシー・ワイスバッハの式、摩擦による損失水頭、流入による損失水頭、流出による損失水頭、折れによる損失水頭、曲がりによる損失水頭、断面急拡による損失水頭、断面急縮による損失水頭、断面漸拡による損失水頭、断面漸縮による損失水頭、継手や弁による損失水頭、バルブによる損失水頭、合流による損失水頭、分流による損失水頭

39. 既往最大洪水流量

既往最大洪水流量は、対象とする河川の過去の洪水時において、その地点を流下する河川水の最大の洪水流量をいう。既往最大洪水流量は、計画高水流量を決めるときには重要である。

関連用語 計画高水流量（*185*）

40. 基本高水流量

基本高水流量は、河川の計画を立てる場合や工事を行う際に、整備の目標として設定される基本となる流量で、洪水調節等の人工的な操作の加わらない洪水の最大流量をいう。

基本高水の検討に用いる対象降雨は、計画基準点ごとに、降雨量、降雨量の時間分布及び降雨量の地域分布の3要素で表すものとしている。

基本高水は、計画降雨量をもとに、各洪水の実績降雨を使い適当な洪水流出モデルを用いて洪水のハイドログラフ（洪水時の流量と時間を表現したグラフ）を求め、これをもとに既往洪水、計画対象施設の性質等を総合的に考慮して決定する。基本高水流量は、このグラフに示される最大流量から決定された流量の値である。

関連用語 基本高水、計画基準点、降雨量の時間分布、降雨量の地域分布、計画降雨量、洪水流出モデル、ハイドログラフ

41. キネマティックウェーブ法

キネマティックウェーブ（kinematic wave）法は、流域全体を斜面・河道系に分割し、流出解析に用いる地形をモデル化して降雨流出を計算する手法で、雨水流の移動を水理学的な連続式と運動式とでモデル化したものである。

キネマティックウェーブ法は、表面流出および中間流出において物理的に水の流下を追跡することを試みた流出解析方法であるため、流域を分割した多くの分布型流出解析モデルの地表面や中間流が発生する土層のモデルに採用されている。キネマティックウェーブ法は、等価粗度法とも呼ばれ、その適用手法や適用対象によっては表面流出法、中間流出法または特性曲線法と呼ばれることがある。

関連用語 流出解析（*238*）、等価粗度法、表面流出法、中間流出法、特性曲線法、貯留関数法（*213*）、合理式法（*191*）

4 河川、砂防及び海岸・海洋

42. 急傾斜地

急傾斜地は、傾斜度が30度以上である土地をいう。

『急傾斜地の崩壊による災害の防止に関する法律』に基づいて、都道府県知事は、関係市町村長等の意見を聞いて、崩壊するおそれのある急傾斜地を急傾斜地崩壊危険区域として指定することができる。

急傾斜地の斜面崩壊防止工法の選定にあたっては、必要に応じて各種工法を組み合わせて計画する。特に切土工は、斜面の安定および環境との調和に配慮して計画する必要がある。また、地下水排除工は、湧水が多い場合や地下水位が高い場合に計画する。

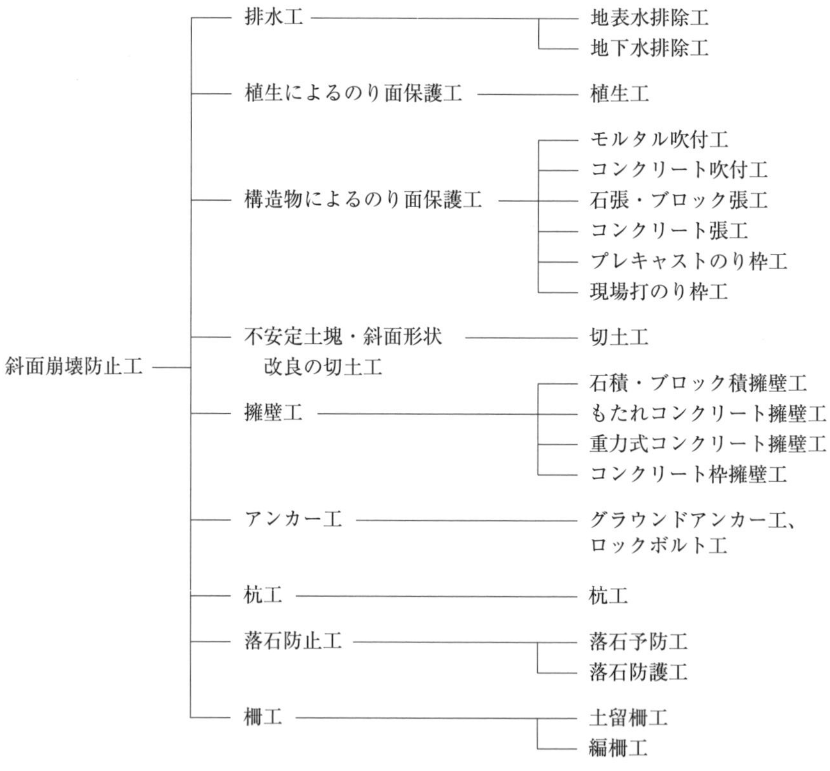

急傾斜地の斜面崩壊防止工事の分類

関連用語 傾斜度、排土工（*226*）、のり面保護工、切土工、擁壁工、アンカー工、杭工（*183*）、落石防止工、柵工

43. 胸壁（パラペット）

胸壁（パラペット）は、海岸堤防や河川堤防、防波堤などに用いられる堤体上の低い壁のことをいう。

都市部や市街地または重要な施設に近接する場所において、通常の堤防を作るだけの用地が確保できず、堤防高が十分に取れない場合には、高さを補うために胸壁を設ける。また、漁港や港湾等の施設があって海岸線付近に堤防、護岸等を設置することが難しい場合にも、津波や高潮、波浪によって海水が陸上部に浸入するのを防ぐために、漁港等の背後に胸壁を設置する。

なお、樋門を設置する場合には、胸壁を本体と一体構造として川裏・川表に設け、堤防内の土粒子の移動および吸出しを防止するとともに、翼壁の破損等による堤防の崩壊を一時的に防止できるように設計する。

関連用語　堤防、防波堤（*267*）、津波（*214*）、高潮、波浪（*264*）、樋門（*231*）、翼壁

44. 杭工

杭工は、地すべり防止工の分類で抑止工に含まれる工法の1つであり、鋼管杭やH形鋼杭などを地すべり地帯に打設して、地すべりを抑止するものをいう。杭工は、複数の杭を地すべりの移動方向に対して、垂直、列状に打設し地すべりの推力に対して対抗させるものである。

地すべりの抑止杭は、杭背面に十分大きな地盤反力が期待できる場合に、せん断強度のみを満足する杭として設計するせん断杭と、地すべり活動に伴い、杭に作用する曲げ応力に抵抗する杭として設計する曲げ杭に分けられる。

関連用語　地すべり防止工（*195*）、抑止工、せん断杭、曲げ杭、シャフト工（*198*）、グラウンドアンカー工

45. グリーンの法則

沖合の津波が沿岸の水深の浅い場所に来ると、津波のスピードが遅くなり、前の波と後ろの波との間隔が短くなる。しかし、ひと波に蓄えられるエネルギーは同じなので、波面が海岸線に並行に入射する場合には、波と波との間隔が短くなったぶん、結果として波の高さが高くなる。これをグリーンの法則という。

線形長波理論の適応範囲では、グリーンの法則式を用いて津波高さを算出

している。グリーンの法則は次式で表される。

$$\frac{H_0}{H_1}=\left(\frac{h_1}{h_0}\right)^{\frac{1}{4}}\left(\frac{b_1}{b_0}\right)^{\frac{1}{2}}$$

（H_0：湾口の波高、H_1：湾内の波高、h_1：湾内の水深、h_0：湾口の水深、b_1：湾内の波面に垂直で相隣りあう一組の波高線の幅、b_0：湾内の波面に垂直で相隣りあう一組の波高線の幅）

関連用語　津波（*214*）、波高

46. 計画許容流砂量

計画許容流砂量は、計画基準点から下流河川等に対して無害なばかりでなく、同時に下流や海岸の維持のために必要な土砂として流送されなければならない土砂量をいう。計画許容流砂量は、流水の掃流力、流出土砂の粒径等を考慮して、河道の現況および河道計画に基づいて定めなければならない。

掃流区域で計画基準点が複数ある場合には、上下流の区間において計画許容流砂量の整合を図る必要がある。

関連用語　計画生産土砂量（*186*）、計画流出土砂量（*186*）、計画超過土砂量（*186*）

47. 計画降雨

計画降雨は、基本高水を決定するための標準手法として定めた降雨をいう。計画降雨は、計画基準点ごとに定め、降雨量、降雨量の時間分布、および降雨量の地域分布の3つの要素で表す。計画降雨量は、計画の規模を定めるとともに、降雨継続時間を定めることにより決定される。

関連用語　降雨量、降雨量の時間分布、降雨量の地域分布、基本高水

48. 計画高水位

計画高水位は、計画高水流量を流下させることのできる河道の水位をいう。計画高水位は、堤防などの河川構造物を計画、設計する際の基準となるものである。

計画高水位は、計画高水流量、河道の縦横断形状と関連して定めるが、計画高水位を高くするほど内水排除、支線処理などに難しい問題が残るのでできるだけ低くし、通常の場合は既往洪水の最高水位より低く定める。なお、計画高水位が定められている河川で河道計画の見直しを行う場合には、原則

として既往の計画高水位を上回らないよう定める。

堤防が破堤する場合は、一般に堤体または基礎地盤からの漏水、流水等による洗掘、および計画高水位を上回った場合の越水などが原因であり、これらに対して堤防は必要とされる安全性を有する必要がある。高規格堤防を除く一般の堤防は、計画高水位以下の水位の流水の通常の作用に対して安全な構造となるよう耐浸透性および耐侵食性について設計する。

関連用語 計画高水流量（*185*）、内水排除、支線処理、高規格堤防（*188*）、耐浸透性、耐侵食性

49. 計画高水流量

計画高水流量は、洪水防御計画において、基本高水を合理的に河道、ダム等に配分して定めた主要地点の河道、ダム等の計画の基本となる高水流量をいう。計画高水流量は、河川の治水計画の基準となる流量で、河川を流下させる最大流量を意味し、基本高水流量から洪水調節量を差し引いた流量である。

上流にダム等の洪水調節施設計画のない河川で、流域面積が比較的小さくかつ領域に貯留現象がないか、または考慮する必要がない河川では、次の合理式によって計画高水流量を算出する。

$$Q=\frac{1}{3.6}\cdot f\cdot r\cdot A$$

（Q：計画高水流量（m^3/s）、f：流出係数、r：洪水到達時間内の平均雨量強度（mm/h）、A：流域面積（km^2））

なお、合理式を適用する河川においては基本高水と計画高水流量とは同一となる。

関連用語 基本高水、洪水調節量、合理式、計画高水位（*184*）

50. 計画高潮位

計画高潮位は、河川整備基本方針に従って、過去の主要な高潮及びこれらによる災害の発生の状況、当該河川及び当該河川が流入する海域の水象及び気象並びに災害の発生を防止すべき地域の開発の状況等を総合的に考慮して、河川管理者が定めた高潮位をいう。

高潮対策における計画（高）潮位は、原則として、1）既往の最高潮位、2）朔望平均満潮面（新月及び満月の日から5日以内に観測した各月の最高

満潮位を1年以上観測し平均した高さ）＋計画規模の最大潮位偏差（異常に上昇したときの潮位と予定潮位との差）、のいずれかをとることとしている。また、津波対策における計画（高）潮位は、原則として朔望平均満潮位とし、津波防護施設等の対策は、計画潮位に計画津波を作用させた津波遡上高により検討する。

関連用語 朔望平均満潮面（*256*）、最大潮位偏差、計画津波、津波遡上高、設計高潮位（*205*）

51. 計画最大放流量

計画最大放流量は、ダムの洪水調節計画で、洪水調節時においてダムから放流する最大の流量をいう。計画最大放流量は、ダム直下における計画高水流量に相当する。

関連用語 計画高水流量（*185*）

52. 計画生産土砂量

計画生産土砂量は、山腹及び渓岸における新規崩壊土砂量、既崩壊拡大見込土砂量、既崩壊残存土砂量のうち、崩壊発生時点で河道に流出するもの及び河床等に堆積している土砂量のうち二次浸食を受けるものをいう。

計画生産土砂量は、砂防基本計画の対象となる計画超過土砂量を算定する際の基礎となる土砂量である。

関連用語 新規崩壊土砂量、既崩壊拡大見込土砂量、既崩壊残存土砂量、二次浸食、計画超過土砂量（*186*）、計画許容流砂量（*184*）、計画流出土砂量（*186*）

53. 計画超過土砂量

計画超過土砂量は、計画基準点ごとに計画流出土砂量から計画許容流砂量を差し引いた土砂量をいう。計画超過土砂量は、砂防基本計画における土砂処理の計画の対象となる土砂量である。

関連用語 計画生産土砂量（*186*）、計画許容流砂量（*184*）、計画流出土砂量（*186*）

54. 計画流出土砂量

計画流出土砂量は、計画生産土砂量のうち土石流または掃流力等により運搬されて計画基準点に流出すると見込まれる土砂量をいう。

土石流区域における計画流出土砂量は、原則として当該計画基準点の上流の計画生産土砂量からその区域の河道調節量を差し引いた量とする。一方、掃流区域における計画流出土砂量は、当該計画基準点の直上流の基準点における洪水時の計画流出土砂量に、両計画基準点間の流域の生産土砂量からその間の河道調節量を差し引いた量を加算したものとする。

計画流出土砂量は、既往の土砂流出、地形、植生状況、河道の調節能力等を考慮して定める。

関連用語 計画生産土砂量（*186*）、計画許容流砂量（*184*）、計画超過土砂量（*186*）、河道調節量

55. 傾斜堤（傾斜型堤防）

傾斜堤（傾斜型堤防）は、海岸保全施設としての堤防の型式の1つで、石やコンクリートブロックを台形状に捨てこんだもので、勾配が1：1以上のものをいう。傾斜堤は、透過波があるので、天端高を直立堤と同じにしても港内波高が大きくなることがある。傾斜堤は、1）基礎地盤が比較的軟弱な場合、2）海底地盤に凹凸がある場合、3）堤防用地や堤体土砂が容易に得られる場合、4）水利的条件や既設構造物との接続の関係がある場合、5）海浜利用上や親水性の要請が高い場合、などに用いられる。

海岸堤防のうち傾斜型以外には、緩傾斜型、直立型、混成型がある。

関連用語 透過波、緩傾斜堤（緩傾斜型堤防）（*179*）、直立堤（直立型堤防）（*213*）、混成堤（混成型堤防）（*192*）

56. 限界勾配

限界勾配は、開水路で等流の場合において水深が限界水深（流量を一定とするとき、比エネルギーを最小にさせる水深、あるいは比エネルギーを一定とするとき、流量を最大にさせる水深）のときの勾配をいう。

また、流れの速度と波の進行速度の比をフルード数といい、フルード数＜1の流れを常流、フルード数＞1の流れを射流という。またフルード数＝1の流れを限界流といい、限界流を生じる水路勾配が限界勾配である。

関連用語 限界水深（*217*）、比エネルギー、フルード数（*233*）、常流（*200*）、射流（*200*）、限界流（*200*）

57. 高規格堤防（スーパー堤防）

堤防は計画高水位以下の水位の流水の通常の作用に対して安全な構造を持つものとして整備されるが、洪水は自然現象である降雨等に起因するものであるため、計画高水位を超えて流下してくる洪水が発生する可能性は常に存在し、そのような洪水が発生した場合には越水等により堤防が破堤し、極めて甚大な被害が発生する危険性が著しく大きくなる。このため、河道の整備が完成した場合であっても、計画高水位を超えて流下してくる洪水に対しても破堤しない構造の堤防として高規格堤防を整備する必要がある。

高規格堤防は、その敷地である土地の区域内の大部分の土地が通常の利用に供されても、計画高水流量を超える流量の洪水の作用に対して耐えることができる規格構造を有する堤防をいう。

高規格堤防は、護岸などの施設と一体となって高規格堤防設計水位以下の水位における河道内流水による浸透・浸食、越流水による洗掘および計画高水位以下の水位における地震荷重に対して、安全性が確保される構造となるよう設計するものとしている。高規格堤防の設計は、堤防形状、堤防材料とその物性、堤防の地盤、川表側に設けられる護岸、水制その他これらに類する施設を対象とし、高規格堤防特別区域が将来にわたりさまざまな通常の土地利用に供されることを前提として行う。また、高規格堤防の設計においては、高規格堤防特別区域の土地利用に関して、通常行われるであろう一般的土地利用のうち、堤防の破壊にとって予想される最も厳しい土地利用状況を前提にしなければならない。

関連用語　計画高水位（*184*）、護岸（*192*）、水制、高規格堤防特別区域

58. 高水敷

高水敷は、堤防のある河川において、複断面の形をした河道のうち河川敷内で常に水が流れる低水路より一段高い場所にあって、大雨等による高水時のみ流水が流れる部分のことである。高水敷は、平常時にはグラウンドや公園などさまざまな形で利用されており、大きな洪水のときには水に浸かってしまうが、低水と高水の差が大きいわが国の河川ではよく採用されている。

高水敷の高さは、河道の維持、高水敷の冠水頻度、利用、動植物の生息・生育環境等を総合的に勘案して定める必要があるが、冠水頻度を数年に1回程度となるように流過能力を試算して定める場合が多い。また、中小河川や

新たに設ける河道では、高水敷上の設計流速は2 m/sec程度としている場合が多い。

関連用語 複断面、低水路、高水時、高水敷の高さ、高水敷上の設計流速

59. 洪水波

洪水波は、洪水が流下するときの波のことをいう。洪水流や感潮河川の流れなどのように、流量が時間的に変化する流れは不定流であり、このような流れの解析には不定流計算が使用されている。水面形が伝播する波束が卓越するため、洪水波は、河川の流速と同じ速度で流下するものではなく『河川砂防技術基準（案）同解説・調査編』では、洪水到達時間を求める経験式としてクラーヘン（Kraven）式とルチーハ（Rziha）式の2つを挙げている。

1）クラーヘン式

I	1/100 以上	1/100～1/200	1/200 以下
W	3.5 m/s	3.0 m/s	2.1 m/s

$$T = \frac{L}{W}$$

ここで、Iは流路勾配、Wは洪水流出速度、Lは流路長、Tは洪水到達時間

2）ルチーハ式

$$T = \frac{L}{W}$$

$$W = 20\left(\frac{h}{L}\right)^{0.6}$$

ここで、Wは洪水流出速度、hは落差、Lは流路長、Tは洪水到達時間

関連用語 洪水流、感潮河川、不定流計算、クラーヘン式、ルチーハ式

60. 洪水防御計画

洪水防御計画は、河川の洪水による災害を防止または軽減するため、計画基準点において計画の基本となる洪水のハイドログラフ（基本高水）を設定し、この基本高水に対して計画の目的とする洪水防御効果が確保されるように策定する。

「河川砂防技術基準　計画編」の第2章第2節「洪水防御に関する計画の基本的な事項」には、超過洪水への対応として次のように記されている。『洪水

防御計画の策定に当たっては、河川の持つ治水、利水、環境等の諸機能を総合的に検討するとともに、この計画がその河川に起こり得る最大洪水を目標に定めるものではないことに留意し、計画の規模を超える洪水の生起についても配慮することを基本とする。』

洪水防御計画は、計画規模の洪水を防御することを目的とするものである。したがって、これを超える超過洪水は河川のそれぞれの区間の計画規模に応じて生起することが予想されるので、上下流、本支川間において計画の規模が十分整合を保つことによって、それぞれの区間の河川の重要度に応じた規模の洪水が防御されるよう配慮されていなければならない。そのため、同一水系内における洪水防御計画の策定にあたっては、その計画の規模が上下流、本支川のそれぞれにおいて十分な整合性を保つように配慮する必要がある。

洪水防御計画の策定にあたっては、河川の持つ治水、利水、環境等の諸機能を総合的に検討するとともに、この計画がその河川に起こり得る最大洪水を目標に定めるものではないことに留意し、必要に応じ計画の規模を超える洪水の生起についても配慮する。

関連用語　ハイドログラフ、基本高水、河川砂防技術基準、計画降雨（*184*）、計画高水流量（*185*）

61. 洪水流出の計算法

洪水流出計算は、降雨量から河川の流出量を計算する流出計算の中で、降雨による流出ハイドログラフ（河川のある地点における水位・流速・流量等と時間の関係を図示したものをいうが、流量と時間との関係を表したものを指す場合が多い）のうち、短期流出成分を対象とした計算をいう。

洪水流出の計算法には、合理式法などのような流出量の最大値を推定する経験公式によるものと、降雨による流出ハイドログラフを推定するものとがある。また、洪水流出計算方法としては、降雨量と流出量の関係を単位図法や流出関数法などのように線形と見るものと、降雨から流出への変換過程に流域貯留の過程を導入した貯留関数法やタンクモデル法のような非線形流出計算法がある。計算の目的とそれに必要な水文データの状態に応じて、これらのうち最も適当な方法を選定して用いる。

関連用語　ハイドログラフ、短期流出成分、合理式法（*191*）、単位図法、流出関数法、貯留関数法（*213*）、タンクモデル法（*211*）、低水流出計算（*215*）

62. 高ダム

高ダムは、河川の流水を貯留するため、または取水するために設置した、基礎地盤から堤頂までの高さ（ダムの高さは、堤頂の標高と基礎地盤の標高の差で示される）が15 m以上のダムをいう。一般には、高ダムのことをダムといっている。

高ダムの形式としては、コンクリートダムとフィルダムに分類され、コンクリートダムはその力学特性により重力ダムとアーチダムに、フィルダムは遮水構造により均一型、ゾーン型、表面遮水型に分類される。またフィルダムは堤体材料によってアースダムとロックフィルダムに分けられる。

高ダムを設計する際の外力として、静水圧、地震による動水圧、堆積泥土による泥圧、浸透水による揚圧力、地震力および氷圧などを検討する必要がある。

関連用語 コンクリートダム、フィルダム（*232*）、重力ダム、アーチダム（*164*）、アースダム（*164*）、ロックフィルダム

63. 合理式法

合理式法は、洪水流量計算式の1つで、流域の形を河道に対して対称な長方形と考えて、雨水は流域斜面を一定速度で流下し河道に入るものとし、流域の最遠点に降った雨が流域の出口に現れるまでの時間を洪水到達時間と呼び、時間内の降雨強度に流域の流出係数を乗じて流出量を計算するというものである。

$$Q=\frac{1}{3.6}\cdot f\cdot r\cdot A$$

（Q：計画高水流量（m^3/s）、f：流出係数、
r：洪水到達時間内の平均雨量強度（mm/h）、
A：流域面積（km^2））

合理式法は、物部式やラショナル式とも呼ばれ、上流にダム等の洪水調節施設計画のない河川で流域面積が比較的小さく、かつ流域に貯留現象がなく、または貯留現象を考慮する必要がない中小河川で一般的に使われている。

一般に流域面積が大きくなると貯留効果が大きくなり、合理式の線形仮定が成立しなくなるので注意が必要であり、一般には、適用すべき流域面積は100 km^2以下であることが多い。また合理式法は、貯留現象を考慮する必要のない河川で洪水ピーク流量のみを算定するものであるため、ハイドログラフ（流量の時間変化）は求まらない。

関連用語　洪水流量計算式、物部式、ラショナル式、貯留効果、貯留関数法（*213*）、タンクモデル法（*211*）、ハイドログラフ、流出解析（*238*）

64. 護岸

護岸は、堤防を保護し流水による渓岸の決壊を防止するために、のり面や基礎の表面をコンクリートや石積みによって覆う施設をいう。護岸は、流水による河岸の決壊や崩壊を防止するためのものと、流水の方向を規制してなめらかな流向にすることを目的としたものがある。また、護岸は施工する位置により、低水路の河岸を守るものを低水護岸、洪水時の浸食作用に対して堤防を保護することを主たる目的として高水敷の堤防のり面を保護するものを高水護岸、低水路と堤防のり面が一枚でつながったのり面を保護するものを堤防護岸にそれぞれ分けられる。

護岸工は、渓流内の自然度が高くなるように配慮した計画とするのが望ましい。護岸ののり覆工は、護岸の構造の主たる部分を占めるので、流水・流木の作用、土圧等に対して安全な構造となるように設計するとともに、設計に際しては生態系や景観について十分に考慮する。護岸の天端工は、のり覆工（流水や流木などに対して安全となるよう堤防および河岸のり面を保護するための構造物）ののり肩部の天端を、のり覆工と同等のもので保護する構造物である。天端保護工は、低水護岸の上端部と背後地とのすりつけをよくし、かつ低水護岸が流水により裏側から破壊しないように保護する構造物をいう。天端工および天端保護工は、低水護岸の天端部分を洪水による浸食から保護する必要がある場合に設置するものである。護岸の基礎工（のり留工）は、洪水による洗掘等を考慮して、のり覆工を支持できる構造とする。護岸の根固工は、その地点で流勢を減じ、さらに河床を直接覆うことで急激な洗掘を緩和する目的で設置されるものであり、河床の変動等を考慮して、基礎工が安全となる構造とする。

関連用語　堤防、低水護岸、高水護岸、堤防護岸、のり覆工、天端工、天端保護工、基礎工（のり留工）、根固工（*225*）

65. 混成堤（混成型堤防）

混成堤（混成型堤防）は、海岸保全施設としての堤防の型式の1つで、台形上に成型された捨石マウンド等の傾斜型構造物の上に、ケーソンやブロック等の直立型構造物が載せられたものをいう。混成堤は、波高に比べて捨石天端水深が浅いときは傾斜堤の性状に近く、深いときは直立堤の性状に近くなる。

混成堤は、高マウンドになると、衝撃砕波力が直立部に作用するおそれがある。

混成堤は、1）水深の大きな場所に建設できる、2）基礎地盤の不陸に対応しやすい、3）直立部があるので傾斜堤に比べて材料が少なくて済む、4）比較的軟弱な地盤にも適する、などの利点があり、傾斜型および直立型の特性を生かした型式が望ましいときに用いられる。

海岸堤防のうち混成型以外には、傾斜型、緩傾斜型、直立型がある。

関連用語 傾斜堤（傾斜型堤防）（*187*）、直立堤（直立型堤防）（*213*）、緩傾斜堤（緩傾斜型堤防）（*179*）

66. サヴィールの仮想勾配法

海浜に遡上する波の高さや堤防に打ち上げる波の高さ（波の打ち上げ高）は、平均水位から波のはい上がる高さの最高値で定義され、来襲する波の波高、周期、海底勾配、堤防のり勾配、堤防の設置位置などによって変化する。

サヴィールの仮想勾配法は、堤防あるいは防潮堤に打ち上げる波の高さの算定において、堤防の設置場所が汀線、またはこれより陸上の場合における代表的な計算方法である。なお、改良仮想勾配法は、サヴィールの仮想勾配法を緩勾配海岸に適用できるように改良したもので、複雑な海浜断面や堤防形状を有する海岸への波の打ち上げ高の評価に広く使われている。

複合断面を有する海岸堤防における打ち上げ高さを算定する方法として、サヴィールの仮想（のり面）勾配法が提案されている。

関連用語 波の打ち上げ高、平均水位、改良仮想勾配法

67. 砂防基本計画

砂防基本計画は、流域等における土砂の生産及びその流出による土砂災害を防止・軽減するため、計画区域内において、有害な土砂を合理的かつ効果的に処理するよう策定するものである。

砂防基本計画には、発生する災害の現象、対策の目的に応じ、水系砂防計画、土石流対策計画、流木対策計画、火山砂防計画及び天然ダム等異常土砂災害対策計画がある。

関連用語 水系砂防計画、土石流対策計画、流木対策計画、火山砂防計画、天然ダム等異常土砂災害対策計画

68. 砂防ダム（砂防えん堤）

砂防ダムは、水源地域や渓岸、あるいは河道からの土砂の生産抑制、ならびに河道における流出土砂の抑制や調節を目的として築造されるダムをいう。砂防ダムの調節効果は、洪水勾配と安定勾配の間で起こる堆砂作用と粒径の淘汰作用を合わせたものである。近年では、一般のダムとの差別化を図るために砂防ダムを砂防えん堤と呼ぶようになっている。砂防ダムは、その目的によって次の5種類に分類されている。

1）河床を上昇させて山脚を固定し、山腹の崩壊等の予防および拡大の防止を図り、土砂の生産を抑制するために、保全対象山腹の直下流部に設ける山脚固定ダム。

2）河道の縦浸食を防止して土砂の生産を抑制するために、縦浸食区域の直下流に設ける縦浸食防止ダム。

3）河床に堆積した不安定な土砂の流出を防止するために、河床堆積物の直下流に設ける河床堆積物流出防止ダム。

4）土石流を抑止あるいは抑制するために、目的に応じ定置および高さを定める土石流対策ダム。

5）流出土砂を抑制および調節するために、最も効果的に機能が発揮されるように、位置、高さ、形状、ならびに数を定める流出土砂抑制・調節ダム。

砂防ダムの形式には、重力式コンクリートダム、アーチ式コンクリートダム等があるが、重力式コンクリートダムは、アーチ式コンクリートダムよりも地質条件の制約が少ない。

一般の重力ダムののり面勾配は、下流側がゆるく上流側が急なほど安定しているが、砂防ダムでは下流側が緩勾配の場合、流砂により破壊されるおそれがあるため、越流部における下流ののり勾配は、一般に1：0.2とする。また砂防ダムの天端幅は、流出土砂等の衝撃に耐えるとともに、水通し部では通過砂礫の摩耗等にも耐えるような幅とする必要がある。このため、重力式コンクリートダムの天端幅は、一般に河床構成材料が「砂混じり砂利～玉石混じり砂利」の場合には1.5～2.5 m、「玉石～転石」の場合には3.0～4.0 mを用いている。ただし、アーチ式コンクリートダムでは、構造上から必要と

なる堤頂部のアーチリング厚から天端幅を定める場合もある。砂防ダムの水通しは、貯砂・調節効果とダム下流の洗掘を防止する観点から、できる限り広くし、越流水深を小さくするほうが良い。

なお、砂防ダムでは、必要に応じ除石を行いダムの空容量を確保する。

関連用語 山脚固定ダム、縦浸食防止ダム、河床堆積物流出防止ダム（*172*）、土石流対策ダム（*221*）、流出土砂抑制・調節ダム、床固工（*219*）、護岸（*192*）、水制、流路工（*240*）、山腹工（*195*）、のり勾配、天端幅、水通し、越流水深、空容量

69. 山腹工

山腹工は、山腹崩壊地ならびに禿赫地（はげ山）の土砂生産を抑制し、急速な森林造成を行うことを目的として実施するものであり、山腹基礎工と山腹緑化工に大別される。

山腹工には、1）谷止工、2）のり切工、3）土留め工、4）水路工、5）暗渠工、6）柵工、7）積苗工、8）筋工、9）実播工、10）植栽工、などがあるが、一般にはこれらの組み合わせによって行う。

関連用語 山腹基礎工、山腹緑化工、谷止工、のり切工、土留め工（*433*）、水路工、暗渠工、柵工、積苗工、筋工、実播工、植栽工、砂防施設工、砂防ダム（*194*）、床固工（*219*）、護岸（*192*）、水制、流路工（*240*）

70. 地すべり防止工

地すべり防止工は、地すべり地の地形、地下水の状態などの自然条件を変化させることにより、地すべり運動を停止または緩和させる抑制工と、構造物を設けることによって構造物の抵抗力を利用し、地すべり運動の一部または全部を停止させる抑止工とに大別できる。

地すべり防止施設の配置計画においては、地すべりの規模及び発生・運動機構、保全対象の状況、工法の経済性等を勘案し、抑制工と抑止工を適切に組み合わせて工法を選定する。また、地すべり運動が活発に継続している場合には、原則として抑止工は用いないで、抑制工の先行により運動が軽減、停止してから抑止工を行う。

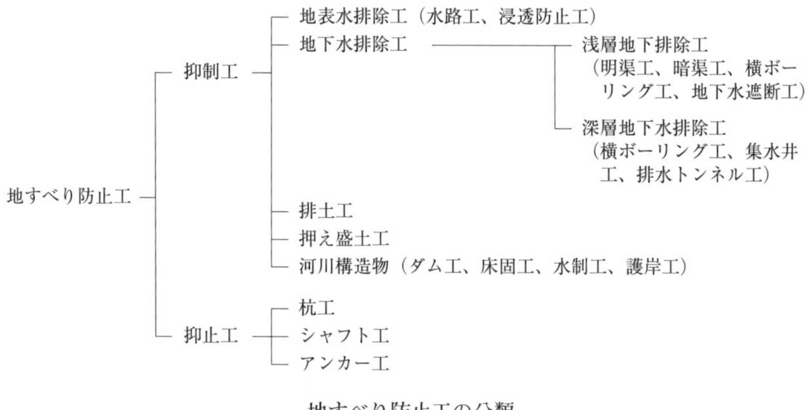

地すべり防止工の分類

関連用語 抑制工、抑止工、地表水排除工（*212*）、地下水排除工（*211*）、排土工（*226*）、押え盛土工（*167*）、杭工（*183*）、シャフト工（*198*）、アンカー工

71. 支川処理方式

本川と支川の合流点の処理、すなわち支川処理方式には、1）バック堤方式、2）セミバック堤方式、3）自己流堤方式がある。

1）バック堤方式

バック堤方式は、本川のバックウォーター（背水）の影響範囲区間を本川の堤防と同じ高さに築堤して、支川から洪水があふれないようにする支川処理の方式である。バック堤方式は、本川水位の高さや継続時間に関係なく支川の洪水流が自然流下できるが、逆流防止施設を合流点に設けないことから、本川の背水位によっては本川の洪水流が支川に逆流することになる。つまり、バック堤は本川の堤防と一連で、同一区域のはん濫を防止

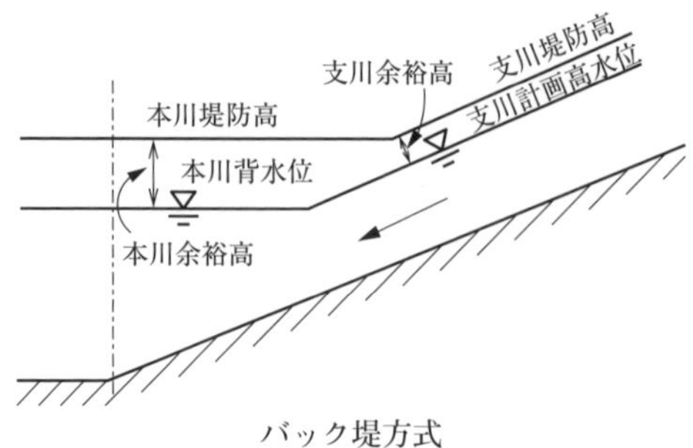

バック堤方式

する機能を有し、洪水の継続時間が本川の逆流によって本川と同程度もしくはそれ以上になるので、本川の背水影響区間における支川堤防の余裕高や天端幅は、本川堤防並みに堅固な構造とする必要がある。

2) セミバック堤方式

セミバック堤方式は、合流点付近に逆流防止施設（一般には水門が多い）を設けて本川の背水が支川に及ぶのを遮断できる機能を有した支川処理の方式である。支川の堤防計画にあたっては、本川の背水位を考慮するが、堤防形状は支川の自己流量をもとに設定する。

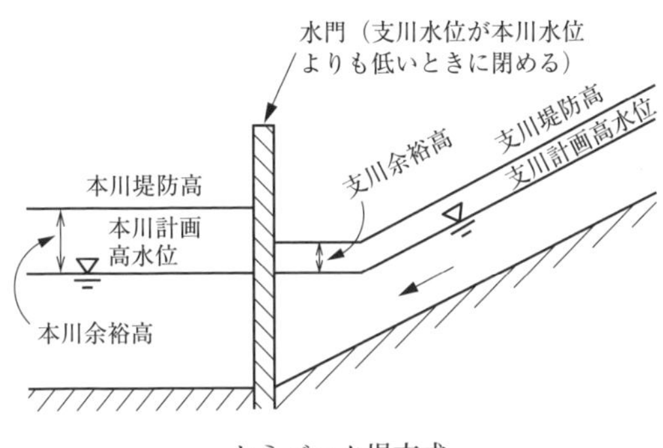

セミバック堤方式

3) 自己流堤方式

自己流堤方式は、合流点に逆流防止水門と排水施設（ポンプ）を設け、本川水位が支川へ及ぶのを遮断できる場合で、かつ支川の計画堤防高を本川の背水位とは無関係に支川の計画高水位に対応する高さとする支川処理の方式である。なお、この支川の堤防を自己流堤と呼んでいる。

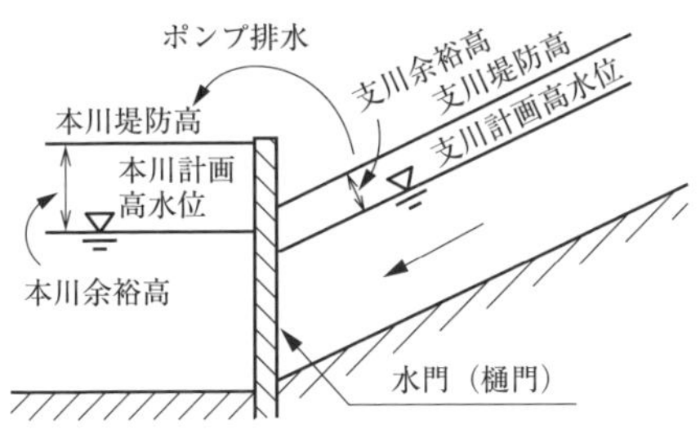

自己流堤方式

関連用語 バック堤方式、セミバック堤方式、自己流堤方式、バックウォーター（背水）（*297*）、逆流防止施設、背水位

72. シャフト工

シャフト工は、地すべり防止工における抑止工の１つで、径2.5～6.5 mの縦杭を不動土塊まで掘り、これに鉄筋コンクリートを充填したシャフトをもって杭に代える工法をいう。

シャフト工は、地すべり推力が大きく、杭工では所定の計画安全率の確保が困難な場合で、基礎地盤が良好な場合に適する。

関連用語　地すべり防止工（*195*）、杭工（*183*）、グラウンドアンカー工

73. 取水堰

取水堰は、河川から用水を取り入れるために、河道を横断して設けられる堰のことである。取水堰によって川の水をためることで水量を調節することができるため、より安定的な取水が可能となる。

取水堰は、農業用の堰など河川管理者以外が設置するものもある。

関連用語　堰（*204*）、安定的な取水、農業用の堰、河川管理者

74. 樹林帯

樹林帯は、河川あるいはダム貯水池に沿って存在する帯状の樹木群（河畔林あるいはダム湖畔林）のうち、堤防の破堤の防止やはん濫被害軽減の機能、あるいはダム貯水池の堆砂の防止や貯留水の汚濁の防止の機能をもつ河川管理施設のことである。また、樹林帯は河川の生態系の保全や良好な河川景観の形成等においても重要な要素となっている。

したがって樹林帯は、樹木が抵抗となって流勢を弱め、堤防の崩壊を防ぐ働きをするばかりではなく、ダム湖周辺の樹林帯においてはダム湖に流れ込む土砂の流出や、そのストロー効果により汚濁水の流入を抑制するという治水・利水上の効果があるため、ダム貯水池に沿って設置する樹林帯は、その機能を発揮するためには流水の最高の水位より高い標高にある必要がある。

関連用語　河川、ダム貯水池、河畔林、ダム湖畔林、破堤防止、はん濫被害軽減、ダム貯水池の堆砂防止、貯留水の汚濁防止、生態系の保全、河川景観、ストロー効果

75. 準二次元不等流解析

準二次元不等流解析は、河道断面内を横断形状や樹木の繁茂状況等から顕著な流速差が生じると考えられる位置において複数の断面に分割し、分割し

たそれぞれの断面ごとに平均流速と平均水位を求める解析方法をいう。

一次元不等流解析では、時間的に一定の流量が流れる場合の水位や流速の縦断変化を求めるため横断面内の流速変化はないものとして計算するが、横断方向に生じる抵抗を考慮して高水敷や樹木によって区分された断面ごとの流速を計算し、流れ方向の水位を求めることから準二次元不等流と呼ばれている。

準二次元不等流解析では、断面データ、流量、粗度係数等の基礎データをもとに、断面ごとの水位や流速、河積などを求める。準二次元不等流解析では、河道内に繁茂する樹木の抵抗、河道の低水路と高水敷の流速の差により発生する渦による抵抗、あるいは樹木群の境界に作用する抵抗などを考慮することができる。

関連用語 平均流速、平均水位、一次元不等流解析、高水敷（*188*）、粗度係数

76. 消波堤

消波堤は、崖浸食や砂浜の浸食による汀線後退を防ぐことを目的として設置する堤防をいう。消波堤は、崖浸食対策においては崖に波が直接作用することを防ぐため効果的な浸食防止になるが、砂浜の浸食対策においては堤前面の海浜の浸食を防止することはできないので、緊急あるいは応急的なものとして位置づけるべきである。

消波堤の形状寸法は、離岸堤に準じており、構造は波の減衰や反射などを考慮した捨ブロック式が用いられる。

関連用語 崖浸食、汀線後退、離岸堤（*237*）、捨ブロック

77. 消波ブロック

消波ブロックは、海岸や港湾などの消波工として使われるコンクリートブロックをいう。消波ブロックは、波の打ち上げ高さや越波量を少なくし、波のエネルギーを軽減する目的で、海岸堤防や防波堤の前面に設けられる。テトラポッド、六脚ブロック、中空三角ブロック、ホロースケヤー、三連ブロック、アクモンなどの種類がある。

消波ブロックを、混成型堤防（混成堤）あるいは直立型堤防（直立堤）の前面に設置したものを消波ブロック被覆堤といい、消波ブロックで波のエネルギーを散逸させるとともに直立部で波の透過を抑えるものである。

消波工の安定を支配する消波ブロックの重量は、波力に対する安定性から決定する。消波工ののり面に使用される消波ブロックや捨石の安定重量は、次のハドソン公式で与えられる。

$$W=\frac{\gamma_r H^3}{K_D\left(\frac{\gamma_r}{w_0}-1\right)^3\cot\alpha}$$

（W：ブロックの重量、γ_r：ブロックの空中単位体積重量、H：前面における進行波としての波高（有義波高）、K_D：ブロックによって決まる定数、w_0：海水の単位体積重量、α：斜面が水平となす角度）

消波ブロックののり先は、沈下や洗掘を防止するために捨石や適当な大きさのブロックで根固めを行う。一般に、消波工の天端高は設計高潮位に設計波高の0.7～1.0倍以上を加えた高さとし、天端幅はブロック2列以上の幅としている。天端高が低く海面以下の場合は、消波効果はほとんど期待できない。

関連用語　消波工（*257*）、越波量、テトラポッド、六脚ブロック、中空三角ブロック、ホロースケヤー、三連ブロック、アクモン、混成堤（混成型堤防）（*192*）、直立堤（直立型堤防）（*213*）、消波ブロック被覆堤、ハドソン公式（*229*）、天端高、天端幅

78. 常流／射流／限界流

常流は、開水路の流れで、断面平均流速が水面を伝播する微小振幅長波の波速より小さい流れ（フルード数が1より小さい流れ）のことをいう。すなわち、常流は、流速が波の進行速度よりも小さく、緩勾配の水路で見られるような遅い流れである。

一方、射流は、断面平均流速が水面を伝播する微小振幅長波の波速より大きい流れ（フルード数が1より大きい流れ）のことをいう。すなわち、射流は、流速が波の進行速度よりも大きく、水深が浅く急勾配の水路で見られるような流れである。

なお、断面平均流速が水面を伝播する微小振幅長波の波速と等しい流れ（フルード数が1の流れ）は限界流という。

開水路における流れの状態（水深、流速）は、常流のときには下流側の条件、射流のときには上流側の条件によって決まる。

関連用語　開水路、微小振幅長波の波速、フルード数（*233*）

79. シールズ数

シールズ数は、砂粒子を移動させようとする力と重力によって留まらせようとする力の比のことである。

シールズ数は、次式で表される。

$$\psi = \frac{1}{2} \cdot \frac{f_w u^2}{sgd}$$

（u：底面流速の振幅（m/s）、s：底質の水中比重、g：重力加速度（m/s^2）、d：砂の粒径（m）、f_w：波による摩擦係数）

関連用語 砂粒子、底質

80. 深海波／浅海波

沖合の波のように、水面変動の振幅に比較して水深が十分に大きい場合の波を扱う理論を微小振幅波理論という。水深が波長の1/2より大きい場所の表面波を深海波（表面波）といい、深海波は水深が大きいので海底の影響はほとんど受けない。微小振幅波理論では、深海波の波速C（m/s）は、近似的に波長L（m）だけで決まり、

$$C = \sqrt{\frac{gL}{2\pi}} \qquad g = 9.8\ m/s^2$$

で表される。

一方、水深が波長の1/2より浅くなると波は海底の影響を受けはじめ、水深が波長の1/20から1/2までの波を浅海波、1/20より小さい波を極浅海波（長波）という。浅海波の波速は、波長には関係なく近似的に水深h（m）だけで決まり、

$$C = \sqrt{gh}$$

で表される。

すなわち波速は、深海波では波長（あるいは周期）のみで決まり、長波では水深のみで決まる。また、深海波の場合には群速度（エネルギー伝達速度）は波速の半分になり、長波の場合には群速度は波速に等しくなる。

砕波の形態は、深海波の波形勾配及び海底勾配によって分類される。

なお、深海波では、水平方向と鉛直方向の流速の最大値が一致するので、波を構成する水粒子は円運動になる。一方、極浅海波では、水平方向の流速が水深方向に一定で海底付近でも大きく動き、鉛直方向の流速が水深方向に

線形で減少するので、波を構成する水粒子の軌跡はかなり鉛直方向に潰れた楕円を描き、水底付近の水粒子は水平方向にだけ動く。

関連用語 微小振幅波理論、表面波、波速、極浅海波（長波）、群速度（エネルギー伝達速度）、津波（*214*）、砕波の形態、波形勾配（*226*）、海底勾配、波を構成する水粒子の軌跡

81. 水制工

水制工は、流水や流送土砂をはねて渓岸構造物の保護や渓岸浸食の防止を図ることと、流水や流送土砂の流速を減少させて縦浸食の防止を図ることを主たる目的として設置されるものであるが、航路維持や河川環境の保全・整備のために設けられることもある。砂防施設として用いる水制工は、一般に急流河川に設置する場合が多いため、護岸との併用で流速を減少させる根固水制工として採用されている事例が多い。水制工は、原則として渓床勾配が急でないところに計画する。

水制には透過水制と不透過水制があり、透過水制は流水が透過する構造のもので、水制が粗度要素となって流速を減じて洗掘を防ぐ、あるいは適切な配置によって土砂を堆積させるなどの効果を持つ。一方、不透過水制は、流水を透過させないもので、水制上を越流するかしないかで越流水制と非越流水制とに分けられる。不透過水制は、水はね効果が大きいが、水制先端部や水制の下流部が特に洗掘されやすいので、水制周辺に根固工を設置する必要があることが多い。

水制の工種には（1）コンクリートブロック、四基構、三基構、大聖牛、（2）三角枠、ポスト、枠出し、篭出し、棚牛、笈牛、菱牛、川倉、（3）木工沈床、改良沈床、合掌枠、ケレップ、杭打ち上置き工、杖（杭）出、などがあり、一般的にはこの順序で急流河川から緩流河川に使用されている。これらの工種は、杭としての抵抗によるものと水制自体の自重により流水に抵抗するものとに大別されるが、緩流河川では杭出水制が多く用いられ、急流河川では水制の強度の面から、また、河床材料の粒度が大きくなって杭打が不可能になることから、河床上に設置して自重で流水に抵抗するようなブロック水制あるいは聖牛が多く用いられる。

流速減少を目的とする水制工の構造は、①水制の高さは低い、②透過性あるいは水深に比べて低い不透過性水制、③杭工などが主で軽い工作物、

④数本あるいは数十本が並置され、それが全体として作用する、などが選ばれる。一方、水はねを目的とするものは、①水制の高さは高い、②半透過性または不透過性、③土石、コンクリートなどが主で容量が大きく重い構造物、④単独あるいは少数並置される、などの構造が選ばれる。

なお、水制工が生態系の保全・創出に役立つ機能としては、①水の流れに変化を与えることにより、水中生物に多様な環境を作る、②洪水時の魚の避難空間を形成する、③河岸を自然河岸と同じような環境にできる、などが挙げられる。

関連用語 渓岸構造物、渓岸浸食、流送土砂、縦浸食、航路維持、河川環境、根固水制工、渓床勾配、透過水制、不透過水制、越流水制、非越流水制、急流河川、緩流河川

82. スネルの法則

スネルの法則は、光や波動の屈折に関する法則のことであり、波動が等方性の媒質から他の等方性の媒質に入射して屈折する場合に、入射面と屈折面は同一平面にあり、入射角をi、屈折角をrとすると$\sin i/\sin r = n$（一定）の関係にあるというものである。また、このnを、屈折側の媒質の入射側の媒質に対する屈折率と呼んでいる。波の屈折は、波速が水深によって変化するために生じる。

スネルの法則は、1621年にW. スネルによって提唱された法則である。

関連用語 波動、屈折、媒質、同一平面、屈折率

83. 正常流量（平水流量）

正常流量は、利水機能や環境面などさまざまな機能について年間を通して維持していくために必要な流量で、河川環境等に関する「維持流量」と河川水の利用に関する「水利流量」とを同時に満たす流量のことである。すなわち正常流量は、流水の正常な機能を維持させるために必要な流量といえる。

河川砂防技術基準では、正常流量を次のように定義している。『正常流量とは、舟運、漁業、観光、流水の清潔の保持、塩害の防止、河口の閉塞の防止、河川管理施設の保護、地下水位の維持、景観、動植物の生息・生育地の状況、人と河川との豊かな触れ合いの確保等を総合的に考慮して定められた流量（維持流量）及びそれが定められた地点より下流における流水の占用の

ために必要な流量（水利流量）の双方を満足する流量であって、適正な河川管理のために基準となる地点において定めるものをいう。なお、正常流量は必要に応じ、維持流量及び水利流量の年間の変動を考慮して期間区分を行い、その区分に応じて設定するものとする。』

関連用語　河川維持流量（*173*）、水利流量（*173*）、河川管理、期間区分

84. 堰

堰は、農業用水、工業用水、水道用水、あるいは水力発電などの用水の取り入れや、舟運の水深確保などのために、河川を横断して設けられるダム以外の施設で水をせき上げる工作物のことをいい、頭首工とも呼ばれる。堰のゲートを操作することによって、取水するための河川水位の調節や、洪水時に洪水を流すための調節を行うが、ゲートを閉めたときに堰は堤防の役割は果たさない。わが国では、ダムは堰の堤体高が15 m以上のものを指し、15 m未満のものを取水堰または堰と呼んでいる。

「河川管理施設等構造令」では、堰の構造の原則として『堰は、計画高水位（高潮区画にあつては、計画高潮位）以下の水位の流水の作用に対して安全な構造とするものとする。堰は、計画高水位以下の水位の洪水の流下を妨げず、付近の河岸及び河川管理施設の構造に著しい支障を及ぼさず、並びに堰に接続する河床及び高水敷の洗掘の防止について適切に配慮された構造とするものとする。』と定めている。また、流下断面との関係として『可動堰の可動部以外の部分（堰柱を除く）及び固定堰は、流下断面内に設けてはならない。』と定めている。

また、「河川砂防技術基準」では、『堰の計画湛水位は、原則として高水敷高より50 cm以上低くするとともに、堤内地盤高以下とする。ただし、盛土等適切な措置を講じた場合にはこの限りではない。』、『堰の建設により遡上・降下する魚類等への影響が懸念される場合には、魚道を設置するものとする。』としている。

関連用語　用水、水深確保、頭首工、ゲート、堤防、取水堰（*198*）、計画高水位（*184*）、可動堰、堰柱、流下断面、計画湛水位、高水敷（*188*）、堤内地盤高、魚道

85. せき上げ背水

等流の一部に堰を作って水位を高くすると、堰の上流側の水位が高くなるが、この現象をせき上げ背水または単に背水（バックウォーター）という。せき上げによってできる水面形（せき上げ背水曲線）は、堰またはダムの付近では水平に近いが、上流にさかのぼるにつれて本来の河川の流れ（等流水深）に漸近し、やがては等流水深線と同じになる。

関連用語 等流（*217*）、バックウォーター（*297*）、せき上げ背水曲線、等流水深（*217*）

86. 設計高潮位

設計高潮位は、港湾構造物あるいは海岸保全施設を設計するときに使う潮位で、天文潮及び状況によって気象潮、津波等による異常潮位の実測値または推算値に基づいて定めるものとしている。

設計潮位は、対象とする構造物が最も危険となる潮位をとることを原則としているため、高潮対策施設における天端高と安定計算の場合などのように、同じ構造物でも設計計算の目的によって異なる設計潮位を用いる場合がある。

高潮対策施設に対する設計高潮位の決め方には、1）既往最高潮位あるいはこれに余裕を見込んだ潮位、2）朔望平均満潮位に既往の最大潮位偏差、あるいはモデル高潮の潮位偏差を加えたもの、3）既往の異常潮位の生起確率曲線から、ある期間の間にそれより高い潮位の発生回数が1であるような潮位、4）異常潮位の生起確率と各潮位に対する背後地の被害額及び高潮対策建設費用から経済的に決める潮位、の4つの方法があるが、1）と2）の方法が広く採用されている。なお、2）の場合には、朔望平均満潮面の代わりに台風期朔望平均満潮面を採用してもよいとしている。

関連用語 天文潮、気象潮、異常潮位、高潮対策施設、既往最高潮位、朔望平均満潮位、モデル高潮、台風期朔望平均満潮面

87. 設計津波

設計津波は、技術基準対象施設を設置する地点において発生するものと想定される津波のうち、当該施設の設計供用期間中に発生する可能性が低く、かつ、当該施設に大きな影響を及ぼすものをいう。

設計津波は、痕跡高や歴史記録・文献等の調査で判明した過去の津波の実

4 河川、砂防及び海岸・海洋

績と、必要に応じて行うシミュレーションに基づくデータを用いて、一定頻度（数十年から百数十年に一度程度）で発生する津波（レベル1津波）の高さを想定し、その高さを基準として、海岸管理者が堤防の設計を行うものとしている。

関連用語　レベル1津波、海岸管理者

88. 浅水変形

平行等深線海岸に波が直角に入射して、水深が波長のほぼ1/2以下の浅い水域に入ってくると、波動運動が海底面に制約されて、波長が短く、波速が遅くなり、波高も変化する。このような屈折や回折、反射、減衰などを伴わないで水深変化のみにより波高や波長などが変化する現象を浅水変形と呼んでいる。浅水変形によって波の周期は変わらない。

沖での波高を H_0 としたとき、$K_s = H / H_0$ の値を浅水係数といい、これは波高の増減の具合を示すものである。屈折による波高変化は、屈折係数と浅水係数の積で表される。

関連用語　平行等深線海岸、波動運動、波長、波速、波高、屈折、回折、反射、減衰、浅水係数、屈折係数

89. 選択取水設備

選択取水設備は、表層取水と底層取水が可能な設備であり、ダムへの流入量や流入水の濁度、および貯水池内の濁度、水温の分布状況に応じて適切な運用を行って、ダムの下流河川への影響を少なくしようとするものである。

一般にダム湖などの水は表層、中層、下層ではそれぞれ温度や濁度などが異なる。そのために、取水する高さを変え、深さにより異なる性質の水を目的に応じて取る必要があり、これを選択取水と呼んでいる。選択取水によって農業用水などの冷水対策に対しては、水面付近の温水を取水し、濁水対策に対しては、清水の層から放流を行うなどで対処することができる。また富栄養化などの水質問題への対応にも利用することがある。

さらに、洪水時にダムや貯水池に濁水が貯留され、洪水後徐々に放水されることによって、下流河川の濁りが長期化する現象（濁水長期化現象）が生じることがあるが、この濁水長期化現象を防ぐために、選択取水設備が利用されることがある。なお、このような水温変化や濁水長期化は、川の流入水

による自浄作用効果が現れにくい貯水量に比べて流入量の少ないダムや貯水池において生じやすい現象である。

関連用語 選択取水、冷水対策、濁水対策、水質問題、濁水長期化現象、自浄作用効果

90. 層流／乱流

液体の流れには、層流と乱流という2つの状態がある。

層流は、流体が規則正しく流線上を運動している流れをいう。乱流は、うずが生じて流体が不規則に運動している乱れた流れをいう。層流と乱流を分けるレイノルズ数を、臨界レイノルズ数という。流速や流れの規模が大きくなると、流れは層流から乱流に変わる。

関連用語 レイノルズ数（*241*）、臨界レイノルズ数

91. 掃流（力）

掃流は、掃いたように流そうとする水の力によって、河床にある土砂や礫等が、河床に接しながら滑動や跳躍、あるいは転がりながら輸送されることをいう。また、この土砂や礫などの移動物質を押し流す力（流路底面に働くせん断力）のことを掃流力といい、河床勾配や水深が大きくなるほど大きくなる。

また、掃流力の変化に伴ってできる波動は小規模河床波といい、水深や流速の変化によりその形態が遷移する。

掃流力は次の式によって表される。

$$\tau_0 = \rho \cdot g \cdot R \cdot i$$

（τ_0：掃流力、ρ：水の密度、g：重力加速度、R：径深、i：河床勾配またはエネルギー勾配）

エネルギー勾配iは摩擦勾配と等しく次式で表される。

$$i = \frac{n^2 v^2}{R^{4/3}}$$

また、せん断力（掃流力）の式において、水深に比べて流路幅が十分に広いときは、流れは二次元流とみなすことができるため、$R = h$（水深）として計算する。したがって、河床に働くせん断力は、水深に比例するということがいえる。そして流れの中に静止している粒子が流水から受ける抵抗は、物体の影響のない点の流速の2乗に比例するといえる。

掃流力がしだいに増加し、河床に静止していた土砂や礫等が移動を始める

限界の掃流力を限界掃流力という。限界掃流力の強さは、河床砂礫の大きさや比重などによって決まるものであり、河床の土砂の移動限界掃流力τ_{*c}は、

$$\tau_{*c} = f\left(\mathrm{Re}_*\right) \qquad \mathrm{Re}_* = \frac{u_* d}{\nu}$$

という式で与えられる。なお、ここでu_*は摩擦速度（$=\sqrt{\frac{\tau_0}{\rho}}$）、$d$は河床材料の粒径、$\nu$は水の動粘性係数である。また$\mathrm{Re}_*$は、砂流レイノルズ数と呼ばれている。

なお、流れが河床構成材料に及ぼす掃流力と抵抗力の比を無次元掃流力と呼び、この値が大きいほど河床構成材料は移動しやすいといえる。

関連用語 小規模河床波、径深、エネルギー勾配、二次元流、限界掃流力、摩擦速度、土石流対策ダム（*221*）

92. 掃流砂／浮遊砂

河川や海岸における底質移動、すなわち流水による土砂の移動は流砂と総称され、その移動形式から掃流砂および浮遊砂（浮流砂）の2つに大別される。

掃流砂は、河川の流水によって流路床上を回転したり飛び跳ねたりして河床付近を移動する粒径が大きく比較的重量のある砂礫のことである。河川の湾曲部では、砂粒子に作用する重力と流体力の比が、大きい粒形の砂礫ほど大きいため、大きい粒形の砂礫が河床高の低い外岸側へ、細粒径の砂が断面内の二次流の影響によって内岸側に輸送されやすい。

一方、浮遊砂は、河川の流れが持つ拡散作用によって浮遊状態で移動し、河床材料と交換しつつ輸送される土砂のことである。河床材料を構成する土砂（ベッドマテリアルロード）である浮流砂と、河床材料と無関係に上流より浮遊流下していくウォッシュロードを合わせて浮遊砂と呼んでいる。浮遊砂は、粒形が小さく拡散しやすいために水の乱れの影響を顕著に受け、底面付近から水面まで幅広く分布する。また、浮遊砂は、水の濁りに大きく関係すると同時に、ひとたび流水中に取り込まれれば長い距離を流下しやすい。

関連用語 底質、流砂、浮流砂、二次流、ベッドマテリアルロード（*234*）、ウォッシュロード（*165*）

93. 堆砂容量

多目的ダムの堆砂容量は、原則として100年間に溜まる推定堆砂量によることとしている。堆砂形状は通常、傾斜形状を呈するが、ダムの構造設計に用いる堆砂位は、ダムの堤体の安定計算において安全側となるよう、水平に堆砂するとした標高としている。

関連用語 堆砂位

94. 高潮による水位上昇

高潮は、台風や発達した低気圧が通過するときに、海面（潮位）が異常に高くなる現象をいう。高潮発生の主な要因は「吸い上げ効果」と「吹き寄せ効果」の2つが挙げられるが、これら以外にも高潮を発達させる要因として、1）波浪による海面上昇、2）台風に伴う高波の発生、3）港内などにおける海面の副振動現象、4）天文潮における満潮、などがある。

吸い上げ効果は、台風や低気圧の中心では気圧が周辺より低いため、気圧の高い周辺の空気は海水を押し下げ、中心付近の空気が海水を吸い上げるようになって、海面が上昇する効果である。気圧が1 hPa下がると、吸い上げ効果により潮位は約1 cm上昇すると言われている。

吹き寄せ効果は、台風や低気圧に伴う強い風が沖から海岸に向かって吹くと海水は海岸に吹き寄せられて、海岸付近の海面が上昇する効果である。吹き寄せによる海面の上昇は、風速の二乗にある定数を掛けた大きさになるが、日本の湾について求められているこの定数の大きさは、湾の形や深さなどによって異なり、概ね0.15～0.2の値になっている。また、吹き寄せによる海面上昇は、V字形の湾の場合は奥ほど狭まる地形が海面上昇を助長させるように働き、湾の奥ではさらに海面が高くなる。さらに、湾の中でも水深が低い遠浅の湾のほうが吹き寄せ効果は高くなる。

高潮の影響を受ける区間の堤防ののり面、小段、天端は、必要に応じてコンクリートその他これに類するもので被覆するものとしている。また、高潮の影響を受ける区間の堤防の設計は、水圧、土圧、波圧に対しても安全な構造となるよう設計する。

関連用語 吸い上げ効果、吹き寄せ効果、波浪（*264*）、高波、海面の副振動現象、満潮、堤防

95. ダム貯水池の堆砂位

ダム貯水池に形成される堆砂のデルタでは、上流に粒径の粗い掃流砂が堆積し、下流（ダム堤体の近く）には粒径の細かい浮遊砂が堆積する。また、ダム貯水池における堆砂量は、上流域からの流出土砂量と貯水池の捕捉率によって定まる。

ダムの構造設計に用いる堆砂位は、貯水池流域の地形、地質、気象、水文状況等により貯水池の比堆砂量を推定し、これを基にして求めた概ね100年間の堆砂量より定められる。

ダム貯水池の堆砂面形状については、河川および貯水池の形状、流入土砂の粒度特性、貯水池の年間変動形態、洪水規模と頻度、堆砂の進行状況などに影響され、通常、傾斜形状を呈するが、ダム堤体の安定計算においては安全側となるよう考慮して、水平堆砂としている。

関連用語　堆砂のデルタ、掃流砂（*208*）、浮遊砂（*208*）、流出土砂量、貯水池の捕捉率、比堆砂量、水平堆砂

96. ダムの貯水位

ダムの貯水位の考え方で、洪水調節と利水との競合関係を調節するダム運用方式の代表的なものとしては、オールサーチャージ方式と制限水位方式がある。

オールサーチャージ方式は、年間を通じて洪水調節容量を一定量確保するというもので、比較的小さい集水面積を持つダムで採用されることが多い。この方式は、貯水池の水位変動が少ないことから、裸地面積が制限水位方式と比較して少なく、景観や自然環境面で有利であることや、放流設備の操作頻度が少なく、管理が容易で安全確実であるなどの利点はあるが、ダムの規模を大きくする必要があり、経済的に有利とはいえないものである。

一方、制限水位方式は、1年のうち梅雨時期から台風シーズンを含む秋までの洪水発生が予想される時期においては、常時満水位よりも水位を低めに設定するという方式のことをいう。

オールサーチャージ方式と制限水位方式の他には、洪水が予測される場合に水位を下げて治水容量を確保するという予備放流方式がある。

関連用語　オールサーチャージ方式、制限水位方式、予備放流方式

97. タンクモデル法

タンクモデル法は、流域の側面にいくつかの流出孔をもつ容器で置き換えて考える流出計算法をいう。

雨はタンクモデルの最上段の容器に注入され、2段目以下の容器は、1段上にある容器の底面の孔から水を受ける形になる。また各容器内の水は、一部は側面の孔から外部に流出し、この流出の和が河川の流量になるというものである。

タンクモデルは、洪水解析と低水解析の両方に用いられるが、一般に洪水用タンクモデルは2～3段、低水用タンクモデルは3～4段のタンクから構成される。そして洪水用タンクモデルでは1段目のタンクは半減期1～6時間程度の成分を考え、2段目は6～24時間程度、3段目は1～2日程度の成分を対象として構成する。一方、日流量解析用タンクモデルでは1段目の半減期が1～2日程度、2段目が1週間程度、3段目が1カ月程度、4段目が1年程度の流出成分を対象としている。

関連用語 洪水解析、低水解析、貯留関数法（*213*）、合理式法（*191*）、流出解析（*238*）

98. 地下水排除工

地下水排除工は、地すべり防止工における抑制工の1つで、地すべり地域内に流入する地下水および地域内にある地下水を排除することによって、地すべり土塊内部の間隙水圧を低下させるための工法をいう。地下水排除工は、浅層地下水排除工と深層地下水排除工とに大別される。

浅層地下水排除工には、1）浅層部に分布する地下水を排除し、降水による浸透水を速やかに排除するための暗渠工、2）地表の凹部に計画する、暗渠工と地表排水路工とを組み合わせた構造の明暗渠工、3）明暗渠工により地下水の排除が期待できない場合に計画する横ボーリング工、などがある。

深層地下水排除工には、1）地すべり部の深部に存在する地下水を排除する場合に、帯水層に向けて計画する横ボーリング工、2）深い位置で集中的に地下水を集水しようとする場合や、横ボーリングの延長が長くなりすぎる場合に計画する集水井工、3）地すべりの移動層厚が大きく、横ボーリング工や集水井工では効果が得られにくい場合に計画する排水トンネル工、などがある。

関連用語 地すべり防止工（*195*）、抑制工、浅層地下水排除工、深層地下水排除工、

暗渠工、明暗渠工、横ボーリング工、集水井工、排水トンネル工

99. 地表水排除工

地表水排除工は、地すべり防止工における抑制工の1つで、降雨の浸透や湧水、沼、水路等からの再浸透によって地すべりが誘発されるのを防止するための工法をいう。

地表水排除工には、1) 地すべり地域内の降水を速やかに集水して排除するため、また地域外からの流入水を排除するための水路工（集水路工、排水路工)、2) 地表水の地中への浸透を防止するために亀裂の発生箇所に対して粘土やセメントの充填、あるいはビニールなどによる被覆等を行う浸透防止工、などがある。

関連用語　地すべり防止工（*195*)、抑制工、水路工、浸透防止工

100. 超過確率年

降雨の超過確率年とは、過去の年最大日降雨量をもとに年確率降雨量を超える降雨になる確率（閾値を超過する確率）で、年超過確率の逆数をいう。

『河川砂防技術基準（案）計画編』では、「計画の規模は、一般には計画降雨の降雨量の年超過確率で評価するものとし、その決定にあたっては、河川の重要度を重視するとともに、既往洪水による被害の実態、経済効果等を総合的に考慮して定めるものとする」としている。

河川の重要度は、一級河川の主要区間ではＡ級（超過確率年200以上）～Ｂ級（超過確率年100～200)、一級河川のその他の区間及び二級河川においては、都市河川はＣ級（超過確率年50～100)、一般河川は重要度に応じてＤ級（超過確率年10～50）あるいはＥ級（超過確率年10以下）が採用されている例が多い。

関連用語　年最大日降雨量、年確率降雨量、年超過確率

101. 跳水現象

跳水現象は、開水路の水の流れが、射流から常流に変化するところに生じる激しい渦を伴う乱れた流れの状態をいう。

流れが限界水深より深く、流れが緩やかな常流から浅く速い流れの射流に移るとき、流れは徐々に変化していくことができるが、射流から常流に移る

ときには徐々に変化することができず、跳水現象（不連続的な変化）を生じる。

関連用語 開水路、射流（*200*）、常流（*200*）、限界水深（*217*）

102. 調節池

調節池は、洪水調節機能として大雨時に一時的に雨水をためることができる池をいう。洪水時には増えた水が調節池と河川の間にある、囲繞堤の一部の越流堤を越えて流れ込み、調節池に貯留することにより、本川の高水流量に影響を与えないように流量を調節し、川の水がひいて安全になった時点で、調節池にためられていた水は排水門から川に戻される。

調節池の調節施設計画にあたっては、調節の目的を考慮した越流堤の高さと長さ、ならびに曲がりや不整形断面のない河道について考慮する必要がある。

関連用語 洪水調節機能、囲繞堤、越流堤（*166*）、高水流量、河道、遊水池（*235*）

103. 直立堤（直立型堤防）

直立堤（直立型堤防）は、海岸保全施設としての堤防の型式の1つで、勾配が1:1未満の壁体を海底に据えた構造のものをいう。直立堤は、主として波のエネルギーを沖側に反射させることによって港内の静穏性を保つもので、1）基礎地盤が比較的堅固な場合、2）堤防・護岸用地が容易に得られない場合、3）水利的条件や、既設構造物との接続の関係から直立型が望ましい場合、などに用いられる。

なお、直立壁体の安定性の検討において、直立壁に作用する最大波力及びそのときの揚圧力は、一般的に合田式で算定している。

海岸堤防のうち直立型以外には、傾斜型、緩傾斜型、混成型がある。

関連用語 合田式、傾斜型堤防（*187*）、緩傾斜型堤防（*179*）、混成型堤防（*192*）

104. 貯留関数法

貯留関数法は、非線形モデルではあるが降雨流出現象の非線形特性を比較的単純な構造式で表現するために、貯留量と流出量との間に関数（一価の貯留関数）を仮定して、貯流量を媒介関数として降雨量から流出量を求めようとする方法である。貯留関数法における計算過程では、有効雨量の考え方、すなわち流出係数fが導入される。流出係数fは、流域面積Aに掛かる係数であるとされ、降雨初期には$f=f_1$（一次流出率）としてf_1Aの面積（流出域）のみで流出が発生し、累加雨量が飽和雨量を超えると$f=f_{sa}=1.0$となって、残りの（$1-f_1$）Aの面積（流出域）でも飽和雨量以上の降雨によって流出が発生するとしている。

貯留関数法では、流域が大きすぎると流域内の地形や地質に相違が生じたり、河道が長くなることによる河道流下の影響が現れて、流域の貯留関数に無理が生じるために、対象流域は通常10～1,000 km^{2}程度の範囲を限度として、部分流域に分割して計算する。

貯留関数法は、洪水逐次予測に要求される計算の簡便さと迅速さを兼ね備えていることから、河川流域の洪水流出解析に広く利用されている。

関連用語　一価の貯留関数、有効雨量（*235*）、流出係数（*239*）、累加雨量、飽和雨量、部分流域、洪水流出、タンクモデル法（*211*）、合理式法（*191*）、流出解析（*238*）

105. 津波

津波は、海底の変動によって発生する一連の波を指し、海底の断層の変動（地震）や海底火山の噴火、大規模な土砂崩壊などが原因で起こる。津波は、発生、伝播、浸水の3つの段階に分けられ、その破壊性と伝播スピードの速さが特徴である。

波長が数十kmから数百kmと非常に長い津波は、水深数千mの沖合でも十分に浅く、浅海波としての性質を示す。この場合、水深数千mの海洋を伝わる波を浅海波とはいいにくいので、長波ということが多い。また周期は、東海地震では概ね5分から15分程度と推定されている。津波の速度は、海底までの水深や海岸線の地形に影響を受ける。また、津波の速さは次の式のとおりであり、水深が深いほど速くなる。

$$\text{津波の速さ（m／秒）}=\sqrt{g\times h}=\sqrt{9.8\ \text{m／秒}^2\times\text{水深（m）}}$$

関連用語　地震、海底火山の噴火、大規模な土砂崩壊、破壊性、伝播スピード、波長、深海波／浅海波（*201*）、長波、周期、速さ

106. 定常流

定常流は、流量に時間的な変化がなく一定の流れの状態をいう。すなわち、定常流では流体の流速、圧力、密度などの物理量は時間によらず一定になる。

関連用語 流量、非定常流

107. 低水流出計算

低水流出計算は、降雨量から河川の流出量を計算する流出計算の中で、降雨による流出ハイドログラフのうち、長期流出成分を主体に計算するものをいう。

低水流出の計算法は、降雨時の直接流出の計算に加えて、浸透、蒸発散、地下水の浸出、積雪地域における融雪流出などの定量的な把握が困難な要素の影響を強く受けるため、原則としてタンクモデル法を用いる。

関連用語 ハイドログラフ、長期流出成分、タンクモデル法（*211*）、洪水流出計算

108. T.P.（東京湾平均海面：旧東京湾中等潮位）

T.P.（東京湾平均海面）はTokyo Peilの略で、土地の標高の基準のことをいう。東京湾平均海面は、隅田川河口の霊岸島量水標で観測した結果から求めた平均潮位をT.P.±0と定め、それを絶対的に固定するため確固不動の固定点に標示したものが水準原点であり、わが国の水準測点の原点としている。

T.P.以外に水準基準としているものに、Y.P.あるいはA.P.等があり、これらはそれぞれの河川にあわせた基準を示している。Y.P.はYedogawa Peilの略で、江戸川・利根川などの水位を測るときの基準となる水面の高さで、A.P.はArakawa Peilの略で、隅田川河口の霊岸島量水標の零位を指し、荒川水系の水準基準になっている。

関連用語 平均潮位、水準原点、Y.P.、A.P.

109. （河川）堤防の種類

河川堤防は、河川の流水のはん濫を防ぐ目的で造られる河川構造物で、一般には両岸に築造される。

堤防は造られる位置や目的、機能、規模、形状等によって次のような種類がある。

1. 本堤：流水が河川外に流出するのを防ぐことを主目的とし、流路に沿って設ける堤防をいう。
2. 控え堤：本堤の内側に、本堤の破堤に備えて設けられている堤防をいう。副堤ともいう。

3. 連続堤：水流に沿って連続して造られる堤防をいう。
4. 輪中堤：ある区域を洪水から守るために区域の周囲をめぐらして造られる堤防をいう。
5. 霞堤：上流側を堤外地（流れ側）に下流側を堤内地に向けて、それぞれの側を地形に応じ少し延長して、重複して造る不連続な堤防をいう。不連続堤ともいう。急流河川では、背後地の状況および上下流の河状に応じてできるだけ霞堤を配置する。
6. 背割堤：2つの河川の勾配や水面差による悪影響を調節するために、合流点の堤防を河道に延長し、合流点を下流に下げる堤防をいう。
7. 導流堤：水位の異なる河川や海または湖に注ぐ場合、流れを整えて水流を導く目的で設けられる堤防をいう。突堤または導水堤ともいう。
8. 越流堤：洪水調節を主な目的として堤防の一部を低く造り、洪水時に流水を堤内地に計画的に越流させる堤防をいう。
9. 横堤：河川の堤外地が広く、出水時に遊水池としての利用度が高いとき、洪水の流速を下げて流路を固定させる目的で、本堤から河心方向にほぼ直角に設ける堤防をいう。
10. 山付堤：ある特定の地域の洪水防止のため堤防を高地へつなぎ、谷を締め切った形に造られた堤防をいう。

関連用語　本堤、控え堤、連続堤、輪中堤、霞堤、背割堤、導流堤、越流堤（*166*）、横堤、山付堤

110. 動水勾配線

動水勾配線は、位置水頭と圧力水頭を足したものを流下方向に連ねた線（マノメータの水面を結んだもの、開水路の水面勾配）をいう。全水頭から速度水頭を除いた、位置水頭と圧力水頭の和のことをピエゾ水頭と呼ぶことから、動水勾配線はピエゾ水頭を連ねた等ポテンシャル線と言い換えることができる。

なお動水勾配（動水傾度）とは、水が流れる方向の単位距離あたりの水圧（正確には水頭）の差をいい、開水路の場合に水圧が静水圧分布であるとすると、水面勾配が動水勾配に等しくなる。水は、水圧の高い方から低い方へ移動するので、水圧の高さが同じところを結んだ等水圧線に対して垂直の方向が動水勾配の方向となる。したがって、単一管路の定常流において動水勾

配は、実際の管路の傾きとは無関係である。管路の一部が動水勾配線の上に出る場合、この点での圧力は大気圧以下となる。また、流れ方向に管路の断面が一様なときは、エネルギー線と動水勾配線は平行となる。

有効応力がゼロになるときの動水勾配を、限界動水勾配と呼んでいる。

関連用語 水頭（*28*）、位置水頭、圧力水頭（*6*）、全水頭、速度水頭、ピエゾ水頭、動水勾配、エネルギー線、限界動水勾配（*20*）

111. 等流／不等流

等流は、流速が時間と関係なく一定である定常流のうち、流れの状態が場所によって変化しない流れをいう。等流には、水深および流速が一定で、水面勾配・エネルギー勾配・河床勾配がすべて同じという特徴がある。また不等流は、場所によって速さや深さが変化する流れをいう。

断面形および勾配が縦断的に不変と考えられる水路に時間的に一定と考えられる流量が流れる場合には、原則として等流計算により水理量を求める。等流計算では、流速、粗度係数、径深（あるいは水深）および水面勾配（あるいは河床勾配）のうち3つの量が既知の場合、残る1つの値を計算することができる。

断面形および勾配が縦断的に変化する水路に時間的に一定と考えられる流量が流れる場合には、原則として不等流計算により水理量を求める。不等流計算には、数値解法と図式解法とがあり、不等流計算に必要な境界条件は、常流にあってはその下流端水位（河口潮位、$H\sim Q$曲線潮位、支配断面水位など）、射流では上流の支配断面水位がある。

なお、洪水流や感潮河川の流れなどのように、流量が時間的に変化する流れは不定流といい、このような流れの解析には不定流計算が使用される。

関連用語 エネルギー勾配、等流計算、流速、粗度係数、径深、水面勾配、不等流計算、数値解法、図式解法、常流（*200*）、$H\sim Q$曲線潮位、支配断面水位、射流（*200*）、不定流、不定流計算

112. 等流水深／限界水深

勾配と断面が一様な水路において、流下距離が十分長くなると、水深が一定（水面と水路床が平行）な状態になる。このような状態を等流状態といい、この流れを等流、このような平衡状態に達した水深を等流水深と呼んでいる。

等流水深は、Manning公式を満足する水深である。

一方、限界水深は、流量が一定のときに比エネルギーを最小にする水深のことである。すなわち限界水深は、最も効率的に流れる水深と言い換えることができる。水深が限界水深より大きい場合は常流となり、小さい場合は射流となる。射流は下流側の影響が上流に伝わることはないので、水面形は上流側の境界条件に支配されて決まる。そのため、射流の漸変流計算の境界条件は、上流側で与えられる。

等流水深は流量、断面形、水路勾配及び粗度係数によって求められる。限界水深は水路勾配によらないが、等流水深は水路勾配が大きいほど減少する。

等流水深と限界水深が等しくなる勾配を限界勾配という。限界勾配より緩い勾配の水路においては、等流水深は限界水深よりも大きく、限界勾配より急な勾配の水路においては、射流の水面形は下流側で等流水深に漸近する。なお、限界水深が等流水深よりも大きい水路を急勾配水路といい、限界水深が等流水深よりも小さい水路を緩勾配水路と呼んでいる。

関連用語 等流状態、等流（*217*）、Manning公式、比エネルギー、常流（*200*）、射流（*200*）、漸変流計算、粗度係数、限界勾配（*187*）、急勾配水路、緩勾配水路

113. 導流工

導流工は、土石流などがはん濫して保全対象を直撃することがないよう、土石流などを安全に下流域に導流する施設である。

土石流などは保全対象の上流側において捕捉・堆積することが原則であるが、地形条件などによってそれによりにくく、下流域に安全に土石流を堆積させることができる空間がある場合に導流工を計画する。導流工は、原則として掘込み方式とし、土石流などの捕捉のための砂防えん堤または遊砂地工を設けた後、それらの下流に接続して土石流などを安全に堆積させることができる空間に誘導するように計画する。導流工の計画にあたっては、流出土砂の粒径などを十分に検討し、導流工内で堆積が生じて越流やはん濫が起こらないようにしなければならない。

現地の条件により掘込み方式とすることが困難な場合には、土石流などの流向を制御し安全に下流域に導流するために、導流堤を設置することができる。なお、計画の土石流が上流側で十分処理される場合には、通常の渓流保

全工を計画する。

関連用語 掘込み方式、砂防えん堤（*194*）、遊砂地工、導流堤、渓流保全工

114. 床固工（床止め）

床固工（床止め）は、縦浸食を防止して河床の安定を図り、河床堆積物の流出を防止し、山脚を固定するとともに、護岸等の構造物の基礎を保護することを目的に、河川を横断して設けられる工作物をいう。床固工には上下流に落差を生じさせるものと、生じさせないものがあり、前者を落差工、後者を帯工という。

床固工は、河川を横断して設けられる一種の固定堰であるが、その高さは通常の場合5 m以下とし、水叩きおよび垂直壁を設けるときも落差は3.5～4.5 mが限度である。

関連用語 山脚、落差工、帯工（*167*）、水叩き、垂直壁、流路工（*240*）

115. 土砂災害警戒区域／土砂災害特別警戒区域

土砂災害防止法第7条では、土砂災害警戒区域について「都道府県知事は、基本指針に基づき、急傾斜地の崩壊等が発生した場合には住民等の生命又は身体に危害が生ずるおそれがあると認められる土地の区域で、当該区域における土砂災害（河道閉塞による湛水を発生原因とするものを除く。）を防止するために警戒避難体制を特に整備すべき土地の区域として政令で定める基準に該当するものを、土砂災害警戒区域（以下「警戒区域」という。）として指定することができる。」と定めている。

また、土砂災害防止法第9条では、土砂災害特別警戒区域について「都道府県知事は、基本指針に基づき、警戒区域のうち、急傾斜地の崩壊等が発生した場合には建築物に損壊が生じ住民等の生命又は身体に著しい危害が生ずるおそれがあると認められる土地の区域で、一定の開発行為の制限及び居室（建築基準法（昭和二十五年法律第二百一号）第二条第四号に規定する居室をいう。）を有する建築物の構造の規制をすべき土地の区域として政令で定める基準に該当するものを、土砂災害特別警戒区域（以下「特別警戒区域」という。）として指定することができる。」と定めている。

関連用語 土砂災害防止法、急傾斜地（*182*）

116. 土砂処理計画

土砂処理計画は、計画基準点等において、土砂処理の対象となる、計画流出土砂量から計画許容流出土砂量を差し引いた土砂量について、合理的かつ効果的に処理するために策定するものである。

土砂処理計画は、土砂生産抑制計画及び土砂流送制御計画からなり、これらの計画はいずれも相互に関連するものである。

関連用語　砂防基本計画（*193*）、水系砂防計画、土砂生産抑制計画（*220*）、土砂流送制御計画（*220*）

117. 土砂生産抑制計画

土砂生産抑制計画は、降雨等による山腹の崩壊、地すべり、渓床・渓岸の侵食等を砂防設備で抑制することによって、土砂生産域の荒廃を復旧するとともに、新規荒廃の発生を防止し、有害な土砂の生産を抑制するための計画である。

計画の策定にあたっては、土砂生産域の状況、土砂の生産形態、土砂の流出形態、保全対象等を考慮し、計画生産抑制土砂量を山腹工、砂防えん堤等に合理的に配分するものとしている。

関連用語　砂防基本計画（*193*）、水系砂防計画、土砂処理計画（*220*）、土砂流送制御計画（*220*）、計画生産抑制土砂量、山腹工（*195*）、砂防えん堤（*194*）

118. 土砂流送制御計画

土砂流送制御計画は、捕捉・調節機能等を有する砂防設備によって有害な土砂の流出を制御し、無害であり、かつ下流が必要としている土砂を安全に流下させるための計画である。

計画の策定にあたっては、土砂の流出形態、土砂量・粒径、保全対象、地形、河床勾配、河道等の現況等を考慮して、計画流出抑制土砂量、計画流出調節土砂量を砂防えん堤等に合理的に配分するものとしている。

関連用語　砂防基本計画（*193*）、水系砂防計画、土砂処理計画（*220*）、土砂生産抑制計画（*220*）、計画流出抑制土砂量、計画流出調節土砂量、砂防えん堤（*194*）

119. 土石流

土石流は、長雨や集中豪雨などによって山腹、川底の石や土砂が川の水とともに一気に下流へと押し流されるものをいう。土石流は微地形に従わず直進したり、流路屈曲部の外湾側に盛り上がったりして流動する。土石流の速度は、渓床勾配や土石流規模にも強く影響を受けるが、石礫型では3～10 m/s程度、泥流型では20 m/sに達する場合もある。

土石流には、活火山の山麓で火山灰の降下堆積により、雨水の浸透が妨げられることによって発生するものと、融雪、豪雨による渓床の浸食、山腹崩壊、地すべりをきっかけとして発生するものがある。また、地震に伴って発生する崩壊が土石流を発生させることもある。土石流の発生形態には、渓床上に堆積していた土砂礫に水が供給されて流動化するものの他に、山腹崩壊土砂が斜面上を滑動する間にその構造が壊れて水と混合されて流動化するものがある。土石流中には種々の大きさの砂礫や岩塊が混じっているが、細粒分は狭いすき間でもすり抜けて落ちていくため、大きい岩や礫は表面に押し上げられる。また土石流は、先頭部が段波状を呈し巨礫や流木が集まって流下することが多く、礫の最大のものは直径数mに達する場合があるとともに、先端部に続く後続流は土砂濃度が低下する。

土石流が発生するのは0.2～0.4 km^2またはそれ以下の流域がほとんどで、数千から5万 m^3程度の流出土砂量が多い。土石流が発生した渓流の調査から、土石流は勾配が20°程度以上の渓床、山腹に発生し、多くは3°から10°の区間に停止、堆積している。そのために、山間地の小扇状地は、土石流によって形成されているものが多いので、扇頂部の勾配は10°程度であることが多い。

土石流の発生するタイミングは、累積雨量や降雨強度との相関が必ずしも明瞭ではない。

関連用語 発生形態、土砂濃度、流域、流出土砂量、勾配、累積雨量、降雨強度

120. 土石流対策ダム

土石流対策ダムは、土石流を抑止あるいは抑制することを目的とする砂防ダムをいう。土石流の抑止のためには、計画土石流の30%以上を堆砂できるように1基あたりのダムの規模を定める。また、土石流の緩和のためには、土砂の流出形態を土石流の形態から掃流状態に変化させるように、位置、高

さ、形状、数などを定める。土石流を掃流状態に変化させるためには、渓床勾配1/30以下、かつ上流流下区域の勾配との比が1/2以下、渓床幅を3倍以上とする。

土石流対策ダムには、不透過型とスリットまたはスクリーンなどの透過型がある。砂防ダムでは、必要に応じ除石を行いダムの空容量を確保する。

関連用語　砂防ダム（*194*）、掃流状態

121. 突堤

突堤は、導流堤ならびに防砂堤の総称をいう。

海岸保全施設としての突堤は、海岸から細長く突出して設けられるものであり、沿岸漂砂を制御することによって、汀線の維持あるいは前進を目的とした構造物である。突堤は、透過型と不透過型に大別できるが、突堤の透過性は沿岸漂砂の制御効果に大きく影響するため、その特徴を踏まえたうえで選定を行う必要がある。捨ブロック式の透過堤は、かなりの漂砂が堤体を通過するため、安定した土砂供給があり、海浜を動的に安定させるような場合には有効であるが、土砂の供給が著しく減少している場合は侵食対策として適さない。

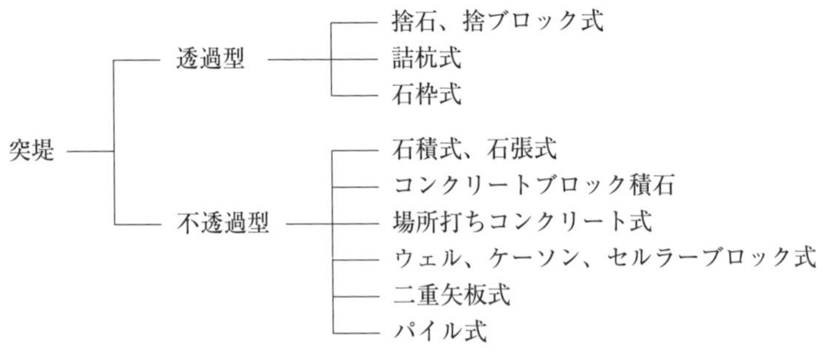

突堤の構造形式

突堤の横断面からの分類としては、1）斜面勾配が鉛直から1：1の直立型、2）斜面勾配が1：1よりゆるやかな傾斜型、3）直立型と傾斜型の組み合わせによる混成型、に分けられ、平面形状からの分類としては、沿岸漂砂のみの制御を考えている直線型、岸沖漂砂の制御も考えているT型、およびL型の3種類に分けられる。

関連用語 導流堤、防砂堤（*266*）、沿岸漂砂、透過型、不透過型、捨ブロック式、直立型、傾斜型、混成型、すべり破壊、パイピング破壊

122. ドレーン工

ドレーン工は、堤防の内部に浸透した水を速やかに排水するために、ドレーン部、フィルター部、堤脚水路で構成される、河川堤防の浸透対策の1つである。浸透対策の基本は、①降雨あるいは河川水を堤防に浸透させないこと、②浸透水は速やかに排水すること、③堤防、特に裏のり尻部の強度を増加させること、④堤防断面を拡幅し、浸透経路長を長くすること、の4つあるがこのうちドレーン工は、②および③を主眼とした強化工法である。

ドレーン工は、降雨あるいは河川水の浸透によって形成される堤体内浸潤面が、裏のり面に浸出することを抑制して堤体内浸潤面を低下させるとともに、堤体の一部をドレーン材料に置き換えることによるせん断強度の向上により、浸透に対する堤防の安全性を確保しようとするものである。なお、ドレーン工の効果が確実に期待できる堤体土質は、大部分が透水係数の大きい砂質土で構成される場合である。

河川堤防の浸透に対する安全性の照査は、のり面のすべり破壊と基礎地盤のパイピング破壊について行う。

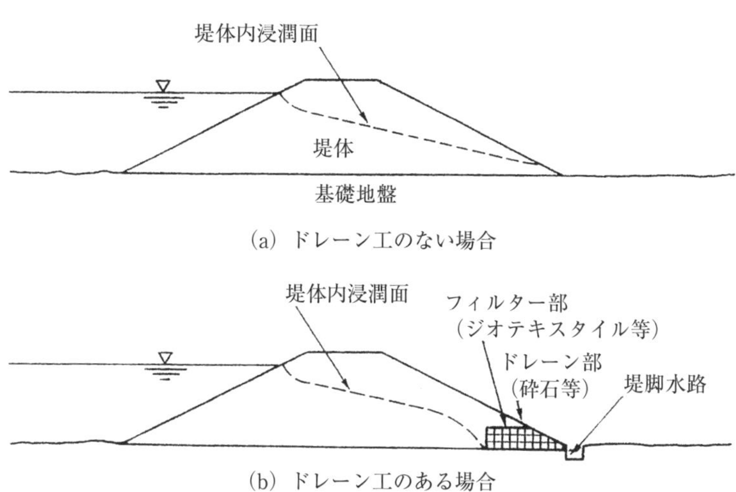

ドレーン工の構造とその効果

関連用語 ドレーン部、フィルター部、堤脚水路、浸透対策、堤体内浸潤面、すべり破壊、パイピング破壊

123. 内水はん濫

内水はん濫は、街や農地などの地域内に降る雨が、直接その場に滞留することによって生じる浸水をいう。

特に都市部では、地盤沈下による川への排水力低下、あるいは土地の保水力低下などによって、水路や下水道があふれて起こる内水はん濫（都市型洪水）の発生頻度が高くなっている。東海豪雨では、名古屋市内で新川の左岸堤防が破堤し、左岸域では新川の洪水が市街地に流入し、水深が2 mを超える甚大な水害が発生したが、破堤を免れた右岸域でも大規模な内水はん濫となり、1.5 mを超える深刻な浸水被害が発生した。

内水はん濫に対して、川のはん濫や堤防の決壊などの外からくる水によって引き起こされる洪水を外水はん濫という。

関連用語 都市型洪水、東海豪雨、外水はん濫

124. 波の回折現象

回折現象は、波などの波動が障害物の後方の部分に回り込むことをいう。防波堤や島などのような障害物が波の進行方向に存在する場合には、回折現象によって水深変化がなくとも波がその背後に回り込み、後面で波の合成が生じて後面が前面より波高が高まることがある。

関連用語 波動、障害物、波高

125. 波の反射率

半島や島などの地形や防波堤などの構造物がある場合は、波のエネルギーの一部が反射され、一部が伝達波として進行し、残りが砕波や渦のエネルギーとして消費される。反射の度合は、反射波の波高 H_R と入射波の波高 H_I との比、$K_R = H_R / H_I$ で表され、この比を反射率という。

反射率は種々の要素に支配され、一般には模型実験や現地観測によって推定される。

関連用語 伝達波、砕波、渦

126. 二級河川

二級河川は、一級河川として指定された水系以外の水系で、公共の利害に重要な関係があるものに係る河川で都道府県知事が指定した河川をいう。

二級河川の管理は、当該河川の存する都道府県を統轄する都道府県知事が行うが、二級河川のうち指定都市の区域内に存する部分であって、当該部分の存する都道府県を統括する都道府県知事が当該指定都市の長が管理することが適当であると認めて指定する区間の管理は、当該指定都市の長が行う。

二級河川について、河川法に基づき一級河川の指定があったときは、二級河川についての指定は効力を失う。そのため、一級水系の中に二級河川が存在することはない。

関連用語　一級河川（*164*）、河川法（*178*）

127. 根固工

根固工は、河床の洗掘が著しい場所において、護岸基礎工の前面の洗掘を防止するために設置する施設である。根固工は、自重と粗度により流水による護岸の基礎の洗掘を防止するもので、その構造は屈とう性のあるものでなければならない。根固工の材料は、コンクリートブロック、捨石等がある。

関連用語　洗掘、コンクリートブロック、捨石

128. 波圧（波力）算定式

防波堤などの海岸保全施設の直立壁に作用する波力の計算式には、いくつかの種類があり、適切な算定式により算定することとしている。

波力算定式の分類

<table>
<tr><th colspan="3">領　域</th><th colspan="3">算定式</th></tr>
<tr><td colspan="3">重複波領域
$h \geqq 2H_{1/3}$</td><td colspan="2">サンフルーの簡略式
黒田・石綿の部分砕波の波圧式</td><td rowspan="3">合田式</td></tr>
<tr><td rowspan="3">砕波領域
$h < 2H_{1/3}$</td><td colspan="2">砕波帯内</td><td colspan="2">広井式</td></tr>
<tr><td rowspan="2">汀線付近</td><td>汀線の海側</td><td></td><td>本間・堀川・長谷の式
富永・九津見の式</td></tr>
<tr><td>汀線の陸側</td><td colspan="3">富永・九津見の式</td></tr>
</table>

※$2H_{1/3}$：直立壁前面における水深 h での進行波の有義波高

直立壁に作用する波は、重複波と砕波の2つの形が考えられ、合田式はこの2つの形を区別することなく適用できるもので、重複波と砕波の領域の波圧が連続的に求められる。

なお、防波堤等の直立壁に作用する津波の波圧は、波状段波が発生しない場合で、かつ越流が発生していない場合には、谷本式で算定することができる。

関連用語 重複波、砕波、防波堤（*267*）、津波の波圧、波状段波、谷本式、合田式、サンフルーの式、広井式、有義波高

129. 排土工

排土工は、地すべり防止工における抑制工の1つで、地すべり頭部の土砂を排除することによって地すべり推力を低減する工法をいう。

排土工は最も確実な効果が期待できる工法であり、一般に中小規模の地すべり防止工として用いられるが、上方斜面の地すべりの規模が大きい場合や、上方斜面の潜在的な地すべりを誘発する可能性がある場合は適用できない。

排土工は、押え盛土工と併用すると効果的であるため、通常はこれらを組み合わせて施工する。

関連用語 地すべり防止工（*195*）、抑制工、押え盛土工（*167*）、地下水排除工（*211*）

130. 波形勾配

波形勾配は、波高Hと波長Lの比（H/L）であり、相対水深、相対波高とともに波の性質を表す指標の1つである。波形勾配は、波面の傾きの強さあるいは波形の険しさを表している。

一般に風を成因とする風浪は、周期が短い急峻な形であるため大きい波形勾配を持ち、風が弱くなったときに残るうねりや遠方から到達するうねりは、なだらかな形であるため小さい波形勾配を持つ。波形勾配が大きくなると、波形は上下が非対称になる。

関連用語 波高、波長、相対水深、相対波高

131. 橋の桁下高

橋の桁下高は、計画高水位に計画高水流量に応じた余裕高を加えた高さ以上とする。また高潮区間においては、計画高潮位以上とすることができる。ただし、流木などの多い河川において余裕高では、治水上支障があると判断される場合は、適宜桁下高を増高させる。

河川管理施設等構造令では、橋の桁下高について次のように規定している。

（桁下高等）

第六十四条　第四十一条第一項及び第四十二条の規定は、橋の桁下高について準用する。この場合において、これらの規定中「可動堰の可動部の引上げ式ゲートの最大引上げ時における下端の高さ」とあるのは、「橋の桁下高」と読み替えるものとする。

2　橋面（路面その他国土交通省令で定める橋の部分をいう。）の高さは、背水区間又は高潮区間においても、橋が横断する堤防（計画横断形が定められている場合において、計画堤防の高さが現状の堤防の高さより低く、かつ、治水上の支障がないと認められるとき、又は計画堤防の高さが現状の堤防の高さより高いときは、計画堤防）の高さ以上とするものとする。

第四十一条　可動堰の可動部の引上げ式ゲートの最大引上げ時における下端の高さは、計画高水流量に応じ、計画高水位に第二十条第一項の表の下欄に掲げる値を加えた値以上で、高潮区間においては計画高潮位を下回らず、その他の区間においては当該地点における河川の両岸の堤防（計画横断形が定められている場合において、計画堤防（津波区間にあっては、津波が生じないとした場合に定めるべき計画横断形に係る堤防。以下この項において同じ。）の高さが現状の堤防の高さより低く、かつ、治水上の支障がないと認められるとき、又は計画堤防の高さが現状の堤防の高さより高いときは、計画堤防）の表法肩を結ぶ線の高さを下回らないものとするものとする。

第四十二条　背水区間に設ける可動堰の可動部の引上げ式ゲートの最大引上げ時における下端の高さは、治水上の支障がないと認められるときは、前条第一項の規定にかかわらず、次に掲げる高さのうちいずれか高い方の高さ以上とすることができる。

一　当該河川に背水が生じないとした場合に定めるべき計画高水位に、計画高水流量に応じ、第二十条第一項の表の下欄に掲げる値を加えた高さ

二　計画高水位（高潮区間にあっては、計画高潮位）

2　地盤沈下のおそれがある地域に設ける可動堰の可動部の引上げ式ゲートの最大引上げ時における下端の高さは、前条第一項及び前項の規定によるほか、予測される地盤沈下及び河川の状況を勘案して必要と認められる高さを下回らないものとする。

第二十条　堤防（計画高水流量を定めない湖沼の堤防を除く。）の高さは、計画高水流量に応じ、計画高水位に次の表の下欄に掲げる値を加えた値以上とするものとする。ただし、堤防に隣接する堤内の土地の地盤高（以下「堤内地盤高」という。）が計画高水位より高く、かつ、地形の状況等により治水上の支障がないと認められる区間にあっては、この限りでない。

第20条第1項の表の下欄に掲げる値（余裕高）

項	計画高水流量（m^3／秒）	計画高水位に加える値（m）
1	200 未満	0.6
2	200 以上　500 未満	0.8
3	500 以上　2,000 未満	1
4	2,000 以上　5,000 未満	1.2
5	5,000 以上　10,000 未満	1.5
6	10,000 以上	2

関連用語　計画高水位（*184*）、計画高水流量（*185*）、余裕高、高潮、計画高潮位（*185*）

132. ハドソン公式

ハドソン公式は、捨石構造の防波堤の表斜面に作用する波力について、ハドソンが求めた波圧公式をいう。ハドソン公式は、傾斜堤等の斜面被覆材の安定な質量（所要質量）の算定に用いられるとともに、混成堤のマウンド被覆材、潜堤等の構造物の被覆材の所要質量の算定にも用いられている。

$$W = \frac{\gamma_r H^3}{K_D (S_r - 1)^3 \cot\alpha}$$

ここに、W：石の所要重量（t）、γ_r：石の空中単位体積重量（t/m^3）、
S_r：石の比重、α：斜面が水平面となす角（°）、
H：設置位置での波高（m）、K_D：被覆材によって定まる定数

関連用語 波圧、防波堤（*267*）、傾斜堤（*187*）、斜面被覆材、混成堤（*192*）、マウンド被覆材、潜堤、波圧（波力）算定式（*225*）

133. はん濫に係る水位

河川のはん濫に係る水位には、段階ごとに次のようなものが定められている。

(1) 水防団待機水位（指定水位）：水防法の「水防警報対象河川」の主要な水位観測所に定められている水位で、消防団（水防団）の待機の目安となる水位

(2) はん濫注意水位（警戒水位）：水防法の「水防警報対象河川」の主要な水位観測所に定められている水位で、河川のはん濫に注意が必要な水位

(3) 避難判断水位（特別警戒水位）：「洪水予報指定河川及び水位情報周知河川」の主要な水位観測所に設定される避難勧告の発令を判断する水位で、はん濫に対する警戒が必要な水位

(4) はん濫危険水位（危険水位）：「洪水予報対象河川」の主要な水位観測所に設定される河川のはん濫が発生するおそれのある水位

特別警戒水位は、水防法第13条において「警戒水位を超える水位であって、洪水による災害の発生を特に警戒すべき水位」と定義しており、指定河川以外の水位情報周知河川において、付近の住民が避難を開始するために設定された水位である。これは、避難判断水位と同じである。平成17年に水防法が改正され、洪水予報を行う大河川以外の主要な中小河川を、避難勧告発令の目安となる特別警戒水位への到達情報の周知等を行う河川（水位情報周知河川）として指定した。

一方、はん濫危険水位は、洪水予報指定河川の主要な水位観測所（基準地点）の受け持つ予報区域において、はん濫のおそれが生じる水位のことをいい、この水位に到達する前に住民は避難完了しているべき水位である。指定河川では、水位がはん濫危険水位に到達した場合には、はん濫危険情報を発表する。

関連用語　水防団待機水位、はん濫注意水位、避難判断水位、はん濫危険水位、指定水位、警戒水位、特別警戒水位、危険水位、水防警報対象河川、洪水予報指定河川、水位情報周知河川

134. ピトー管

ピトー管は、二重になった管を基本構造として、内側の管は先端部分に、外側の管は側面にそれぞれ穴が空いており、2つの管の奥の圧力計で、それぞれの圧力差を測定することで流速が求められる。先端にある内側の管は、よどみ点であり全圧（総圧）P_tがかかり、側面にある外側の管は流れの影響を受けないため静圧P_sがかかる。全圧（総圧）P_tから静圧P_sを引いた動圧P_dを測定し、ベルヌーイの式を適用することで流体の速度Vを求めることができる。

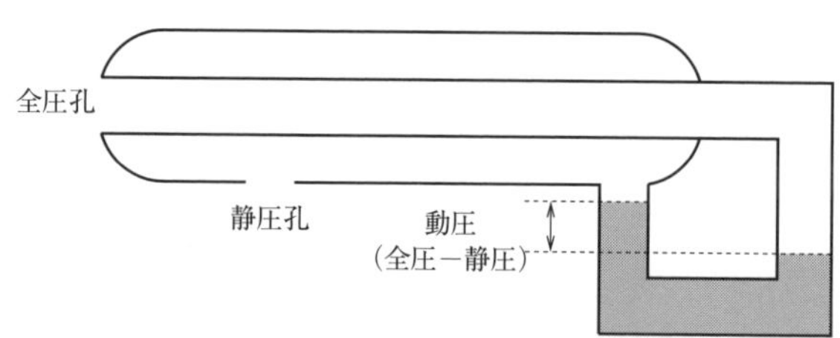

ベルヌーイの式において、流体の密度ρ、先端の穴と側面の穴の高低差が無視できる場合の流体の速度は以下のようになる。

静圧 $= P_s$

全圧（総圧） $P_t = \frac{1}{2}\rho V^2 + P_s$

動圧 $P_d = \frac{1}{2}\rho V^2$

流体の速度 $V = \sqrt{\frac{2 \cdot P_d}{\rho}}$

関連用語　よどみ点、総圧、静圧、動圧、ベルヌーイの式、流体の速度

135. 樋門・樋管

樋門は、河川堤防を横断して設けられる函渠（管渠）構造物をいう。比較的規模の小さいものは樋管と呼んでいる。樋門は、河川からの取水を目的としたもの、堤内地の雨水や支川から本川への排水を目的としたもの、舟運等を目的としたものなどがある。

樋門は、計画高水位以下における流水の通常の作用に対して安全な構造とするとともに、逆流を防止し、用排水機能の確保を図るようにしなければならない。

136. 漂砂

漂砂は、海岸において底質（海浜を構成している砂礫）が波や流れなどの作用によって移動する現象、あるいは移動する物質をいう。海岸浸食や港湾埋没、河口閉塞といった海岸変形現象は、漂砂と密接に関係している。

漂砂を移動形態によって分類すると、浮遊漂砂と掃流漂砂（流路底面に動く掃流力によって、流水中に漂う現象）に分けられ、移動方向によって分類すると、沖向きあるいは岸向きに底質が移動する汀線（平均低潮位面と浜との限界線）に直角な方向の漂砂と、沿岸漂砂と呼ばれる汀線に平行な漂砂に分けられる。

沿岸漂砂による土砂移動は、汀線へののり線方向に対して波向が斜めになると移動量を増加し、汀線を絶えず波向に対して直角方向に向け安定しようとする性質を持っている。海岸浸食や港湾の埋没が問題となっている場合には、沿岸漂砂の卓越方向を知る必要がある。

また沿岸漂砂量は、波形勾配の小さいときは汀線付近で最大となり、波形勾配の大きいときは砕波帯付近で最大となるといわれている。そのために、防砂堤や防波堤などを含めた突堤の長さは、沿岸流速や漂砂量の分布を把握し、防護すべき海浜の範囲や必要とする汀線の位置に基づいて決定する必要がある。『建設省　河川砂防技術基準（案）同解説　設計編』では「突堤の先端は、沿岸漂砂を捕捉して海浜に必要な堆積を生じる位置まで設けるものとする。」としている。

漂砂を防止するためには、防砂堤、突堤、離岸堤、消波堤、リーフ工法、導流堤等の保全施設を設けるほか、河川の切り替えを行うこともある。

関連用語　浮遊漂砂、掃流漂砂、沿岸漂砂、汀線、卓越方向、波形勾配（*226*）、砕波帯、防砂堤（*266*）、防波堤（*267*）、突堤（*222*）、離岸堤（*237*）、消波堤（*199*）、リーフ工法（*237*）、導流堤

137. 比流量

比流量は、河川流量をその地点までの流域面積で除したもの、すなわち河川流域の単位面積あたりにおける流量をいう。比流量は、流域面積の異なる流域間の流出量の比較や、性格が類似した他の流域における流量の推定に用いられる。

比流量の値は、流域の地形や地質、降水の貯留能力などにより影響を受け、一般にこの値が大きいと流域面積は小さく、地勢が険しいとみることができる。利水計画には最低水位に対する比流量が用いられ、治水計画には最高水位に対する比流量が用いられる。

関連用語　河川流量、流域面積、利水計画、治水計画

138. フィルダム

フィルダムは、土質材料、砂礫材料およびロック材料などの自然材料を堤体材料とするダムをいう。フィルダムは一般に、コンクリートダムと比べて基礎地盤が強くないところでも造ることができる。フィルダムは、その堤体材料によりアースダムとロックフィルダムに分類されることもある。また、遮水機能の構造から均一型フィルダム、ゾーン型フィルダム、表面遮水壁型フィルダムの3つの形式に分類される。

均一型フィルダムは、堤体の大部分がほぼ均一な細粒の土質材料によって造られたフィルダムで、30 m程度以下の低いダムに用いられる。ゾーン型フィルダムは、透水性の異なるいくつかのゾーンによって造られたフィルダムで、遮水ゾーンを中心にその両側に半透水ゾーン、さらにその外側に透水ゾーンが設置され、100 m以上の高いダムの築造も可能である。ゾーン型フィルダムには、遮水ゾーンが堤体のほぼ中心にある中央コア型と上流に傾斜した傾斜コア型がある。表面遮水壁型フィルダムは、透水ゾーンの上流側にアスファルトコンクリート、鉄筋コンクリートあるいはその他の遮水材料で作られた遮水壁を有するフィルダムで、沈下および耐震性の点から高さ70 m程度までのダムに用いられる。

フィルダムの場合には、洪水吐をダム本体に設けることができないので、

フィルダム堤体外に洪水吐を設置できる地形であることが必要であり、またアバットメント部が急傾斜の場合は堤体の不同沈下が生じやすいので、一般に表面遮水壁型フィルダムは不適当であり、ゾーン型フィルダムの場合は傾斜コアよりも中央コアが有利となる。

フィルダムのダム設計洪水流量は、洪水が堤体を越流した場合の危険性を考慮して、コンクリートダムのダム設計洪水流量の1.2倍の流量とする。

フィルダムの設計において、すべり破壊に対する検討は、円弧すべり面法によるものとし、その安全率は1.2以上となるよう形状を定める。

関連用語 アースダム（*164*）、ロックフィルダム、均一型フィルダム、ゾーン型フィルダム、表面遮水壁型フィルダム、中央コア型、傾斜コア型、洪水吐、ダム設計洪水流量、コンクリートダム

139. フルード数

フルード数は、流体の自由表面近くの運動を特性づける無次元数で、その運動に伴う速度vを$\sqrt{gh}$ （gは重力加速度、hは水深）で割った値である。

$$フルード数\ F_r = \frac{v}{\sqrt{gh}}$$

$\sqrt{gh}$ はその水深hにおける水の長波（深さhの浅水波）の波速を示しており、波動として情報を伝え得る最大の速度を与える。すなわち、フルード数F_rは、流速と波の進行速度の比を表しており、$F_r>1$の場合は流速が波の進行速度より大きい射流となり、$F_r<1$の場合は流速が波の進行速度より小さい常流となる。なお、$F_r=1$のときの流れは限界流と呼んでいる。フルード数は、海の波や津波などのように、重力が流れに影響する現象において重要な指標となる。

なおフルード数は、開水路の流れの模型実験の相似則を与えるものとして用いられる。一方、レイノルズ数は、慣性力と粘性力の比として得られ、流れの速さや粘性が異なっても、この量が等しければ流れは同じ形になる。

フルード数とレイノルズ数が等しい流れは、相似な流れである。水理実験を行う場合に、実際の現象と水理実験での現象のフルード数とレイノルズ数を等しくするのが望ましいが、両者の無次元数を一致させることは困難である。そのため、開水路ではフルード数を、管路ではレイノルズ数を一致させて水理実験を行っている。

関連用語 無次元数、波速、射流（*200*）、常流（*200*）、限界流（*200*）、開水路、相似則、レイノルズ数（*241*）、水理実験、管路

140. ベッドマテリアルロード

ベッドマテリアルロードは、河床を構成する粒子からなり、砂礫と交換を繰り返す流砂のことである。この流砂は、河床高、河床形態、河床の粒度分布を変化させる。

ベッドマテリアルロードは、流砂の運動状態から、河床付近を河床と間断なく接触し、転動、滑動や小跳躍の繰り返しによって運ばれる掃流砂と、乱れによる拡散の影響を受けて運ばれる浮遊砂に分類される。

関連用語 流砂、掃流砂（*208*）、浮遊砂（*208*）、限界掃流力、ウォッシュロード（*165*）

141. ベルヌーイの定理

ベルヌーイの定理は、完全流体（粘性がなく、圧縮性がない理想流体）の定常流において、圧力エネルギーと速度エネルギーと位置エネルギーの和は常に一定となるというエネルギー保存則の1つである。ベルヌーイの定理は、ダニエル・ベルヌーイ（Bernoulli：1700−1782）によって1738年に発表されたものである。

ベルヌーイの定理を式で表すと、次のようになる。

$$\frac{p}{\rho g}+z+\frac{v^2}{2g}=\text{一定}$$

（p：圧力、ρ：密度、g：重力加速度、z：水柱の高さ、v：流速）

第1項は圧力水頭、第2項は位置水頭、第3項は速度水頭を表しており、単位はすべてメートルとなり、これは高さを表していることになる。また、この式から流速は、断面積、静圧（圧力）が小さいほど速くなるということがわかる。

関連用語 完全流体、定常流（*214*）、エネルギー保存則、水頭（*28*）、圧力水頭（*6*）、位置水頭、速度水頭

142. ベーン工

ベーン工は、河道の湾曲部における流れの遠心力による二次流の影響を緩和することにより、河岸及び河床の浸食を抑制する構造物である。

ベーンとは羽根の意味であり、河川の外岸側に羽根状に鋼矢板等を配置して、羽根の向きを湾曲部の内岸側から外岸側に向くようにすることによって、洪水時に河道に生じる二次流を打ち消すことができる。ベーン工の設置により、外岸側の局所洗掘を防止するとともに流向を変える効果が期待できる。

関連用語 二次流、浸食の抑制、鋼矢板

143. 有義波

有義波は、ゼロアップクロス法で定義した各波の波高を、大きい方から数えて1/3の数の波を選び出した仮想上の波をいい、その平均値の波高と周期をそれぞれ「有義波高」($H_{1/3}$)、「有義波周期」($T_{1/3}$) と呼んでいる。なお、ゼロアップクロス法とは、波を定義する1つの方法で、「ゼロ線 (平均水位) を上向きに横切る時刻を波の始まりとし、次にゼロ線を上向きに横切る時刻を1つの波の終わりとする」とするものである。

不規則波の代表波として、最もよく用いられるものは有義波である。また、高潮対策等に用いる計画波浪は、原則として有義波とする。海岸工学で波高というときは、有義波高をさす。

関連用語 ゼロアップクロス法、波高、有義波高、有義波周期、不規則波、計画波浪

144. 有効雨量 (有効降雨)

流域に降った降雨のうち、河川へ直接流出する降雨分を有効降雨といい、その雨量を有降雨量という。有効降雨の降雨全体に占める比率、すなわち、

有効雨量＝総雨量－損失雨量　　$R_e = R - R_l$

損失雨量＝初期損失＋浸透損失

流出率　$R_e = f \cdot R$　　($f = R_e / R$：流出率)

関連用語 損失雨量、総雨量、流出率

145. 遊水池

遊水池は、洪水時に下流のピーク流量の軽減をはかるため、流水の一部を平地部の河道の近傍に一時貯留させる地域をいう。

遊水池の型式としては、設置される構造物や流水の貯留の状況から河道遊水池 (湛水池が河道と完全に分離されておらず、河道の自然貯留機能を利用

したり、あるいは横堤などを設けて流水を滞留させる型式）と、洪水調節池（越流堤または水門を設け、湛水池と河道を完全に分離し、湛水池に洪水の一部を流入させて貯留させる型式）の2つに大別される。

関連用語　河道遊水池、洪水調節池、湛水池、越流堤（*166*）、調節池（*213*）

146. 養浜

養浜は、海岸背後にある人命、資産を高潮及び波浪から防護すること、もしくは堤防等の洗掘を防止することまたはその両方を目的として設けられた砂浜を、直接的に維持・回復するものである。養浜形態（工法）には、静的養浜と動的養浜があり、静的養浜では、漂砂の流出防止、波浪制御を目的とした付帯施設を伴うのが一般的であり、付帯施設は、養浜の安定性、養浜の維持管理、周辺海岸への影響、付帯施設の工事費等を総合的に判断して決定する。一方、動的養浜では、漂砂環境を人工的に復元、創造するものであり、沿岸漂砂量の低減のために漂砂制御施設を設置する場合はあるが、基本的には付帯施設は伴わない。

静的養浜は、例えば養浜区域の沖側には、海浜利用、防災機能を確保することを目的とした波浪制御施設（人工リーフ、潜堤、離岸堤等）、漂砂制御施設（ヘッドランド、離岸堤、突堤等）を設置することにより、沿岸漂砂量の流出を少なくすることで、ほぼ静的に安定な海浜を形成させる。このほか、養浜の安定性を向上させるために砂止め堤等を設置する方法もある。

動的養浜は、連続した砂浜海岸の保全対策として用いるものであり、一連の漂砂系全体を対象とすることを基本とする。この方法は、(1) 漂砂源からの土砂供給量の減少を補うための養浜、(2) 構造物によって沿岸漂砂の連続性が断たれた海岸において、沿岸漂砂の連続性を人工的に確保するサンドバイパス、(3) 漂砂系内の下手側、あるいは沖側に流出した土砂を回収し、上手側の海岸にリサイクルするサンドリサイクル（バックパス）、の3つに大別される。

関連用語　高潮、波浪（*264*）、静的養浜、動的養浜、漂砂（*231*）、人工リーフ、潜堤、離岸堤（*237*）、ヘッドランド、突堤（*222*）、サンドバイパス、サンドリサイクル（バックパス）

147. 離岸堤

離岸堤は、消波または波高減衰を目的とし、汀線から離れた沖側に、汀線にほぼ平行に設置される防波堤形式の構造物をいう。

離岸堤の機能としては、次のものがある。

1) 入射波のエネルギー減勢機能
2) 波高の減衰効果によって、波を浸食型から堆積型に変える機能
3) 波高の減衰効果による沿岸漂砂量の減少機能
4) 2) と3) の効果によって、トンボロ（陸繋砂州）を形成し前浜の前進を図る機能

離岸堤は、平面形状から連続堤と不連続堤に分類され、それぞれに不透過堤と透過堤がある。離岸堤は、堤体による消波と開口部からの回折波、ならびにそれによって形成されるトンボロが一体となって浸食の阻止と消波効果を持つようになるため、堤長に比して1/2程度の開口部を持ち、施工性の容易な透過型の連続堤が多く用いられている。また、離岸堤の基礎工は、捨石式を基本としている。

関連用語 消波、波高減衰、トンボロ、連続堤、不連続堤、不透過堤、透過堤、突堤 (*222*)、消波堤 (*199*)、リーフ工法 (*237*)

148. 離岸流

離岸流は、波浪で生じる海浜流の1つで、海岸汀線から局地的に沖に向かって流れる潮流のことである。

海岸に打ち寄せられた海水は並岸流となり、湾曲部の奥部などに集中することになり、水位差などによってそこから沖へ流れ出る流れが生成し、最終的には浸入してきた海水がある場所から流出する流れ、すなわち離岸流が生じることになる。離岸流は、大規模なものでは、幅10～30 m、毎秒2 m以上の流速になることもある。

関連用語 海浜流、汀線、並岸流

149. リーフ工法

リーフ工法は、越波の軽減や沿岸漂砂量の減少、堆砂による汀線の前進ならびに海浜の安定化等を図る目的で設置する消波構造物で、天端幅が広い潜堤をいう。人工リーフは、従来からある潜堤に比べて天端幅がかなり広く、

天端水深が深いので波の反射や水位上昇が軽減されるとともに、リーフ上での波高減衰が期待される。

リーフを海岸保全施設として計画する場合であっても、海岸の利用や環境条件に配慮して計画する必要がある。

関連用語 沿岸漂砂量、消波構造物、潜堤、突堤（*222*）、離岸堤（*237*）、消波堤（*199*）、波高減衰

150. 流域の形状

河川流域の形状は、羽状流域、放射状流域、平行状流域、複合流域などがある。

羽状流域は、全体が細長い羽状をなすものであり、各支川の出水にずれがあるため、本川の洪水は比較的小さく洪水の継続時間は長い。

放射状流域は、流域が円形または扇形をなしており、支川が本川に向かって放射状に流入する。そのため各支川の出水はほぼ同時に集中し、合流後のピーク流量が大きく洪水の継続時間は短い。

平行状流域は、細長い独立した流域の本川と支川が互いに平行に流れ、やがて合流するものであり、合流するまでは羽状流域、合流後は放射状流域の特性に近い。

複合流域は、ほとんどの河川は羽状、放射状、平行状流域がいくつか組み合わさった複合形になっており、特に羽状と放射状の複合形が多い。

河道網構造は流出の仕方に影響を及ぼし、一般的に羽状流域、放射状流域、平行流域、これらが組み合わさった複合流域に分類される。

関連用語 羽状流域、放射状流域、平行状流域、複合流域、ピーク流量、河道網構造

151. 流出解析

流出解析は、降雨から河川への流出流量を推定することをいう。流出解析は、その対象とする時間スケールによって洪水流出解析と長期流出解析に区分され、さらに入力によって降雨のみを対象とする場合と主として融雪を対象とする場合とに分けられる。

洪水流出モデルには、単位図法や流出関数法・線形貯水池モデル、ARMA型モデルなどの線形応答モデルといわれるもの、降雨と流出の関係を連続

条件と貯留形態を定式化した数学的モデルにより表した貯留関数法、さらにタンクモデルなどのモデルがある。また、長期流出モデルには、タンクモデル、線形応答モデル、非線形応答モデル、補給能モデルなどのモデルがある。なお、流出モデルの目的は、河川計画や水工構造物の設計のための河川流量の予測、実時間での河川流量の予測、環境変化に伴う水循環の変化予測、水文観測が十分でない流域の水循環予測等である。

流出解析において結果を大きく左右するのは有効降雨の算定であることから、対象としている流出成分への有効降雨が的確に得られるような算定方法の選択は、流出モデルの選択と同様に慎重に行う必要がある。

関連用語 洪水流出解析、長期流出解析、降雨、融雪、線形応答モデル、貯留関数法（*213*）、タンクモデル、非線形応答モデル、補給能モデル、河川流量、水循環、有効降雨（*235*）

152. 流出係数

流出係数は、流域内に降った総降雨量のうち、河川へ流出してきた雨量の割合を表す係数をいう。降雨量はその全部が河川へ流出するわけではなく、蒸発や地下へ浸透するために降雨量のうち数パーセント程度が損失雨量となる。また、降雨開始時にはほとんどが地中に浸透するため、その時点における流出係数は0に近い値となるが、長時間降り続くと1に近くなる。

流出係数は、河川流域や下水道排水区域に降った雨のピーク流出量を合理式により算定する際に用いられる。流出係数の値は、市街地や山地など土地の条件によって異なるが、一般に用いられる標準値としては、密集市街地0.9、一般市街地0.8、水田・山地0.7、畑・原野0.6、であり、計画値として採用する値は流域の開発計画等を考慮することが必要である。

関連用語 損失雨量、ピーク流出量

153. 流量・流速とその連続性

流れに垂直な横断面内の各点の流速は、一般には異なる。そのため、流水の横断面全体の流速は、断面内各点の流速の平均値である平均流速として表している。

流量および流速は、次の式から求めることができる。

$Q = v \cdot A$

$v = Q / A$

（Q：流量で、単位時間内に流れに垂直な、ある断面を通過した水の容積（m^3/s、l/s）、A：流積で、流水の横断面積（m^2）、v：平均流速（m/s））

また、連続した流れの二断面の水の質量は、質量保存の法則によって次の式で表される。

$A_1 \cdot v_1 = A_2 \cdot v_2 = Q =$ 一定

すなわち、$A \cdot v = Q =$ 一定

一方、河川の鉛直方向の流速分布を示す曲線を、縦流速曲線あるいは垂直流速曲線といい、次の図のようになる。プラントルにより導出された流速の対数分布則により、河川水の流速は河床近傍よりも水面近傍で大きくなる。

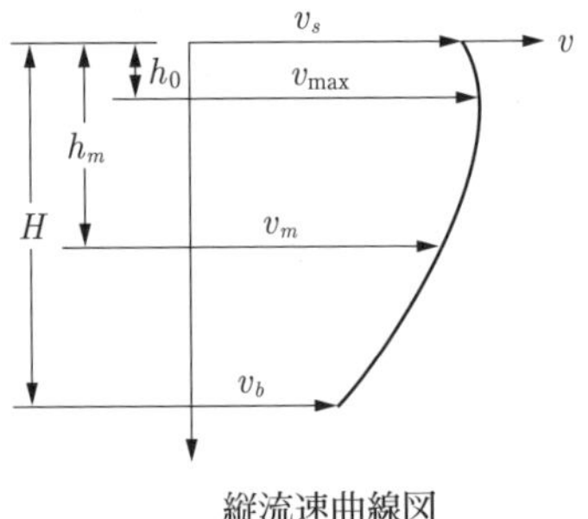

縦流速曲線図

H：水深、v_s：表面流速、v_{max}：最大流速、v_m：平均流速、
h_0：最大流速を生じる水深、h_m：平均流速を生じる水深

なお、これらの間にはだいたい、次のような関係があるとされている。

$h_m / H \fallingdotseq 0.6$　　$h_0 / H = 0 \sim 0.25$　　$v_m / v_s = 0.75 \sim 0.90$

実務的には表面を最大流速として扱っているが、実際の水面は、空気抵抗によって流速が最大にはならず、水面のやや下が最大流速となる。

関連用語　平均流速、質量保存の法則、ベルヌーイの定理（*234*）、縦（垂直）流速曲線、対数分布則

154. 流路工

流路工は、流路の是正による乱流防止および縦断勾配の規制による縦・横浸食防止（河道における土砂生産抑制）で両岸を保護し、洪水の氾濫を防止することを目的として、床固工と護岸工を組み合わせて流路を整備するもの

をいう。施工場所は、主として扇状地などの土砂堆積地帯で、天井川の解消を目的に実施される場合もある。

流路工を施工する目的の1つに、河床勾配を緩和して流水による洗掘力を減少させ河床変動幅を小さくすることがあるため、縦断勾配の計画に際しては縦断を緩和する方向で検討する。ただし、勾配の変化を大きくとると、勾配の変化点付近で洗掘や堆積が生じて災害の原因となるため、できるだけ勾配の変化は小さくしたほうがよいとされている。

流路工の設計においては、地形、地質、流送土砂形態等の流域を含めた自然条件および流路の変遷等その渓流の特性を調査し、それに適合した計画を立てる必要がある。流路工計画区域の上流端には、原則としてダムもしくは床固工を施工する。流路工を計画する際は、原則として底を張らない構造とする。

流路工完成後に上流から土砂の流入が多いと、土砂災害を発生させる原因となるため、流路工の工事着手時期は、上流の砂防工事が進捗して、多量の流出土砂の流入による埋塞の危険がなくなるとともに、河床が低下傾向に転じた時期が望ましい。

関連用語 土砂生産抑制、床固工（*219*）、護岸工、河床勾配、工事着手時期

155. レイノルズ数

レイノルズ数は、粘性に関する無次元量で、長さl、流速v、動粘性係数νとおくときの$R_e = v \cdot l / \nu$をいう。

管路の場合は管径dによって$R_e = v \cdot d / \nu$と表され$R_e > 4000$では乱流（流線が乱れて混乱した流れ）、$R_e < 2000$では層流（流線が安定して整然とした流れ）となり、この中間値では不安定層流または乱流となるため一般に$R_e = 2000$を層流が維持される限界レイノルズ数（層流から乱流に変わるときの遷移する点のレイノルズ数）と見なしている。また開水路の場合は、径深Rによってレイノルズ数は$R_e = v \cdot R / \nu$で表し、その限界レイノルズ数は500程度でこれより小さいときは層流、大きいときは乱流となる。

関連用語 無次元量、乱流（*207*）、層流（*207*）、限界レイノルズ数

第5章　港湾及び空港

1. ウィンドカバレージ
2. エプロン
3. 外郭施設
4. 海上輸送
5. 過走帯
6. 滑走路
7. 滑走路長
8. 滑走路の勾配
9. 滑走路の幅員
10. (港湾及び空港に関する)環境影響評価法
11. 既往最高潮位面(H.H.W.L.)/既往最低潮位面(L.L.W.L.)
12. 基準舗装厚
13. 基本水準面
14. 空港舗装
15. グルービング
16. 係船岸
17. 係船浮標
18. 係留施設
19. ケーソン式混成堤
20. 閘門(ロック)
21. 航路の水深
22. 航路の幅員
23. 航路の方向
24. 港湾管理者
25. 港湾計画
26. 港湾施設
27. 朔望(さくぼう)平均満潮面(H.W.L.)/朔望(さくぼう)平均干潮面(L.W.L.)
28. シーバース
29. 重力式係船岸(重力式岸壁)
30. 消波工
31. 進入表面
32. 水域施設
33. 水平表面
34. ストップウェイ
35. 制限表面
36. 耐震強化岸壁(耐震バース)
37. ターニングパッド
38. 着陸帯
39. デタッチドピヤ
40. 転移表面
41. 動揺外力
42. ドック式埠頭
43. 突堤式埠頭
44. トリム
45. 泊地
46. バース
47. 波浪
48. 波浪の推算
49. フィレット
50. 埠頭
51. 平行式埠頭
52. 防砂堤
53. 防波堤
54. 矢板式係船岸
55. 誘導路
56. 臨港交通施設

1. ウィンドカバレージ

ウィンドカバレージは、年間の風向、風速を考慮し、横風の影響を受けず離着陸できる確率を表したものをいう。飛行機は横風に弱いため、ある滑走路方位に関して過去の風観測のデータをもとに、横風に影響なく離着陸できる気象を数値化することによって飛行場建設の評価を行う。ウィンドカバレージの数値は高いほど良く、ICAO（国際民間航空機関）では、95％以上が望ましいとしている。

関連用語　横風、滑走路（*246*）

2. エプロン

エプロンは、空港において航空機に対する貨客の積卸し、燃料、オイル、食糧等の補給、機体やエンジンの点検整備、運行時以外における駐機などのために航空機を一時停留しておくスペースをいう。エプロンは、以下のように分類される。

1）ローディングエプロン：貨客、手荷物、貨物の積卸し、燃料、食糧等の補給を行うためにターミナルビルと結びついて配置されるエプロン
2）貨物エプロン：貨物の取扱量が大きい空港で貨物専用機が使用するためのエプロン
3）整備エプロン：日常点検を行うとともに、駐機エプロンとしても使用される航空機の整備施設に付帯して設けられるエプロン
4）駐機エプロン：航空機の非稼働時に停留するためのエプロン
5）待機エプロン：離陸しようとする航空機が、離陸許可を受けるまで滑走路の末端付近で一時待機するためのエプロン

エプロンでの航空機の配置や走行経路の設定にあたっては機種ごとの地上走行性や航空機相互間および航空機と固定障害物間の安全間隔に配慮し、航空機の走行や駐機位置への出入りが安全、円滑に行われるようなものとする必要がある。

関連用語　ローディングエプロン、貨物エプロン、整備エプロン、駐機エプロン、待機エプロン、滑走路（*246*）、誘導路（*267*）、転移表面（*261*）

3. 外郭施設

外郭施設は、港湾港内の静穏と水深を保ち、港湾施設および背後地を波浪、

高潮、津浪などから防ぐための、防波堤、防潮堤、防砂堤、導流堤、堤防、護岸、突堤、離岸堤、水門、閘門などをいう。

外郭施設の計画にあたっては、水域施設および係留施設との関係や、築造後の周囲の地形、施設、水質などに与える影響ならびに港湾の将来の発展方向などを考慮する必要がある。

関連用語 防波堤（*267*）、防潮堤、防砂堤（*266*）、導流堤、堤防、護岸（*192*）、突堤（*222*）、離岸堤（*237*）、水門、閘門（*252*）、係留施設（*251*）、荷さばき施設、港湾施設（*255*）

4. 海上輸送

国内海上輸送は、人流のみならず物流の両面で欠くことのできない重要な輸送手段となっており、近年では、モーダルシフトの担い手としての長距離フェリーやRORO（Roll on、Roll off）船等の役割が重要となっている。

船舶による輸送（内航海運）は1960年代以降、貨物輸送（トンキロ）において40～50％のシェアを確保し続けている。主要な輸送品目としては石炭、金属、セメント、石油製品などの1次産品である。内航海運は定期船部門と不定期船部門とに大別される。定期船部門は一定のスケジュールにしたがって定められた航路を、主として一般雑貨を積載して航行するものである。この雑貨輸送ではコンテナ船やRORO船による輸送が主流となりつつある。定期船部門は国内の雑貨輸送に関して重要な役割を果たしているものの、内航海運全体における割合は小さい。

一方、外航海運を見ると、わが国は経済活動を維持していくうえで必要なエネルギー資源や食糧の多くを海外に依存しており、その大半を輸送する外航海運は国民生活・経済活動を支えるうえできわめて重要な役割を担っている。

関連用語 モーダルシフト、RORO船、内航海運、定期船部門、不定期船部門、外航海運

5. 過走帯

過走帯は、航空機が接地点を誤って滑走路の手前で着陸した場合や、ブレーキ系統の故障などによって着陸した航空機が滑走路内で停止できなかった場合等に備えて、滑走路の両端末に設けられる路面のことである。過走帯

は、航空機重量に耐え得る強度を持っており、オーバーランエリアとも呼ばれている。過走帯には、夜間等に航空機に過走帯であることを知らせる過走帯標識が設置される。

なお、航空機が着陸帯内で停止できなかった場合等に備えて、過走帯からさらに外側の着陸帯の両端には、滑走路端安全区域という整地および植生された区域を設けている。

関連用語 滑走路（*246*）、オーバーラン、過走帯標識、着陸帯（*260*）、滑走路端安全区域

6. 滑走路

滑走路は、航空機の着陸あるいは離陸のために準備された空港内の限定された長方形の区域をいう。航空機の離着陸は、風上に向かってこれを行うほど安全かつ有利となる。そのため滑走路の向きは、できるだけその場所での卓越風向に沿った方位にする。横風分速が許容値を超えるときは離着陸を行うことができなくなる。滑走路の配置は空港全体の配置に最も影響を与えるものであり、これは障害物の有無やウィンドカバレージ（滑走路に直角の分速度が13ノット以下である場合の時間の、全体の時間に対する割合）、騒音問題などを総合的に検討したうえで決定する。

また、滑走路の長さは、対象となる航空機の性能や搭載荷重、操縦技術、風速、風向などにより一定基準が定められて決定される。滑走路の長さにより着陸帯の等級が分けられ、この等級分類と計器用、非計器用の別によって飛行場施設の諸元が決められる。

関連用語 ウィンドカバレージ（*244*）、着陸帯の等級、計器用、非計器用

7. 滑走路長

滑走路長は、対象となる航空機について、離陸距離、加速停止距離、着陸距離の3つについて検討し、そのいずれについても満足するものとして算出する。

離陸距離は、航空機が離陸滑走を開始し、臨界速度（離陸滑走中にエンジンの停止が起こった際に、離陸を続行するか停止するかを選択する速度）に達した時点でエンジンが1基停止した場合に、そのまま離陸滑走を継続し、離陸安全速度に達してから車輪が滑走路面を離れ、上昇を続けて一定の高度

(タービンエンジン機で10.5 m、ピストンエンジン機では15 m)に達するまでの、離陸開始点からの水平距離をいう。

加速停止距離は、航空機が離陸滑走中において速度が臨界速度に達する前に、エンジンが1基停止した場合に、ただちに離陸を中断し減速して停止するまでの、離陸開始点から停止点までの水平距離をいう。

着陸距離とは、着陸する航空機が高さ15 mの地点を通過してから接地して完全停止するまでの距離に100/60を乗じた距離をいう。なお、着陸距離は離陸距離より短く、一般に着陸距離から滑走路長が決定されることは少ない。

滑走路長は、必要となる離陸距離あるいは加速停止距離に、標高(300 m上昇するごとに7%長くする)、気温(標準大気温度から1℃高くなるごとに1%長くする)、滑走路の勾配(離陸方向が上り勾配の場合に補正する)等による補正を行って決定する。

関連用語 離陸距離、加速停止距離、着陸距離、臨界速度、滑走路の勾配(*247*)、滑走路(*246*)

8. 滑走路の勾配

滑走路の縦断勾配は、わが国の航空法では着陸帯の等級がA～G(900 m以上の滑走路長)の場合は最大勾配として0.8～1.0%と規定している(H等級は1.5%、I等級は2.0%)。

滑走路の横断勾配は、排水を考慮して一般に拝み勾配とするが、着陸帯の等級がA～Gの場合には最大横断勾配を1.5%として規定している(H等級は2.0%、I等級は3.0%)。

関連用語 縦断勾配(*322*)、横断勾配(*312*)、滑走路(*246*)

9. 滑走路の幅員

滑走路の幅員は、着陸帯の等級によってA～Eの場合は45 m以上、F～Gの場合は30 m以上、Hは25 m以上、Iは15 m以上と定められている。また、滑走路の両側には等級分類と計器用、非計器用の別に応じた幅60～300 mの着陸帯(滑走路を中心として、一定の幅と長さをもった長方形の平面)を接置することとしている。

関連用語 着陸帯(*260*)、滑走路(*246*)

10. （港湾及び空港に関する）環境影響評価法

環境影響評価法は、環境影響評価について国等の責務を明らかにするとともに、規模が大きく環境影響の程度が著しいものとなるおそれがある事業について環境影響評価を実施すること等により、その事業に係る環境の保全について適正な配慮がなされることを確保するために定められた法律をいう。この法律の中で、必ず環境影響評価を行うものを第一種事業（規模が大きく環境影響の程度が著しいものとなるおそれがあるものとして政令で定めるもの）とし、環境影響評価を行うかどうかを個別に判定するものとして第二種事業（第一種事業に準ずる規模を有するもののうち、環境影響の程度が著しいものとなるおそれがあるかどうかの判定を行う必要があるものとして政令で定めるもの）としている。

港湾計画に係る環境影響評価は、埋立て・掘込み面積が300 ha以上のものはすべて第一種事業としている。また、公有水面埋立法による公有水面の埋立てまたは干拓の事業では、埋立てまたは干拓に係る区域の面積が50 haを超えるものを第一種事業とし、40 ha以上50 ha以下であるものを第二種事業としている。

一方、飛行場に係る環境影響評価は、滑走路延長が2,500 m以上のものを第一種事業とし、1,875 m以上2,500 m未満のものを第二種事業としている。

関連用語 第一種事業、第二種事業

11. 既往最高潮位面（H.H.W.L.）/ 既往最低潮位面（L.L.W.L.）

既往最高潮位面は、ある地点で過去に生じた水位のうち、最高の水位面をいう。

計画に使用する潮位は、原則として、1）既往の最高潮位、2）朔望平均満潮面＋計画規模の最大潮位偏差、のいずれかとしている。

また、既往最低潮位面は、ある地点で過去に生じた水位のうち、最低の水位面をいう。

関連用語 朔望平均満潮面（*256*）、最大潮位偏差、平均水位面、朔望平均干潮面（*256*）、基本水準面（*249*）

12. 基準舗装厚

基準舗装厚は、空港のアスファルト舗装構造を設計する場合に、設計荷重、

設計反復作用回数（交通荷重が同一地点に繰り返して作用する回数）および路床の設計CBRから決定される、通常の粒状材を路盤に用いた舗装の厚さをいう。アスファルト舗装の層構成は、基準舗装厚から、設計荷重の区分と設計反復作用回数の区分から定められている表層、基層、上層路盤のそれぞれの厚さを引いた残りの厚さを下層路盤厚として算出する。

関連用語 アスファルト舗装構造、設計反復作用回数、設計CBR、粒状材、表層（*337*）、基層（*313*）、上層路盤、下層路盤

13. 基本水準面

基本水準面（C.D.L.）は、海図に示されている水深の基準面をいい、港湾工事用基準面はこの基本水準面と一致させるように定められている。基本水準面は、その地の平均水面から主要4分潮（主太陰半日周潮、主太陽半日周潮、日月合成日周潮、主太陰日周潮）の半潮差の和を差し引いた高さで、ほぼ最低低潮面に相当し、これ以下の潮位を生ずることは一般に少ない。

東京湾平均海面（T.P.）は絶対的な基準であるが、基本水準面は各地点ごとに定められるもので、付近海域の潮汐の特性に応じて場所ごとに異なる。基本水準面は略最低低潮面（年間で最も下がる大潮時の干潮時の海水面）に相当するもので、海底水深はこの基本水準面（略最低低潮面）からの深さをメートルで表している。

関連用語 平均水面、主要4分潮、最低低潮面、東京湾平均海面（T.P.）（*215*）、略最低低潮面

14. 空港舗装

空港舗装の区域は一般に、滑走路、誘導路、エプロン及びショルダーであり、アスファルト舗装またはコンクリート舗装のいずれかによっている。

設計荷重は、アスファルト舗装ならびにコンクリート舗装のいずれについても、設計対象舗装上を走行することが予想される航空機の中で最も大きい舗装厚さを必要とする航空機の脚荷重とする。主脚が2個以上の車輪をもつ脚形式の場合は、脚に付いている一組の多車輪を、舗装に対して同じ効果を有する単車輪に換算した場合の輪荷重（等価単車輪荷重：ESWL）を設計荷重とする。

設計年数は、将来の交通を推定する対象期間をいい、アスファルト舗装、

コンクリート舗装ともに10年を標準としている。

アスファルト舗装の構造設計では、路床の設計CBR値と設計荷重から基準舗装厚を算出し、設計荷重の区分と設計反復作用回数の区分から定められた表層・基層、上層路盤のそれぞれの厚さを差し引いた残りの厚さを下層路盤厚として算出する。

コンクリート舗装の構造設計では、路盤の設計支持力係数はK_{75}値（直径75 cm板による平板載荷試験結果）で68.7 N/cm^3（7 kgf/cm^3）以上となるように路盤厚さを決定する。

関連用語　滑走路（*246*）、誘導路（*267*）、エプロン（*244*）、ショルダー、脚荷重、等価単車輪荷重、基準舗装厚（*248*）、設計支持力係数

15. グルービング

グルービングは、路面の排水を促しすべり抵抗性を高めるために、舗装表面に幅の狭い溝切りを施工することをいう。

雨天時等で滑走路が湿潤状態にある場合に通常の排水機能では、滑走路表面に生じる水膜によるハイドロプレーニング現象の発生や、摩擦抵抗の低下に伴う制動距離の増加など離着陸する航空機への危険が生じる可能性がある。航空機の安全な運行のために、滑走路面には横断方向のグルービング工を施工する。

関連用語　路面の排水、すべり抵抗性、溝切り、ハイドロプレーニング現象

16. 係船岸

係船岸は、船舶の係留施設の1つで陸岸に接続して設けられるものをいう。

係船岸には、重力式係船岸、矢板式係船岸、セル式係船岸、桟橋式係船岸、浮き桟橋等があり、それぞれ自然条件（土地質、地形、地震）や利用条件（対象船舶、バース水深、取扱い貨物の形態）、施工条件などにより選定される。

関連用語　重力式係船岸（*257*）、矢板式係船岸（*267*）、セル式係船岸、桟橋式係船岸、浮き桟橋

17. 係船浮標

係船浮標は、海底にコンクリートブロックや錨をアンカーとし、海面に浮

かべた浮標（ブイ）を係留施設としたものをいい、はしけ荷役などに用いられることもある。

係船浮標の構造は、一般に浮体、係留環、浮体鎖、沈錘、地鎖、アンカー等から成っている。係船浮標の特徴としては、1）錨がかりの場合に比べて泊地面積が少なくて済む、2）海底が岩盤であっても係船浮標を利用して係留できる、3）他の係留施設より安価である、などが挙げられる。

なお、浮標（ブイ）には係船浮標のほかに、船舶の航行の安全のための航路標識として用いられるものがある。

関連用語 泊地（*263*）、浮標、はしけ荷役、浮体、係留環、浮体鎖、沈錘、地鎖、アンカー、航路標識

18. 係留施設

係留施設は、港湾施設のうち船舶が離着岸し、貨客の積降し及び乗降を行うための施設である。係留施設には、岸壁、係船浮標、係船くい、桟橋、浮桟橋、物揚場及び船揚場等の種類がある。また、その構造様式により重力式係船岸、矢板式係船岸などに分類することができる。

関連用語 港湾施設（*255*）、岸壁、係船浮標（*250*）、重力式係船岸（*257*）、矢板式係船岸（*267*）

19. ケーソン式混成堤

ケーソン式混成堤は、傾斜堤と直立堤の複合機能を有する混成堤の分類の一形式をいう。混成堤は主に、ケーソン式、コンクリート式、ブロック式の3つの形式に分類されるが、わが国の防波堤はケーソン式混成堤が最も多く用いられている。

ケーソン式混成堤は、ケーソンと呼ばれる鉄筋コンクリート製の箱を直立部に使用し、中に砂やコンクリートなどを詰め、上部にコンクリートを打設したものである。

ケーソン式混成堤の設計手順は、次のとおりである。

1）風、潮位、波、漂砂等の自然条件や材料条件、施工条件等の決定

2）防波堤の天端高、上部コンクリートの厚さ、直立部の幅、捨石部等の断面仮定

3）波力、静水圧、浮力、揚圧力、自重等の外力計算

4）直立部のすべり出しの検討
5）直立部の転倒の検討
6）地盤の支持力の検討
7）傾斜部（捨石部）の安定の検討
8）ケーソン式混成堤全体の安定の検討
9）基本断面の決定
10）ケーソン各部の厚さや安定、側壁、隔壁、底版等の構造細目の設計

関連用語 混成堤（*192*）、傾斜堤（*187*）、直立堤（*213*）、ケーソン

20. 閘門（ロック）

閘門は、水位差が特に大きく、かつ内水位を一定に保つ必要がある港への船舶の出入り、あるいは防潮堤などで囲まれた区域の内外の、船舶通行のために設けられた水位調節用の施設をいう。

閘門は閘室（ロック室）、前後扉室（ゲート室）、ロックゲートおよび給排水設備で構成されている。水門に併設される閘門は、洪水時に水門と同じ機能を果たすように設計されなければならない。

関連用語 防潮堤、閘室、水門

21. 航路の水深

航路は、浅海域における導入水路、通行路を対象とし、船舶の安全かつ円滑な航行に資するために浮標等により操船者に対してその存在が明確にされている水域である。航路の性能照査に際しては、対象船舶および航行環境を十分に考慮して、航路水深、航路幅員、航路法線（屈曲部）に特に配慮が必要である。

『港湾の施設の技術上の基準の細目を定める告示』（平成19年3月公布）では、航路の性能規定として「航路の水深は、波浪、水の流れ、風などによる対象船舶の動揺の程度およびトリムを考慮して、対象船舶の喫水以上の適切な深さを有すること。」と定めている。

また、『港湾の施設の技術上の基準・同解説』（2007年版）では、対象船舶及び航行環境を特定できない場合における航路の水深の供用性について、次のように述べている。

　対象船舶及び航行環境を特定できない場合の航路の性能照査に当たっ

ては、対象船舶の最大喫水以上の適切な深さとして、以下の値を用いることができる。

・うねり等の波浪の影響が想定されない港内の航路では、最大喫水の1.10倍
・うねり等の波浪の影響が想定される港外等の航路では、最大喫水の1.15倍
・強いうねり等の波浪が想定される外洋等の航路では、最大喫水の1.20倍

関連用語 航路、浅海域、導入水路、浮標、航路の性能照査、航路の幅員（*253*）、航路法線（屈曲部）、航路の性能規定、トリム（*263*）、喫水、最大喫水

22. 航路の幅員

『港湾の施設の技術上の基準の細目を定める告示』（平成19年3月公布）では、航路の性能規定として「航路の幅員は、対象船舶の長さ及び幅、船舶航行量、地象、波浪、水の流れ及び風の状況並びに周辺の水域の利用状況に照らし、船舶が行き会う可能性のある航路にあっては対象船舶の長さ以上の、船舶が行き会う可能性のない航路にあっては対象船舶の長さの二分の一以上の適切な幅を有すること。ただし、航行の形態が特殊な場合にあっては、船舶の安全な航行に支障を及ぼさない幅までその幅員を縮小することができる。」と定めている。

また、『港湾の施設の技術上の基準・同解説』（2007年版）では、対象船舶及び航行環境を特定できない場合における航路の幅員の供用性について、次のように述べている。

1）船舶が行き会う可能性のある航路の適切な幅

対象船舶及び航行環境を特定できない場合の船舶が行き会う可能性のある航路の性能照査に当たっては、対象船舶の全長以上の適切な幅として、以下の値を用いることができる。

・航路の距離が比較的長い場合には対象船舶の全長の1.5倍
・対象船舶同士が航路航行中に頻繁に行き会う場合には対象船舶の全長の1.5倍
・対象船舶同士が航路航行中に頻繁に行き会いかつ航路が比較的長い場合には対象船舶の全長の2.0倍

2）船舶が行き会う可能性のない航路の適切な幅

対象船舶及び航行環境を特定できない場合の船舶が行き会う可能性のある航路の性能照査に当たっては、対象船舶の全長の0.5倍以上の適切な幅とする。ただし、航路の幅員が対象船舶の全長を下回る場合には、船舶の航行を支援する施設の整備等の船舶の安全な航行を図るための十分な対策を検討する。

関連用語　航路の性能規定、航路の幅員の供用性、航路の性能照査

23. 航路の方向

航路の方向は、地象、波浪、水の流れ及び風の状況並びに周辺の水域の利用状況に照らし、船舶の安全な航行に支障を及ぼさないものとする。

航路の法線は、できるだけ横方向より強い風や潮流を受けないように、小型船にあっては横波、大型船にあっては低速航行時に追波（船尾方向からの波）を受けないように考慮する。

関連用語　航路の法線、横波、追波

24. 港湾管理者

港湾管理者は、港湾法に基づいて港湾を一体的に管理運営し、その総合的な開発・発展を図る公共的責任の主体のことをいう。港湾法においては、『この法律で「港湾管理者」とは、第2章第1節の規定により設立された港務局又は第33条（港湾管理者としての地方公共団体の決定等）の規定による地方公共団体をいう。』としており、港湾管理者になることができるのは地方公共団体のみである。

港湾管理者の設立には、1）特殊法人「港務局」を創設する方法、2）地方公共団体自体が港湾管理者となる方法、3）地方自治法第284条第1項の地方公共団体（一部事務組合）を港湾管理者として設立する方法の3つがあるが、いずれも地方公共団体の意思によるものである。

港湾管理者の主要な業務は、1）港湾区域、港湾施設の維持・管理、2）港湾計画の作成及び工事の施行、3）港湾内の公有水面の埋立等による造成、4）港湾利用に必要な役務の提供、など多岐にわたっている。

関連用語　港湾法、地方公共団体、港務局、一部事務組合、区域・施設の維持・管理、港湾計画（*255*）、造成、役務の提供

25. 港湾計画

港湾計画は、港湾ならびに港湾に隣接する一定の水域と陸域からなる空間について、計画的に開発・利用及び保全を行うために、港湾管理者が港湾法に基づいて定める基本的な計画のことをいう。これは国際戦略港湾、国際拠点港湾または重要港湾の港湾管理者が20～30年後の長期的視点から空間利用の基本的な方向（長期構想）を検討し、それを踏まえて港湾計画として10～15年後の港湾の能力、港湾施設の規模と配置、港湾の環境の整備と保全等の事項を定めるものである。

港湾計画は、基本方針に適合し、かつ、港湾の取扱可能貨物量その他の能力に関する事項、港湾の能力に応ずる港湾施設の規模及び配置に関する事項、港湾の環境の整備及び保全に関する事項、港湾の効率的な運営に関する事項その他の基本的な事項に関する国土交通省令で定める基準に適合したものでなければならない。

港湾計画の具体的な内容としては、1）岸壁や荷さばき地などの埠頭計画、2）物流の効率化を図るための臨港道路計画、3）緑地などの港湾環境整備施設計画、などが挙げられる。

港湾計画は、港湾管理者が実施する港湾施設整備のほか、港湾で活動する民間事業者などの行為に対し、管理運営を行ううえでの指針となるものである。

港湾計画においては、岬や島など、地形上天然の遮蔽物として利用できるものは有効に利用する。

関連用語 水域、陸域、国際戦略港湾、国際拠点港湾、重要港湾、港湾管理者（*254*）、港湾法、埠頭計画、臨港道路計画、港湾環境整備施設計画、天然の遮蔽物

26. 港湾施設

港湾施設は、港湾を管理運営するために必要な施設であり、港湾管理者が港湾を管理運営するために必要な水域である「港湾区域」（水域）及び、港湾管理者が港湾を管理運営するために必要な港湾区域に接続する陸域で都市計画法又は港湾法により定められる区域である「臨港地区」（陸域）における一定の施設（固定施設）並びに港湾の利用又は管理に必要な一定の施設（可動施設）としている。

港湾施設の種類は、港湾法において次の19施設が定められている。

（1）水域施設、（2）外郭施設、（3）係留施設、（4）臨港交通施設、（5）航

行補助施設、(6) 荷さばき施設、(7) 旅客施設、(8) 保管施設、(9) 船舶役務用施設、(10) 港湾情報提供施設、(11) 港湾公害防止施設、(12) 廃棄物処理施設、(13) 港湾環境整備施設、(14) 港湾厚生施設、(15) 港湾管理施設、(16) 港湾施設用地、(17) 移動式施設、(18) 港湾役務提供用移動施設、(19) 港湾管理用移動施設

関連用語 港湾区域、臨港地区、水域施設 (*258*)、外郭施設 (*244*)、係留施設 (*251*)、臨港交通施設 (*268*)

27. 朔望（さくぼう）平均満潮面（H.W.L.）/ 朔望（さくぼう）平均干潮面（L.W.L.）

朔望平均満潮面は、朔望（満月、新月）の日から前2日、後4日以内に現れる各月の最高満潮面を平均した水面をいう。

また、朔望平均干潮面は、朔望（満月、新月）の日から前2日、後4日以内に現れる各月の最低干潮面を平均した水面をいう。

関連用語 既往最高潮位面 (*248*)、平均水位面、既往最低潮位面 (*248*)、基本水準面 (*249*)

28. シーバース

シーバースは、沖合に設置された石油荷役設備であり、主にタンカーのためにある係留施設をいう。大型の石油タンカーが、岸壁に接岸するには水深を深く確保する必要があるために、石油コンビナート沖合の水深が十分ある位置にシーバースを設置して、パイプラインにより石油荷役を送るようにしている。

シーバースの法線は、船舶の接岸時の操船を容易にし、かつ係留中にシーバースに作用する外力を小さくするために、1) 潮流方向にできるだけ平行とする、2) 卓越風向が真横ないし後方になるのをできるだけ避ける、3) 波向はできるだけ真横に受けるのを避ける、などに考慮する必要がある。

シーバースの構造形式のうち、国内の既往のシーバースは、固定式シーバースの中のドルフィン構造方式が多く、これはシーバースに必要な施設機能を機能別に分離して配置されるものであり、接岸施設（接岸ドルフィン）、係留施設（係留ドルフィン）、荷役施設（荷役桟橋）から構成されている。

関連用語 係留施設 (*251*)、法線、卓越風向、固定式シーバース、ドルフィン構造

方式、浮標式シーバース

29. 重力式係船岸（重力式岸壁）

重力式係船岸は、土圧や水圧などの外力に対して、壁体の重量とその摩擦力によって抵抗する係船岸をいう。重力式係船岸は、壁体自体は比較的強固で、耐久性があり、ブロック式などのプレキャストコンクリート部材を使用する場合に施工が容易である反面、水深が深くなると経済的に不利になることもあるため、水深の浅い場合によく用いられる。

重力式係船岸は、壁体の形態および施工方法によってケーソン式係船岸、L形ブロック式係船岸、セルラーブロック式係船岸、ブロック式係船岸、場所打ちコンクリート式係船岸などに分類される。

関連用語　係船岸（*250*）、ケーソン式係船岸、L形ブロック式係船岸、セルラーブロック式係船岸、ブロック式係船岸、場所打ちコンクリート式係船岸、係留施設（*251*）

30. 消波工

消波工は、反射波や越波を減らす目的あるいは波力を弱めることを目的とした構造物、もしくはこれらの構造物を用いた工法のことであり、一般には、護岸や堤防などの前面に異形コンクリートブロックや捨石を投入して設ける。

直立壁の前面に異形コンクリートブロックなどを投入して消波工を設けると、壁体に作用する波力が変化する。その変化の程度は来襲波の特性のほか、消波工の天端高、天端幅、消波ブロックの種類、中詰の捨石の有無等、消波工の構造によって異なる。一般に、直立壁に砕波力、特に強大な衝撃砕波力が作用しているときは、消波工被覆によって波力をかなり緩和することが可能である。しかしながら、波力の減少効果が認められるのは、消波工が十分な幅と天端高を有するときであって、特に消波工の頂部が設計潮位より低いような場合には、波力を増大させることが多いので注意が必要である。

関連用語　反射波、越波、護岸（*192*）、堤防、異形コンクリートブロック、捨石、設計潮位

31. 進入表面

進入表面は、航空機の進入及び出発の際に航空機の安全を確保するために設けるもので、着陸帯末端に接続し外側上方に広がる台形の面をいう。

航空法では、進入表面は着陸帯の短辺に接続し、かつ、水平面に対し上方へ50分の1の勾配を有する平面であって、その投影面が進入区域（着陸帯の短辺の両端及びこれと同じ側における着陸帯の中心線の延長3,000 mの点において、中心線と直角をなす一直線上におけるこの点から600 mの距離を有する2点を結んで得た平面）と一致するもの、と定義している。

進入表面は、水平表面や転移表面などと同様に制限表面（航空機が空港に安全に離着陸するために、周辺の空間を無障害に保つべき空間の底面）の1つで、航空法の定めにより制限表面の上に出る高さの建造物、植物その他の物件について、これを設置し、植栽し、または留置することが禁止されている。

関連用語　着陸帯（*260*）、進入区域、水平表面（*258*）、転移表面（*261*）、制限表面（*259*）

32. 水域施設

水域施設は、港湾施設のうち船舶が操船、係留、停泊をするための水面のことである。水域施設には、航路、泊地及び船だまりがある。

関連用語　港湾施設（*255*）、航路、泊地（*263*）、船だまり

33. 水平表面

水平表面は、航空機が最終進入を行う前に、空港上空での旋回の安全を確保するために設けるもので、空港の標点の上方45 mの円形の水平面をいう。

航空法では、水平表面は飛行場の標点の垂直上方45 mの点を含む水平面のうち、この点を中心として半径4,000 mで描いた円周で囲まれた部分、と定義している。

水平表面は、進入表面や転移表面などと同様に制限表面（航空機が空港に安全に離着陸するために、周辺の空間を無障害に保つべき空間の底面）の1つで、航空法の定めにより制限表面の上に出る高さの建造物、植物その他の物件について、これを設置し、植栽し、または留置することが禁止されている。

関連用語　標点、進入表面（*258*）、転移表面（*261*）、制限表面（*259*）

34. ストップウェイ

ストップウェイは、滑走路の先に続く平たんな区域であり、航空機が加速停止のために滑走しても機体構造に損傷を与えない程度の舗装面であることが定められている。

ストップウェイに類似した用語としてクリアウェイがある。これは、滑走路の先に続く障害物のない平たんな区域で、空港の管理下にある部分をいう。

クリアウェイやストップウェイ、あるいはこの両方の区域を利用することにより、エンジンが1基停止した場合に離陸を中止する場合の加速停止距離は、滑走路長にこれらを加えた長さより短ければよくなるので離陸の条件が緩和されることになる。

関連用語 クリアウェイ、加速停止距離、滑走路長（*246*）

35. 制限表面

制限表面は、航空機の安全な航行を目的として空港及びその周辺に障害物のない空域を確保するために設けられた障害物を制限する表面である。制限表面には、進入区域、進入表面、水平表面、転移表面、延長進入表面、円錐表面、外側水平表面、内側進入表面、内側転移表面などの種類がある。

航空法第49条によって、制限表面より上に出る高さの建造物、植物その他の物件を設置し、植栽しまたは留置することが禁じられている。なお、同一の点において2つ以上の表面が重なるときには、最も低い表面が適用される。

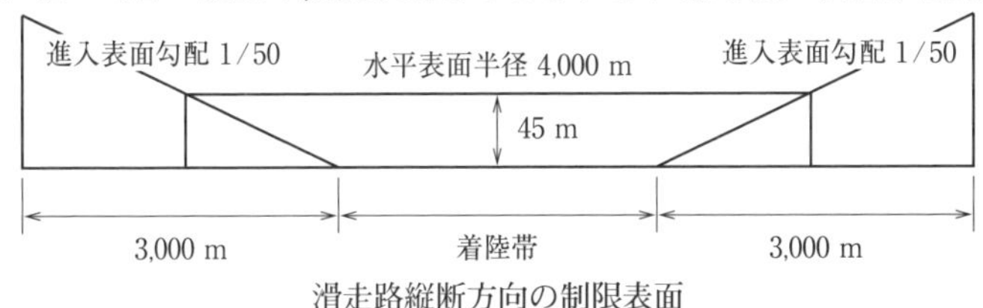

滑走路縦断方向の制限表面

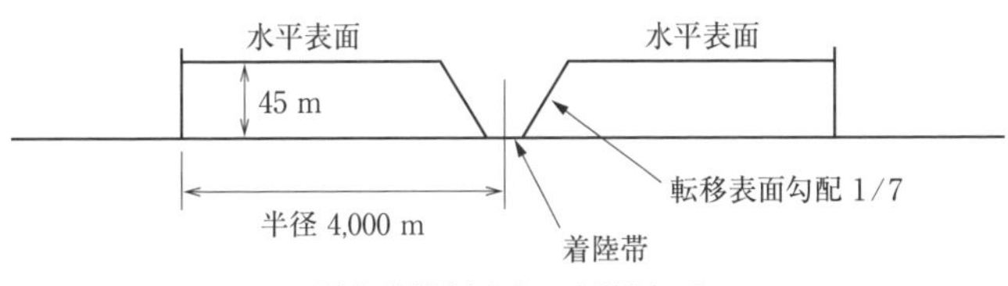

滑走路横断方向の制限表面

関連用語 進入区域、進入表面（*258*）、水平表面（*258*）、転移表面（*261*）

36. 耐震強化岸壁（耐震バース）

耐震強化岸壁は、大規模な地震が発生した場合に、被災直後の緊急物資や避難者の海上輸送を確保するために、通常のものより耐震性を強化して建設される岸壁をいう。

地震災害時の円滑な救命、救急、復旧活動を支えるための緊急輸送ネットワークを全国各地に構築するための施策の1つとして、阪神淡路大震災の教訓を踏まえた港湾、漁港における耐震強化岸壁の整備が全国で進められている。

耐震強化岸壁の配置は、通常、背後圏の人口から緊急物資輸送量を試算し、それに基づいて必要な耐震強化岸壁数を求め、次に、緊急輸送経路が確保されているか、岸壁の背後に緊急物資を保管できる緑地等が確保されているか、危険物取扱施設等から離れているか、などを考慮し決定する。

関連用語　耐震性、緊急輸送ネットワーク、阪神淡路大震災

37. ターニングパッド

ターニングパッドは、航空機が滑走路上で方向転換（転回）を行うために、滑走路の幅が広がっている部分のことをいう。

ターニングパッドを設置することによって、平行誘導路がなくとも滑走路の全長を最大限に利用して航空機を離着陸させることが可能になるが、離着陸する航空機が滑走路上をタクシングしなければならなくなるため、平行誘導路を有する滑走路に比べて運用効率が落ちる。そのためターニングパッドは、離発着回数が少なくて平行誘導路を持たない小規模な空港で利用されることが多い。

関連用語　滑走路（*246*）、平行誘導路

38. 着陸帯

着陸帯は、滑走路を中心として、一定の幅と長さをもった長方形の平面をいう。着陸帯は、滑走路の周辺に整地、芝の植栽を行うもので、航空機が滑走路から逸脱した場合でも人命の安全を図り、航空機の損傷を軽微にする役割がある。

航空法では、着陸帯は特定の方向に向かって行う航空機の離陸（離水を含む）又は着陸（着水を含む）の用に供するため設けられる飛行場内の矩形

部分、と定義している。

関連用語 滑走路（*246*）、過走帯（*245*）、誘導路（*267*）

39. デタッチドピヤ

デタッチドピヤは、陸岸より少し離れたところに設けた係留施設をいい、船舶を係留させる施設が陸岸と切り離されているところに特徴がある。デタッチドピヤは、石炭や鉱石を専門に取扱う係留施設に多く見られ、通常は走行式橋型クレーンなどの荷役機械がデタッチドピヤと陸岸にかけて架設されている。またデタッチドピヤと陸岸との間には、人間が渡れる程度の連絡橋を架けていることがある。

デタッチドピヤの構造形式には、重力式、セル式、矢板式、杭・脚柱式があり、設計上は横桟橋に準じて行う。

関連用語 係留施設（*251*）、走行式橋型クレーン、荷役機械、重力式、セル式、矢板式、杭・脚柱式、横桟橋

40. 転移表面

転移表面は、航空機が滑走路中心線から外れて進入したり、進入復行を行う場合などに、空港上空の低高度における脱出の安全を確保するために設けるもので、着陸帯の長辺と進入表面の斜辺から外側上方に、水平表面に交会するまで広がる面をいう。

航空法では、転移表面は進入表面の斜辺を含む平面及び着陸帯の長辺を含む平面であって、水平面に対する勾配が進入表面又は着陸帯の外側上方へ7分の1の平面で、その末端が水平表面との接線になる部分、と定義している。

転移表面は、進入表面や水平表面などと同様に制限表面（航空機が空港に安全に離着陸するために、周辺の空間を無障害に保つべき空間の底面）の1つで、航空法の定めにより制限表面の上に出る高さの建造物、植物その他の物件について、これを設置し、植栽し、または留置することが禁止されている。

関連用語 着陸帯（*260*）、進入表面（*258*）、水平表面（*258*）、制限表面（*259*）

41. 動揺外力

動揺外力は、係留船舶などの動揺浮体に働く外力のことをいう。近年、係留船舶の動揺に対しては、波の周期が20～30秒以上の長周期波が大きく影響することが指摘されており、波高が小さくても長周期波が存在することによって船舶に大きな動揺が生じ、荷役に支障を及ぼすということが報告されている。

波浪中の動揺浮体に働く外力のうち、風圧力や水の流れによる力は、通常、定常的な力として扱うが、動揺に対しては波力が最も重要な外力である。波の作用を受けて動揺する浮体に作用する外力は、次のように表される。

動揺浮体に作用する外力＝「固定浮体に作用する外力（波力、風圧力、水の流れによる流圧力等）」＋「静水中での動揺浮体に対する造波抵抗」＋「静水圧的復元力」＋「拘束力」

関連用語　係留船舶、動揺浮体、長周期波、波力、風圧力、流圧力、造波抵抗、静水圧的復元力、拘束力

42. ドック式埠頭

ドック式埠頭は、ドックをとり囲んで岸壁、桟橋、荷揚場などを配置した形式の埠頭をいう。ドック式埠頭は、風波や潮差、河川の水位差などによる影響を避けることができ、静穏な水面を確保できる長所があるが、閘門操作による時間的な損失などの不便さがある。

関連用語　閘門 (*252*)、突堤式埠頭 (*262*)、平行式埠頭 (*266*)

43. 突堤式埠頭

突堤式埠頭は、突堤を陸岸より水面に突出させ、船舶をその両側に係留させる埠頭をいう。突堤式埠頭は、限られた陸岸の延長に比較して、多くの水際線利用が可能となる長所を持つが、埠頭用地を十分確保することができない。

埠頭用地については、少なくとも突堤の幅員として200～350 m程度、突堤基部に100～200 m程度の幅をもった用地を計画しているところが多い。

関連用語　平行式埠頭 (*266*)、ドック式埠頭 (*262*)

44. トリム

船は必ずしも水平に浮くわけではなく、積荷等によって傾斜する。

トリムは、船舶の積荷やバラスト水の積み方による船の前後方向の傾き、すなわち船首喫水と船尾喫水との差のことをいう。積荷計画にあたっては、船体安全性確保の基本となる貨物の船内重量配分は特に重視される。

関連用語 バラスト水、喫水

45. 泊地

泊地は、港湾内で船舶が安全に停泊できる海面をいい、一般に防波堤や護岸等の外郭施設、あるいは岸壁等の係留施設によって囲まれている。

泊地は、安全な停泊、円滑な操船および荷役を図るため、静穏かつ十分な広さを有していなければならない。泊地の静穏度は、荷役が可能な波高（限界波高）の出現率で評価する。港湾の施設の技術上の基準・同解説では、泊地の静穏度について「泊地の静穏度とは、当該泊地において、船舶が安全かつ円滑に利用することができる状態の時間的割合（%）のことである。」、「また、泊地の静穏度の照査においては、一般に、泊地内の波高を指標として評価することができるが必要に応じて、係留中の対象船舶の動揺に影響を及ぼす波浪の波向き及び周期、並びに、対象船舶の係留方法を適切に評価する。」としている。

また泊地の水深は、波浪、水の流れ、風等による対象船舶の動揺の程度に照らし、対象船舶の喫水以上の適切な深さを有することとされており、最低水面から対象船舶の満載喫水に、おおむねこの満載喫水の10%を加えた値を標準としている。操船水面の広さは、曳船の有無、風、潮流の影響などを考慮し、安全な操船を確保する必要があり、一般には次の値をとっている。

1）船舶が自力で回頭する場合：対象船舶の船長の3倍程度を直径とする円

2）船舶が曳船により回頭する場合：対象船舶の船長の2倍程度を直径とする円

関連用語 外郭施設（*244*）、係留施設（*251*）、静穏度、限界波高、喫水

46. バース

バースは、交通ターミナルにおいて貨物の積卸しや旅客の乗降を行うために車両、船舶、航空機等が留まる所定の場所をいい、特に港湾施設では港内で荷役などを行うため、船舶が停泊できる係船岸の所定の場所をさす。

バースの長さや水深は、対象船舶の諸元に応じて決められるが、通常、バースの水深は、満載喫水に余裕水深として船型に応じ0.5～1.5 mを加算して定められる。

関連用語　係船岸（*250*）、バース水深

47. 波浪

波浪は、海面に起こる波のうち、主として風によって発生する波で、周期が1～30秒くらいの重力波をいう。波浪は、直接水面上を吹く風によって発生する風浪と、風浪が発生域の外に伝播したうねりに大別できる。また、波浪の方向によって、海岸線に沿う沿岸流と沖方向に向かう離岸流とに分けられる。

設計に用いる波浪は、計画波浪とし、保全施設の設計に際しては、必要に応じて地形、または構造物による波浪の変形、すなわち浅水変形、屈折、回折、反射、砕波を考慮する。

関連用語　重力波、風浪、うねり（*166*）、沿岸流（*166*）、離岸流（*237*）、計画波浪

48. 波浪の推算

海の波は、風波（風によって生じる波で、不規則で波形は尖っている）とうねり（風浪が風の吹かない領域にまで伝わった波、あるいは風が弱まった場合や風向が急に変化した場合に残された波で、周期的で正弦波に近い）に分類される。風波の大きさは、風速及び風の吹送距離と吹送時間によってほぼ決まるものであり、気象資料に基づいて発生波の波浪緒元（波高、周期、波向など）を推定することを一般に波浪の推算という。

波浪推算手法は、大別して、1）実際の不規則な波を有義波で代表させて諸元を推算する有義波法、2）波の方向スペクトルの発達過程をとらえて推算するスペクトクル法、3）経験公式による方法、の3系統に分類される。経験公式は、観測値を直接に風や台風の諸元と結びつけたものなので一般的には

推算法として使うことは難しいが、特定の状況に対しては簡便法として有用な結果を与える。従来から、有義波法によって波浪推算が行われているが、近年では、波浪のスペクトル構造に関する研究成果の蓄積や、コンピュータ技術の進歩によって膨大な量の数値計算が可能になったこと等からスペクトル法が実用化されるようになった。

有義波法は、その研究者達の名前の頭文字を取ってSMB法とも呼ばれ、グラフとして与えられたもので、海上風・吹走距離・吹続時間などのパラメータを用いて有義波の波高と周期を簡単に計算できるため、現在でもその利用価値は高い。また、有義波法として、風速と吹走距離から有義波の波高と周期を計算できるウィルソンの公式もある。一方、スペクトル法は、複雑な風の時間変化や空間分布内での波浪変化、特にうねりの表現に優れているという特徴がある。

関連用語 風波、うねり（*166*）、波高、周期、波向、有義波法、スペクトクル法、経験公式、SMB法、ウィルソンの公式

49. フィレット

フィレットは、誘導路の交差部や曲線部において、車輪が誘導路からはみ出さないために配置された拡幅部分をいう。航空機の移動を円滑にするために、滑走路と誘導路、あるいは誘導路とエプロンなどの接合部分に設けられる曲線の舗装体である。

『空港土木施設設計要領（施設設計編）』（国土交通省航空局）には、「誘導路の交差部及び曲線部には、フィレットを設けることとし、航空機の操縦室が曲線部の誘導路中心線を走行する際、主脚車輪外縁から舗装端までのクリアランスは、以下の規格を有するべきである。」として、外側主脚車輪間隔に応じた寸法が示されている。

関連用語 誘導路（*267*）、滑走路（*246*）、エプロン（*244*）

50. 埠頭

埠頭は、港湾において旅客の乗降、貨物の積卸しが行われる区域をいう。埠頭は、船舶が接岸して貨物の積み卸しや旅客の乗降を行うための係留施設のほか、荷役施設、上屋・倉庫などの保管施設、さらに道路・鉄道などの関連陸上交通施設を含めて、海陸運送の転換機能をもつ施設の総称をいう。

埠頭は、使用形態により公共埠頭と専用埠頭に分けられ、また、形状により平行式、突堤式、ドック式などに分類される。さらに、取り扱う貨物の性格によって、専門埠頭と雑貨埠頭に分類される。専門埠頭には、コンテナ埠頭、フェリー埠頭、RORO船埠頭、シーバース、危険物埠頭、バルク（バラ）貨物埠頭、穀物埠頭、旅客埠頭などがあり、雑貨埠頭は、コンテナに収められた貨物等、特別な積み付け保管が必要なもの以外の貨物の荷役を行う埠頭である。

関連用語 係留施設（*251*）、荷役施設、公共埠頭、専用埠頭、平行式埠頭（*266*）、突堤式埠頭（*262*）、ドック式埠頭（*262*）、専門埠頭、雑貨埠頭、コンテナ埠頭、フェリー埠頭、RORO船埠頭、シーバース（*256*）、危険物埠頭、バルク（バラ）貨物埠頭、穀物埠頭、旅客埠頭

51. 平行式埠頭

平行式埠頭は、陸岸に平行に船舶を係留させる埠頭をいう。平行式埠頭は埠頭用地を十分確保でき、陸上交通と円滑な連絡を図りやすいという長所がある。埠頭用地については、少なくとも岸壁背後に150～200 m程度の幅をもった用地を計画しているところが多い。

埠頭の種類の選定にあたっては、気象や海象、地形などの自然条件や、取扱い貨物の種類、対象船舶などを考慮し、突堤式や平行式を混用した形状も含めて計画する必要がある。

関連用語 突堤式埠頭（*262*）、ドック式埠頭（*262*）

52. 防砂堤

防砂堤は、航路や泊地などの水域を、海岸漂砂による埋没から防ぐために設ける構造物をいう。防砂堤は、防波堤あるいは導流堤を兼ねることも多い。

防砂堤は砂止めの機能を期待するものであるため、不透過構造が原則であるが、流れによる洗掘のおそれが大きい場合や、反射波を防止したい場合には消波構造を併用する。防砂堤の天端高は、一般に越波には浮遊砂が含まれているため、越波を許さないことが望ましいが、経済性などの条件から越波を許すこともある。

関連用語 海岸漂砂、防波堤（*267*）、導流堤、不透過構造、反射波、越波

53. 防波堤

防波堤は、防潮堤や護岸、水門、堤防などの港湾施設の外郭施設の1つで、主に港湾内の水域の静穏を維持することを目的に設置される。防波堤の配置として、港口は船舶の出入に支障をきたさない範囲で幅を狭くし、最多最強の波浪方向からそらして効果的に港内を遮蔽して静穏度を確保する必要がある。

防波堤は、一般に構造上から、1）直立壁を海底に設置した直立堤、2）割石やコンクリートブロックを台形に積んだ傾斜堤、3）捨石マウンド上に直立部を設けた混成堤、4）空気防波堤や浮防波堤、鋼製防波堤などの特殊形式の防波堤、に大別され、これらのうち混成堤が最も多く用いられている。

施設の安定性、構造部材の断面の破壊（疲労によるものを除く。）等の照査に用いる波浪については、長期間の実測値又は推算値をもとに、統計的解析等により再現期間に対応した波浪の波高、周期及び波向を適切に設定するものとされている。

関連用語 外郭施設（*244*）、直立堤（*213*）、傾斜堤（*187*）、混成堤（*192*）、波浪（*264*）

54. 矢板式係船岸

矢板式係船岸は、矢板を打ち込んで土留め壁とした係船岸をいう。矢板式係船岸は、矢板背面の土圧を、タイロッドによる控え工と根入部前面の受働土圧によって支える構造であり、施工設備が比較的簡単で施工も容易、地震に対して有利であるなどの反面、裏込め及び控え工のない状態では波浪に弱い、腐食しやすいなどの欠点がある。

矢板式係船岸は、通常の矢板式係船岸、自立矢板式係船岸、斜め控え杭矢板式係船岸、二重矢板式係船岸、棚式係船岸などに分類される。

関連用語 係船岸（*250*）、通常の矢板式係船岸、自立矢板式係船岸、斜め控え杭矢板式係船岸、二重矢板式係船岸、棚式係船岸、係留施設（*251*）

55. 誘導路

誘導路は、航空機の地上走行のために設けられる、飛行場内の通路をいう。誘導路は、以下のように分類される。

1）平行誘導路：エプロンと滑走路を結ぶ誘導路のうち、滑走路と平行に設けられた誘導路で、主として離着陸回数が多い空港に設置される誘導路である。特に交通量の多い空港では、必要に応じて二重平行誘導路を設ける。

2) 取付誘導路：平行誘導路と滑走路の最末端、平行誘導路とエプロン、滑走路とエプロンを結ぶ誘導路であり、通常滑走路に対して直角に取り付けられる。小規模な飛行場では平行誘導路を設けずに、ターミナルやエプロンその他の設備と滑走路を直接、取付誘導路で接続していることが多い。

3) 高速脱出誘導路：着陸した航空機が滑走路を占有する時間をより短縮するために、高速で滑走路から脱出できるように滑走路の中間部の適宜な位置に取り付けられた誘導路。

4) バイパス誘導路：発着回数の多い空港において、航空管制上の理由などから後続の航空機が先行の航空機を追い越す場合のために、滑走路末端に設けられる誘導路。

誘導路の計画にあたっては、航空機の移動が安全、円滑、迅速に行われるように平面形状や動線について配慮する必要がある。また曲線部や曲がり角においては、車輪が誘導路からはみ出さないように拡幅部（フィレット）を設ける。

関連用語　平行誘導路、取付誘導路、高速脱出誘導路、バイパス誘導路、フィレット（*265*）、エプロン（*244*）、滑走路（*246*）

56. 臨港交通施設

臨港交通施設は、港湾施設のうち臨港交通を確保するための施設である。臨港交通施設には、臨港道路（港湾道路）、臨海鉄道、運河、ヘリポート、駐車場、橋梁、軌道などがある。

関連用語　港湾施設（*255*）、臨港交通港、臨港道路、臨海鉄道

第6章　電 力 土 木

1. LNG火力発電
2. 一次エネルギーに占める電力化率
3. 温度差エネルギー
4. 温排水対策
5. ガスタービン発電
6. 河川の流量（水位）
7. 火力発電
8. 火力発電所における温排水の放水方式
9. 火力発電所における冷却水の取水設備方式
10. 火力発電所のLNGタンク
11. 火力発電所の取水路
12. 火力発電所の放水路
13. 火力発電所のユニット容量
14. 火力発電設備
15. 火力発電の熱効率
16. 逆列成層
17. キャビテーション
18. 汽力発電
19. 軽水炉
20. 原子力発電
21. 原子力発電設備
22. コンバインドサイクル発電
23. 再生可能エネルギー
24. 最大使用水量
25. サージタンク
26. サーチャージ水位
27. 自然エネルギー
28. 取水ダム
29. 常時使用水量
30. 常時ピーク使用水量
31. 常時満水位
32. 新エネルギー
33. 水圧管路
34. 水車
35. 水力発電の経済性評価
36. 水力発電の種類
37. 水力発電の有効落差
38. 水路式発電所
39. 太陽光発電
40. 地下発電所
41. 地熱発電
42. 中小規模水力発電
43. 調整池式発電所
44. 貯水ダム
45. 貯水池式発電所
46. 沈砂池
47. 鉄塔
48. 鉄塔の基礎
49. 電源別発電電力量
50. 導水路
51. トリチェリーの定理
52. 内燃力発電
53. 流込み式発電所
54. 日負荷率
55. 年負荷率
56. バイオマスエネルギー
57. バイオマス熱利用
58. バイオマス発電
59. バックウォーター（背水）
60. 発電設備の利用率
61. 発電方式別のCO_2排出量
62. 発電方式別の発電コスト
63. 風力発電
64. 負荷率
65. 復水器
66. ヘッドタンク
67. 包蔵水力
68. Manningの公式
69. 有効落差
70. 揚水式発電所
71. 流況曲線
72. 理論水力
73. 冷却水の取水口設備
74. 冷却水の放水口設備

1. LNG火力発電

LNGは液化天然ガスのことで、天然ガス中の不純物を精製して取り除き－162℃に冷やして液体にしたものをいう。

わが国は1970年代から、大気汚染対策のための石油に代わる火力発電燃料として天然ガスの大規模利用が始まり、当初LNG発電は石油火力より高価だったが、大気汚染の対策費用を含めると経済性があり、その後石油危機で原油価格が高騰するとLNG発電の優位性はさらに高まり、急速に普及した。

LNG火力発電は、硫黄酸化物や煤塵の発生がなく環境負荷が少ない反面、貯蔵設備やパイプラインの敷設など、付随設備の建設に時間やコストがかかる。現在では、高効率のコンバインドサイクル発電設備の導入が進められており、その卓越した熱効率は他の化石燃料を利用した発電より二酸化炭素の発生が少ないことから、重要な地球温暖化対策として注目されている。

2021年度における、全発電量に占めるLNG火力発電の割合は34.4%になっている（データ出典：エネルギー白書2023）。

関連用語 液化天然ガス、コンバインドサイクル発電（*280*）、LNG火力発電の割合

2. 一次エネルギーに占める電力化率

一次エネルギーは、石油・石炭・天然ガス等の化石燃料やウランや自然エネルギー等の最初にエネルギーの源となるものをいい、電気・ガソリン・都市ガス等、一次エネルギーを変換や加工して得られるエネルギーのことを二次エネルギーという。

電力化率は、一次エネルギー総需要のうち、電気エネルギー（電力）に転換された割合をいい、2021年度は48%になっている（データ出典：日本原子力文化財団「原子力・エネルギー図面集」）。

関連用語 一次エネルギー、二次エネルギー、電力化率

3. 温度差エネルギー

温度差エネルギーは、地下水や海水、河川水、下水といった水温と外気の温度差をいい、この温度差エネルギーをヒートポンプや熱交換器を使って、冷暖房などに利用したものを温度差熱利用と呼んでいる。

温度差熱利用は、(1) クリーンなエネルギー、(2) 新しい都市型エネルギー、(3) 寒冷地の融雪用熱源や温室栽培など多彩な活用分野がある、といった利

点があるが、建設工事の規模が大きいためイニシャルコストが高いといった課題がある。

関連用語 ヒートポンプ、熱交換器、温度差熱利用、再生可能エネルギー（*280*）

4. 温排水対策

温排水は、発電所においてタービンをまわした蒸気が復水器に送られ、そこで海水によって冷却されるが、この冷却した後の温かい海水のことをいう。火力発電や原子力発電では温排水が環境、とりわけ海生物に与える影響について慎重な配慮が必要となる。

火力発電では燃焼エネルギーの約45%、原子力発電では約65%が冷却水により放熱されている。発電所の放水口から放出される温水は、復水器を通過することにより6～8℃程度高くなる。

温排水対策には、温排水の影響の低減と温排水の利活用が挙げられる。このうち、温排水影響の低減策としては、温排水の放流温度を下げる方法と放流後の希釈混合によって下げる方法とがある。前者には冷却塔で復水冷却する冷却塔方式、水温躍層面下の低温の海水を取水する深層取水方式、海水を取水路より放水路にバイパスして温排水と混合することにより水温を下げるバイパス希釈混合方式などがあり、後者の方法には深層の放流管より温排水を噴流させて強制拡散させる深層放流方式、放水口前面海底より空気泡を噴出させて拡散を促進させるエアバルブ方式などがある。

関連用語 復水器（*300*）、火力発電（*272*）、原子力発電（*279*）、冷却塔方式、深層取水方式、バイパス希釈混合方式、深層放流方式、エアバルブ方式

5. ガスタービン発電

ガスタービン発電は、火力発電のうち、燃料を燃焼させた燃焼ガスで直接ガスタービンを回転し、タービンに連結した発電機により発電する方式をいう。ガスタービン発電の燃料としては、重油、原油、軽油、LNGなどが用いられる。

ガスタービンは、汽力発電に比べて構造が簡単で建設費も安く、始動特性がよく負荷の急変に対応できるのが特徴であるが、熱効率が低くて燃料費が高く、大容量のものができないためピーク負荷用非常予備電源として用いられている。

関連用語 火力発電（*272*）、LNG、汽力発電（*278*）、始動特性、内燃力発電（*294*）、コンバインドサイクル発電（*280*）

6. 河川の流量（水位）

河川の流量は、降水量や気温等の気候条件だけではなく、流域地質の影響等を受けて変化しながら流下するが、その流下量を一定時間単位で表現したものを流量と呼び、次のように分類されている。

最大流量：期間中の最大流入量の値

豊水流量：1年を通じて95日間はこれより低下しない流量の値

平水流量：1年を通じて6カ月間（185日）はこれより下回らない流量の値

低水流量：1年を通じて275日間はこれより低下しない流量の値

渇水流量：1年を通じて355日はこれを下回らない（1年間のうちの10日間はこの流量が確保されない）流量の値で、渇水時の流況を示す指標

最小流量：期間中の最小流量の値

また、豊水流量における水位を豊水位、平水流量における水位を平水位、低水流量における水位を低水位、渇水流量における水位を渇水位と呼んでいる。

なお、河川で利用できる毎日の平均流量を、日数を横軸にとって流量の大きいものから順に並べたグラフを流況曲線という。流況曲線により、発電所で採用しようとする流量に対する運転可能日数がわかるとともに、常時使用水量の決定、発電電力量や利用率の算定、必要な調整能力と日数などの検討が容易となる。

関連用語 最大流量、豊水流量、平水流量（*203*）、低水流量、渇水流量、最小流量、豊水位、平水位、低水位、渇水位、流況曲線（*303*）、常時使用水量（*283*）

7. 火力発電

火力発電は、石油、石炭、天然ガス（LNG）などの化石燃料をボイラで燃やしてつくられた高温、高圧の蒸気でタービンを回して発電するものをいう。火力発電は、熱エネルギーを機械的エネルギーに変換する原動機の種類によって、1）蒸気タービンによる汽力発電、2）内燃機関による内燃力発電、

3）ガスタービンによるガスタービン発電、4）ガスタービンと蒸気タービンを組み合わせたコンバインドサイクル発電、などに分類される。

火力発電は、大きな出力で発電でき、電力需要に合わせた出力調整も可能であるため発電の中心的役割を担っている。

関連用語 汽力発電（*278*）、内燃力発電（*294*）、ガスタービン発電（*271*）、コンバインドサイクル発電（*280*）

8. 火力発電所における温排水の放水方式

火力発電所における温排水の放水方式は、表層放水方式と水中放水方式の2通りに大きく区別される。

表層放水方式は、従来から一般に採用されている方式で海水の表層に1 m/秒以下の低速で放水し、周囲の海水より密度が小さい温排水は表層を薄く広がり、周辺海水との混合や大気との熱交換によって水温が低下し、周辺の海水温に戻る。そのため、表層放水における温排水の拡散面積は、放水流量に比例する。

水中放水方式は、水中に設置した放水口から2～5 m/秒程度の比較的高流速で放水し、温排水が表層に浮上する間に周囲の海水を多量に巻き込み、水温を急速に低下させることで拡散範囲の縮小を図ることができる。いずれの方式を採用するかは、発電所立地場所の地形とともに港湾や漁港等の利用状況を考慮するとともに、船舶に対する流動変化の影響や、漁業に対する温排水の影響等を考慮して選定する。

放水口の設計に当たっては、波浪や漂砂の影響を受けにくく、温排水の放水に伴う漁業や船舶航行など海域環境への影響が極力少なくなるような配置や構造形式を採用する。

関連用語 表層放水方式、水中放水方式、火力発電所における冷却水の取水設備方式（*273*）

9. 火力発電所における冷却水の取水設備方式

火力発電所における冷却水の取水設備方式には、表層から取水する方式と、夏季の成層期に温度躍層以深となるやや深い水深から取水する方式（深層取水方式）とがある。また、取水する位置によって港湾内取水方式、沿岸取水方式、沖合取水方式に分けられる。

深層取水方式は、熱効率の向上（低い水温の海水取水）、温排水の拡散面積の縮小（放水域の環境水温と放水温の差を小さくする）、取水路内への波浪の侵入防止などの点から、取水口設置地点の下層から取水する方式である。また、深層はプランクトンなどの量が少ないため、発電所へ送り込まれるプランクトン量の減少を図ることもできる。しかしながら構造上、深層取水方式は海底付近を浮遊する塵芥や漂流物が取水口に流入する。

一般に用いられている深層取水方式の取水口の構造を大別すると、カーテンウォール式と海底管式がある。カーテンウォール式のものは海底部に開口した流入口の上部および側面をコンクリートあるいは鋼製のカーテンウォールで囲むものである。一方、海底管式はカーテンウォール式のものに比べて、発電所運転中の保守点検が不便であるが設計波力が緩和され、海上浮遊物によって受ける障害を避けることができる等の利点がある。

取水設備におけるスクリーン室は、取水口とポンプ室の間に設け、取水口から流入したごみや海藻などを除塵装置によって取り除き、復水器細管の閉塞を防止するための設備である。また、取水・放水設備におけるポンプ室は、冷却水を復水器へ圧送するための循環水ポンプを設置するための設備であり、自然流下式の場合はユニット別水路の末端本管最寄地点に設け、ポンプ圧送式の場合はスクリーン室背後に接続して設ける例が多い。

関連用語 表層取水方式、深層取水方式、港湾内取水方式、沿岸取水方式、沖合取水方式、カーテンウォール式、海底管式、クリーン室、ポンプ室、復水器（*300*）、火力発電所における温排水の放水方式（*273*）

10. 火力発電所のLNGタンク

LNGタンクは、液化天然ガス（LNG）を天然ガス液化基地においてはLNG製造と船積みまでの間、LNG受入基地においては荷揚げから再ガス化・出荷までの間の調節ならびに貯蔵をするための槽をいう。

LNGタンクは、地上式と地下式に分類され、近年は安全確保ならびに景観上の配慮から地下式LNGタンクの建設が増えている。地上式LNGタンクは一般に、円筒型金属二重殻式あるいはプレストレストコンクリート式が用いられ、地下式LNGタンクにはメンブレン式あるいはプレストレストコンクリート式が用いられている。

LNGは－162℃という超低温の液体であるため、タンク構造は2重壁となっており、液に接する部分は低温に耐えられるステンレス、ニッケル鋼、アルミニウム合金などが使われ、外側には保冷層を設け、その外側に鋼板やコンクリートが用いられている。さらに、タンク周辺地盤の凍上防止のために、タンクの外側と底部にはヒーティング設備を設けている。

LNGはガス事業法によって規制されており、地上式タンクでは環境条件に応じて高さ1～2 m、タンク容量の30～100％の容量の防液堤を設置している。

関連用語 円筒型金属二重殻式タンク、プレストレストコンクリート式タンク、メンブレン式タンク、防液堤

11. 火力発電所の取水路

取水路は、自然流下式の冷却用水路方式において、取水口から取入れた海水を発電所内の復水器へ引き入れるための水路をいう。取水路の構造形式は、開渠形式、函形暗渠形式およびパイプ形式に分けられる。

取水路には貝類などの生物が付着して通水を阻害し、さらにポンプの性能低下、あるいは復水器パイプの閉塞および腐食の原因となる。そのために取水路では、一般には水路内面の全周に10 cm程度の付着しろを考慮して断面を定めるとともに、薬品による付着防止対策ならびに定期点検時における貝類の除去作業が必要となる。

水路断面の決定において、暗渠水路の動水勾配は1／1,200～1／2,000、流速は1.2～1.5 m/sec程度が経済的となる。

関連用語 取水口、復水器（*300*）、開渠形式、函形暗渠形式、パイプ形式、放水路

12. 火力発電所の放水路

放水路は、復水器によって暖められた冷却水を放水口へ導くための水路をいう。放水路の構造形式は取水路と同様、開渠形式、函形暗渠形式およびパイプ形式がある。

放水路最低水位（放水路吐出し部の最低水位）は、循環水管のサイホン効果を損なわないように決定しなければならない。この場合、サイホン効果は8 m程度と考えてよい。また、循環水ポンプは始動時に、復水器および復水器以降の循環水管に充水する必要があるため、放水路は充水に必要な水量を貯水できる構造とする。

放水路は取水路とは異なり、水温上昇の影響によって海生物が付着しにくいために清掃のためのユニット化の必要はない。

関連用語 復水器（*300*）、放水口、開渠形式、函形暗渠形式、パイプ形式、サイホン効果、取水路

13. 火力発電所のユニット容量

火力発電設備では、一般にユニット容量（単機容量）をできるだけ大きく、蒸気条件を極力高くして経済性を高めることが望ましいが、実際には電力需要の伸び率や電力系統の規模、電源構成などを勘案して経済的見地から最も適したユニット容量が決定されている。

ユニット容量を大きくすると、kWあたりの建設費および人件費は低下するが、反面事故の場合などによる影響範囲の拡大というような不利な面も生じる。そのために、安定した電力供給の確保という点から一般に、ユニット容量の最適値は電力系統最大供給量の5～7%と考えられている。

関連用語 単機容量、電力系統最大供給量

14. 火力発電設備

火力発電所の立地条件の基本的事項には、(1) 復水器冷却用水が容易に得られること、(2) 燃料の貯油などのために広大な用地の入手が可能なこと、(3) 台風、洪水、高潮、地震、津波、地すべりなどの自然災害に対して安全であること、(4) 燃料の受け入れが容易なこと、(5) 機材の搬出入が容易なこと、(6) 淡水の確保が容易なこと、(7) 漁業補償、公共補償などの問題が少ないこと、(8) 電力需要地に近く送電線の引出しが容易なこと、などがある。

立地方式は、発電所の設置場所によって内陸立地と沿岸立地に分類することができるが、内陸立地は冷却用水の確保の困難性、重量物や燃料輸送の困難性などのため沿岸立地に比べて不利であるため、わが国ではほとんどが沿岸立地になっている。

関連用語 復水器（*300*）、内陸立地、沿岸立地

15. 火力発電の熱効率

火力発電の熱効率は、火力発電所で燃やした燃料のうち、どれくらいの量

が電気に変わったかという割合を示すもので、得られる電気出力を、使用した燃料の発熱量で割ることによって求められる値をいう。熱効率の向上はコストダウンとともに、CO_2や大気汚染物質など環境負荷の排出削減にも寄与し、経済性と環境保全の両立を可能とする。

石油火力の熱効率は40%台であったが、コンバインドサイクル発電の熱効率は、ガスタービンへの導入温度が1,300 ℃級で約55%、1,500 ℃級で約59%に達している。

関連用語 コンバインドサイクル発電 (*280*)

16. 逆列成層

湖沼や貯水池などにおいて、上層と下層の水が水温躍層（急激に温度が変化する層）を境に混ざらずに安定している状態を成層というが、表面より下に向かって水温が減少していく状況を正列成層と呼び、それとは反対に表面に向かうほど水温が下がる現象を逆列成層と呼んでいる。

水深の深い湖沼などでは多くの場合、春季と秋季には表層から底層までの水が垂直方向に循環し、水温も上下一様になり、全体として均一な水質となるが、夏季には水温が表層で高く、下層になるほど低くなって垂直方向に温度差が生じ、夏季特有の正列成層を形成する。一方、冬季においては表層の水温が4 ℃以下になると、上層の冷たい水から順次下層になるほど、少しずつ水温が高くなって4 ℃に近づき、垂直方向に密度差が生じて冬季特有の逆列成層を形成する。これは、水の温度による比重の変化で、最も重くなる水温が4 ℃（3.98 ℃）であることに起因するものである。これらの現象はおおむね水深が10 m以上の湖沼や貯水池で顕著であり、春季や秋季の状態を循環期、夏季や冬季の状態を停滞期と呼んでいる。

関連用語 水温躍層、成層、正列成層、比重、循環期、停滞期

17. キャビテーション

キャビテーションは、高速で流れる水流内の圧力が水の飽和蒸気圧より低くなることによって、非常に短い時間に蒸発したり溶存気体の遊離で気体が生じたりして、気泡が発生して空所が発生する現象であり、沸騰現象の一種といえる。

また、圧力が回復すると気泡がつぶれキャビテーションは消滅するが、

このときに非常に高い衝撃圧が局所的に発生して、ポンプやプロペラなどに騒音・振動を発生させ、機器の効率を低下させることがある。

関連用語 飽和蒸気圧、気泡、空所、衝撃圧、騒音・振動

18. 汽力発電

汽力発電は、火力発電のうち、石油や石炭、LNGなどの燃料をボイラで燃焼し、その熱で水を蒸気に換え、その蒸気の力で蒸気タービンを回転させることにより発電する方式をいう。

汽力発電は、熱エネルギーをいったん蒸気に変え、蒸気を媒体として動力に変換することにあり、大きな火力発電所はほとんど汽力発電であり、火力発電の中では、発電能力・発電量ともに、圧倒的に高い比率を占めている。

関連用語 火力発電（*272*）、LNG、ガスタービン発電（*271*）、内燃力発電（*294*）、コンバインドサイクル発電（*280*）

19. 軽水炉

軽水炉は、原子力発電において中性子の減速材と冷却材として普通の水（重水素と酸素が化合した重水と区別する意味で軽水という）を利用した原子炉をいう。原子力発電には軽水炉以外に、ガス炉、重水炉などのタイプがあるが、現在、世界の発電用原子炉の多くが軽水炉であり、わが国でも軽水炉が最も利用されている。

軽水炉型原子炉は、沸騰水型原子炉と加圧水型原子炉の2種類に大別される。沸騰水型原子炉（BWR）は、原子炉の中で蒸気を発生させ、それを直接タービンに送る方式で、原子炉を冷却する冷却水が沸騰した状態で運転される原子炉である。一方、加圧水型原子炉（PWR）は、原子炉で発生した熱湯を蒸気発生器に送り、それを熱源として蒸気を発生させ、それをタービンに送る方式で、原子炉を冷却する冷却水に高い圧力をかけ、高温高圧水の状態で運転される原子炉である。

原子炉容器で発生した蒸気は、タービンを回した後、復水器という装置で冷却されて水に戻り、原子炉の中で再び蒸気になり、これを繰り返して発電を行っている。

関連用語 ガス炉、重水炉、沸騰水型原子炉、加圧水型原子炉、復水器（*300*）

20. 原子力発電

原子力発電は、火力発電などと同様に、エネルギーによってタービンを回して発電機を回して電気を得るものであるが、原子力発電は核分裂によるエネルギーで水を蒸気にかえてタービンを回すというものである。

わが国の原子力発電所で使われている原子炉の種類には、1）ウランを使用し核分裂を起こしてエネルギーを得るもので、原子力発電の現在の主流である軽水炉、2）MOX燃料（プルトニウムとウランを混ぜ合わせた燃料）を利用する新型転換炉、3）ウラン238に高速な中性子を衝突させてプルトニウム239を生成させることによって新しい燃料を生み出す高速増殖炉、などがある。

原子力発電の熱効率は約33～35％程度であり、およそ44％である火力発電の平均熱効率と比べると低いが、原子力発電はウランの核分裂エネルギーを利用するため、発電過程においては二酸化炭素を排出しない。

関連用語 核分裂、ウラン、軽水炉（*278*）、MOX燃料、新型転換炉、プルトニウム、高速増殖炉、熱効率

21. 原子力発電設備

原子力発電設備特有の立地条件としては、(1) 原子力施設の周辺に非居住区域が設定でき、周辺の人口密度が低い地域であり、人口密集地帯から十分に離れていること、(2) 地盤が強固なこと、(3) 地震活動の低い地帯であること、などが挙げられ、その他の条件については火力発電所の場合と同じである。原子力発電所の基礎地盤としては、第三紀以前に形成された堅牢な岩盤、洪積層（せん断波速度 $V_s = 300$ m/s程度かそれ以上の硬質砂・砂礫層）またはこれに相当する支持力を持つことが条件となる。原子力発電設備は、安全確保の面から火力発電所に比べて特に厳しい耐震設計が要求される。耐震設計を行う際の基準地震動は、敷地における解放基盤表面における水平方向および鉛直方向の地震動としてそれぞれ策定する。

立地方式は、火力発電所の場合と同様に、内陸立地、沿岸立地、地下立地のほか原子力特有のものとして沖合立地（海上立地）がある。沖合立地は、海上に人工島を築造してそこに原子力発電所を設置する方式であり、その構造形式により底着型と浮上型に分けられる。この場合は、地震に対する安全性に加えて波浪に対する安全確保が必要になり、防波護岸などの海洋構造物に関する検討を要する。

原子力発電所の配置を検討する場合には、(1) 原子炉建屋、廃棄物処理建屋など放射線に関係ある施設は、なるべくまとめて放射線管理上都合の良い配置とする、(2) 原子炉建屋とタービン建屋とはできるだけ近接させて、各種配管類の長さを短くする、(3) タービン建屋は取排水工事費を節減するために、できるだけ海岸線に近く配置する、(4) 主変圧器はタービン建屋の海岸線の反対側または横側に置き、発電機から変圧器までのケーブルを短く、曲げを生じないようにする、などを考慮する必要がある。

原子力発電施設からは、気体、液体および固体状の放射性廃棄物が生じる。これらの放射性廃棄物は、その放射能レベルと性状に応じて、処理が施された後に環境条件に応じた処分が行われる。処理には分離、濃縮や固形化などがあり、処分には廃棄物の形状により異なるが、固体状のものは保管廃棄、地中廃棄および海洋投棄などの方法がある。放射性廃棄物の処理・処分を安全に行うためには、人体に及ぼす影響がないよう安全の確保に十分配慮して、放射性廃棄物の性質に適合した処理を実施し、安全性を確かめた方法を用いることが重要である。

関連用語　非居住区域、火力発電所、耐震設計、内陸立地、沿岸立地、地下立地、沖合立地（海上立地）、防波護岸、放射性廃棄物、処理、処分、保管廃棄、地中廃棄、海洋投棄

22. コンバインドサイクル発電

コンバインドサイクル発電は、火力発電のうち、ガスタービンエンジンを回した排気ガスの熱を回収して蒸気タービンを回し、高い発電効率を得るという、ガスタービンと蒸気タービンを組み合わせた（コンバインドした）発電方式をいう。コンバインドサイクル発電は、熱効率に優れており、運転・停止が短時間で容易にでき、需要の変化に即応した運転が可能である。

関連用語　火力発電 (*272*)、ガスタービン、蒸気タービン、熱効率

23. 再生可能エネルギー

「エネルギー供給事業者による非化石エネルギー源の利用及び化石エネルギー原料の有効な利用の促進に関する法律」(エネルギー供給構造高度化法) では、「再生可能エネルギー源」について、「太陽光、風力その他非化石エネルギー源のうち、エネルギー源として永続的に利用することができると認め

られるものとして政令で定めるもの」と定義しており、政令において、太陽光・風力・水力・地熱・太陽熱・大気中の熱その他の自然界に存する熱・バイオマスが定められている。

再生可能エネルギーは、資源が枯渇せず繰り返し使え、発電時や熱利用時に地球温暖化の原因となる二酸化炭素をほとんど排出しない優れたエネルギーである。

関連用語 太陽光、風力、水力、地熱、太陽熱、大気中の熱その他の自然界に存する熱、バイオマス

24. 最大使用水量

最大使用水量は、水力発電所において使用する最大の使用水量をいい、発電所の水路の設計および設備容量を決定する基準となるものである。通常、最大使用水量は最大取水量と一致するが、水路の途中に調整池を設けて取水量を調節し、ピーク負荷時に水量を増やして運転をする発電所では、取水量より使用水量の方が大きくなる。

最大使用水量は、水路式の場合は平水量程度、ダム式の場合は豊水量程度をとる。

関連用語 最大取水量、平水量、豊水量、常時使用水量（*283*）、常時ピーク使用水量（*283*）

25. サージタンク

サージタンク（調圧水槽）は、水力発電施設において水車が急停止した場合に、水撃作用によって生じる圧力トンネル内の異常な圧力上昇を防ぐとともに、発電所の負荷の増減に応じて水量の補給や収容を行うために、圧力導水路と水圧管との接合部に設ける自由水面をもった水槽をいう。サージタンクは、1）単動サージタンク、2）差動サージタンク、3）制水口サージタンク、4）水室サージタンク、の4つの形式に大別される。それぞれの形式の特徴は次のとおりである。

1）単動サージタンク：構造は最も簡単であるが、負荷の変化に伴う水面の昇降が緩慢であり、圧力トンネル内の流れを加減速作用が鈍く、比較的大きな水槽容量を要する。

2）差動サージタンク：水槽内に断面積の小さい円筒形の立坑（ライザー）

を立てて水路と直結させ、水槽はその底部の小孔（ポート）で水路と連絡させたものである。構造が複雑ではあるが、水路内の流速は比較的速やかに加減速され、単動型に比べて水槽の全容積を1/2近く減少することができる。

3）制水口サージタンク：水槽と水路とを制水口（オリフィス）で連絡したものである。水面振動の減衰性もよく、水槽容積も差動型と同じ大きさでよいが、水撃作用の影響が大きいという欠点がある。

4）水室サージタンク：水槽の断面積を水面振動安定条件から許容される限度まで縮小するかわりに、池の最高水位時における上昇サージングの起こる部分と、池の最低水位時における下降サージングの起こる部分に水室を設けたものである。単動型と同じ理論によるものであり、利用水深が大きく設置地点が直立円筒形の水槽を設けるのに適さない地形、地質の場合に有利である。

関連用語 水撃作用、圧力導水路、水圧管、単動サージタンク、差動サージタンク、制水口サージタンク、水室サージタンク、立坑（ライザー）（*388*）、制水口（オリフィス）、水面振動安定条件、ヘッドタンク（*301*）

26. サーチャージ水位

サーチャージ水位は、ダムの計画において、洪水時にダムが洪水調節をして一時的に貯留する際の最高水位のことで、ダムの非越流部の直上流部におけるものをいう。洪水時にこの水位以上になったら、入ってくる水はすべて放流することになる。

洪水調節を目的に含むダムでは、洪水調節容量と利水容量、死水容量、堆砂容量との組み合わせで決まる総貯水池容量に対応する最高の水位がサーチャージ水位である。一方、利水専用ダムにおけるサーチャージ水位は、貯水池運用上定まる洪水時の初期水位、対象洪水及び洪水吐の構造を検討して定める。

関連用語 洪水時、最高水位、非越流部、洪水調節容量、利水容量、死水容量、堆砂容量（*209*）、貯水池容量、初期水位、対象洪水、洪水吐、常時満水位（*284*）

27. 自然エネルギー

自然エネルギーは、水力エネルギー、太陽エネルギー、風力エネルギー、海洋エネルギー（潮海流、潮汐・波力、海洋温度差）、地熱エネルギー、バイオマスエネルギーなど自然現象から得られるエネルギーのことをいう。自然エネルギーは、化石燃料や核エネルギーとは異なり、廃棄物による環境汚染の心配のないクリーンエネルギーとされており、環境対策の一環として、自然エネルギー利用技術の開発が注目されている。

関連用語 水力エネルギー、太陽エネルギー、風力エネルギー、海洋エネルギー、地熱エネルギー、バイオマスエネルギー（*296*）

28. 取水ダム

取水ダムは、流込み式発電所の取水や水道用水、灌漑用水の取り入れのために設ける低い堰をいう。一般にダムという場合は、貯水ダムを指すことが多く、取水ダムや砂防ダムなどとは区別している。

取水ダムは、普通全部を越流型コンクリート重力式の固定ダムとするが、洪水時のせき上げ背水の影響を減ずるために、下部を固定ダムとしその上部にスルーゲート、テンターゲート、ローリングゲートなどの可動堰を設備することもある。基礎岩盤が深いときは、砂礫層の上にフローティングダム（砂礫層上に設けられた越流型コンクリートダム）として築造する。

関連用語 流込み式発電所（*295*）、貯水ダム（*290*）、砂防ダム（*194*）、越流型コンクリートダム、せき上げ背水（*205*）、可動堰、フローティングダム

29. 常時使用水量

常時使用水量は、河川の渇水量から灌漑、漁業、観光などのために発電できない水量を差し引いた水量をいい、年間を通じて常時使用できる水量である。貯水池を設ける場合には、これによる渇水増加量を計算したうえで、常時使用水量を決定する。

常時使用水量に対応する発電所出力を常時出力といい、これはその発電所が年間を通じて常に発生できる出力である。

関連用語 渇水量、常時出力、最大使用水量（*281*）、常時ピーク使用水量（*283*）

30. 常時ピーク使用水量

常時ピーク使用水量は、常時使用水量を調整池で調整し、毎日のピーク負荷時に使用できる水量をいう。常時ピーク使用水量は、1年を通じ毎日ピー

ク負荷の継続時間中使用できるものでなくてはならない。ピーク負荷継続時間は4時間以上とるのが普通である。

常時ピーク使用水量は、多くの場合発電所の最大使用水量と一致するが、負荷の状況または下流利水との関係で小さいこともある。

関連用語 常時使用水量（*283*）、ピーク負荷時、ピーク負荷継続時間、最大使用水量（*281*）

31. 常時満水位

常時満水位は、ダムの計画において、非洪水時にダムによって貯留することとした最高水位のことであり、ダムの非越流部の直上流部におけるものをいう。

洪水調節を目的に含むダムでは、洪水期に常時満水位を下回った水位を維持することがあり、これを洪水期制限水位と呼んでいる。

関連用語 非洪水時、最高水位、非越流部、洪水期制限水位、サーチャージ水位（*282*）

32. 新エネルギー

新エネルギーは、再生可能エネルギーのうち、技術的に実用化段階に達しつつあるが、経済性の面での制約から普及が十分でないもので、非化石エネルギーの導入を図るために特に必要なものをいう。新エネルギーは、地球温暖化の原因となる二酸化炭素の排出量が少なく、エネルギー源の多様化にも貢献するもので、エネルギー資源の乏しい日本にとって貴重な純国産エネルギーである。

新エネ法（新エネルギー利用等の促進に関する特別措置法）の政令では、新エネルギーとして、①バイオマス燃料製造：動植物に由来する有機物であってエネルギー源として利用することができるもの（バイオマス）を原材料とする燃料を製造すること、②バイオマス熱利用：バイオマス又はバイオマスを原材料とする燃料を熱を得ることに利用すること、③太陽熱利用：太陽熱を給湯、暖房、冷房その他の用途に利用すること、④温度差熱利用：冷凍設備を用いて海水、河川水その他の水を熱源とする熱を利用すること、⑤雪氷熱利用：雪又は氷を熱源とする熱を冷蔵、冷房その他の用途に利用すること、⑥バイオマス発電：バイオマス又はバイオマスを原材料とする燃料を発電に利用すること、⑦地熱発電（バイナリ方式）：地熱を発電に利用すること、⑧風力発電：風力を発電に利用すること、⑨中小水力発電（1,000 kW以下）：水力を発電（かんがい、利水、砂防その他の発電以外の用途に供される工作物に設置される出力が1,000 kW以下である発電設備を利用する発電）に利用すること、⑩太陽光発電：太陽電池を利用して電気を発生させること、などが取り上げられている。

関連用語 再生可能エネルギー（*280*）、非化石エネルギー、新エネルギー利用等の促進に関する特別措置法（*464*）、バイオマス燃料製造、バイオマス熱利用（*296*）、太陽熱利用、温度差熱利用、雪氷熱利用、バイオマス発電（*297*）、地熱発電（バイナリ方式）（*289*）、風力発電（*300*）、中小水力発電（1,000 kW以下）、太陽光発電（*288*）

33. 水圧管路

水圧管路は、水力発電設備において、取水口または水槽（ヘッドタンクまたはサージタンク）から発電所の水車まで導水する水圧鉄管と、その水圧鉄管を支持する固定台（アンカーブロック）、支台などを含めた構造物をいう。

水圧鉄管は、水圧を直接受け持つ管胴本体と、伸縮継手、マンホール、空気弁、制水弁、排水設備等の付属設備からなる。水圧鉄管の始点・終点および屈曲部には固定台を置いて管を錠着する。固定台は大塊のコンクリートで造られ、管を完全に埋め込むものとガーダーを巻いて引き止めるものとがある。支台は、鉄管重量と管内水重を支持するとともに、温度変化に伴う管の伸縮による軸方向の摩擦力に抵抗するように設計する。

水圧管路は地上に設置される例が多いが、トンネルなどにより地下に設置されることもある。露出形式の水圧管路には、静水圧、水撃圧およびサージングによる上昇水圧の合成最大水圧、管の自重、温度荷重、外圧、管内水の重量、雪荷重、地震力、風荷重並びに管内の流水による力など、さまざまな荷重がかかる。

関連用語 取水口、ヘッドタンク（*301*）、サージタンク（*281*）、水圧鉄管、固定台（アンカーブロック）、支台

34. 水車

水力発電に使われる水車は、水のエネルギーを回転エネルギーに換えて電気エネルギーを発生させるためのものである。

水力発電の水車には、水の速度水頭を利用して回転力にするものや、水の圧力水頭を利用して回転力にする構造のものがあり、その種類は1）フランシス水車、2）プロペラ水車、3）斜流（デリア）水車、4）ペルトン水車、5）ターゴインパルス水車、6）クロスフロー水車、など、さまざまなものがある。

これらのうち、プロペラ水車は主に3～70 mの低落差で大容量の発電所で使われるものである。フランシス水車は水の圧力と速度を羽根車に作用させる構造の水車で、高落差から低落差までの広い範囲（10～300 m程度）の落差で使用できることから、日本の水力発電所の約7割はこの水車が使われている。またフランシス水車は、発電用水車としての利用に加えて揚水発電所ではポンプとしても利用される。ペルトン水車は水流の衝撃を利用して回転する水車で、高い水圧を利用した水力発電所に適しているため、高落差で落差変動の少ない流込み式発電所に適している。

関連用語 速度水頭、圧力水頭（*6*）、フランシス水車、プロペラ水車、斜流（デリア）水車、ペルトン水車、ターゴインパルス水車、クロスフロー水車、揚水発電所、流込み式発電所（*295*）

35. 水力発電の経済性評価

最適開発計画に織り込む水力発電所の開発規模や、個別水力地点の開発順位を判定するにあたり、わが国では火力を相対的な判断尺度として、経済性の評価法としてC/V法が用いられている。

C/V法は、水力の経費（建設する費用）をCとし、水力発電所を建設しない場合に、同じ供給力を確保するために建設しなければならない火力発電所の費用をVとして比較することによって、その水力発電所の経済性を評価する手法で、$(V-C)$が最大となるような規模をもって最適とし、C/Vの小さい順に開発順位を定めるというものである。

関連用語 最適開発計画、C/V法、水力発電所、火力発電所

36. 水力発電の種類

水力発電所の分類は、落差を得る方法によるものと、発電所の機能上の特性によるものとがある。このうち落差を得る方法による分類では、1）水路式発電所（河川を横切って低い取水ダムを設け、ここで取水した水をゆるい

勾配の導水路によって水槽まで導いて落差を得る方式)、2) ダム式発電所(河川に比較的高いダムを設け、これによって河川水位を堰上げて落差を得る方式)、3) ダム水路式発電所(ダム式と水路式の2方式を併用したもので、ダムと水路で落差を得る方式)、の3つに分けられる。

一方、水力発電所の機能上の特性による分類では、1) 流込み式(自流式)、2) 調整池式、3) 貯水池式、4) 揚水式、などに大別できる。

関連用語 水路式発電所 (*287*)、ダム式発電所、ダム水路式発電所、流込み式発電所 (*295*)、調整池式発電所 (*290*)、貯水池式発電所 (*290*)、揚水式発電所 (*302*)

37. 水力発電の有効落差

有効落差は、総落差(発電所の取水口における水面標高と放水口における水面標高との高低差)から、取水口から水車入口までおよび水車出口から放水口までの間を流れが流下する際に失う損失水頭を差し引いたものをいう。

損失水頭は、水路を流れる流量によって大きさが異なるため、総落差が同一であっても、最大、常時、および常時せん頭などの使用水量によって有効落差の値は異なるのが普通である。

水力発電所における発電機出力 (P) は、

$$P = 9.8\eta Q H_e \ [\mathrm{kW}]$$

(η:水車効率と発電機効率による合成効率、Q:流量、H_e:有効落差)

で表される。

関連用語 総落差、損失水頭、発電機出力、水車効率、発電機効率、合成効率

38. 水路式発電所

水路式発電所は、河川の上流に取水堰を設けて取水し、長い水路で適当な落差が得られるところまで水を導き、河川の上流と下流との落差を利用して発電する方法である。

構造的には、土砂侵入防止のための沈砂池や長い水路が必要になるが、メリットとしてはダム式発電所などよりも建設費用が安くすむ。水路式発電所の場合、土砂が水路内に沈殿して流積を狭めたり、水圧鉄管や水車を摩耗させたりする原因となるので、取水口に近い位置に沈砂池を設け、水の流れを緩やかにして、導水路に入るまで土砂を十分に沈殿させる。

関連用語 取水堰（*198*）、沈砂池（*291*）、導水路（*293*）

39. 太陽光発電

太陽光発電は、太陽電池と呼ばれる装置を用いて、太陽の光エネルギーを直接電気に変換する発電方式である。太陽電池はシリコンなどの半導体で作られており、この半導体に光が当たると日射強度に比例して直流電力を発電する。そのため、家庭内のさまざまな家電製品に電気を供給する場合にはパワーコンディショナー（インバータ）により直流電力を交流電力に変換する必要がある。

太陽光発電は、エネルギー源が太陽光であるため基本的には設置する地域に制限がなく、導入しやすいシステムであり、災害時などには、貴重な非常用電源として使うことができるが、気象条件により発電出力が左右されることや、夜間に発電できないなどの問題がある。

関連用語 太陽電池、パワーコンディショナー（インバータ）、直流電力、再生可能エネルギー（*280*）

40. 地下発電所

発電所は建物の構造形式から、屋内式、屋外式、半地下式、地下式に分けられる。

地下式発電所は主としてヨーロッパから発展したものであり、我が国では山岳地帯でのダム式発電所の地形条件や降雪時期の工期の確保から地下発電所が建設されはじめ、その後、揚水式発電所の建設に伴って地下式発電所が増えた。

地下発電所設置の主なメリットとデメリットには、次のようなものがある。

（メリット）

(1) 地下にあるため、気候の影響が少ない。

(2) 地下にあるため、恒温・恒湿性があり熱効率が良い。

(3) 寒冷地で雪害や氷害のおそれがなく、岩石の崩落などに対しても安全である。

(4) 地形の制約を受けず、発電所の位置を自由に選ぶことができる。

(5) 構造物が地表に現れないので、地上景観の保全や地上スペースを確保できる。

(6) 火災や地震、テロに対して比較的安全である。

(デメリット)

(1) 地下に大空洞を掘削するため、地質状態により経済性が支配される。

(2) 換気や排水、照明などに特別な配慮が必要である。

(3) 地下水脈に特段の留意が必要である。

(4) 断層や洪水等、水に対する特段の留意が必要である。

(5) 資材搬入や送電のためのトンネルなどが必要である。

関連用語 屋内式、屋外式、半地下式、ダム式発電所、揚水式発電所 (*302*)

41. 地熱発電

地熱発電は、火山地帯などの地下の熱により生じている水蒸気や熱水を利用した発電である。地熱発電は、地下の地熱エネルギーを使うため、化石燃料のように枯渇する心配がなく長期間にわたる供給が期待できる。また、地下1,000～3,000 mに掘削した井戸から昼夜を問わず天然の蒸気を噴出させるために連続して発電が行われることや、発電に使った高温の蒸気・熱水は、農業用ハウスや魚の養殖、地域の暖房などに再利用ができるといった利点がある。しかしながら、地熱発電所はその特質上、公園や温泉などの施設が点在する地域と重なることが多いため、地元関係者との調整が必要になる。

現在、新エネルギーとして定義されている地熱発電は「バイナリー方式」に限られている。バイナリー方式とは、蒸気や熱水の温度が低く、発電する十分なエネルギーが得られないときなどに、地熱流体で沸点の低い媒体を加熱し、媒体蒸気でタービンを回して発電するものである。

関連用語 地熱エネルギー、新エネルギー (*284*)、バイナリー方式

42. 中小規模水力発電

中小規模水力発電は、大きなダムを造らずに、農業用の水路や小さな河川の流れを利用して1,000 kW以下の電力を発電する方式である。

中小規模水力発電は、(1) 太陽光発電などと同様に二酸化炭素等を排出しないクリーンなエネルギー、(2) 今まで未利用だった中小規模の河川や農業用水路などを水力発電に利用可能、(3) 大規模ダムなどの施設が不要、(4) 河川環境の改善、といった利点があるが、(1) 使用可能な水量や有効落差などの条件に左右される、(2) 動植物への影響調査が必要な場合がある、

(3) 投資に対する回収期間が比較的長い、といった課題がある。

関連用語 太陽光発電 (*288*)、農業用水路、再生可能エネルギー (*280*)

43. 調整池式発電所

調整池式発電所は、河川または導水路の途中の凹地、渓谷などを利用して、渇水期の流量の1日分程度を調整できる容量の調整池を設け、負荷の変動に対して発電する水力発電所をいう。調整池をもったダム式またはダム水路式、および天然の地形や湖沼を利用して導水路の途中に調整池を備えた水路式発電所がこれに属する。調整池式水力発電は、1日あるいは1週間程度の河川の水を調整池に貯留し発電する方式のため、発電量を調整することができる。

調整池式発電所は、流込み式発電所に比べて最大使用水量を大きくとることができ、また、河川をより有効に利用できる。

関連用語 ダム式発電所、ダム水路式発電所、水路式発電所 (*287*)、流込み式発電所 (*295*)、貯水池式発電所 (*290*)、揚水式発電所 (*302*)

44. 貯水ダム

貯水ダムは、比較的高いダムによって貯水池を形成し、変動する河川の流況を調整してその利用度を高めることを目的とするダムをいう。貯水ダムは、洪水調節、灌漑、発電、上下水道などに利用され、1つの用途にのみ供せられるものを専用ダム、2つ以上の用途に共用されるものを多目的ダムという。規模が大きいものはそのほとんどが多目的ダムである。

ダム貯水池の総貯水容量は、堆砂容量(一定期間に堆積すると予想される流入土砂を蓄える容量)、死水容量(堆砂容量の最上面と最低水位が合致しない場合におけるその間の容量)、利水容量(最低水位から常時満水位までの容量)、洪水調節容量(常時満水位から洪水時に一時的にためることができる最高の水位(サーチャージ水位)までの容量)を全部合計したものをいう。

関連用語 専用ダム、多目的ダム、取水ダム (*283*)、砂防ダム (*194*)、堆砂容量 (*209*)、死水容量、利水容量、洪水調節容量、サーチャージ水位 (*282*)

45. 貯水池式発電所

貯水池式発電所は、年間または季節的な河川流量の調節を行い、河川の洪水及び豊水期の流量を貯留しておき、渇水期に補給使用して発電する形式の発電所をいう。相当大容量の調整能力をもった貯水池を備えるダム式、またはダム水路式発電所がこれに属する。貯水池式水力発電は、融雪、梅雨及び台風などの豊水期に河川の水を貯留し、渇水期に使用して発電する方式である。

貯水池式発電所は、できるだけ標高の高いところに大きな貯水容量をもち、貯水効率がよく地質も良好で、ダム建設費が少なくて済むような地点を選定するのが有利である。

関連用語 ダム式発電所、ダム水路式発電所、流込み式発電所（*295*）、調整池式発電所（*290*）、揚水式発電所（*302*）

46. 沈砂池

沈砂池は、取水口から流入した土砂を沈殿させるために、取水口の近傍に設ける池をいう。

貯水池・調整池から取水する場合は、流水中に含まれる土砂は池内で沈殿して水路に流入することはないが、取水ダムから取水する流込み式水路では、流水中の土砂は浮遊したまま導水路内に流入し、土砂の堆積による流量減少、あるいは水圧鉄管や水車などの摩耗を生じさせる。そのために水路式発電所では、取水口になるべく近い箇所に沈砂池を設けて、流水中の土砂を沈殿排除する。

沈砂池の性能は、濁水が沈砂池を通過する時間に依存する。そのために、沈砂池を長くしたり流れ方向に垂直な断面積を大きくしたりすることで流速を遅くする。また、沈砂池内での流れは、偏流や逆流を避けて常流となるようにし、流速を落とすことが必要である。

沈砂池の必要長さを定める理論式は次のとおりである。

$$L = hv_1 / v_2$$

（L：最小必要長、h：水深、v_1：沈砂池内の流速、v_2：土砂粒子の沈降速度）

この式から導水路に設置する沈砂池の長さは、沈砂池内の平均流速に比例し沈殿させる最も細かい砂粒子の限界沈降速度に反比例するように設計するといえる。なお沈砂池内の流速は、実際には構造物の寸法の制限などから20～30 cm/s程度とすることが多い。また水深は、ある程度以上は沈殿に寄与しないので堆積を考慮して、水路の敷きよりいくらか深い程度でよいとされている。

関連用語　取水口、流込み式水路、常流（*200*）、沈砂池の必要長さ、沈砂池内の流速

47. 鉄塔

架空送電線の支持物には鉄柱、鉄筋コンクリート柱、鉄塔などが用いられているが、66 kV以上の送電線の支持物としては、ほとんど鉄塔が用いられている。

鉄塔には等辺山形鋼を使用したアングル鉄塔と鋼管を用いた鉄塔があり、形状としては4面同形の四角鉄塔が最も多く、その他にえぼし型や門型などの型式が用いられている。また、鉄塔は電線の支持方法によって懸垂鉄塔と耐張鉄塔に大別され、送電線路の線形によって直線鉄塔と角度鉄塔、ならびに線路の終端部で電線を引留めるための引留鉄塔などに区別されている。

鉄塔の荷重は、径間電線と鉄塔自体への風荷重や電線の自重、張力ならびに電線に付着する氷結荷重が主なもので、高温季と低温季に分けておのおのの想定荷重を外力とするトラス構造として設計する。

関連用語　四角鉄塔、えぼし型鉄塔、門型鉄塔、懸垂鉄塔、耐張鉄塔、引留鉄塔

48. 鉄塔の基礎

鉄塔の基礎は、鉄塔の4脚にそれぞれ1つずつ設けられる場合が多く、それらは一般に地盤を3～5 m掘込み鉄塔最下部の部材を埋込んだ鉄筋コンクリート造りの逆T型である。

軟弱地盤では地盤支持力が小さいので杭基礎が多用されており、脚ごとの不等沈下を防ぐため、あるいは耐震上4脚を結んで一体とした基礎型もある。また、山岳地の岩盤地帯では岩盤内にアンカー用のボルトまたは場所打ち杭を設置し、鉄塔からの引抜力に抵抗する型のものも用いられている。一般に、鉄塔およびその基礎の設計では、常時あるいは建設工事中の荷重である電線からの引張荷重との組合せを考え最も厳しい条件で検討する。

鉄塔基礎は、鉄塔が風圧を受けると風上側の基礎は引抜荷重、風下側は圧縮荷重を受ける。圧縮荷重に対しては、一般土木構造物の基礎と同じように基礎体床版下面の地盤極限支持力の1/3を許容支持力として設計し、引抜荷重に対しては、対数らせん状のせん断破壊すべり面を生じ、基礎体重量、すべり面の内側の土の重量、ならびにすべり面のせん断抵抗力の鉛直成分の

総和が引抜力に抵抗するものとして設計する。

関連用語 引抜荷重、圧縮荷重

49. 電源別発電電力量

わが国の発電は、かつては水力発電が中心であったが、豊富で安い石油の出現などによって、1955年頃から火力発電が水力発電を上回るようになった。オイルショック以降は高価で供給の不安定な石油に代わって、原子力、石炭、LNGなどの代替エネルギーを使った電源の開発が進んだ。2021年度の電源別発電電力量は、LNGが34.4%（3,558億kWh）、石炭が31.0%（3,202億kWh）、新エネ等が12.8%（1,317億kWh）、水力（揚水含む）が7.5%（776億kWh）、石油等が7.4%（767億kWh）、原子力が6.9%（708億kWh）となっている（データ出典：エネルギー白書2023）。

これからの電源構成は、燃料確保の安定性、経済性、環境への適合性、発電設備の特性などを考え、いろいろな電源をバランスよく組み合わせていくことが重要である。

関連用語 水力発電、火力発電（*272*）、原子力発電（*279*）

50. 導水路

導水路は、水力発電所の取水口から水槽（ヘッドタンクまたはサージタンク）までの水路をいう。水理学的には無圧水路と圧力水路に分けられ、無圧水路は水路式発電所に、圧力水路はダム水路式発電所に用いられる。

無圧水路に接続する取水口から水路に至る断面形状は、損失落差をできるだけ小さくするよう、急激な断面変化は避けなければならない。

導水路の形式には、1）山岳部で多く採用されているトンネル水路、2）河川下流部の平たん地で採用される開渠、3）トンネルとするにはかぶりが浅く、開渠とするには力学的に危険な場合に採用する暗渠、4）水路の経過ルートの途中に渓谷や河川がある場合に採用する水路橋、5）水路橋としては不経済になる場合や、道路・鉄道などの障害物と立体交差させる場合に用いる逆サイホン、などがある。

トンネル水路は、水路延長を短縮することができるため、損失水頭は小さくなる。トンネル水路は、流水の摩擦によるエネルギー損失の低下、外側からの土圧及び内側からの水圧に耐える強度保持、漏水量の抑制などを目的として、一般的にコンクリートによる巻立を行う。またトンネル水路には、上部に空気が入っているものと、断面全体が水に満たされているものの2種類があり、前者を無圧トンネル、後者を圧力トンネルと呼んでいる。無圧トンネルの断面寸法は、一定流量に対して勾配を急にすれば水路の断面は小さくてすみ工費を減ずることはできるが、損失落差が大きくなり発電力を減じて必ずしも経済的とはならず、同時に水路の流速が速すぎて、水とともに流下する土砂により水路内面が摩耗されるという支障が起きる。水路トンネルのルート選定において、水路トンネルが支川を横断するとき、長大な水路橋や高圧の逆サイホンが必要となる箇所は避ける。また、断層あるいは破砕帯は可能な限り避けるとともに、湧水に対し配慮する必要がある。

関連用語 取水口、ヘッドタンク（*301*）、サージタンク（*281*）、無圧水路、圧力水路、水路式発電所（*287*）、ダム水路式発電所、損失落差、トンネル水路、開渠、暗渠、水路橋、逆サイホン、損失水頭、無圧トンネル、圧力トンネル

51. トリチェリーの定理

トリチェリーの定理は、大きい水槽のような容器側面のオリフィスからの自由流出にベルヌーイの定理を用いれば、水面からオリフィスの中心までの鉛直距離をh、重力加速度をgとし、エネルギー損失が生じないものとすると流速は$u=\sqrt{2gh}$となり、これは鉛直距離hを自由落下した物体の速度に等しい、というものである。

すなわち、大気圧をP_0、液体の密度をρ、流出孔における流速をuとすると、ベルヌーイの定理から、

$$P_0+\rho gh=P_0+\frac{1}{2}\cdot\rho u^2$$

となり、トリチェリーの定理$u=\sqrt{2gh}$を導き出すことができる。

トリチェリーの定理を言葉を変えて表現すれば、オリフィスからの水の流速は、エネルギー損失を生じないものとすれば、水面と流出孔の水位差の1/2乗に比例する、といえる。

関連用語 オリフィス、ベルヌーイの定理（*234*）、流速

52. 内燃力発電

内燃力発電は、火力発電のうち、ディーゼルエンジンなどの内燃機関を使って発電機を駆動させて発電する方式をいう。内燃力発電は、汽力発電な

ど異なりボイラを必要としないので建設費が安く、小型軽量で熱効率も高いが、燃料費が高く、騒音や振動を伴い技術的に大容量のものは望めないという欠点がある。そのため、内燃力発電は、ビルや病院、工場などの自家用発電や非常用電源、あるいは島などでの小規模発電用に利用されている。

関連用語 火力発電（*272*）、熱効率、汽力発電（*278*）、ガスタービン発電（*271*）、コンバインドサイクル発電（*280*）

53. 流込み式発電所

流込み式発電所は、河川勾配の比較的急な上流部、または中流部に取水ダムを設け、取水口で取水した水を無圧水路で水槽（ヘッドタンク）に導き、河川との落差を利用して発電する発電所をいう。したがって、流れ込み式発電所の取水口地点は、できるだけ短い水路延長で大きい落差が得られる場合に有利となるので一般に、勾配が急で屈曲の多い河川の中・上流部に設けられることが多い。流込み式発電所は、河川の自然流量を調整せずに使用するため、河川流量の変動に従って発電力も変動する。

この形式は、水力開発の初期に建設された発電所に多く見られ、通常負荷曲線の基底部を負担している。

関連用語 取水ダム（*283*）、無圧水路、ヘッドタンク（*301*）、負荷曲線、調整池式発電所（*290*）、貯水池式発電所（*290*）、揚水式発電所（*302*）

54. 日負荷率

日負荷率は、1日における最大電力に対する平均電力の比を百分率で表したものをいう。

日負荷率＝(1日の平均電力／1日の最大電力)×100（%）

電灯需要が負荷の大部分を占める開発途上国においては、一般に日負荷率は低く20%程度であるが、産業用電力需要の多い先進諸国での日負荷率は65%以上になる。

わが国では夏の暑い日の日中は冷房用の電力需要のため、電力消費量はピークに達し、最も少ない消費量との格差は2倍以上に広がっている。

関連用語 電力需要、電力消費量、負荷率（*300*）、年負荷率（*296*）

55. 年負荷率

年負荷率は、年間の最大電力に対する年間の平均電力の比率をいう。

年負荷率＝(年間平均電力／年間最大電力)×100（％）

なお、年間最大電力は「最大3日平均電力」で示された数値としている。

年負荷率は、どれくらい発電設備を効率的に使用しているかという目安になるものである。わが国の年負荷率は、1970年代にはおおむね60％を上回る水準で推移していたが、1990年代は50％台にその水準が低下した。2000年代半ば以降、負荷平準化対策により、わが国の年負荷率は改善されつつあり、60％台で推移している。

関連用語 負荷平準化対策、負荷率（*300*）、日負荷率（*295*）

56. バイオマスエネルギー

バイオマスエネルギーは、動植物に由来する有機物をエネルギー源として利用するものをいう。バイオマスエネルギーは、太陽エネルギーが植物により変換され生物体内に蓄えられた有機物を利用するエネルギーであり、太陽エネルギー、風力エネルギー、地熱エネルギー、潮力、波力、海洋温度差などと同じく、再生可能なエネルギーである。

バイオマスエネルギーとして利用されている主な例としては、①製紙業等の過程で排出される産業廃棄物、②農林・畜産業の過程で排出される廃棄物や副産物、③一般廃棄物等を燃焼させることによって得られる電力・熱を利用するもの、などがある。

新エネ法の政令においては、新エネルギーとしてバイオマス発電、バイオマス熱利用、バイオマス燃料製造、などが取り上げられている。

関連用語 動植物、再生可能エネルギー（*280*）、新エネ法（*464*）、バイオマス発電（*297*）、バイオマス熱利用（*296*）、バイオマス燃料製造

57. バイオマス熱利用

バイオマスは、動植物などから生まれた生物資源の総称をいう。バイオマス熱利用は、バイオマス発電やバイオマス燃料製造などとともに、バイオマスを再生可能エネルギーとして有効利用しようとするものである。

バイオマス熱利用は、バイオマス資源を直接燃焼し、廃熱ボイラから発生する蒸気の熱を利用したり、バイオマス資源を発酵させて発生したメタンガ

スを都市ガスの代わりに燃焼して利用したりすることをいう。バイオマス熱利用は、(1) 資源の有効活用、(2) 焼却時の排熱利用、(3) 生物系廃棄物の削減、といった利点があるが、資源が広い地域に分散しているために、収集・運搬・管理にコストがかかる小規模分散型の設備になりがちといった課題がある。

関連用語 バイオマス、バイオマス発電（*297*）、バイオマス燃料製造、再生可能エネルギー（*280*）

58. バイオマス発電

植物などの生物体（バイオマス）を構成している有機物は、固体燃料（木くずや廃材による木質系固形化燃料）、液体燃料（さとうきびからのメタノール）、気体燃料（家畜の糞尿などによるバイオガス）などに換えることができる。バイオマス発電は、この生物資源を直接燃焼したりガス化するなどして発電するもので、廃棄物の再利用や減少につながり、循環型社会構築に大きく寄与する。バイオマス発電は、熱利用を組み合わせることで高いエネルギー効率を実現できるが、資源が広い地域に分散しているためにコストがかかる小規模分散型の設備になりがちであることや、熱エネルギーは移動することが難しいために熱需要施設の集約などに課題がある。

関連用語 バイオマス、バイオマス熱利用（*296*）、バイオマス燃料製造、再生可能エネルギー（*280*）

59. バックウォーター（背水）

バックウォーター（背水）は、河川における本川と支川、あるいは貯水池や調整池の流入部において、洪水時等に本川の水位が高くなると支川の水が流れにくくなり、本川から支川に逆流して水位が上昇する現象のことをいう。特に、貯水池や調整池の流入部付近では、バックウォーターにより堆砂が生じることがある。

本川と支川との関係でバックウォーター（背水）の影響を受ける区間を背水区間といい、洪水時に本川の洪水が支川に逆流してしまうために、支川の堤防を本川の堤防並みの十分に安全な構造とする場合に、この支川の堤防を背水堤と呼んでいる。

関連用語 本川、支川、貯水池、調整池、逆流、堆砂、背水区間、背水堤

60. 発電設備の利用率

発電設備の利用率は、発電設備が年間を通じてフル（100%）に運転できたとした場合の可能発電電力量（最大出力kW×24時間×365日）に対する実際の可能発電電力量の割合をいう。発電設備の利用率は、その設備の利用状態を示すもので、発電設備の経済的価値を判断する基準となる。

発電設備の利用率ξ＝実際の可能発電電力量／年間を通じてフル（100%）に運転できたとした場合の可能発電電力量

年間の設備利用率ξが与えられれば、発電所の設備容量Pから実際に年間に発生した電力量を次の式から算出することができる。

年間発生電力＝$P \times \xi \times 24$（時間）×365（日）＝$8{,}760\xi P$（kWh）

関連用語 可能発電電力量、年間発生電力

61. 発電方式別のCO_2排出量

火力発電は石炭・石油・天然ガス（LNG）などの化石燃料を燃焼させるため、二酸化炭素（CO_2）の総排出量は他の発電方式に比べ最も大きく、原子力発電や再生可能エネルギーの水力発電、風力発電などは発電時にCO_2の排出がなく、火力発電に比べると非常に少ない排出量となっている。

発電燃料の燃焼によるCO_2の排出量と、原料の採掘から発電設備等の建設、燃料輸送、運用ならびに保守等のために消費されるエネルギーを対象としたCO_2の排出量を加えた、電源別のCO_2排出量は、石炭火力943（g−CO_2/kWh)、石油火力738（g−CO_2/kWh)、LNG火力599（g−CO_2/kWh)、LNGコンバインドサイクル474（g−CO_2/kWh)、太陽光38（g−CO_2/kWh)、風力26（g−CO_2/kWh)、原子力19（g−CO_2/kWh)、地熱13（g−CO_2/kWh)、中小水力11（g−CO_2/kWh）という値である。なお、これらのうち発電用燃料としての燃焼によるCO_2排出量は、石炭火力864（g−CO_2/kWh)、石油火力695（g−CO_2/kWh)、LNG火力476（g−CO_2/kWh)、LNGコンバインドサイクル376（g−CO_2/kWh）という値になる（データ出典：日本原子力文化財団「原子力・エネルギー図面集」)。また、前述したように太陽光や風力、原子力、地熱、水力の各発電手段では、発電時におけるCO_2の排出はない。

関連用語 火力発電（*272*)、原子力発電（*279*)、再生可能エネルギー（*280*)、水力発電、風力発電（*300*)、電源別排出量

62. 発電方式別の発電コスト

令和3年9月の「基本政策分科会に対する発電コスト検証に関する報告」（資源エネルギー庁　総合資源エネルギー調査会　発電コスト検証ワーキンググループ）によると、一定の前提で機械的に試算した2020年の電源別発電コストは、1 kWh当たり石炭火力が12.5円、LNG火力が10.7円、原子力が11.5円～、石油火力が26.7円、陸上風力が19.8円、洋上風力が30.0円、太陽光（事業用）が12.9円、小水力が25.3円、中水力が10.9円、地熱が16.7円となっている。

また、将来（2030年）のコストを試算した結果によると、原子力は11.7円～と大きく変わらないが、石炭火力は13.6～22.4円に上がり、陸上風力は9.8～17.2円、太陽光（事業用）は8.2～11.8円に下がるとしている。

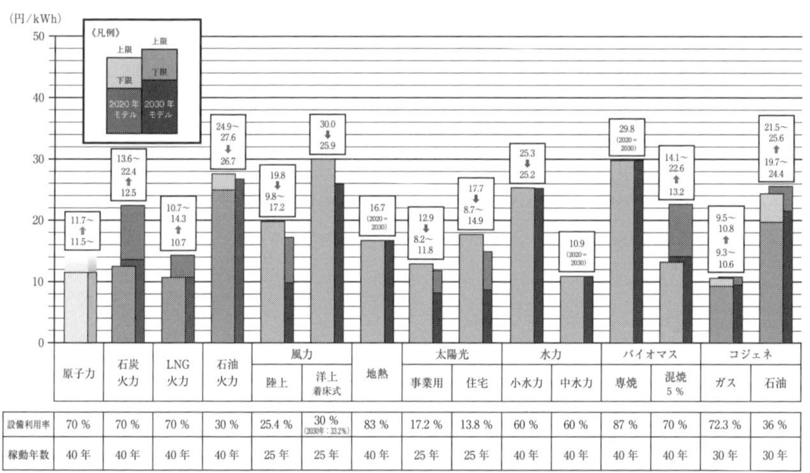

	原子力	石炭火力	LNG火力	石油火力	風力 陸上	風力 洋上着床式	地熱	太陽光 事業用	太陽光 住宅	水力 小水力	水力 中水力	バイオマス 専焼	バイオマス 混焼5％	コジェネ ガス	コジェネ 石油
設備利用率	70％	70％	70％	30％	25.4％	30％（2030年：33.2％）	83％	17.2％	13.8％	60％	60％	87％	70％	72.3％	36％
稼動年数	40年	40年	40年	40年	25年	25年	40年	25年	25年	40年	40年	40年	40年	30年	30年

出典：発電コスト検証WG「基本政策分科会に対する発電コスト検証に関する報告（2021年9月）」より作成

図の出典：日本原子力文化財団「原子力・エネルギー図面集」

発電方式別の1 kWh当たりの発電コスト

関連用語 石炭火力発電、LNG火力発電（*270*）、原子力発電（*279*）、石油火力発電、陸上風力発電、洋上風力発電、太陽光発電（*288*）、小水力発電、中水力発電、地熱発電（*289*）

63. 風力発電

風力発電は、風力エネルギーを電気エネルギーに変換するもので、風車が機械的動力への変換を行い、この動力を発電機に伝達して電気エネルギーを発生させる機構の発電をいう。風力発電は、風向や風速の変動により安定したエネルギー供給の難しさはあるものの、風力エネルギーの約40％を電気エネルギーに変換できる比較的効率の良いものであり、大規模に発電できれば発電コストが火力並みであることから、経済性も確保できる可能性のあるエネルギー源である。

風力発電で得られる発電量は、風速の3乗に比例するため、設置する場所の平均風速が大きいことが必要であり、わが国では安定した風力（平均風速6 m/sec以上）の得られる、北海道・青森・秋田などの海岸部や沖縄の島々などで稼働している。

風力発電用としての風車は、風力エネルギーの利用効率が高いこと等の理由で、水平軸のプロペラ型が多く用いられており、その他に揚力を利用した垂直軸のダリウス型が用いられている。風車は、風の吹いてくる方向に向きを変え、常に風の力を最大限に受け取れる仕組みになっており、ある風速以上では風車の破壊を防ぐために過回転を防止する仕組みが働く。

関連用語　風車、プロペラ型、ダリウス型

64. 負荷率

供給側から見た電力の需要を負荷というが、負荷率は、ある期間中における平均電力と最大電力の比を百分率で表した値をいう。負荷率には、日負荷率、月負荷率、年負荷率、月平均負荷率、年平均負荷率などの種類がある。

負荷率が高ければ高いほど電力設備の利用率がよく、電力系統の経済的な運用が可能となる。

関連用語　負荷、日負荷率（*295*）、月負荷率、年負荷率（*296*）、月平均負荷率、年平均負荷率

65. 復水器

復水器は、火力発電所ならびに原子力発電所において、タービンを回し終えた蒸気を冷却して水に戻す設備をいい、蒸気を水にして体積を減らすことにより高い真空状態を作り、蒸気の流れを良くしてタービンの効率を高くす

る働きをするものである。復水器によって蒸気は冷やされて水にもどり、ふたたびボイラの方へ送り返されることから、復水器という名前がついている。

復水器で蒸気を冷却する場合に大量の冷却水が必要になるため、一般に冷却水には海水が使われている。

関連用語 火力発電所、原子力発電所、冷却水

66. ヘッドタンク

ヘッドタンク（水槽）は、水力発電施設において負荷の変動に伴う水圧管流量と導水管流量との差を調整して、負荷急増時には速やかに水量を補給し、負荷減少時には余水を排除するとともに流水中の土砂を沈殿除去するために、無圧導水路の最終部に水圧管との接続部として設けられる水槽をいう。このヘッドタンクと導水路が圧力トンネルの場合に設けるサージタンクの両者を総称して水槽というが、これらは機能、構造の面で著しく相違する。

ヘッドタンクの容量は地形、工費の許す範囲で大きくすることが望ましく、一般の標準としては導水路からの補給がないとして、最大使用水量の1～2分程度安全に運転できる有効容量が必要である。導水路とヘッドタンクとの取付部が湾曲し、あるいは著しく非対称であると、流心が一方にかたよって渦流を生じ、空気が水圧管に吸い込まれるなどヘッドタンクの機能が低下する。

関連用語 水力発電施設、無圧導水路、導水路（*293*）、水槽、サージタンク（*281*）

67. 包蔵水力

包蔵水力は、発電水力調査により明らかとなったわが国が有する水資源のうち、技術的・経済的に利用可能な水力エネルギー量のことをいう。包蔵水力は、「既開発（これまでに開発された水力エネルギー）」、「工事中」、「未開発（今後の開発が有望な水力エネルギー）」の3つに区分されている。

わが国の包蔵水力の合計は、平成31年3月末時点で4,796地点、最大出力4,718万キロワット。そのうち、未開発のものは、2,695地点、最大出力1,987万キロワットがあるとされている。

関連用語 水力エネルギー量、既開発、工事中、未開発

68. Manningの公式

マニングの公式は、流水の平均流速を求める最も標準的な経験式で、次の式で表される。

$$Q = A \cdot V$$

$$V = \frac{1}{n} \cdot R^{\frac{2}{3}} \cdot I^{\frac{1}{2}}$$

ここで、Q：流量（m^3/s）、A：流水の断面積（m^2）、V：流速（m/s）、n：粗度係数、R：径深（m）、I：勾配

マニング式においては、代表長さとして径深が、摩擦損失係数として粗度係数がそれぞれ用いられている。マニング式は、開渠・管渠ともに用いられる水理公式であり、管路の流量計算などに用いられていたクッター式にとって代わる式とされている。

一般に小口径管の場合には、粗度係数$n=0.010$の管渠ではほとんど両式による差は見られないが$n=0.013$の管渠になると、マニング式の方が流速、流量が大きな計算結果になる。また、大口径の管渠では、ほとんどの場合にクッター式の方が流量、流速が大きな計算結果になる。

関連用語　平均流速、経験式、径深、粗度係数、水理公式、流量計算、クッター式

69. 有効落差

有効落差は、運転中の水車に実際に作用する全水頭をいい、流れが水車入口において保有する全水頭と水車出口において残存する全水頭との差である。すなわち、有効落差は取水口から水車入口までおよび水車出口から放水口までの間を流れが流下する際に、勾配や摩擦などで失う損失水頭を、総落差より差し引いた残りの落差（水頭）で示される。

有効落差は、同じ発電所でも、そのときの取水口や放水口の流量あるいは使用水量の大小により異なる。

関連用語　水頭（*28*）、取水口、放水口、損失水頭、総落差

70. 揚水式発電所

揚水式発電所は、深夜などの軽負荷時に、火力あるいは原子力発電所の電力を揚水資源として利用し、下部貯水池の貯留水を上部貯水池に揚水しておき、日中の重負荷時に発電する形式の発電所をいう。揚水式発電所は、1）河川流量に制約されず大規模化が容易である、2）変動負荷・ピーク供給

力としてすぐれている、3）地点選定が比較的自由に行える、などのメリットを有している。

揚水式発電所を分類して、上部貯水池に流入する河川流量が多いものを混合揚水式発電所、河川流量が少なく発電に利用することがほとんどできないものを純揚水式発電所といっている。

揚水式発電所は、揚水のための電力を火力・原子力発電所に依存し、かつ揚水用電力のおよそ70％しか回収できず約30％は損失となるが、余剰電力を位置エネルギーの形で蓄えることで電力の質の転換を図ることができるという機能的特色をもっている。

関連用語 火力発電所、原子力発電所、混合揚水式発電所、純揚水式発電所、流込み式発電所（*295*）、調整池式発電所（*290*）、貯水池式発電所（*290*）

71. 流況曲線

流況曲線は、河川で利用できる毎日の流量を縦軸に、期間ごとの日数を横軸にとって流量の大きいものから順に並べたグラフをいう。流況曲線は、水力発電所で利用する流量と比較して、運転可能日数の算出や常時使用水量の決定、発電電力量や利用率の算定、必要な調整機能と日数の検討などの発電計画に利用される。

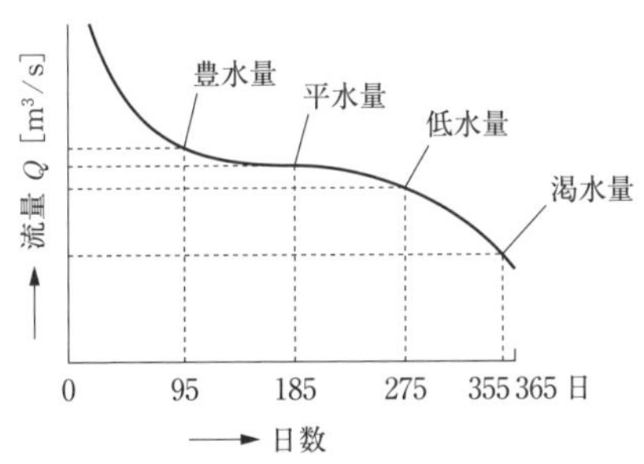

流況曲線

流況を表す指標（水量）は、次のように定義されている。

(1) 渇水量：1年のうち355日はこの流量よりも減少することのない流量

(2) 低水量：1年のうち275日はこの流量よりも減少することのない流量

(3) 平水量：1年のうち185日はこの流量よりも減少することのない流量

(4) 豊水量：1年のうち95日はこの流量よりも減少することのない流量

関連用語　常時使用水量（*283*）、発電電力量、利用率、発電計画、渇水量、低水量、平水量、豊水量

72. 理論水力

理論水力は、ある流量の水を、ある落差で落下させたときの水力を（kW）の単位で表したものである。水力による発電量は流量と落差から得られ、理論水力は次の式で表される。

理論水力（kW）＝9.8×流量×落差

河川の流水占用料（水利利用料）は、この理論水力の値を基にしている。

なお、理論水力を持つ水を運動エネルギーに換え、さらに発電機によって得られる電気エネルギーの大きさ（発電力）は、『発電力（kW）＝理論水力×水車の効率×発電機の効率』で求められ、これに運転継続時間を乗じると実際の発電量（単位：kWh）が算出される。

関連用語　水力、流量、落差、流水占用料、運動エネルギー、電気エネルギー、発電力、発電量

73. 冷却水の取水口設備

取水口は、主に火力発電所の復水器に用いる大量の冷却水を取水するための取入口をいう。冷却水はなるべく季節変化や日変化の少ないことが望ましいので、なるべく深部から取水する。取水口の流速は、一般に0.3～1.0 m/sec程度がよいとされている。

冷却水の取水方式は、1）港や内海部などの静穏な海域で海岸線に取水口を設ける水路取水、2）外洋に面して防波堤を設けて取水用の遮蔽施設として用いる港湾取水、3）発電所前面の海域に取水塔を設けて海底トンネルあるいはパイプによって取水する沖取り取水、の3種類に区分される。取水口より復水器を経て放水口に至るまでの水路の構成は、自然流下式とポンプ圧送式に大別され、これらは利用水源の水位と復水器の高さ、水路の長さ、発電所敷地の標高などの条件に応じて選定される。

地点によっては、取水口にミズクラゲが来襲することがあるため、このような箇所ではレーキ付バースクリーンを設ける必要がある。また、海底トンネル形式で取水する場合には魚類の進入を防ぐためにベロシティキャップを設ける。

関連用語 復水器（*300*）、水路取水、港湾取水、沖取り取水、自然流下式、ポンプ圧送式、放水口

74. 冷却水の放水口設備

放水口は、復水器によって温度が上昇した冷却水を放流するための放出口をいう。放水口の設計にあたっては、放流流速、放水口よりの進入波、温排水の周辺水域に与える影響に留意する必要がある。放水流速は、一般には前面海域に航路ならびに泊地のない場合1.0～2.0 m/sec、前面海域に航路や泊地のある場合に湾内では0.3～0.5 m/sec、湾外では0.3～1.0 m/secを採用している。

冷却水の放水形式は表層放水と水中放水に大別されるが、水中放水の場合は、まわりの海水との混合希釈を促進し、温排水の拡散範囲の低減を図ることができるため最近では、水中放水を採用する例が多くなりつつある。

汚染した海域から取水する場合には、放水口の出口で発泡現象を生ずることがあるので、放水口は空気をまき込まないような構造にするとともに、放流流速を小さくする必要がある。また、放水口から排出した温排水は、取水口に再び入らないように取水口と排水口との距離は大きくとるようにする。

関連用語 復水器（*300*）、発泡現象、取水口

第7章　道　　路

1. 30番目時間交通量
2. K値・D値
3. OD 調査（自動車起終点調査）
4. アスファルト混合物
5. アスファルト舗装
6. インターチェンジ
7. 追越視距
8. 横断勾配
9. 可能交通容量
10. （道路の）緩和曲線
11. 緩和区間
12. 基層
13. 基本交通容量
14. 曲線長
15. （道路の）曲線半径
16. 曲線部の拡幅
17. 曲線部の片勾配
18. 計画交通量
19. （道路の）建築限界
20. 高規格幹線道路
21. 合成勾配
22. 交通需要マネジメント（TDM）
23. 交通容量
24. 交通量調査（交通量観測）
25. サグ部
26. 視距
27. シケイン（屈曲部）
28. 自転車専用道路
29. 自転車道の幅員
30. 自転車歩行者道の幅員
31. 車線
32. 遮熱性舗装
33. 縦断曲線
34. 縦断勾配
35. 植樹帯
36. 性能指標
37. 設計基準交通量
38. 設計交通容量
39. 設計時間交通量
40. 設計速度
41. セメントコンクリート舗装
42. 騒音環境基準
43. 側帯
44. 速度の平均値
45. 塑性変形輪数
46. 堆雪幅
47. 地域高規格道路
48. 中央帯
49. 中温化アスファルト舗装（低炭素アスファルト舗装）
50. 昼夜率
51. 停車帯
52. 低騒音舗装
53. 鉄道等との平面交差
54. デバイス
55. 道路状況調査
56. 道路の機能
57. 道路の区分
58. 道路の種類
59. 排水性舗装
60. ハンプ
61. 表層
62. 費用便益分析
63. 疲労破壊輪数
64. 平面線形
65. 平面線形と縦断線形の組合せ
66. 保水性舗装
67. 舗装計画交通量
68. 歩道の幅員
69. ランブルストリップス
70. リバーシブルレーン
71. 利用者均衡配分法
72. 旅行速度調査
73. 輪荷重
74. 路肩
75. 路床
76. ロードプライシング
77. 路盤

1. 30番目時間交通量

30番目時間交通量は、1年間（8,760時間）の時間交通量を大きい順に並べた場合（時間交通量順位）の30番目にあたる交通量で、計画目標年次の設計時間交通量として用いられる値をいう。この場合、交通量はそのままの値ではなく、年平均日交通量に対する百分率として表している。

時間交通量順位をグラフに表すと、時間交通量順位の30番目付近を境として勾配が変化するため、1～29番目の交通量を設計対象とするよりも経済的な設計ができるという考えに基づいて30番目時間交通量が設計時間交通量として用いられている。

関連用語 時間交通量、時間交通量順位、設計時間交通量（*325*）、年平均日交通量、*K*値・*D*値（*308*）

2. *K*値・*D*値

*K*値および*D*値は、それぞれ設計時間交通量を求める際に用いる数値で、*K*値は計画交通量（年平均日交通量）に対する設計時間交通量（通常は30番目時間交通量）の割合（%）をいい、*D*値は往復合計の交通量（1時間単位）に対する重方向交通量の割合（%）をいう。

*K*値の一般的な傾向として、次の点が挙げられる。1）年平均日交通量の多い道路ほど*K*値は小さい、2）人口密度の低い地方部の道路および交通量の季節的変動の大きい路線等では*K*値はかなり大きくなる、3）都市部の道路や幹線道路としての性格の強い路線ほど*K*値は小さい。

*D*値の値は、4車線道路における30番目時間交通量付近の若干の観測値によると、都市部で55%程度、郊外及び地方部で55～60%程度となっている。

関連用語 設計時間交通量（*325*）、計画交通量（*315*）、年平均日交通量、重方向交通量、30番目時間交通量（*308*）

3. OD調査（自動車起終点調査）

OD調査（自動車起終点調査：Origin and Destination survey）は、ある区域内に出入りする車両について、その数と車種、出発地および目的地など質的内容を把握するために行われる調査をいう。OD調査の結果は、広域的な道路網の計画に際してきわめて重要な基礎資料となる。

OD調査の内容は、自動車の出発地から目的地の交通量のほかに交通目的、発着地の施設、その時刻の乗車人員、積載貨物の品目、トン数、トリップ時間、距離等であり、運転者への面接によって調査を行う。この調査結果を集計解析することにより、自動車の地域間流動、運行目的、時間分布等を把握することができる。

自動車起終点調査（OD調査）は、基本的に車の所有者や使用者に対して、車の使い方についてアンケート方式で調査するオーナーインタビュー調査によって行われるが、長距離トリップの精度を確保するために一部の県境等を横切る道路では、自動車を道路脇に止めて運行状況を聞き取ったり、高速道路の料金所などで聞き取ったりして調査を行う路側OD調査が行われる。また、路側OD調査としてフェリー乗船時に運行状況等を調査することもある。

関連用語 地域間流動、運行目的、時間分布、オーナーインタビュー調査、路側OD調査

4. アスファルト混合物

アスファルト混合物は、粗骨材、細骨材、フィラーおよびアスファルトを所定の割合で混合した材料で、アスファルトおよび骨材を加熱してつくる加熱アスファルト混合物と、液体アスファルトを常温で使用する常温混合物がある。アスファルト混合物の配合設計は、原則としてマーシャル安定度試験によって行われている。

ギャップアスファルト混合物は、合成粒度における600 μm～2.36 mmまたは600 μm～4.75 mmの粒径区分が10％程度以内の不連続粒度になっている混合物で、耐摩耗性、耐流動性、すべり抵抗性などを付与するために用いる。

積雪寒冷地域や路面の凍結する箇所における、耐摩耗性の大きなアスファルト混合物は、フィラー（石粉）を増やすとともに、それに伴ってアスファルト量の多い混合物が用いられる。一般地域で用いられる密粒度アスファルト混合物（20, 13）や細粒度アスファルト混合物（13）に対して、積雪寒冷地域で用いられる密粒度アスファルト混合物（20F, 13F）や細粒度アスファルト混合物（13F）のFは、フィラーを多く使用していることを示すものである。また、表に示した混合物以外に耐摩耗用混合物としては、グースアスファルト混合物やロールドアスファルト混合物がある。

一方、重交通道路においては、路面にわだち掘れが生じやすいので、特に耐流動性を向上させた混合物を表層または表層・基層に使用する。なお、ア

基層および表層アスファルト混合物の種類

	混合物の種類	仕上り厚（cm）	最大粒径（mm）
①	粗粒度アスファルト混合物（20）	4～6	20
②	密粒度アスファルト混合物（20）	4～6	20
	密粒度アスファルト混合物（13）	3～5	13
③	細粒度アスファルト混合物（13）	3～5	13
④	密粒度ギャップアスファルト混合物（13）	3～5	13
⑤	密粒度アスファルト混合物（20F）	4～6	20
	密粒度アスファルト混合物（13F）	3～5	13
⑥	細粒度ギャップアスファルト混合物（13F）	3～5	13
⑦	細粒度アスファルト混合物（13F）	3～4	13
⑧	密粒度ギャップアスファルト混合物（13F）	3～5	13
⑨	開粒度アスファルト混合物（13）	3～4	13
⑩	ポーラスアスファルト混合物（20）	4～5	20
	ポーラスアスファルト混合物（13）	4～5	13

※混合物の種類の（　）内の数値は骨材の最大粒径を、Fはフィラーを多く使用した混合物を表している。

スファルト混合物の耐流動性の評価はホィールトラッキング試験によるDS（動的安定度）によって行う。

ポーラスアスファルト混合物（20, 13）は、主に排水性舗装、低騒音舗装、車道に透水性舗装を適用する場合等に使用され、ポーラスアスファルト混合物にはポリマー改質アスファルトH型が使われている。

関連用語 粗骨材、細骨材、フィラー、加熱アスファルト混合物、常温混合物、マーシャル安定度試験、粗粒度アスファルト混合物、密粒度アスファルト混合物、細粒度アスファルト混合物、密粒度ギャップアスファルト混合物、開粒度アスファルト混合物、グースアスファルト混合物、ロールドアスファルト混合物、ホィールトラッキング試験、DS（動的安定度）、ポーラスアスファルト混合物、排水性舗装（*336*）、低騒音舗装（*332*）、透水性舗装、ポリマー改質アスファルト

5. アスファルト舗装

アスファルト舗装は、骨材をアスファルトで結合した表層をもつ舗装をいい、表層、基層および路盤からなり、路床の上に構築する。路盤は一般に、上層路盤と下層路盤に分けて構築する。なお、摩耗及びすべりに対処するために表層上に摩耗層を設ける場合がある。

セメントコンクリート舗装を剛性舗装と呼ぶのに対して、アスファルト舗装はたわみ性舗装と呼んでいる。

関連用語 表層（*337*）、基層（*313*）、路盤（*345*）、路床（*345*）、上層路盤、下層路盤、摩耗層、剛性舗装、たわみ性舗装

6. インターチェンジ

インターチェンジは、道路の交差部において交通の流れが平面交差しないように連絡路をつけた立体構造物をいう。インターチェンジは、平面交差に比べて交通容量が大きく、交通流を円滑に通すことができるが、広い用地と立体構造物を必要とするために建設費は大きくなる。

インターチェンジは、交差する道路の車道とランプの組合せによっていろいろな型式があり、代表的な型式としては、1）トランペット型、2）Y型、3）ダイヤモンド型、4）クローバー型、5）ロータリー型、などがある。

関連用語 交通容量（*317*）、ランプ、トランペット型、Y型、ダイヤモンド型、クローバー型、ロータリー型

7. 追越視距

追越視距は、車道の中心線上1.2 mの高さから、車道の中心線上にある高さ1.2 mの対象物を見通すことができる距離を、車道の中心線に沿って測った長さをいう。1.2 mの高さは、乗用車の運転手の目の高さを考慮したものである。

追越視距は2車線道路において必要なものであるが、すべての2車線道路で追越視距を確保することはほとんど不可能であり、その必要もないことから適宜追越視距の確保された区間を設けることにしている。

関連用語 中心線、視距（*318*）、制動停止視距

8. 横断勾配

車道には排水のため、路面の中心を頂点として両側へ向かって傾斜した横断勾配を設ける。横断勾配は、車両の安全な走行に影響を与えるので、排水に支障のない範囲でなるべくゆるやかにすることが望ましい。セメントコンクリート舗装およびアスファルトコンクリート舗装では1.5～2%を、その他の道路では3～5%を横断勾配の標準値としている。

歩道または自転車道では、道路の中心に向かう下り勾配として2%を標準に設ける。また、舗装構造を排水性舗装とした場合は、気象状況等を勘案して路面の排水に支障がない場合においては、横断勾配を付さず、または縮小することができる。

関連用語 セメントコンクリート舗装（*326*）、アスファルト舗装（*311*）、歩道、自転車道、排水性舗装（*336*）

9. 可能交通容量

可能交通容量は、交通容量のうち現実の道路および交通条件に対しての容量をいい、単に交通容量といえば、通常は可能交通容量を意味する。

可能交通容量は、実測によって求める場合と基本交通容量から計算によって補正して求める場合とがあり、既存道路の交通運用を検討する場合は主として実測により、計画道路に対しては計算によって求める。

補正を行う条件には、1）車線幅員、2）側方余裕、3）大型車混入、4）沿道条件、などがあり、これらの補正率を基本交通容量に乗じて可能交通容量を算出する。

関連用語 交通容量（*317*）、基本交通容量（*313*）、設計交通容量（*325*）

10. （道路の）緩和曲線

緩和曲線は、曲率（曲がる割合）が不連続に変化することによる車両の不都合をなくすために、直線と円曲線あるいは曲率の異なる2つの円曲線の接続部などに用いる、曲率が徐々に変化する曲線をいう。道路では主にクロソイド曲線が、鉄道では3次放物線が緩和曲線として用いられている。

クロソイドは、曲率が曲線長に比例して増大する曲線であり、自動車が一定の速度で走っているときに、一定の角速度でハンドルを回したときの走行軌跡はクロソイドになる。

クロソイドの曲率半径をR、曲線長をLとすれば、$R \cdot L = A^2$　という関係があり、Aをクロソイドパラメータといって長さのディメンションをもち、これが決まればクロソイドの大きさも決まる。

関連用語　曲率、クロソイド曲線、クロソイドパラメータ、緩和区間（*313*）

11. 緩和区間

緩和区間は、道路の平面線形において直線から円曲線に、あるいは大きな円曲線から小さな円曲線に変わる部分で、走行車両が遠心力によって押し出されるのを緩和して走行を円滑にするために設ける区間をいう。

緩和区間では緩和曲線を用い、その緩和曲線長は遠心加速度の変化率をある限度以下に抑え、ハンドル操作にも無理のない時間がとれるようなものとして、設計速度に応じた緩和区間の最小値が規定されている。

緩和区間では、片勾配および拡幅のすりつけが行われる。

関連用語　緩和曲線（*312, 350*）、緩和曲線長（*350*）、片勾配・拡幅のすりつけ

12. 基層

基層は、アスファルト舗装の表層と上層路盤の間にあって、路盤の不陸を整正し、表層に加わる荷重を路盤に均一に伝達する役割をもつ層をいう。基層には、通常、安定度と耐久性から加熱アスファルト混合物として、粗粒度アスファルトコンクリートが使用される。

関連用語　表層（*337*）、上層路盤、粗粒度アスファルトコンクリート

13. 基本交通容量

基本交通容量は、交通容量のうち道路条件および交通条件が理想的な条件における容量で、交通容量の基本になる値をいう。ここにいう理想的な条件とは、次のようなものである。

1）路側にある車両や歩行者から走行の自由性が妨げられることがない、連続した交通量であること。

2）車両はすべて乗用車であること。

3）車線は3.5 m以上の幅員があり、路肩も十分な幅員があって車道端から外側1.75 m以内に障害物がないこと。

4）道路の線形が良好で、2車線道路においては追い越しに必要な見通し

距離が不足する区間がないこと。

わが国では、単路部における基本交通容量の値は、多車線道路では1車線あたり乗用車2,200台／時、2方向2車線道路では往復合計で乗用車2,500台／時を用いている。

関連用語　交通容量（*317*）、可能交通容量（*312*）、設計交通容量（*325*）

14. 曲線長

曲線部の長さが短い場合には、運転者のハンドル操作上危険であり、また道路交角が小さい場合には、曲線長が実際より短く見える錯覚を起こしやすくなる。これらのことから、最小曲線長は次の条件から定められている。

1）運転手がハンドル操作に困難を感じないようにする。

2）曲率の変化による遠心加速度の変化率を一定値以下にする。

3）道路交角が小さい場合、曲率半径が実際より小さく見える錯覚を防ぐ程度の長さとする。

これらの条件をもとに、交角が大きい場合の最小曲線長は、走行時間を6秒として算出し、道路交角が小さいために運転手が錯覚を起こす限界をわが国では7度として、設計速度と交角に応じた曲線長が規定されている。

関連用語　道路交角、最小曲線長、設計速度（*326*）

15. （道路の）曲線半径

道路の屈曲部に用いられる曲線の半径は、曲線部を設計速度で走行する自動車に加わる遠心力による横力が一定限度を超えないようにしなくてはならない。そこで、次式によって曲線半径の最小値あるいは望ましい値が定められている。

$$R = \frac{V^2}{127\left(f + i\right)}$$

（R：曲線半径、V：走行速度、f：摩擦係数、i：片勾配）

道路構造令では、$f = 0.10 \sim 0.15$、$i = 6\%$を代入して最小曲線半径を、また$i = 10\%$として特例値を求めている。

道路の線形設計は、自動車の速度が関係して定まるものであるため、設計速度は道路の構造を決定する重要な要素となる。道路の線形設計を行う場合には、できる限り最小半径の望ましい値程度を最小値として設計するのが好ましい。

関連用語 設計速度（*326*）、最小曲線半径

16. 曲線部の拡幅

車道の曲線部においては、設計車両及び当該曲線部の曲線半径に応じて、車線を適切に拡幅する必要がある。曲線部の拡幅は、原則として車線の内側に行い、他の車線に車両が侵入しないように車線ごとに行わなければならない。

曲線部の拡幅量は、曲線半径が小さいほど大きくなる。拡幅量のすりつけは、緩和区間内ですりつける。

関連用語 設計車両、曲線半径（*314, 352*）、すりつけ、緩和区間（*313*）

17. 曲線部の片勾配

曲線部の片勾配は、曲線部を走行する車両が受ける遠心力の影響を小さくするために、曲線の内側に向かってつける傾斜をいう。片勾配をつけることにより、路面とタイヤの間の摩擦によってこれに抵抗し、横断方向にも安定した走行が可能となる。

設計速度より低い速度で走行する車両の安定、ならびに施工あるいは維持管理の面から最大片勾配の値は10%と規定されている。また、自転車道等を設置しない第3種の道路にあっては、自転車が車道を走行することになるので、自転車の走行の安全性を考慮して片勾配の最大値を6%としている。

関連用語 遠心力、摩擦、設計速度（*326*）、最大片勾配、自転車道

18. 計画交通量

計画交通量は、計画設計を行う路線の計画目標年次における年平均日交通量をいう。目標年次としては計画策定時の20年後と考えられているが、路線の性格や重要性などを考慮して10年後あるいは15年後とする場合もある。

計画交通量は、OD調査などの分析から推定した現在交通量に誘発交通量（道路の新設あるいは改良によって誘発される交通量）および開発交通量（土地の開発によって新たに発生する交通量）などを加えて、これに交通量の伸び率を考慮したものである。

関連用語 計画目標年次、年平均日交通量、OD調査（*308*）、現在交通量、誘発交通量、開発交通量、伸び率

19. （道路の）建築限界

建築限界は、車両や歩行者の交通安全を確保するために、一定の幅や高さの範囲内には障害となる物を置くことを禁止した道路上の空間の限界を示すものをいう。建築限界内には、照明施設や防護柵、道路標識、電柱等の施設を設けることはできない。

車道部の建築限界は、設計車両の高さ3.8 mに余裕高を加えて4.5 mとし、小型道路（乗用車専用道路）では3.0 mとしている。また歩道・自転車道及び自転車歩行者道の建築限界は、高さ2.5 mである。なお、建築限界の上限線は路面と平行にとるものとする。

関連用語　防護柵、道路標識、小型道路、上限線

20. 高規格幹線道路

高規格幹線道路は、自動車の高速交通の確保を図るために、主要都市間の連絡強化を目標とした、全国的な自動車交通網を構成する自動車専用道路のことをいう。

高規格幹線道路は、地方中枢・中核都市、地域の発展の核となる地方都市及びその周辺地域等から概ね1時間程度で利用が可能となるよう、およそ14,000 kmで形成することが、昭和62年の第四次全国総合開発計画において定められている。高規格幹線道路は、高速自動車国道（国土開発幹線自動車道等）と一般国道の自動車専用道路（国土交通大臣の指定に基づく）とからなり、これらは有料道路で整備することとしており、速度を80～100 km/hで走行可能な道路としている。

将来的に交通量が少ないと見込まれる高規格幹線道路では、往復分離した完成2車線構造を採用することができる。

関連用語　自動車専用道路、第四次全国総合開発計画、高速自動車国道、地域高規格道路（*329*）、完成2車線構造

21. 合成勾配

合成勾配は、縦断勾配と横断勾配を組み合わせた勾配をいう。横断勾配と平面曲線が重なった線形は、勾配が大きくまた曲線半径が小さい場合には運転上危険である。そのために道路構造令では、合成勾配の最大値を規定することによってこれを緩和することにしている。

合成勾配は、次の式で算出する。

$$S=\sqrt{i^2+j^2}$$

(S：合成勾配(%)、i：横断勾配または片勾配(%)、j：縦断勾配(%))

関連用語 縦断勾配(*322*)、横断勾配(*312*)、片勾配

22. 交通需要マネジメント(TDM)

交通需要マネジメント(TDM：Transportation Demand Management)は、道路利用者に時間、経路、交通手段や自動車の利用方法の見直しを促すことにより、交通混雑の緩和を図る方法をいう。交通需要マネジメントは、自動車利用量の低減にもつながるため、大気汚染防止の点でも期待されている。

交通需要マネジメントの具体的な施策としては、1) フレックスタイムや時差通勤などへの協力を呼びかけ、交通量が一定の時間に集中しないよう分散化するピークカット施策、2) 都心に入る車の量を少なくするために、郊外の駐車場に車を停めて、電車やバスに乗り換えるパークアンドライド施策、3) 道路交通情報を提供して、混雑する道路や交差点を避けて空いている経路への変更を促す交通量分散施策、4) 相乗りや共同集配などにより、乗用車の乗車人数の増加や貨物車の積載効率を高める自動車の効率的利用施策、などがある。

関連用語 交通混雑の緩和、ピークカット、パークアンドライド、交通量分散、自動車の効率的利用

23. 交通容量

交通容量は、ある状況のもとで交通を通すことができる道路の能力を表すもので、現実にある道路条件および交通条件のもとで、車線または道路上のある地点を単位時間内に通過することができる車両の最大数をいう。交通容量の単位は、1時間交通容量として(台/h)が用いられ、多車線道路および一方通行道路では1車線あたり、2方向2車線道路では往復合計で表す。

交通容量は、一般に、1) 単路部、2) 交差点部、3) ランプ部、4) 織込み区間、などに対してそれぞれ異なった手法で考えなければならない。

交通容量は「基本交通容量」、「可能交通容量」、「設計交通容量」の3つの概念から規定されている。これらの交通容量の値の大きさは、基本交通容量＞可能交通容量＞設計交通容量　となる。

関連用語 基本交通容量（*313*）、可能交通容量（*312*）、設計交通容量（*325*）

24. 交通量調査（交通量観測）

交通量調査（交通量観測）は、道路交通センサスの一環として行っている一般交通量調査の中の1つとして、秋季の平日と休日における交通量を調査するものである。調査は、平日及び休日において、道路のある地点を一定時間内（通常12時間または24時間）に通過する自動車（4車種）、二輪車、歩行者の交通量を時間別、上下線ごと、大型車、小型車等の車種別ごとに計測するというものである。交通量調査（交通量観測）によって、12時間交通量（7：00～19：00の交通量）、24時間交通量（主要地点は24時間の実測。その他の地点は12時間交通量に昼夜率を乗じて推計した交通量）、昼夜率（12時間交通量に対する24時間交通量の割合）などを求めることができる。

道路交通センサスでは、交通量調査と道路状況調査、旅行速度調査の3つを合わせて一般交通量調査と呼んでいる。

関連用語 道路交通センサス（*140*）、一般交通量調査、秋季の平日と休日における交通量、自動車（4車種）、二輪車、歩行者、12時間交通量、24時間交通量、昼夜率（*331*）、道路状況調査（*333*）、旅行速度調査（*344*）

25. サグ部

サグ部は、道路の縦断線形の底部すなわち下り坂から上り坂への変化点のことをいう。過度にゆるやかなサグ部では、上り坂にさしかかった車が気づかないうちに速度低下を起こし、後続の車は車間距離を保とうとするために交通流率（一定時間内にその断面を通過できる交通量）が低下し、さらに後続する車が次々にブレーキを踏むことになり、渋滞が発生することがある。

このため、サグ部では必要以上に大きな凹型縦断曲線半径を用いないようにするとともに、切土のり面や遮音壁などの障害物との側方余裕を広くとるなど、サグ部が見通せるような視認性を確保した設計をすることが望ましい。

関連用語 交通流率、渋滞、縦断曲線（*321*）

26. 視距

視距は、自動車の運転者が道路前方を見通すことのできる距離であり、車線の中心線上1.2 mの高さから当該車線の中心線上にある高さ10 cmの物の頂点を見通すことのできる距離を、当該車線の中心線に沿って測った長さをいう。視距には、制動停止視距と追越視距の2種類がある。道路構造令では、制動停止視距を対象とした用語の定義をしている。

視距を確保する目的は、道路上を走行する車両が、路面上にある障害物を発見して制動停止したり、あるいは低速車を追い越したりするときに衝突の危険のないようにすることにある。

関連用語 車線（*320*）、制動停止視距、追越視距（*311*）、道路構造令

27. シケイン（屈曲部）

シケイン（屈曲部）は、デバイス（自動車の速度を抑制するための構造）のうち単路部に設けるものの1つであり、車両の通行部分の線形をジグザグにしたり蛇行させたりして、運転者に左右のハンドル操作を強いることにより、車の走行速度を低減させる道路構造のことである。

シケインは、低めの縁石等の配置や舗装の色彩の変化などにより作り出すほか、ボラード（車止め）を曲線状に配置すること等によって作り出すことができる。

住宅地における生活道路では、自動車の速度を抑制するため、ハンプや狭窄部、シケイン等を設置することができる。

関連用語 屈曲部、デバイス（*332*）、単路部、ボラード（車止め）、ハンプ（*337*）、狭窄部

28. 自転車専用道路

自転車専用道路は、もっぱら自転車の一般交通の用に供する道路または道路の部分（当該道路の他の部分と構造的に分離されているものに限る）のことをいう。この道路は自転車専用であり、原動機付自転車や軽車両も含めて自転車以外の車両は通行してはならない。

道路構造令では、自転車専用道路の幅員は3メートル以上とし、地形の状況その他の特別の理由によりやむを得ない場合においては、2.5メートルまで縮小することができると定めている。

関連用語 自転車歩行者専用道路、自転車道の幅員（*320*）

29. 自転車道の幅員

自転車道の幅員は、道路構造令により2メートル以上とすると定められている。ただし、地形の状況やその他の特別の理由によりやむを得ない場合においては、1.5メートルまで縮小することができる。なお、自転車道は、地形の状況その他特別の理由によりやむを得ない場合を除き、自動車及び自転車の交通量が多い第3種又は第4種の道路には、道路の各側に設けるものとしている。

関連用語　道路構造令、第3種道路、第4種道路、自転車歩行者道の幅員（*320*）

30. 自転車歩行者道の幅員

自転車歩行者道の幅員は、道路構造令により歩行者の交通量が多い道路にあっては4メートル以上、その他の道路にあっては3メートル以上とすると定められている。

第3種第5級又は第4種第4級の道路で、地形の状況その他特別の理由によりやむを得ない場合を除いては、横断歩道橋若しくは地下横断歩道又は路上施設を設ける自転車歩行者道の幅員は、前述の値に横断歩道橋等を設ける場合にあっては3メートル、ベンチの上屋を設ける場合にあっては2メートル、並木を設ける場合にあっては1.5メートル、ベンチを設ける場合にあっては1メートル、その他の場合にあっては0.5メートルを加えて適用するものとしている。

なお、自転車歩行者道は、自動車の交通量が多い第3種又は第4種の道路（自転車道を設ける道路を除く）には、道路の各側に設けるものとしている。

関連用語　道路構造令、第3種道路、第4種道路、自転車道の幅員（*320*）、歩道の幅員（*341*）

31. 車線

車線は、一縦列の自動車を安全かつ円滑に通行させるために設けられる帯状の車道をいう。

車線数は、計画交通量が設計基準交通量の値以下の場合は2とし、これを超える場合（第2種の道路で対向車線を設けないものならびに第3種第5級及び第4種第4級の道路を除く）は4以上の偶数とする。4車線以上（第2種の道路で対向車線を設けないものは2車線以上）の道路の車線数は、計画交通量を設計基準交通量で除した値から求める。また、道路構造令では第1種、第2種、または第3種第1級の道路（対向車線を設けない道路を除く）の車線は、往復の方向別に分離するものとし、車線を往復の方向別に分離するため必要があるときは、中央帯を設けるものとする、としている。

車線の幅員は、車両の幅員に余裕幅を加えたものであるが、余裕幅は走行速度により異なり、高速なほど広くする必要がある。道路構造令では、道路の種級区分に応じて2.75～3.5 mの車線幅員（第3種第5級または第4種第4級（1車線道路）では4 mの車線幅員）を定めている。

関連用語 計画交通量（*315*）、設計基準交通量（*324*）、車線数、分離、中央帯（*330*）、車線幅員

32. 遮熱性舗装

遮熱性舗装は、舗装表面に遮熱材（太陽光を反射する特殊顔料を混合した樹脂）を塗布、あるいは充填することで近赤外線を高反射して、舗装路面の温度上昇を抑制する舗装のことをいう。

遮熱性舗装技術研究会では、遮熱性舗装を『室内照射試験で新規アスファルト舗装の路面温度が60 ℃に達したときに、近赤外線を高反射して舗装路面の熱吸収を防ぐ機能により、明度50の場合に10 ℃以上の表面温度の上昇抑制が期待できる舗装』と定義している。遮熱性舗装は、一般の舗装よりも表面温度の上昇を抑制できるため、歩行者空間や沿道の熱環境の改善、ヒートアイランド現象の緩和などの効果が期待できる。

関連用語 遮熱材、近赤外線、熱環境の改善、ヒートアイランド現象（*478*）、保水性舗装（*340*）

33. 縦断曲線

道路の縦断勾配が変化するところでは、自動車の衝撃緩和および視距の確保のために縦断曲線を挿入する。縦断曲線は、一般に放物線として設置するが、これを表示する方法として、曲線長で示す方法と放物線を円曲線で近似し、この曲率半径で示す方法がある。

縦断曲線の長さは、衝撃緩和に必要な長さと視距を確保するのに必要な長さとを求め、その大きい方の値を採用するが、この場合に運転者の視覚上の必要長（経験上設計速度で3秒間の走行距離を最小縦断曲線の長さとして

いる）についても検討する。

道路構造令では、設計速度に応じてそれぞれ凸形、凹形別に縦断曲線半径を定めるとともに、設計速度に応じた縦断曲線の長さを定めている。

関連用語　縦断勾配（*322*）、衝撃緩和、視距の確保、放物線、縦断曲線の長さ、設計速度（*326*）、縦断曲線半径

34. 縦断勾配

道路の縦断勾配の基準は、経済的な面から許容できる範囲で、できるだけ速度低下が少なくなるように定め、他の区間と同様に設計速度に近い走行速度を確保するようにする。

縦断勾配の一般値は、乗用車に対しては、ほぼ平均走行速度で登坂できるように、また普通トラックに対しては、ほぼ設計速度の1/2の速度で登坂できるように定める。道路構造令では、車道の縦断勾配の最大値を、設計速度に応じて2%（設計速度120 km/h）～9%（設計速度20 km/h）と定め、さらに特例値（地形の状況その他の特別な理由によりやむを得ない場合の値）として制限長を付与した勾配についても定めている。

なお、縦断勾配が5%を超える車道には、必要に応じて幅員3 mの登坂車線を設けるものとしている。

関連用語　設計速度（*326*）、道路構造令、特例値、制限長、登坂車線

35. 植樹帯

植樹帯は、もっぱら良好な道路交通環境の整備または沿道における良好な生活環境の確保を図ることを目的として、樹木を植栽するために縁石線または柵その他これに類する工作物により区画して設けられる帯状の道路の部分をいう。

道路構造令では、地形の状況その他の特別な理由によりやむを得ない場合を除いては、第4種第1級及び第2級の道路には植樹帯を設けるものとし、その他の道路には、必要に応じ、植樹帯を設けるものとしている。

植樹帯の幅員は、1.5メートルを標準とするが、都心部又は景勝地を通過する幹線道路の区間、あるいは相当数の住居が集合し又は集合することが確実と見込まれる地域を通過する幹線道路の区間で、特に必要があると認められる場合には、その事情に応じて1.5メートルを超える適切な値とする。

関連用語 道路交通環境の整備、生活環境の確保、第4種第1級、第4種第2級、植樹帯の幅員

36. 性能指標

舗装の性能指標は、舗装に求められる性能を示す指標をいう。舗装の性能指標は、原則として車道及び側帯の舗装の新設、改築、大規模な修繕（200m以上の全層打ち換え）および排水性舗装に適用される。また、舗装の性能指標は、舗装の設計前に定めるもので、その値は、原則として施工直後の値とするが、施工直後の値だけでは性能の確認が不十分である場合においては、必要に応じ、供用後一定期間を経た時点の値として定めることができる。

車道及び側帯の舗装の必須の性能指標は、疲労破壊輪数、塑性変形輪数及び平たん性の3項目としており、雨水を道路の路面下に円滑に浸透させることができる構造とする場合においては、これに浸透水量を加える。さらに必要に応じて、すべり抵抗、耐骨材飛散、耐摩耗、騒音の発生の減少等の観点から舗装の性能指標を追加するものとしている。車道及び側帯の舗装の性能と、その性能指標に関する組合せの例は、次の表に示すとおりである。

車道及び側帯の舗装の性能指標例

路面の機能	舗装の性能	性能指標
安全な交通の確保	すべり抵抗性	すべり抵抗値
	塑性変形抵抗性	塑性変形輪数
	摩耗抵抗性	すりへり量
	骨材飛散抵抗性	ねじれ抵抗性
円滑な交通の確保	明色性	輝度
	疲労破壊抵抗性（ひび割れ耐久性）	疲労破壊輪数
快適な交通の確保	平たん性	平たん性
	透水能力	浸透水量
環境の保全と改善	騒音低減性	騒音値
	振動低減性	振動レベル

また、舗装の性能指標の測定方法を次の表に示す。

舗装の性能指標の測定方法

舗装の性能指標	測定方法
疲労破壊輪数	・疲労破壊輪数を求めるための FWD によるたわみ測定方法（アスファルト）
塑性変形輪数	・塑性変形輪数を求めるためのホイールトラッキング試験機による動的安定度測定方法
平たん性	・平たん性を求めるための 3 メートルプロフィルメータによる測定方法 ・平たん性を求めるための路面性状測定車による測定方法
浸透水量	・浸透水量を求めるための現場透水試験器による透水量測定方法
騒音値	・騒音値を求めるための舗装路面騒音測定車によるタイヤ／路面騒音測定方法
すべり抵抗値	・すべり抵抗値を求めるためのすべり抵抗測定車によるすべり摩擦係数測定方法 ・すべり抵抗値を求めるための DF テスタによる動的摩擦係数測定方法

舗装の性能指標の基準値は、1）舗装計画交通量に応じた疲労破壊輪数、2）道路の区分及び舗装計画交通量に応じた塑性変形輪数、3）平たん性、4）道路の区分に応じた浸透水量、5）騒音値、等についてそれぞれ定められている。

関連用語 疲労破壊輪数（*338*）、塑性変形輪数（*328*）、平たん性、浸透水量、騒音値、すべり抵抗値、舗装計画交通量（*341*）

37. 設計基準交通量

設計基準交通量は、道路の車線数の決定の基準となる交通量で、1車線あたりの日単位に換算した交通容量というべきものをいう。設計基準交通量は、道路の構造条件（特に幅員構成と勾配）および交通条件の標準値を想定し、基本交通容量を基礎にしてサービスの程度、経済性、行政上の判断等を勘案して求められたものである。

実際に計画される道路の構造条件や交通条件は、設計基準交通量を求める際に想定した数値とは異なっているため、設計基準交通量は車線数の決定以外の計画や設計には用いられない。

関連用語 車線数、交通容量（*317*）、基本交通容量（*313*）

38. 設計交通容量

設計交通容量は、交通容量のうち道路を設計する場合に、その道路の種類や重要性に応じて、その道路が提供すべきサービスレベルの水準によって規定される容量をいう。

設計交通容量を算出するための計画水準の尺度は、交通量・交通容量比（*V*/*C*）によって与えられ、地方部と都市部でそれぞれ3つに区分されており、地方部では0.75～1.00、都市部では0.80～1.00の値が定められている。

設計交通容量は、可能交通容量にこの計画水準に応じた低減率を乗じて求める。

関連用語 交通容量（*317*）、交通量・交通容量比、基本交通容量（*313*）、可能交通容量（*312*）

39. 設計時間交通量

設計時間交通量は、道路設計の基礎となる交通量で、当該道路の計画目標年次（一般に20年後）における時間あたりの交通量をいう。

道路構造令では、1. 設計時間交通量は計画交通量から、その路線の交通量の変動特性を考慮して求めるものとする、2. 設計交通量は、計画目標年次における30番目時間交通量とすることを標準とする、と定めている。

設計時間交通量は、次の式によって求める。

設計時間交通量＝計画交通量×$K/100$　　（両方向合計　台／時）

または、

設計時間交通量＝計画交通量×$K/100\times D/100$　　（重方向　台／時）

（K：計画交通量に対する設計時間交通量の割合、D：往復合計の交通量に対する重方向交通量の割合）

なお、道路の車線数の決定には、標準的な道路構造と交通条件を想定して求めた設計基準交通量から定めることとしている。

関連用語 計画交通量（*315*）、30番目時間交通量（*308*）、*K*値・*D*値（*308*）、重方向交通量、設計基準交通量（*324*）

7 道路

40. 設計速度

設計速度は、道路の設計の基礎とする自動車の速度をいい、これを基に曲線半径や片勾配、視距などの線形要素の基準が決まる。設計速度は、天候が良好でかつ交通密度が低く、車両の走行条件が道路の構造的な条件のみに支配されている場合に、平均的な技量をもつ運転者が、安全にしかも快適性を失わずに走行できる速度としている。

道路構造令では、道路の区分に応じて自動車専用道路では120～60 km/h、一般道路では80～20 km/hの設計速度を定めている。

関連用語　曲線半径（*314, 352*）、片勾配、視距（*318*）、交通密度、道路構造令

41. セメントコンクリート舗装

セメントコンクリート舗装は、コンクリート版を表層とする舗装をいい、一般に表層および路盤から構成される。コンクリート舗装は、路床上に構築されるが、路盤の最上部にアスファルト中間層を設ける場合がある。コンクリート版は剛性を持っており輪荷重による曲げ応力に抵抗するので、コンクリート舗装は剛性舗装ともいう。

セメントコンクリート舗装には、通常のコンクリート版（原則として鉄網を使用する）を用いるもの以外に、1）コンクリート版の内部応力に耐えるに必要なだけの鉄筋を縦方向に連続して設置し、横方向収縮目地を省略した連続鉄筋コンクリート舗装、2）コンクリート版にPC鋼材またはジャッキ等によってプレストレスを与えることによって、版厚を増さずに構造的に強い版にするとともに、横方向収縮目地を少なくするプレストレストコンクリート舗装、3）著しく単位水量を減らした硬練りのコンクリートをアスファルトフィニッシャなどで路盤上に敷きならし、振動ローラやタイヤローラなどを使って締固めてコンクリート版とする転圧コンクリート舗装（RCCP）、などがある。

関連用語　表層（*337*）、路盤（*345*）、路床（*345*）、アスファルト中間層、剛性舗装、鉄網、横方向収縮目地、連続鉄筋コンクリート舗装、プレストレストコンクリート舗装、転圧コンクリート舗装

42. 騒音環境基準

騒音の環境基準は、騒音に関して生活環境を保全するために望ましいとされる行政上の目標値をいい、環境基準には特に強制力はない。公害対策基本法に基づいて、一般環境騒音と道路交通騒音、航空機騒音、新幹線鉄道騒音に関わる環境基準がある。

道路交通騒音に係る環境基準は、地域の類型（AA：特に静穏を要する地域、A：専ら住居の用に供される地域、B：主として住居の用に供される地域、C：相当数の住居を併せて商業、工業等の用に供される地域、の4類型）および時間の区分（午前6時から午後10時までの昼間と、午後10時から翌日の午前6時までの夜間）ごとに定められており、各類型を当てはめる地域は、都道府県知事が指定する。

関連用語 公害対策基本法、一般環境騒音、道路交通騒音、航空機騒音、新幹線鉄道騒音、地域の類型、時間の区分

43. 側帯

側帯は、道路の路肩または中央帯のうち車道に接する部分に設けられるもので、区画線または舗装の色を変えるなどにより車道の外側線を明示するものをいう。側帯は車道と同一平面で、車道と同じ構造とする。側帯の機能は、次に示すとおりである。

1) 車道との境界を一定幅で明瞭に示し、運転者の視線を誘導することにより運転に対する安全性を高める。
2) 走行上必要な側方余裕幅の一部を確保して、車道の効用を保つ。
3) 車線を逸脱した自動車に対して、速度の高い場合の安全性を向上させる。

路肩の側帯は、特に混合交通でない道路での必要性が高いため、自動車専用道路である第1種、第2種の道路に設けることとしている。第3種、第4種の道路には側帯は設けないが、路肩のうち側帯相当幅員として0.25 m以上を車道と同じ構造とし、視線誘導のために路肩の車道寄りに車道外側線を引くことが多い。

関連用語 路肩（*344*）、中央帯（*330*）、区画線、自動車専用道路、第1種道路、第2種道路、第3種道路、第4種道路

7 道路

44. 速度の平均値

速度の平均値とは、速度分布の中心的位置を表す代表的な速度で、速度の統計には最も多く用いられる。交通工学で使用する速度の平均値には、一般に使用する時間平均速度（Time Mean Speed）と空間平均速度（Space Mean Speed）の2つがある。

時間平均速度は、個々の車両の速度値を平均したもの、すなわち、$\bar{V}_t = \dfrac{\sum S / t_1}{n}$ で表すことができる（$\bar{V}_t$：時間平均速度、S：測定区間長、t_1：通過時間、n：測定車両の合計台数）。一方、空間平均速度は、個々の車両の通過時間値の平均値に対応する速度値を平均値としたもの、すなわち、$\bar{V}_s = \dfrac{S}{\dfrac{\sum t_1}{n}}$ で表すことができる（$\bar{V}_s$：空間平均速度、S：測定区間長、t_1：通過時間、n：測定車両の合計台数）。

これより、人手による測定やレーダースピードメータによる測定で求められたものは、時間平均速度であり、写真撮影による測定では空間平均速度を求めることができるということがわかる。また、時間平均速度と空間平均速度の間には、次のような関係がある。

$$\bar{V}_t = \bar{V}_s + \frac{\sigma_s^2}{\bar{V}_s}$$

（$\bar{V}_t$：時間平均速度、$\bar{V}_s$：空間平均速度、σ_s：空間平均速度の標準偏差）

なお、平均交通密度（$\bar{K}$）と交通量（Q）、そして空間平均速度（$\bar{V}_s$）の間には次の関係がある。

$$\bar{K} = \frac{Q}{\bar{V}_s}$$

関連用語　時間平均速度、空間平均速度、平均交通密度

45. 塑性変形輪数

塑性変形輪数は、舗装道路において表層温度が60 ℃の舗装路面に49 kNの輪荷重を繰り返し加えた場合に、当該舗装路面が下方に1 mm変位するまでに要する回数で、舗装の表層の厚さ及び材質が同一である区間ごとに定められるものをいう。塑性変形輪数は、疲労破壊輪数および平たん性とともに、舗装の必須の性能指標の1つである。

普通道路における車道および側帯の舗装の施工直後の塑性変形輪数は、道路の区分と舗装計画交通量に応じて定められている。一方、小型道路の塑性変形輪数は、普通道路と同様に定めることにしているが、小型道路の車道および側帯の舗装の施工直後の塑性変形輪数は、道路の区分と舗装計画交通量に係わらず500回/mm以上に設定されている。

関連用語　輪荷重（*344*）、疲労破壊輪数（*338*）、平たん性、性能指標（*323*）、小型道路、車道、側帯（*327*）、道路の区分（*334*）、舗装計画交通量（*341*）

46. 堆雪幅

道路構造令では、積雪地域の存する道路の中央帯等の幅員について、「積雪地域に存する道路の中央帯、路肩、自転車歩行者道及び歩道の幅員は、除雪を勘案して定めるものとする。」として、冬期でも車道の有効幅員を確保できるよう、地域の積雪深等に応じて、効率的な除排雪のための堆雪幅を確保できるようにしている。

機械除雪作業を勘案した堆雪幅には、一次堆雪幅と二次堆雪幅がある。一次堆雪幅は、新雪除雪などによって側方に寄せられた雪を一時的に堆雪する部分であり、二次堆雪幅は、拡幅除雪などによって長期にわたって雪を堆雪しておくための部分である。

なお堆雪幅の確保については、地形、土地利用の状況および機械除雪によらない他の除雪・融雪方法などの種々の手段を検討したうえで決めるべきだとしている。

関連用語　道路構造令、中央帯（*330*）、路肩（*344*）、自転車歩行者道、歩道、除雪、一次堆雪幅、二次堆雪幅

47. 地域高規格道路

地域高規格道路は、全国的な高規格幹線道路網と一体となって、通勤圏域の拡大や都市と農山村地域との連携の強化等による地域集積圏の拡大（連携機能）、ならびに高規格幹線道路を補完し、物資の流通、人の交流の活性化を促す地域集積圏間の交流（交流機能）を図り、港湾・空港との広域交流拠点や地域開発拠点等との連絡（連結機能）を図るための道路をいう。

地域高規格道路は、高規格幹線道路と一体となって機能する一般国道や主要地方道等の速度サービスレベルを高規格幹線道路並みもしくはこれに準

じるクラスまで引き上げるものであり、60～80 km/hで走行可能な自動車専用道路またはこれと同等の規格を有する道路として指定される道路である。地域高規格道路には都市高速道路や、自動車交通の適切な分散と望ましい都市構造の形成を促す都市環状道路等が含まれる。

関連用語 高規格幹線道路（*316*）、連携機能、交流機能、連結機能、都市高速道路、都市環状道路

48. 中央帯

中央帯は、車道を往復方向に分離し、交通の安全を図るために設けられる帯状の道路部分をいう。中央帯の機能は次のとおりである。

1）往復の交通流を分離することにより、対向車線への逸走による致命的な事故を防止できる。

2）往復の交通流を分離することにより、道路中心線側の交通抵抗を減少させ高速度の走行を可能とする。

3）多車線道路における対向車線の誤認を防止する。

4）転回等を防止し、交通流の乱れをなくして安全性を高める。

5）平面交差点をもつ道路では、右折車線を設けることができるので、交差点における交通処理上有利となる。

6）広い中央帯の設置により夜間走行時の眩光が防止でき、中央帯の幅員が小さくとも植樹や防眩網の設置等により眩光を防止することができる。

7）安全島と同様の機能を有し、歩行者の横断が安全かつ容易になる。

8）道路標識や信号等の施設を設けるスペースとなる。

道路構造令では、車線の数が4以上である第1種、第2種または第3種第1級の道路には、トンネルの区間等上下車線が独立して設けられている場合を除き、必ず中央帯を設けることとしている。

中央帯は分離帯と側帯とで構成され、道路の種級区分に応じて分離帯と側帯の最低幅員が規定されている。また、積雪地域に存する道路の中央帯、路肩、自転車歩行者道及び歩道の幅員は、除雪を勘案して定めることとしている。

関連用語 分離帯、側帯（*327*）、最低幅員、積雪地域、路肩（*344*）、自転車歩行者道、歩道

49. 中温化アスファルト舗装（低炭素アスファルト舗装）

中温化アスファルト舗装は、工事で使用する加熱アスファルト混合物の製造ならびに施工温度を低減することができる中温化技術を用いた舗装のことをいう。中温化アスファルト舗装は、製造温度を低減することにより、所要となる燃料消費量が削減でき二酸化炭素排出量の抑制にもつながることから、低炭素アスファルト舗装とも呼ばれている。

中温化アスファルト舗装に使われる低炭素（中温化）アスファルト混合物は、アスファルトの粘度を一時的に低下させる中温化剤（特殊添加剤）をアスファルトに加えることによって、通常のアスファルト混合物の製造温度や施工温度を30℃程度低減させることのできるアスファルト混合物で、通常のアスファルト混合物に比べてCO_2の排出量を削減することができる。また、中温化アスファルト混合物は、施工時の温度を下げても通常のアスファルト混合物と同等の品質を確保できることから、寒冷期における施工性の改善にも効果がある。

関連用語 低炭素（中温化）アスファルト混合物、中温化剤（特殊添加剤）

50. 昼夜率

昼夜率は、1日24時間の交通量を昼間12時間の交通量（7：00～19：00の交通量）で割ったものをいう。

昼夜率＝24時間交通量／12時間交通量

交通量調査においては一般に、主要地点は24時間実測し、その他の地点は12時間交通量に昼夜率を乗じて推計する。

関連用語 24時間交通量、12時間交通量

51. 停車帯

停車帯は、主として車両の停車の用に供するために設けられる帯状の車道の部分をいう。

道路構造令では、第4種（第4級を除く）の道路には、自動車の停車により車両の安全かつ円滑な通行が妨げられないようにするため必要がある場合においては、車道の左端寄りに停車帯を設けるものとする、としている。

停車帯の幅員は、大型車の停車を考慮し、2.5メートルを標準とする。ただし、自動車の交通量のうち大型の自動車の交通量の占める割合が低いと認め

られる場合においては、1.5メートルまで縮小することができる。

関連用語 第4種道路、停車帯の幅員

52. 低騒音舗装

低騒音舗装は、空隙率の大きな開粒度アスファルト混合物を表層または表層、基層の両方に用いることで、その多孔性のために吸音性を持つこととタイヤのパターンノイズ（エアポンピング音）を抑えることなどから、交通騒音を低減する舗装である。

また低騒音舗装は、路面から雨水を速やかに排水できることから一般には、排水性舗装と呼ばれることが多い。

関連用語 空隙率、開粒度アスファルト混合物、表層（*337*）、基層（*313*）、エアポンピング音、排水性舗装（*336*）

53. 鉄道等との平面交差

道路と鉄道との交差は、立体交差にすることが原則になっているが、平面交差（踏切）になっていることが多く、平面交差の場合は安全のために、1）交差角、2）取付け区間の平面線形および縦断勾配、3）見通し区間の長さ、の3項目が規定されている。

道路構造令では、交差角は45度以上とすること、と規定している。また、踏切道の両側からそれぞれ30メートルまでの区間は、踏切道を含めて直線とし、その区間の車道の縦断勾配は、2.5パーセント以下とすること、としている。見通し区間の長さ（線路の最縁端軌道の中心線と車道の中心線との交点から、軌道の外方車道の中心線上5メートルの地点における1.2メートルの高さにおいて見通すことができる軌道の中心線上当該交差点からの長さをいう）は、踏切道における鉄道等の車両の最高速度に応じた長さが定められている。

関連用語 立体交差、踏切、交差角、平面線形（*339*）、縦断勾配（*322*）、見通し区間の長さ、道路構造令

54. デバイス

デバイスは、歩者共存道路等において、歩行者にとって安全かつ安心な通行空間を確保するために、自動車の速度を抑制させるための構造をいう。

デバイスの整備にあたっては、設置場所や植栽の付加、デザイン上の工夫等により、付加的な機能や景観を改善し、快適で魅力あるたまり空間を創出することに配慮する。デバイスの設置箇所においては、見通しの確保等、安全上の配慮も必要である。代表的なデバイスの種類には、次の図に示すようなものがある。

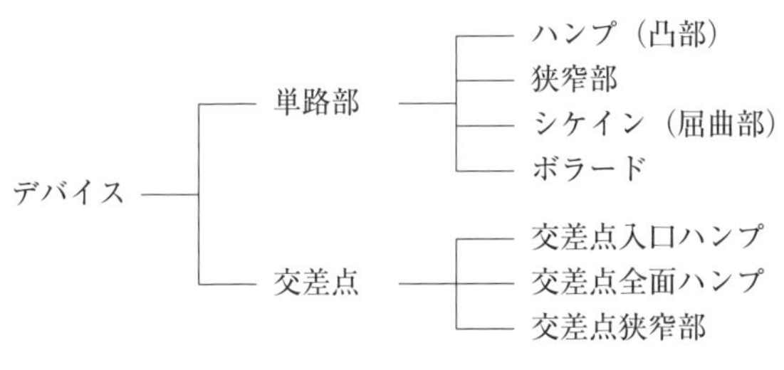

デバイスの種類

関連用語 歩者共存道路、たまり空間、ハンプ（凸部）(*337*)、狭窄部、シケイン（屈曲部）(*319*)、ボラード、交差点入口ハンプ、交差点全面ハンプ、交差点狭窄部

55. 道路状況調査

道路状況調査は、道路交通センサスの一環として行っている一般交通量調査の中の1つとして、道路の整備状況などを把握する目的で行われる調査である。調査の内容は、道路基本台帳や実測などの方法によって、道路の横断面の幅員、車種数、歩道・自転車道・中央分離帯の設置状況、交差道路、バス停やバス路線、沿道地域状況、各種規制状況、事故件数等を調査するというものである。一般には路線を調査区間に分割し、この区間ごとに道路状況調査を行う。

道路交通センサスでは、道路状況調査と交通量調査、旅行速度調査の3つを合わせて一般交通量調査と呼んでいる。

関連用語 道路交通センサス (*140*)、一般交通量調査、道路の整備状況、事故件数、交通量調査 (*318*)、旅行速度調査 (*344*)

56. 道路の機能

『道路構造令の解説と運用』（日本道路協会）では、道路の持つ機能を次のように述べている。

> 道路の機能には、大きく交通機能と空間機能の二つがある。
>
> 交通機能は、道路の持つ一義的な機能であり、自動車や歩行者・自転車それぞれについて、安全・円滑・快適に通行できるという通行機能、沿道施設に容易に出入りできるなどというアクセス機能、自動車が駐車したり歩行者が滞留できるなどという滞留機能がある。
>
> 空間機能としては、都市の骨格形成や沿道立地の促進などの市街地形成、延焼防止などのための防災空間、緑化や景観形成、沿道環境保全のための環境空間、交通施設やライフライン（上下水道等の供給処理施設）などの収容空間としての機能がある。

関連用語 交通機能、空間機能、通行機能、アクセス機能、滞留機能、市街地形成機能、防災空間機能、景観形成機能、環境空間機能、収容空間機能

57. 道路の区分

道路の区分は、道路の存する地域および地形の状況ならびに計画交通量に応じて、同一の設計基準を用いるべき区間を道路の構造基準という観点から分類した道路の種類をいう。

道路は、道路構造令により第1種から第4種までに区分されている。

道路の区分

高速自動車国道及び自動車専用道路又はその他の道路の別 ＼ 道路の存する地域	地方部	都市部
高速自動車国道及び自動車専用道路	第１種	第２種
その他の道路	第３種	第４種

さらに第1種の道路は、道路の種類（高速自動車国道とそれ以外の道路の別）、道路の存する地域の地形ならびに計画交通量に応じて第1級から第4級までに、第2種の道路は、道路の種類（高速自動車国道とそれ以外の道路の

別）と道路の存する地区に応じて第1級又は第2級に、第3種の道路は、道路の種類（一般国道、都道府県道、市町村道）と道路の存する地域の地形ならびに計画交通量に応じて第1級から第5級までに、第4種の道路は、道路の種類（一般国道、都道府県道、市町村道）と道路の存する地域の地形に応じて第1級から第4級までに、それぞれ区分される。なお、第3種第5級および第4種第4級の道路は、道路構造令上は車線がなく車道のみで構成される道路であり、車両のすれ違いは原則として待避所で行われ、車道の幅員は4 mとしている。

関連用語 計画交通量（*315*）、道路構造令、第1種～第4種、第1級～第5級、車線（*320*）、待避所

58. 道路の種類

道路の種類には、道路の基本法である道路法に基づくもののほかに別の法律に基づく道路分類、あるいは機能による分類、利用主体による分類、管理方式による分類など、いくつかの分類法によるものがある。

(1) 道路法に基づく道路の種類

道路法では道路を次の4種類に分類している。

①高速自動車国道：高速自動車国道は、自動車の高速交通の用に供する道路で、全国的な自動車交通網の枢要部分を構成し、かつ、政治・経済・文化上特に重要な地域を連絡するものその他国の利害に特に重大な関係を有するもので、政令でその路線を指定したものをいう。高速自動車国道法は、道路法の特別法として高速自動車国道に関する道路法の特例を規定したものである。

②一般国道：一般国道は、高速自動車国道と併せて全国的な幹線道路網を構成し、政令でその路線を指定したものをいう。

③都道府県道：都道府県道は、地方的な幹線道路網を構成し、都道府県知事が当該都道府県の区域内に存する部分につき、その路線を認定したものをいう。

④市町村道：市町村道は、市町村の区域内に存する道路で、市町村長がその路線を認定したものをいう。

(2) 機能による道路の種類

道路の機能分類による道路の種類は次の4種類である。

①主要幹線道路：主として地方生活圏および主要な都市圏域の骨格を構成するとともに地方生活圏相互を連絡する道路で、地方部にあってはトリップ長が長く交通量も多い道路をいい、都市部にあっては交通量が多く、トリップ長が長・中である道路をいう。

②幹線道路：地方部にあっては、主として地方生活圏内の二次生活圏の骨格を構成するとともに、主要幹線道路を補完して二次生活圏相互を連絡する道路で、トリップ長が比較的長く交通量も比較的に多い道路をいう。都市部にあっては、その骨格および近隣住区の外郭となる道路で、トリップ長が中・短で交通量も比較的多い道路をいう。

③補助幹線道路：地方部にあっては、主として地方生活圏内の一次生活圏の骨格を構成するとともに、幹線道路を補完して一次生活圏相互を連絡する道路をいう。都市部にあっては、近隣住区内の骨格を構成する道路をいう。

④その他の道路：補助幹線道路から各戸口までのアクセス機能を主とした道路でトリップ長、交通量とも小さい道路をいう。

関連用語　道路法、高速自動車国道、一般国道、都道府県道、市町村道、機能分類、主要幹線道路、幹線道路、補助幹線道路、その他の道路

59. 排水性舗装

排水性舗装は、路面より雨水を速やかに排水することを目的として排水性アスファルト混合物を表層または表層・基層に用い、路盤以下へ水が浸透しない構造とした舗装をいう。降雨時における雨水等は、透水層を通して路側あるいは路肩の排水構造物に処理する。

排水性舗装は、雨天時の水はね防止、ハイドロプレーニングの防止、夜間、雨天時の視認性の向上のほか、車両の走行騒音の低減効果がある。そのために排水性舗装は、高次な機能を持った舗装という意味で高機能舗装とも呼ばれているが、塵埃等による空隙づまり（目詰まり）や空隙つぶれによって機能の低下を生じることがある。空隙づまりに対する排水性舗装の機能回復方法には、高圧水や圧縮空気による空隙づまり物の洗浄や除去、あるいはバキュームによる空隙づまり物の吸引などの物理的手法と、過酸化水素水による空隙づまり物の洗浄という化学的手法がある。

排水性舗装は、舗装の性能指標として浸透水量が定められている。

関連用語 排水性アスファルト混合物、表層（*337*）、基層（*313*）、路盤（*345*）、排水構造物、水はね防止、ハイドロプレーニングの防止、視認性の向上、騒音の低減効果、性能指標（*323*）、浸透水量、高機能舗装、空隙づまり、空隙つぶれ、排水性舗装の機能回復方法

60. ハンプ

ハンプは、速度抑制策の1つとして道路に高さ10センチ程度のなだらかな凸形の段差を設けたものをいう。ハンプ（hump）は、らくだのこぶの意味であり、コミュニティ・ゾーンの入口や交差点などに設置することにより、速度の速い車に不快感を与えて、減速せずに通過することができないようにするものである。

単路部におけるハンプ以外に、交差点に設置するハンプとしては、①交差点入口ハンプ（交差点直前に設置するハンプで、速度抑制・歩行者横断の支援・交差点の視認向上などの目的を有するもの)、②交差点全面ハンプ（交差点全体を盛り上げるハンプであり、速度抑制・交差点の視認性やシンボル性向上・スクランブル交差点との組合せによる斜め横断の歩行支援などの効果が期待できるもの)、がある。

道路構造令では「第4種第4級の道路又は主として近隣に居住する者の利用に供する第3種第5級の道路には、自動車を減速させて歩行者又は自転車の安全な通行を確保する必要がある場合においては、車道及びこれに接続する路肩の路面に凸部を設置し、又は車道に狭窄部若しくは屈曲部を設けるものとする。」としている。

関連用語 速度抑制策、コミュニティ・ゾーン、交差点入口ハンプ、交差点全面ハンプ、狭窄部、屈曲部（シケイン）（*319*）

61. 表層

表層は、舗装の最上部にある層をいい、交通荷重を分散して下層に伝達する機能とともに、交通車両による流動、摩耗ならびにひび割れに抵抗し、平たんですべりにくく、かつ快適な走行が可能な路面を確保する役割を持っている。

表層材料として、アスファルト舗装では通常、密粒度アスファルト混合物などの加熱アスファルト混合物が、コンクリート舗装ではコンクリート版が

用いられるが、排水機能を付加した排水性舗装では排水性アスファルト混合物が用いられる。

関連用語　交通荷重分散、流動、摩耗、ひび割れ、平たん、すべり、アスファルト舗装（*311*）、密粒度アスファルト混合物、コンクリート舗装、排水性舗装（*336*）、排水性アスファルト混合物

62. 費用便益分析

費用便益分析は、ある道路整備事業案を実施するか否かの検討のために、その費用と便益から費用便益比を算出し、他路線と比較することにより、その事業実施の妥当性を客観的に評価する手法をいう。

費用便益分析は、ある年次を基準年とし、一定期間の便益額、費用額を算定する。便益については、道路整備が行われる場合と、行われない場合の交通流推計を用いて、1）走行時間短縮、2）走行経費減少、3）交通事故減少、の3つの項目について、道路投資の評価手法として定着している消費者余剰を計測することにより便益を算出する。一方、費用については、1）道路整備に要する事業費（用地費を含む）、2）供用後に必要となる維持管理に要する費用、についてそれぞれ算出する。便益額と費用額をそれぞれ基準年次における現在価値に換算し、次式により費用便益分析を行う。

社会費用便益比（CBR（B／C））＝(プロジェクト便益の現在価値)÷(プロジェクト費用の現在価値)

（プロジェクト便益＝走行時間短縮便益＋走行経費減少便益＋交通事故減少便益、プロジェクト費用＝事業費＋維持管理費）

関連用語　費用便益比、事業実施の妥当性、便益額、費用額

63. 疲労破壊輪数

疲労破壊輪数は、舗装道路において舗装路面に49 kNの輪荷重を繰り返し加えた場合に、舗装に疲労破壊によるひび割れが生じるまでに要する回数で、舗装を構成する各層の厚さ及び材質が同一である区間ごとに定められるものをいう。疲労破壊輪数は、塑性変形輪数および平たん性とともに、舗装の必須の性能指標の1つである。

普通道路の、車道および側帯の舗装の施工直後の疲労破壊輪数（標準荷重49 kN）は、舗装計画交通量に応じて10年間における輪数の基準値が定めら

れているが、舗装の設計期間が10年以上の場合には、当該設計期間の10年に対する割合を乗じた疲労破壊輪数の値以上にすることとしている。

なお、小型道路の疲労破壊輪数は、舗装路面に17 kNの輪荷重を繰り返し加えた場合に、舗装に疲労破壊によるひび割れが生じるまでに要する回数で、舗装を構成する各層の厚さ及び材質が同一である区間ごとに定められるものとしている。

関連用語 輪荷重（*344*）、ひび割れ、塑性変形輪数（*328*）、平たん性、性能指標（*323*）、普通道路、車道、側帯（*327*）、舗装計画交通量（*341*）、小型道路

64. 平面線形

平面線形は、道路の中心線が平面的に描く形状をいい、直線、円曲線ならびに緩和曲線によって構成される。

車両の安全な走行を図り、交通流を円滑に通すために平面線形はきわめて重要な役割を果たすものである。線形の設計にあたっては、1）地形および地域の土地利用との調和、2）線形の連続性、3）平面線形、縦断線形および横断構成の調和、4）線形の視覚的検討、5）交通運用上の安全性と快適性、6）施工上および地形・地質等の制約条件、7）経済性、などに留意する必要がある。

『道路構造令の解説と運用』（日本道路協会）では、

(1) 長い直線はできるだけ避けること

(2) 連続した円曲線相互の曲線半径の比を適切なものとすること

(3) 緩和曲線は、前後の円曲線の半径とバランスしたものとすること

の3つを平面線形の設計にあたって特に留意しなければならないこととして挙げている。さらに、避けることが望ましい平面線形相互の組み合わせとして、

(1) 同方向に屈曲する曲線の間に短い直線を入れること（ブロークンバックカーブ）

(2) 長い直線の終端に曲線半径が小さい円曲線を入れること

(3) 道路交角が小さい場合に曲線長が短い円曲線を入れること

の3つを挙げている。

関連用語 直線、円曲線（*349*）、緩和曲線（*312, 350*）、ブロークンバックカーブ

7 道路

65. 平面線形と縦断線形の組合せ

『道路構造令の解説と運用』（日本道路協会）では、平面線形と縦断線形の組合せにおいて設計の一般方針として、次の3つの項目を挙げている。

(1) 平面曲線と縦断曲線とを重ね合わせること

平面曲線と縦断曲線を重ね合わせるということは、平面曲線と縦断曲線とを1対1に対応させるということで、しかも平面曲線が縦断曲線より長く、かつ縦断曲線を包み込むような位置にあるようにするのがよい。

(2) 平面曲線と縦断曲線との大きさの均衡を保つこと

平面曲線と縦断曲線は、そのうちの片方が大きく緩やかで、もう一方の変化が多く小さなものにならないようにする。

(3) 適当な合成勾配の得られる線形の組合せを選ぶこと

横断勾配が組み合わされた合成勾配が過大となるような平面線形と縦断線形の組合せは、急な縦断勾配のところで小さな平面曲線が挿入されるような場合で、運転上の誤りが生じやすく危険である。また、合成勾配が過小になると排水が速やかに行われなくなる。

また、避けることが望ましい組合せとして、次の項目を挙げている。

(1) 急な平面曲線と急な縦断勾配を組み合わせた線形は避けること
(2) 下り勾配で直線の先に急な平面曲線を接続することは避けること
(3) 凸型縦断曲線の頂部または凹型縦断曲線の底部に急な平面曲線を入れることを避けること
(4) 凸型縦断曲線の頂部または凹型縦断曲線の底部に背向曲線の変曲点を配することは避けること
(5) 1つの平面曲線内で、縦断曲線が凹凸を繰り返すことは避けること
(6) 平面線形が長い直線となっている区間に凹型縦断曲線を入れることは避けること

関連用語　合成勾配（*316*）、背向曲線、変曲点

66. 保水性舗装

保水性舗装は、開粒度アスファルト混合物の空隙に、保水性を有する鉱物質微粉末や吸水性ポリマー、特殊セメントを充填した保水性を有する半たわみ型の舗装をいう。

舗装体内に保水された水分が蒸発することにより気化熱が奪われ、舗装表

面の温度上昇を抑制することができることから、保水性舗装は、ヒートアイランド現象の緩和対策の1つとして期待されている。

関連用語 開粒度アスファルト混合物、半たわみ性舗装、路面温度上昇の抑制、ヒートアイランド現象（*478*）、遮熱性舗装（*321*）

67. 舗装計画交通量

普通道路の舗装計画交通量は、舗装の設計期間内における大型自動車の平均的な交通量のことをいう。普通道路における舗装計画交通量の算定は、一方向2車線以下の道路においては、大型自動車の一方向あたりの日交通量すべてが1車線を通過するものとし、一方向3車線以上の道路においては、各車線の大型自動車の交通の分布状況を勘案して、大型自動車の方向別の日交通量の70～100％が1車線を通過するものとする。

小型道路の舗装計画交通量は、舗装の設計期間内における小型貨物自動車の平均的な交通量のことをいい、小型貨物自動車の一方向あたりの日交通量のすべてが1車線を通過するものとして算定する。

関連用語 普通道路、大型自動車、小型道路、小型貨物自動車

68. 歩道の幅員

歩道の幅員は、道路構造令により歩行者の交通量が多い道路にあっては3.5メートル以上、その他の道路にあっては2メートル以上とする、と定められている。

第3種第5級又は第4種第4級の道路で、地形の状況その他特別の理由によりやむを得ない場合を除いては、横断歩道橋又は路上施設を設ける歩道の幅員は、前述の値に横断歩道橋等を設ける場合にあっては3メートル、ベンチの上屋を設ける場合にあっては2メートル、並木を設ける場合にあっては1.5メートル、ベンチを設ける場合にあっては1メートル、その他の場合にあっては0.5メートルを加えて適用するもの、としている。

なお、歩道は、第4種（第4級を除く）の道路（自転車歩行者道を設ける道路を除く）、歩行者の交通量が多い第3種（第5級を除く）の道路（自転車歩行者道を設ける道路を除く）又は自転車道を設ける第3種若しくは第4種第4級の道路には、その各側に設けるものとしている。また、積雪地域に存する道路の中央帯、路肩、自転車歩行者道及び歩道の幅員は、除雪を勘案し

て定めることとしている。

関連用語　道路構造令、第3種道路、第4種道路、自転車道の幅員（*320*）、自転車歩行者道の幅員（*320*）、積雪地域、中央帯（*330*）、路肩（*344*）

69. ランブルストリップス

ランブルストリップス（Rumble strips）は、道路の中央や路肩の舗装路面を意図的に削り、カマボコ状の凹型を連続して配置することによって、その上を通過する車両に対し不快な振動や音を発生させ、ドライバーに車線を逸脱したことを警告する交通安全施設をいう。

最初のランブルストリップスは、1955年に米国のニュージャージー州で、路外逸脱防止を目的として路肩のコンクリート舗装に設置されたものである。一方、イギリスではランブルストリップスは、車線全体に凹凸を施して歩車共存化のためのデバイスとして走行速度の抑制をねらったものを指している。わが国では、東北、北信越などの積雪地域を中心に全国的に普及が進んでいる。特に、国土交通省北海道開発局においては平成14年度に初めて設置したところ道路管理者の評価が良好であったことから、平成15年度から正面衝突事故対策としてランブルストリップスを積極的に採用している。

関連用語　路肩（*344*）、交通安全施設、路外逸脱防止、デバイス（*332*）、正面衝突事故対策

70. リバーシブルレーン

リバーシブルレーン（可変車線）は、都市内の渋滞緩和を目的として3車線以上の道路において中央の車線（センターライン）を時間帯別に変化させ、交通量が多い方向の車線を増やすことができる車線のことをいう。

渋滞対策のために道路整備を行うにあたっては、交通特性に応じてリバーシブルレーンを採用したり、空間的制約などから道路整備が困難な場合には小型道路を採用するなど、地域の状況に応じた道路構造を採用することができる。

関連用語　渋滞緩和、可変車線、小型道路

71. 利用者均衡配分法

道路交通需要予測は、これまでに分割配分である4段階推定（推計）法を中心としてさまざまな方法論が提案され、わが国の道路整備計画に適用されてきたが、道路整備計画の考え方や事業実施に向けての客観性や透明性を持った説明がより強く求められるとともに、予測方法に対する論理性が求められるようになってきた。利用者均衡配分モデルは、近年の交通施策評価のニーズに対応して理論的な透明性、整合性を保ちつつ、さまざまな発展モデルへの拡張が比較的容易な道路交通需要予測手法である。

利用者均衡配分法には、次のような特徴がある。

① Wardropの第一原則（等時間原則）に厳密に従っており、インプット条件などを同一とすれば、誰が行っても同じ答えを得ることができる。

② 分割回数や分割比率等の恣意的なパラメータがなく、理論的に説明ができる。

③ 設計要素によって定まる道路特性を反映した適切なリンクパフォーマンス関数（交通量と旅行時間の関係式）を設定することにより、路線の交通量と旅行時間の両方を精度高く推計することができる。

④ 分割配分で実務上算出してきた各種アウトプット項目（リンク交通量、経路交通量、リンク交通量のOD内訳、交差点方向別交通量など）を、利用者均衡配分でも同様に算出することができる。

⑤ 新規整備路線のありなしで配分結果を比較した場合に、新たな道路整備の影響をあまり受けない既存道路の配分交通量が大きく変化してしまうような問題が生じにくい。

⑥ 利用者均衡の概念に基づいているため、配分以外の段階における需要変動を考慮した統合型モデル等、多様な政策の評価に対応したモデルへの拡張性が高い。

なお、利用者均衡配分モデルの発展モデルとしては、1）確率的利用者均衡配分モデル、2）マルチクラス配分モデル、3）需要変動型予測手法、4）時間帯別均衡配分モデル、などが提案されている。

関連用語 道路交通需要予測、4段階推定（推計）法（*116*）、Wardropの第一原則、リンクパフォーマンス関数、リンク交通量、経路交通量、リンク交通量のOD内訳、交差点方向別交通量、配分交通量、確率的利用者均衡配分モデル、マルチクラス配分モデル、需要変動型予測手法、時間帯別均衡配分モデル

72. 旅行速度調査

旅行速度調査は、道路交通センサスの一環として行っている一般交通量調査の中の1つとして、朝または夕方のピーク時において実走行によって、調査区間の通過所要時間を計って旅行速度を調査するものである。調査は、一般都道府県道以上の道路について、上下線いずれかで、平日は朝夕のラッシュ時で最も混雑している時間帯に、休日は1日の中で最も混雑している時間帯において、それぞれ道路の一定区間距離を旅行時間で除した値である旅行速度を求めるというものである。なお、ここでいう旅行速度とは、移動に要した時間であり信号待ちや交通渋滞による停止を含んだものをいう。

道路交通センサスでは、旅行速度調査と交通量調査、道路状況調査の3つを合わせて一般交通量調査と呼んでいる。

関連用語　道路交通センサス（*140*）、一般交通量調査、実走行、通過所要時間、旅行速度、一般都道府県道、交通量調査（*318*）、道路状況調査（*333*）

73. 輪荷重

輪荷重は、車両のタイヤ1輪を通して路面にかかる荷重をいう。

道路構造令では、車道及び側帯の舗装は、その設計に用いる自動車の輪荷重の基準を49キロニュートンとする、と定めている。また、『舗装設計便覧』（日本道路協会）において小型道路の設計輪荷重は、小型貨物車の最大積載時における最大輪荷重の値をとって17キロニュートンとしている。

関連用語　道路構造令、車道、側帯（*327*）、舗装設計、小型道路、小型貨物車

74. 路肩

路肩は、道路の主要構造部を保護し、または車道の効用を保つために、車道、歩道、自転車道または自転車歩行者道に接続して設けられる帯状の道路の部分をいう。中央帯または停車帯を設ける場合を除き、道路には車道に接続して、路肩を設ける。

路肩の幅員は、大型車の非常駐車を考慮し最小2.5 mを確保することが望ましいが、一般道路ではこれだけの幅員を確保することが難しいので、道路の種級区分に応じて0.5～2.5 mの値を規定している。また、第1種または第2種の道路（自動車専用道路）では、路肩の一部に側帯を設けることが規定されている。

関連用語 車道、歩道、自転車道、自転車歩行者道、路肩の幅員、側帯（*327*）

75. 路床

路床は、舗装を支持している地盤のうち、舗装の下面から約1ｍの部分をいう。

路床は、舗装と一体となって交通荷重を支持し、さらに路床の下部にある路体に対し、交通荷重をほぼ一定に分散するとともに、その上に築造される舗装の施工基盤としての役割がある。舗装厚さの設計には路床土の設計CBRを用いる。

関連用語 舗装、路体、舗装厚さの設計、設計CBR

76. ロードプライシング

ロードプライシング（Road Pricing）は、特定の道路や地域、時間帯における自動車利用者に対して課金を行うことにより、道路混雑の激しい地域やその周辺の自動車交通量を抑制し、交通渋滞や大気環境の改善を図る制度のことをいう。ロードプライシングは、交通需要マネジメント（TDM）の1つの手法である。

ロードプライシングは、もともとは渋滞対策を主眼としていたが、最近は排ガス汚染対策の有力な一方策として、環境ロードプライシングと環境を付してこれを強調した呼び方をしているところもある。海外都市のロードプライシングの実施事例としては、シンガポール、ノルウェー・オスロ市、韓国・ソウル市、ロンドンなどが挙げられる。

関連用語 課金、交通渋滞、大気環境、交通需要マネジメント（TDM）（*317*）、環境ロードプライシング

77. 路盤

路盤は、路床の上に設けた、アスファルト混合物層やセメントコンクリート版からの荷重を分散させて路床に伝える役割を果たす層をいう。路盤は、耐久性に富む材料を用いて必要な厚さに締め固める。

通常、路盤は上層路盤と下層路盤に分けて構築し、上層路盤には砕石等強度の大きい良質な材料を、下層路盤にはクラッシャラン、鉄鋼スラグ、砂など比較的強度が小さく現場近くで安価に入手できる材料を用いる。

路盤の厚さは、瀝青安定処理路盤工法の場合は最大粒径の2倍かつ5 cm、その他の路盤材の場合は最大粒径の3倍かつ10 cmをそれぞれ最小厚さと規定している。

関連用語 路床（345）、上層路盤、下層路盤、砕石、クラッシャラン、鉄鋼スラグ、砂、路盤の最小厚さ、瀝青安定処理路盤工法

第8章　鉄　　道

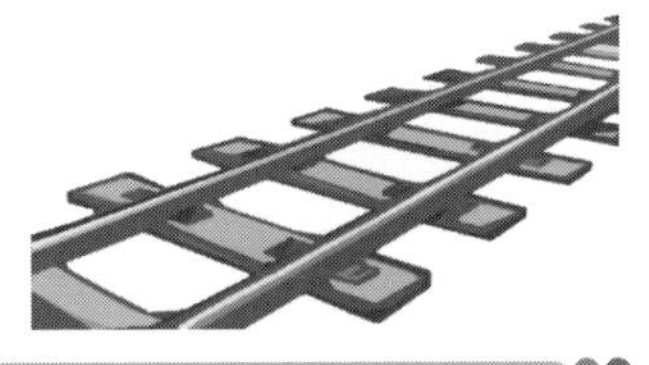

1. PCまくら木
2. 案内軌条式鉄道
3. 犬くぎ
4. 円曲線
5. カント
6. （鉄道の）緩和曲線
7. 緩和曲線長
8. 軌間（ゲージ）
9. 軌道
10. 木まくら木
11. （鉄道の）曲線半径
12. ゲージタイ
13. （鉄道の）建築限界
14. コンクリート道床直結軌道
15. サイン半波長逓減曲線
16. 車両限界
17. 新交通システム
18. 伸縮継目
19. スラック
20. スラブ軌道
21. 脱線
22. 地下鉄道
23. 継目板
24. 鉄道駅のバリアフリー化
25. 道床
26. バラスト道床
27. 標準軌間
28. 表定速度
29. 踏切道
30. プラットホーム
31. フリーゲージトレイン
32. 分岐器
33. 噴泥
34. ポイント
35. まくら木
36. モノレール
37. モノレールの緩和曲線
38. モノレールの走行面傾斜度
39. 遊間
40. リニア地下鉄
41. 列車集中制御装置(CTC)
42. レール
43. レール締結
44. レールの継目
45. ロングレール
46. ロングレールの溶接方法

1. PCまくら木

PCまくら木は、プレストレスを与えた鋼線を内蔵したコンクリート製のまくら木をいう。PCまくら木の制作方法には、プレテンション方式とポストテンション方式とがある。

PCまくら木は、木まくら木に比べてコストは高いが、軌道狂いが進行しにくく保守費が節約でき、腐食・腐朽がないので耐用年数が長いなどの特徴がある。PCまくら木は、重くて安定がよく道床抵抗力が大きいのでロングレール区間や高速運転に向いていることから、幹線を中心に多く使用されている。

関連用語　プレストレス、まくら木（*364*）、プレテンション方式、ポストテンション方式、木まくら木（*351*）、軌道狂い、道床抵抗力、ロングレール（*368*）

2. 案内軌条式鉄道

案内軌条式鉄道は、レールやモノレール桁以外の走行路面上の中央または側壁にあるガイドウェイに沿ってゴムタイヤで走行する交通機関である。一般には新交通システムなどとも呼ばれている。

案内軌条式鉄道の建設コストはモノレールと比べて低廉といわれる一方、輸送力や速度の面で劣る。したがって、路面電車とモノレールの中間的な交通機関として位置付けられる。

関連用語　モノレール（*364*）、新交通システム（*354*）

3. 犬くぎ

犬くぎは、鉄道のレールをまくら木に固定するために用いる釘をいう。くぎの頭部が垂れ耳のついた犬の頭に似ていることが、犬くぎの言葉の由来となっている。

犬くぎは、昭和36年に一般用が制定され、昭和54年に頭部を5 mm厚くした改良型が一般用とNレール用として制定され、その後、昭和60年に頭部にすべり止めが施された。現在使用されているものは、平成2年にJISとして定められたもので一般用とNレール用がある。まくら木が木製からコンクリート製になったことや、振動によってゆるみやすいことなどから現在では、ボルトと板バネによる固定や、ロール形のバネによる固定が多く用いられている。

関連用語 まくら木（*364*）、ボルトと板バネ、ロール形のバネ

4. 円曲線

円曲線は、平面曲線において直線と直線、直線と緩和曲線、あるいは2つの緩和曲線を接続する円弧の一部をいう。鉄道線形においては、一般の円曲線の前後に円度を徐々に緩和させるような緩和曲線を取付ける。平面曲線は、曲線方向の組合せによって、1）曲率が一定の円曲線である単曲線、2）曲線半径の異なる2つの単曲線が、接続点における共通接線に関して同じ側にある複心曲線、3）2つのちがう半径の円曲線が、反対方向に接続され、その接続点で共通接線をもつようにつないだ反向曲線、にそれぞれ区別される。

反向曲線は、方向が急変するので、その間に相当長の直線を挿入するが、新幹線においては緩和曲線に曲線逓減を用いることにより直接緩和曲線で結ぶ方法を採用している。

分岐附帯曲線を除いた本線における円曲線の長さは、最大の車両の長さ以上としなければならないとされている。

関連用語 緩和曲線（*312, 350*）、単曲線、複心曲線、反向曲線、曲線逓減、分岐附帯曲線、円曲線の長さ

5. カント

カントは、車両が曲線を通過するときに働く遠心力に対してバランスするように、外軌側のレールを内軌側のレールよりも高くした高低差をいう。カントは、車両に働く重力と遠心力の合力の作用方向を軌道中心に近づけるために設けられる。カントは、曲線半径と平均速度の値から、在来線と新幹線に分けてそれぞれ次式で計算される。

在来線：$C = 8.4\ V^2 / R$

新幹線：$C = 11.8\ V^2 / R$

（C：カント（mm）、R：曲線半径（m）、V：平均速度（km/h））

なお、平均速度よりも高速で通過する列車の安全のために、許容カント不足量（平均速度に対して設定したカント量と最高速度に対するカント量の許容差）の限度を定めている。

カントは、本線路について緩和曲線の全長において、緩和曲線の曲率に合わせて逓減する。

関連用語　遠心力、高低差、曲線半径（*314, 352*）、平均速度、在来線、新幹線、許容カント不足量、緩和曲線（*312, 350*）

6. （鉄道の）緩和曲線

緩和曲線は、列車が直線区間から円曲線部に入るときの動揺や衝撃を緩和するために、直線と円曲線または曲率半径の異なる円曲線同士を結ぶ、逐次変化する特別の曲線をいう。

鉄道の軌道における緩和曲線の形状は、一般に緩和曲線の曲率の逓減形状により、3次放物線とサイン半波長逓減曲線、クロソイド曲線などに分けられる。新幹線のように高速運転が要求され、緩和曲線長を十分にとることができる場合は緩和曲線の始終点で曲率の不連続が生じないサイン半波長逓減曲線を、その他の場合には、3次放物線を緩和曲線に用いることを原則としている。なお、地下鉄では曲線半径が小さい場合に有利なクロソイド曲線が緩和曲線として用いられている。

緩和曲線の中では、曲線部の曲率ばかりではなくカントおよびスラックも逓減する。

関連用語　曲率、3次放物線、サイン半波長逓減曲線（*354*）、クロソイド曲線、新幹線、地下鉄、カント（*349*）、スラック（*355*）

7. 緩和曲線長

緩和曲線長は、緩和曲線中で曲率とカントが連続的に変化するため、この変化率が一定値以下となるように定められる。これは、車両の3点支持による脱線防止と乗り心地の両面を考慮して求めたものといえる。

緩和曲線長は、線路等級別に算出基準が定められており、これにより算出した値のうち最大値以上の値とする。

関連用語　曲率、カント（*349*）、3点支持による脱線、乗り心地、線路等級

8. 軌間（ゲージ）

軌間は、軌道中心線が直線である区間におけるレール頭部間の最短距離をいう。軌間は、車両の構造、設計最高速度等を考慮し、車両の安全な走行及び安定した走行を確保することができるものでなければならない。

わが国で用いられている軌間は、新幹線で基本としている1,435 mm、在来

線で基本としている1,067 mm、路面電車の軌間をそのまま高速鉄道に発展させた1,372 mm、非常に狭いナローゲージと呼ばれる762 mmの4種類がある。

世界で初めて実用化された英国の鉄道の軌間は1,435 mmだったため、これを国際的に標準軌間と呼び、それよりも広いものを広軌、狭いものを狭軌と呼んでいる。

関連用語 レール（*367*）、在来線、新幹線、標準軌間（*359*）、広軌、狭軌

9. 軌道

軌道は、レールとまくら木とで組み立てられた軌きょうと、これを支持する道床バラスト及び土路盤などで構成され、列車などの走行路となり、直接、列車荷重を支持する構造物の総称をいう。

軌道構造としては、道床バラストを使用したバラスト軌道、軌道の修繕をほとんど必要としない省力化軌道構造としてのスラブ軌道、さらに地下鉄や長大トンネルにおける直結軌道、鉄桁橋梁上のスチール直結などがある。

軌道の構造は、列車の輪重、横圧などの作用力および通過トン数や速度などの破壊力に対して耐え得る強度を有するとともに、保守作業が容易にかつ経済的に行えるものでなくてはならない。軌道を複数敷設する場合に隣り合う軌道の間隔は、車両同士の接触を防ぐとともに乗客や作業員の安全が確保できるものでなければならない。

関連用語 レール（*367*）、まくら木（*364*）、軌きょう、道床バラスト、道床（*359*）、バラスト軌道、省力化軌道構造、スラブ軌道（*355*）、直結軌道、輪重、横圧、軌道中心間隔

10. 木まくら木

木まくら木は、木材で作られたまくら木をいう。木まくら木には、一般区間に使用する並まくら木、無道床橋梁上に使用する橋まくら木、分岐器部分に使用する分岐まくら木、などの種類があり、良質の木材をクレオソート油注入により防腐加工して製造される。

木まくら木は、PCまくら木に比べて弾性に富み、レールの締結が簡単で、取り扱いや加工が容易で、価格も低廉である反面、腐朽しやすく耐用年数が短いという欠点がある。木材資源の枯渇などから、一般部ではPCまくら木

が主に使われているが、鋼橋梁・分岐器・仮線などには現在でも木まくら木が使用されている。

関連用語 まくら木（*364*）、並まくら木、橋まくら木、分岐まくら木、PCまくら木（*348*）

11. （鉄道の）曲線半径

鉄道線路の曲線半径の大きさは、速度要請と経済性から決定される。曲線半径は、車両の通過性能、運転速度等を考慮し、車両の安全な走行に支障を及ぼすおそれのないものでなければならない。

本線路および分岐器付帯曲線（分岐内に含まれる曲線（リード曲線）と分岐のためにその後にできる曲線とを総称したもの）については、設計最高速度に応じた最小曲線半径が、さらにプラットホームに沿う本線、ならびに軌間0.762 mの鉄道について最小曲線半径がそれぞれ定められている。

本線における最小曲線半径の値は、160 m（設計最高速度70 km/h以下）～600 m（設計最高速度110 km/h以上）としているが、地形上などのためにやむを得ない場合は、最小曲線半径を160 mとすることができるとしている。

なお、曲線における車両の許容通過速度は、軌道の構造強度による制限に加えて、緩和曲線長、設定カント、横圧に対するレール締結装置の強度により定まるが、車両の性能とも大きな関連がある。

関連用語 本線路、分岐器付帯曲線、リード曲線、設計最高速度、許容通過速度、軌道（*351*）、緩和曲線長（*350*）、カント（*349*）、レール締結装置

12. ゲージタイ

ゲージタイは、軌間（ゲージ）を正しく保つために、左右のレールをつなぐ装置をいう。ゲージタイは、微調整ができるようになっており、軌間の拡大しやすい分岐器の前後などに用いられる。また、レールの転倒を防ぐ働きもする。

ゲージタイと同様の用途であるが、特に軌間の縮小だけを防止するものはゲージストラットという。

関連用語 軌間（*350*）、分岐器（*362*）、ゲージストラット

13. （鉄道の）建築限界

建築限界は、車両の走行に支障のないように、プラットホームなどの建造物や信号機、標識などが軌道に近づくことのできる限界をいい、建築限界内には建物その他の建造物等を設けてはならないと定められている。

直線における建築限界は、地下式構造の鉄道の場合やその他正当な理由がある場合を除いて、普通鉄道構造規則で定めた建築限界と車両限界との間隔が、車両の走行等の安全に支障を及ぼすおそれのないものとなるように、車両の動揺などを考慮して定められなければならない。

半径1,000 m以下の曲線における建築限界は、曲線半径に応じた車両の偏い（曲線部における車両の両端部の外側への片寄りと中央部の内側への片寄り）に対して、軌道中心線の両側を拡大し、かつ、カントに伴い傾斜させたものとする。

トンネルにおいては、建築限界外に電灯、電線等の設置に必要な余裕を設けなければならない。

関連用語　プラットホーム（*361*）、信号機、標識、曲線部、カント（*349*）、トンネル、電灯、電線

14. コンクリート道床直結軌道

コンクリート道床直結軌道は、道床にバラストを用いず、現場打ちしたコンクリート道床内に木製短まくら木またはコンクリート短まくら木を埋め込んだ軌道構造である。コンクリート道床直結軌道は剛体であり、バラスト道床のようなバラストの定期的な保守を必要としないため「軌道狂い」がほとんど無く、保線作業による保守量を軽減することができる。

一方、保守作業の省力化を主たる目的としたコンクリート道床直結軌道には、(1) 騒音・振動が大きい、(2) 道床が固すぎてレールに波状摩耗を生じることがある、(3) 軌道狂いが生じた場合に修正が難しい、(4) 工期が長い、などの欠点がある。

コンクリート道床直結軌道は、主として長大トンネル内や地下鉄に用いられている。

関連用語　バラスト道床（*359*）、木製短まくら木、コンクリート短まくら木、軌道（*351*）、軌道狂い、スラブ軌道（*355*）

15. サイン半波長逓減曲線

サイン半波長逓減（緩和）曲線は、列車が進んだ距離に対して曲率（＝1／半径）がsin状に変化する緩和曲線をいう。

緩和曲線として在来線では、一般に3次放物線が用いられているが、カントおよび曲率を逓減する場合に、逓減方法として直線逓減を採用したのが3次放物線であり、曲線逓減を採用したものがサイン半波長逓減曲線である。サイン半波長逓減曲線は、3次放物線と比較して非常に滑らかな緩和曲線で乗り心地が良いため、主に新幹線に用いられている。

関連用語　在来線、3次放物線、直線逓減、曲線逓減、新幹線

16. 車両限界

車両限界は、車両断面寸法の最大値を示すもので、いかなる車両も、車両のどの部分であってもこの限界より外に出てはならないとされている。車両限界は、車両の製作にあたってはこれより大きい車両を製作してはいけないことを指示したものである。

新幹線の車両限界は、建築限界と同様に在来線とは別に定められており、たとえば車両の幅は、在来線で3,000 mm、新幹線では3,400 mmとなっている。

関連用語　車両断面寸法、新幹線、建築限界（*316, 353*）、在来線

17. 新交通システム

新交通システムは、従来の鉄道やバスとの中間程度の輸送能力をもち、線路などの軌道を走行する都市交通機関をいう。新交通システムは、鉄道事業法ではなくて軌道法が適用される。

新交通システムには、AGT（高架などの専用軌道をゴムタイヤで走行するタイプのシステム）やモノレールなど高架の軌道部分を走行するタイプや、LRT（専用または分離された軌道を走行する従来の路面電車の発展したもの）など地上の軌道を走行するタイプ、リニア地下鉄（リニアモーターを採用して小型化された車両を使用する地下鉄）など地下の軌道を走行するタイプなどがある。

関連用語　軌道法、AGT、モノレール（*364*）、LRT（*117*）、リニア地下鉄（*366*）

18. 伸縮継目

伸縮継目は、ロングレール端の伸縮量を吸収するために用いられるもので、レールが伸縮してもレールとレールの間に隙間ができないような構造の継目をいい、道床用と橋梁用とがある。

伸縮継目を使用するにあたっての注意点は次のとおりである。

1）緩和曲線中には使用しない。

2）トングレールが摩耗折損した場合の安全を考慮し、原則として列車の進行方向に対して背向に敷設する。

3）受けレール側は、ロングレール側に溶接することを考慮し、トングレール側を絶縁継目とする。

4）トングレールと受けレールの重なり位置は、設定温度と中位温度との差が5℃未満の場合は、伸縮継目のストロークの中位に合わせ、5℃以上の場合は、その差1℃につき1.5 mmの割合でずらす。

関連用語　ロングレール（*368*）、道床用、橋梁用、緩和曲線（*312, 350*）、トングレール、背向敷設、受けレール、絶縁継目、緩衝レール

19. スラック

スラックは、線路の曲線部において車輪がスムーズに走行できるように広げる軌間の拡大量をいう。

鉄道車両には固定軸距があるため、曲線部を通過するときに車輪のフランジが内軌側、外軌側ともにレールの内側に接触して円滑に通過することができなくなる。そのために、曲線部では直線部よりもいくぶん軌間を拡大して車輪がレール上を通過しやすいようにする。スラックは通常、曲線内側のレールを曲線内方へ向かって広げる。

スラックは、分岐附帯曲線における軌間に付ける場合を除き、緩和曲線のある場合にはその全長において、緩和曲線のない場合には円曲線端から当該曲線を走行する車両の最大固定軸距以上の長さの区間において逓減する。

関連用語　曲線部、軌間（*350*）、固定軸距、フランジ、レール（*367*）、分岐附帯曲線、緩和曲線（*312, 350*）

20. スラブ軌道

スラブ軌道は、路盤コンクリートまたは高架橋スラブ面の上にプレキャス

トのコンクリート軌道スラブを据え、その間に填充材として軌道の弾性をもたせるためにセメントアスファルトを敷いた軌道構造をいう。レールは、連続して高精度に敷設されたスラブ上に締結される。

スラブ軌道は、バラスト道床とまくら木を用いた軌道に比べて保守作業が大幅に軽減され敷設も容易である。また道床が軽いため、高架橋に用いた場合の荷重に対する負担が少なくて済む。反面、スラブ軌道は一度敷設するとその後の敷設位置の修正が困難となる。

関連用語　路盤コンクリート、プレキャスト、コンクリート軌道スラブ、セメントアスファルト、バラスト道床（*359*）、まくら木（*364*）、軌道（*351*）、コンクリート道床直結軌道（*353*）

21. 脱線

鉄道の脱線は、大きく分けて次の3種類に分類される。

1）高速走行時などに車輪に急激な横方向の力が作用することによって車輪がレールから飛び上がって脱線する、飛び上がり脱線

2）低速走行時で急曲線を通過するときに車輪がせり上がって脱線する、のり上がり脱線

3）車輪が非常にすべりやすい状態ですべり上がって脱線する、すべり上がり脱線

飛び上がり脱線は、車輪に急激な横方向の力が作用することによって車輪がレールから飛び出してしまう現象で、高速走行時に車輪に蛇行動と呼ぶ異常振動が起きたとき、あるいは線路の整備不具合等で発生する脱線である。

のり上がり脱線は、急曲線や急な分岐器の上で、輪軸が転走状態で正（フランジ接触側に向かって進行）のアタック角（車輪が斜めに位置した状態で走行するときの角度）を有し、車輪がフランジでレールをよじ登る脱線で、脱線事故の多くはこの種の現象に起因している。

すべり上がり脱線は、蛇行動のように比較的短時間に作用した横圧に押されて車輪がすべり上がる場合に起こるもので、実際にはあまりないが理論的にはあり得る脱線現象である。

車輪のフランジがレール内側面に与える横圧を輪重で割った値を脱線係数といい、この値が大きいほど脱線が起こりやすいというもので、脱線係数0.8を安全限度と定めている。また、乗り上がり脱線の開始状態のときの外

軌側脱線係数を限界脱線係数といい、準静的に車輪に作用する横圧と輪重の関係から、車輪がのり上がる条件（アタック角：正）とすべり上がる条件(アタック角：負)、それぞれの限界を与えるものである。一般に、のり上がりの限界脱線係数の方がすべり上がりの限界脱線係数より小さく、のり上がり脱線が起こりやすいといえる。

関連用語 飛び上がり脱線、のり上がり脱線、すべり上がり脱線、蛇行動、急曲線、分岐器（*362*）、アタック角、横圧、脱線係数、限界脱線係数

22. 地下鉄道

地下鉄は、バスなど他の都市内交通機関に比べて、高速性・定時性に優れるとともに、地上の道路空間等を占用しないことから既存の道路交通に与える影響が少なく、騒音や振動など周辺環境に与える影響も少ない。このような背景から地下鉄は、都市圏の交通ネットワークを支える交通機関の1つとして重要な役割を担っている。

ニューヨークの地下鉄開通は1904年、ロンドンの地下鉄開通は1863年と地下鉄の歴史は古いが、わが国における本格的な地下鉄は、ロンドンの地下鉄が世界で初めて開業した1863年から64年後の昭和2年（1927年）に、東京地下鉄道株式会社の上野駅と浅草駅の区間（2.2 km）で開通したのが最初であり、昭和8年（1933年）には、初めての公営地下鉄として大阪市営地下鉄御堂筋線の梅田駅と心斎橋駅の区間が開通している。また、騒音の低減、粘着性能の向上、軌道保守量の軽減を図ることができるゴムタイヤ式地下鉄が、1971年に、わが国ではじめて札幌市交通局で採用された。

地下鉄の建設費の中で土木工事費が占める割合は、およそ50％程度であり、出入口等の用地も必要になる。地下鉄は、建設にも維持管理にも莫大な費用を費やす交通機関であり、大量の輸送需要が見込める都市でないと建設・維持することが難しいため、地下鉄のある都市の多くは100万人以上の人口を抱える大都市圏である。

首都圏と近畿圏を除く政令指定都市での地下鉄の路線数は、札幌市営地下鉄は3路線、名古屋市営地下鉄は6路線、福岡市地下鉄3路線などになっている。また、地下鉄の駅間隔について見ると、(一社)日本地下鉄協会に加盟している、地下鉄事業者の路線総延長を駅の数で割るとおよそ1.2 kmとなっている。さらに地下鉄の表定速度（列車が駅間を走る時間に途中駅の停車時分

8 鉄道

を加えた運転時間で、列車の運転区間の距離を割った速度）は、（一社）日本地下鉄協会の資料によると、およそ30 km/hである。

関連用語　高速性・定時性、ニューヨークの地下鉄開通、ロンドンの地下鉄開通、わが国の地下鉄開通、ゴムタイヤ式地下鉄、地下鉄の建設費、地下鉄の路線数、地下鉄の駅間隔、表定速度（*360*）

23. 継目板

継目板は、レールの継目部でレール相互を接続するために用いられる鋼板をいう。継目板は、レール端部の位置を保持し食い違いを生じさせないことや、継目部の剛性の確保を目的として使用され、レール継目の腹部にあて継目板ボルトおよびナットで締緊する。

継目板の種類は、1）普通継目板（I形、L形、短冊形）、2）異形継目板、3）絶縁継目板、などがある。異形継目板は、断面の異なるレール相互間を接続する目的のものであるが、普通継目板に比べて強度が弱いため、本線ではこれを使わずに中継レールを使用することにしている。絶縁継目板は、信号機や踏切警報機設置などのための絶縁箇所に使用する継目板をいう。

関連用語　レールの継目（*368*）、継目板ボルト、普通継目板、異形継目板、中継レール、絶縁継目板

24. 鉄道駅のバリアフリー化

鉄道駅のバリアフリー化は、高齢者、障害者等の移動等の円滑化の促進に関する法律によって、施設等の新設等の際の「移動等円滑化基準」への適合義務、既存の施設等に対する適合努力義務を定めるとともに、「移動等円滑化の促進に関する基本方針」に基づいて推進が図られている。

1日あたりの平均的な利用者数が3,000人以上の鉄軌道駅では、段差の解消、視覚障害者の転落を防止するための設備の整備等が進められ、令和2年の3月末現在、基準に適合している設備により段差が解消されている駅は91.8%になっている。

関連用語　高齢者、障害者等の移動等の円滑化の促進に関する法律（バリアフリー法）、移動等円滑化基準、移動等円滑化の促進に関する基本方針、段差の解消、視覚障害者の転落を防止するための設備

25. 道床

道床は、まくら木と路盤との間の構造物をいう。道床の役割は、まくら木位置を固定して軌道狂いの発生を防止するとともに、まくら木から受ける圧力を路盤に均等に広く伝達させることである。

道床には、1）路盤の上にバラストを敷いてまくら木を支持するバラスト道床、2）地下鉄などに用いられているコンクリート道床、3）山陽新幹線以降に建設された新幹線に用いられているスラブ軌道、などがある。

関連用語 まくら木（*364*）、路盤（*345*）、軌道狂い、バラスト道床（*359*）、コンクリート道床、スラブ軌道（*355*）

26. バラスト道床

バラスト道床は、路盤の上にバラスト（道床バラスト）を敷いてまくら木を支持する方式の道床をいう。バラスト道床は、まくら木から受ける圧力を効率よく分散させて路盤に伝えること、振動を吸収するとともに排水性も良いこと、建設費が安く軌道狂いの修正などの維持も容易なことなどから、使われた歴史も古く最も広く用いられている。

道床バラストの備える条件としては、1）適当な大きさの粒度と稜角に富んだ粒形で形成され、列車の振動荷重に対して沈下が少ないこと、2）粉砕、摩損、風化等に対して強いこと、3）保線作業が容易であるとともに、価格が安価であること、などが挙げられる。

関連用語 道床バラスト、まくら木（*364*）、路盤（*345*）、軌道狂い

27. 標準軌間

標準軌間は、軌間（左右のレール頭部の内側の距離）が1,435 mmのものをいう。世界で最初に鉄道が開業したイギリスで1,435 mm（4フィート8.5インチ）の軌間を採用したことから、これが欧米を中心に広く世界各国に普及し、標準軌間とされた。これより狭いものをナローゲージ（狭軌）、広いものをブロードゲージ（広軌）という。

わが国では、新幹線や地下鉄、一部の民間鉄道において標準軌間が採用されている。

関連用語 軌間（*350*）、狭軌、広軌、新幹線

28. 表定速度

表定速度は、列車速度の表し方の1つで、列車が実際に走行している平均速度ではなく、これに途中駅の停車時間を加えた運転時間（表定時間）で列車の運転区間の距離を割った平均速度のことをいう。すなわち、表定速度＝運転区間の距離÷運転時間（走行時間＋停車時分）となる。

列車の速度には、表定速度のほか、運転区間の距離を実運転時間で割った「平均速度」や、勾配区間で列車の加速力と抵抗力とが釣り合ったときの速度、あるいは曲線部を走行している列車で、カントにより内側に働く力と遠心力とが釣り合ったときの速度を表す「均衡速度」、さらに「最高速度」などがある。

関連用語　停車時間、表定時間、平均速度、カント（*349*）、均衡速度、最高速度

29. 踏切道

鉄道線路と道路とが平面交差する部分を踏切道または踏切という。踏切道は、踏切遮断機や踏切警報機などの保安設備の設置等によって第1種から第4種に分類される。

①第1種踏切：列車の通過時に道路の交通を遮断する施設（踏切遮断機）があるもの

②第2種踏切：遮断機の操作により、一定時間に限って道路の交通を遮断するもの

③第3種踏切：遮断機はないが踏切警報機が設置されているもの

④第4種踏切：踏切の所在を示す踏切警標または注意柵だけが設けられているもの

さらに第1種踏切には、自動警報機と自動遮断機が設置されている第1種甲と、踏切保安掛が遮断機を扱う第1種乙とがあるが、第1種乙は非常に少ない。また第2種踏切はほとんどない。

鉄道に関する技術上の基準を定める省令では、鉄道及び道路の交通量が少ない場合、または地形上等の理由によりやむを得ない場合を除いて、踏切道の新設を認めていない。

関連用語　踏切保安設備、踏切警報機、踏切遮断機

30. プラットホーム

プラットホームは、旅客駅の乗降場をいい、限られた列車の停車時間中に安全かつ迅速に旅客が列車に乗降できるように線路に沿って設けた台である。

プラットホームの種類には、1）単式ホーム、2）相対式ホーム、3）島式ホーム、4）頭端式ホーム、などがある。

相対式ホームは、上り・下りのホームがレールをはさんで位置する形式で、ホームの拡張、延伸が容易な構造である。島式ホームは、2つの軌道の間に島状に作り、その両側に上下線の各列車を発着させる形式である。所要の用地面積は少なくて済むが、駅の前後で多少半曲線が入り、将来の拡張が困難となる欠点を有している。頭端式ホームは、民間鉄道のターミナル、水陸連絡駅に多い形式である。

プラットホームの長さは、（車両長×連結車両＋過走余裕距離）とし、過走余裕距離は4両以下の場合10 m、5両以上の場合20 mとしている。プラットホームの高さは、車両の乗降口の床面とできる限り平らになるようにする。またプラットホームの幅は、旅客の流動に支障を及ぼすおそれのないものとしなければならない。この場合において、島式のようにプラットホームの両側を使用するものにあっては中央部を3メートル、端部を2メートル以上とし、相対式のように片側を使用するものにあっては中央部を2メートル、端部を1.5メートル以上としなければならない。なお、ホーム縁部から柱類までの距離は1.0 m以上、階段や待合所などまでは1.5 m以上としなければならない。

関連用語 乗降場、単式ホーム、相対式ホーム、島式ホーム、頭端式ホーム、プラットホームの長さ、プラットホームの高さ、プラットホームの幅

31. フリーゲージトレイン

フリーゲージトレイン（軌間可変電車）は、軌間の異なる線路を接続するように設置された軌間変換装置部分を通過することによって、車輪の左右間隔を軌間（ゲージ）に合わせて自動的に変えることができる列車のことをいう。

フリーゲージトレインが導入されれば、標準軌間（1,435 mm）の新幹線と狭軌（1,067 mm）の在来線間での直通運転が可能となり、乗り換えをなくすことで利用者の利便性向上を図ることができるとともに、建設コストや

建設期間を抑えることができる。フリーゲージトレインは九州新幹線長崎（西九州）ルートで導入が検討されており、その実用化に向けて開発が進められている。

関連用語　軌間可変電車、軌間（ゲージ）（*350*）、標準軌間（*359*）、狭軌

32. 分岐器

分岐器（普通分岐器）は、線路の1つの軌道を2つ以上の軌道に分ける構造の設備をいう。分岐器は、1）線路を切り換えるポイント（転轍機）、2）ポイントとクロッシングを連絡するリード、3）分岐した線路同士が交差するクロッシングの3部分から構成されている。

一般に分岐器類というと、普通分岐器と軌道が平面交差する構造のダイヤモンドクロッシング、同一箇所で2つの渡り線の交わる構造のシーサースクロッシング、渡り線のついたダイヤモンドクロッシング構造のスリップスイッチ、1本の軌道から3本以上に分かれる構造の多枝分岐器・複分岐器などの特殊分岐器、などの総称をさす。

普通分岐器の種類は、構造により次のように分けられる。

1）片開き分岐器：直線軌道から右または左に分岐する。

2）両開き分岐器：直線軌道から等角に開いた形で分岐し、基準側も分岐側も同等で、分岐線側の速度向上を期待する場合に使用する。

3）振り分け分岐器：直線軌道から左右不等角に振り分けた形で分岐する。

4）曲線分岐器（内方分岐器、外方分岐器）：内方分岐器は曲線軌道から円心側、すなわち内側に分岐し、外方分岐器は曲線軌道から円心側と反対の外側に分岐する。

5）乗越し分岐器：分岐部に車両を入線させる場合、基本レールもクロッシング部も乗り越える構造になっている。

分岐器は、一般軌道に比べて、トングレール（ポイント部の可動レール）の断面が一般軌道の断面より小さい、クロッシングに欠線部がある、分岐線側にはカントや緩和曲線がない、スラックが一般軌道に比べて十分でない、などの強度、線形、構造的な弱点が多いため、通過速度に制限を設けている。分岐器の通過速度の制限は、分岐器の直線側、分岐側、振り分け分岐器、および曲線分岐器別にそれぞれ定められている。

分岐器配置上の注意点としては、①列車の通過する本線に挿入する分岐器

の数は極力少なくするとともに、円滑な運転が行えるようにリード曲線の大きな分岐器を用いる、②本線上には対向分岐器をなるべく少なくし、特に高速度の列車は分岐器の直線側を通るように配線する、などがある。

関連用語 普通分岐器、軌道（*351*）、ポイント（*363*）、リード、クロッシング、ダイヤモンドクロッシング、シーサースクロッシング、スリップスイッチ、多枝分岐器、複分岐器、特殊分岐器、片開き分岐器、両開き分岐器、振り分け分岐器、曲線分岐器、乗越し分岐器、トングレール、欠線部、カント（*349*）、緩和曲線（*312, 350*）、スラック（*355*）、通過速度制限、リード曲線、対向分岐器

33. 噴泥

噴泥は、雨水や地下水の浸入によって泥土化した路盤材料などが、列車の荷重によって軌道上に噴出する現象をいう。噴泥には、路盤土が道床バラスト中に侵入して発生する路盤噴泥と、高架上などで道床バラストが破砕されて泥土化する道床噴泥がある。

路盤噴泥の対策としては、路盤土質、排水、荷重という3つの噴泥発生原因のうち少なくとも1つが良好、さらに1つが中位の状態にあるような処置を講ずることとして、1）道床バラスト厚を増加し、路盤に加わる応力を小さくする、2）路盤排水の改良、あるいは路盤面をアスファルト等で被覆する、3）上層路盤を透水性の良い土に置換する、などが行われている。

関連用語 路盤材料、軌道（*351*）、道床バラスト、路盤噴泥、道床噴泥、噴泥発生原因

34. ポイント

ポイント（転轍機）は、分岐器において車両の軌道変更のためのスイッチ部分をいう。ポイントは、一対の基本レールと可動のトングレール、転轍棒、連結板、止金具、床板、座金などから構成されており、トングレールの位置を切り換える方式には、手動式と電動式、スプリング式などがある。

ポイントには、1）大正14年型ポイント、2）帽子型ポイント、3）Nレール用ポイント、4）乗越ポイント、5）弾性ポイント、6）三枝ポイント、などがある。

関連用語 転轍機、分岐器（*362*）、トングレール

35. まくら木

まくら木は、レールを直接支えてレール間隔を保ち、列車荷重を道床に伝える軌道を構成する部材をいう。まくら木には横まくら木、縦まくら木、枠まくら木など形状による種類があるが、軌間保持や取扱いの容易さから横まくら木が一般的である。

まくら木には、材料により木まくら木、PCまくら木、鉄まくら木などがあり、価格、軌間絶縁などから古くから木まくら木が使用されてきたが、最近では耐用年数が長くて頑丈なPCまくら木が主流になっている。

まくら木の配置本数は、25 mレール1本あたりのまくら木の配置本数を示すもので、並まくら木、橋まくら木のそれぞれについて、本線路と側線とに分けて定められている。

関連用語 レール（*367*）、道床（*359*）、軌道（*351*）、横まくら木、縦まくら木、枠まくら木、木まくら木（*351*）、PCまくら木（*348*）、鉄まくら木、並まくら木、橋まくら木

36. モノレール

モノレールは、車体を支持する車輪をのせる軌条が1本の鉄道をいう。モノレールは、都市交通機関として次のような特徴を有している。

1）地下鉄に比べて著しく建設費が安く、実績では地下鉄建設費の1/3～1/4である。
2）高架鉄道に比べて構造物が簡素で、都心部における建設が容易である。
3）騒音が小さく、急勾配での運転が可能である。
4）道路等の公共用地の空間を有効に利用できる。
5）普通鉄道と比べて輸送量が小さい。
6）普通鉄道との直通運転ができない。

これらの点から、モノレールは都市交通における中量輸送機関として適した交通機関といえる。都市モノレールの形式は、レールにまたがる跨座型と、レールからぶら下がる懸垂型に大別される。

跨座型は、レール（軌道桁）に高強度のコンクリートまたは鋼製箱桁を用い、ゴムタイヤ利用の走行輪・案内輪・安定輪を備えた台車が、レールの上面と左右両面を抱きかかえた形で取付けられるもので、懸垂型は、下部が開いた鋼製箱型の軌道桁を用い、ゴムタイヤ利用の走行輪・案内輪を備えた

台車に車体をぶら下げるように取付けるものである。

懸垂型のモノレールは、車両の車体部分が軌道桁よりも垂れ下がっているため、支柱の高さが高くなり、景観に対する阻害率が大きくなるが、車両の重心が走行面より下にあるため安定し、軌道の曲線半径を小さくすることができる。

関連用語 都市交通機関、中量輸送機関、跨座型、懸垂型

37. モノレールの緩和曲線

モノレールの緩和曲線の線形や長さを定める要因は、普通鉄道のように台車が3点支持になってのり上がり脱線を起こすことはないので、安全の確保ではなく、乗り心地である。

モノレールの緩和曲線にはクロソイド曲線が使用され、緩和曲線長は跨座型と懸垂型によって、それぞれ異なる。

関連用語 のり上がり脱線、乗り心地、クロソイド曲線、緩和曲線長（*350*）

38. モノレールの走行面傾斜度

モノレールの走行面傾斜度は、普通鉄道におけるカントとレール中心間隔との比で、走行面が水平面となす線路横断方向の傾斜の割合をいう。

軌道が曲線である区間には、分岐装置を除き、速度に応じて軌道の走行面を傾斜させている。跨座型では、コンクリート軌道桁は桁全体を傾斜させるが、鋼軌道桁は腹板を垂直にして車輪の接する面を傾斜させている。また、懸垂型では走行車輪の走行面のみを傾斜させている。

関連用語 カント（*349*）、レール中心間隔、分岐装置、跨座型、コンクリート軌道桁、鋼軌道桁、懸垂型

39. 遊間

遊間は、温度変化によるレールの伸縮を調整するために、レールの継目に設けた間隔をいう。

車両の加速、ブレーキによる摩擦や温度伸縮などによってレールは縦方向に移動し、正規な遊間量に不整を生じる。遊間が過大になると、継目部の車両の衝撃を増大させ、継目落ちの助長、あるいは継目ボルトの破断などの原因となり、逆に遊間がなくなると、高温時に軸圧を生じてレール張出し（座

屈）を発生させる原因となる。適切な遊間を保つためには常に適切に管理し、必要に応じてふく進（レールの長手方向の移動）防止対策を施すことが必要である。

トンネル内における遊間は、トンネル内は温度変化の影響を受けることが少ないため、一律に2 mm程度にしておくか、あるいは継目を溶接してロングレールとすることもある。

関連用語　継目落ち、継目ボルトの破断、レール張出し、ふく進防止対策、ロングレール *(368)*

40. リニア地下鉄

リニア地下鉄は、台車に装荷されたリニアモーターと軌道のリアクションプレートとの間の磁気的な吸引・反発により、推進力・制動力を得て動く車両を使った地下鉄である。そのためリニア地下鉄は、トンネルの断面積を小さく抑えるとともに、床面高さを極力低くした小断面の車両を用いることができ、一般の地下鉄と比べてトンネルの断面積は約半分程度にすることができる。

関連用語　リニアモーター、軌道 *(351)*、地下鉄道 *(357)*

41. 列車集中制御装置（CTC）

列車集中制御装置（CTC：Centralized Traffic Control）は、鉄道路線の各駅に設置された信号機や転轍機などを遠隔制御できるシステムを発展させ、コントロールセンター（CTCセンター）に線区全体の列車運転情報を集中表示し、そこで列車の運行を一元的に管理するシステムである。CTCの目的は、要員の合理化と列車の安全、正確な運転のため、迅速・的確な指令業務を行うことにある。

わが国では、昭和28年（1953年）に伊東線（熱海～伊東間）において最初にCTCが採用され、その後、新幹線においては新幹線の管理に適したCTCのシステムが開発され、昭和39年（1964年）の東海道新幹線開業時からは全面的に採用された。

なお、指令員自身が列車の進路を構成するという従来からのCTCをさらに進化させて、コンピュータに運転する列車の各駅における進路制御に必要なデータを記憶させ、列車の進路制御を自動的に行わせるシステムが開発されており、これはPRC（プログラム進路制御装置）と呼ばれている。

関連用語 信号機、転轍機（*363*）、遠隔制御、CTCセンター、要員の合理化、列車の安全、正確な運転、新幹線、PRC（プログラム進路制御装置）

42. レール

レールは、軌道の構成材料のうち、安全でかつ平滑な走行路を作るうえで最も重要な部分であり、動力や信号のための電気導線の役目も担っている。

一般に使用されているレールは平底レールで、断面を見ると頭部は丸みを帯び、底部は平らで、その間にくびれた部分の腹部がある。レールの大きさは、長さ1 mあたりの重量で表し、30 kg・37 kg・40 kg・50 kg・60 kgなどがある。重いレールは、軽いレールに比べて機械的強度が大きく、軌道狂いや列車の振動が少なくなりレール自身の寿命も延びる。より重いレール（軌条）に交換することによって軌道構造の強化を図り、保守性や乗り心地等の向上を図ることを『重軌条化』と呼んでいる。

1本のレールの長さは、30 kgレールが20 m、それ以外が25 mに造られており、これらを定尺レールと呼んでいる。定尺レールよりも短いもの（ただし5 m以上）を短尺レール、25 mを超え200 m未満のものを長尺レール、200 m以上のものはロングレールと、長さによって分類される。一方、レールを特性により分類すると、普通レール、頭部熱処理レール、端頭部熱処理レールに分けられる。

鉄道線路は、それぞれの区間における列車重量・列車速度・輸送量などにより、列車の輸送状態に適した構造・強度に合わせて設計される。

関連用語 軌道（*351*）、電気導線、平底レール、重軌条化、定尺レール、短尺レール、長尺レール、ロングレール（*368*）、普通レール、頭部熱処理レール、端頭部熱処理レール

43. レール締結

レール締結とは、レールをまくら木やスラブ版などに固定することである。レール締結には、レール締結装置を用いる。

レール締結装置は、左右2本のレールをまくら木に固定して軌間の保持を行うとともに、車両から軌道に伝わる荷重および振動に抵抗し、これらをまくら木や道床、路盤等に伝達する装置である。レール締結装置には、古くか

ら使われている犬くぎや、近年の主流になっているボルトと板バネあるいは軌道パッド（合成ゴム）を使用した二重弾性締結方式などがあり、さまざまな種類の装置を組み合わせて敷設されている。

関連用語 レール（*367*）、まくら木（*364*）、スラブ版、レール締結装置

44. レールの継目

レールの継目の配置には、相対式（左右レールの継目の位置を相対して設ける方法）と相互式（一方のレールの継目の位置を対側レールのほぼ中央に設ける方法）の2種類があり、半径の小さい曲線を除いては、相対式により設置することとしている。

レールの継目の支持方法には、ささえ継法（レールの継目の直下にまくら木を配置して継目を支持する方法）とかけ継法（レールの継目の直下にまくら木を配置せず、所定の間隔を隔てた2本のまくら木により継目を支持する方法）の2種類があり、一般にささえ継法によっている。継目の接続は、継目板、継目板ボルト、ワッシャ等により行っている。

関連用語 相対式、相互式、ささえ継法、かけ継法

45. ロングレール

ロングレールは、軌道の欠点部である継目を、溶接によって無くし、騒音・振動の減少や乗り心地の改善、線路保守の軽減などを目的に、長さを200 m以上にしたレールをいう。200 m以上としているのは、レール両端の可動区間の長さが通常それぞれ100 m前後であることから、ロングレールの長さはその2倍の200 mとしたものである。

ロングレールは温度の伸縮に対処するために、ロングレール端は普通の継目板は使用せず、伸縮継目または緩衝レール（ロングレールの間に何本かの普通レールを普通継目により接続し、伸縮に対処するようにしたもの）を用いる。

ロングレールの敷設は、一般レールとは異なり座屈や破断に対する制約条件を必要とするため、線路条件、軌道構造、溶接方法、設定温度、伸縮継目の敷設、道床抵抗力などの条件が定められている。

関連用語 軌道（*351*）、継目、可動区間、温度伸縮、継目板（*358*）、伸縮継目（*355*）、緩衝レール

46. ロングレールの溶接方法

ロングレールは、25 mの定尺レールのレールを溶接により長大化している。わが国におけるロングレールの溶接方法には、次の4種類が用いられている。

1) レールを加圧しながら酸素・アセチレンガス炎により加熱して母材を溶かして接合するガス圧接溶接

2) 部材端面を付合せて大電流を通じ、接触部を火花として溶融飛散させて加熱し、溶融状態となったときに軸方向の強い圧力を加え接合するフラッシュ溶接

3) レール継目部を銅当て金で囲み、手アーク溶接により接合するエンクローズアーク溶接

4) 酸化鉄の薄片とアルミニウム粉末との化学反応熱で生じた溶鋼を、あらかじめレール縦目に組立てたモールド内へ注入して接合するテルミット溶接

関連用語 定尺レール、ガス圧接溶接、フラッシュ溶接、エンクローズアーク溶接、テルミット溶接

第9章　ト ン ネ ル

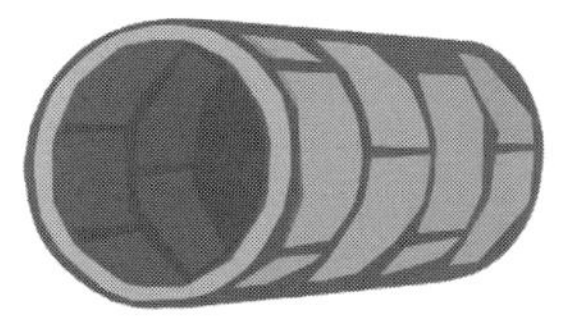

1. NATM
2. TBM
3. 圧気工法
4. アンダーピニング
5. インバート
6. インバートストラット
7. ウェルポイント工法
8. 裏込め注入
9. 横流式換気方式
10. 開削工法
11. 換気設備
12. 近接トンネル
13. くさび
14. 掘削機
15. ケーソン工法
16. 鋼製支保工
17. 坑門
18. サイロット工法
19. 山岳トンネル標準工法
20. 山岳トンネル補助工法
21. （トンネル）支保工
22. 地山強度比
23. 地山条件
24. 地山分類
25. 縦流式換気方式
26. シールド工法
27. ずり処理
28. セグメント
29. 全断面工法
30. 大深度地下法
31. 立坑
32. 注入工法
33. 沈埋工法
34. 泥水式シールド工法
35. 泥土圧シールド工法
36. ディープウェル工法
37. テールクリアランス
38. テールボイド
39. 土圧式シールド工法
40. 土圧シールド工法
41. 凍結工法
42. 導坑先進工法
43. 道路トンネルの換気
44. 道路トンネルの線形
45. 道路トンネルの断面
46. 二次応力（二次地圧）
47. パイプルーフ工法
48. 半横流式換気方式
49. 半断面工法（上部半断面先進工法）
50. 吹付けコンクリート
51. 覆工
52. 覆工コンクリート
53. ブーム式掘削機
54. ベンチカット工法
55. 膨張性地山
56. 膨張性土圧
57. 補助工法
58. 未固結地山
59. ゆるみ土圧
60. （トンネル）余掘り
61. ロックボルト工

1. NATM

NATM（New Austrian Tunneling Method）は、ロックボルトと吹付けコンクリートを主たる支保部材とし、地山が本来有する支持力を積極的に利用し、岩盤の変位や応力について現場計測（情報化施工）を行うことにより安定を確認しながら、掘り進めていくトンネル工法をいう。

NATMは、従来は硬い地盤を掘る山岳工法の標準工法としていたが、最近は各種補助工法や計測管理技術の進歩によって地盤の軟らかい都市直下や超大断面の空洞、複雑な断面形状などさまざまな条件下でも適用されている。

トンネルの平面線形は、施工上も完成後の利用上もなるべく直線が好ましく、曲線を用いる場合は努めて大半径のものを用い、急な曲線は避ける必要がある。

NATMの設計法は、解析的手法と経験的手法とに大別され、さらに解析的手法は理論解析手法とFEM等による数値解析手法に分けられ、経験的手法は地山分類により標準支保パターンを適用する方法と、類似条件で施工されたトンネルの設計を適用する方法とに分類される。

NATMによるトンネル掘削の施工手順は、次のように大きく6つの工程に分けられる。

①発破（削孔、装薬、爆破）
②ずり出し
③一次吹付けコンクリート
④鋼製支保工の建込み
⑤二次吹付けコンクリート
⑥ロックボルト打設

これらの工程の繰り返しによって掘削を進め、一次支保等により地盤が安定した後に、止水材（止水シート）を設置し、二次覆工が施工される。二次覆工は地盤力の負担が少ないため、従来に比較して半分以下の薄肉巻き立て施工を可能にしている。また、NATMにおいては従来のトンネル工法と比較して、インバート（底部のアーチ型にコンクリートを巻き立てた部分）により全断面を閉合することの効果は非常に高く、特に地山が悪いほどその必要性は高くなる。

NATMは一般に、硬岩から新第三紀の軟岩までの地盤に適用され、条件によっては洪積層に適用されることもある。地盤の変化に対しては、支保剛性、掘削工法、補助工法の変更により対応可能である。しかしながらNATMは、切羽の安定性が確保できることを前提としているため、土砂地山等でこれが確保できない場合には、大規模な補助工法を併用せざるを得なくなる。また、地下水位低下により周辺に問題が生じる場合があり、特に都市部では地下水位低下に伴う周辺環境への影響に関して十分な検討が必要である。

関連用語 ロックボルト、吹付けコンクリート（*397*）、支保部材、情報化施工、山岳工法、解析的手法、経験的手法、理論解析手法、数値解析手法、ずり出し、二次覆工、インバート（*374*）、支保剛性、掘削工法、補助工法（*402*）

2. TBM

TBM（Tunnel Boring Machine）は、全断面掘削式と自由断面掘削式の2つのトンネル掘削方式のうち、全断面掘削式に用いる掘削機械のことをいう。TBMは、中硬石から軟岩の地山に適し、掘削部にある複数の回転カッタで岩盤を切削し、推進装置で機体を押し進めながらトンネルを掘り進めるものである。

TBMは、発破工法に比べて連続的に掘進できるので掘進速度が速い、余掘りが少ない、地山のゆるみが少ない、少人数で作業ができ安全性が高い、などの長所があるが半面、掘削が可能な岩石強度が限定される、機械搬入経費がかさむ、施工区間内での掘削断面の変更が困難、トンネル断面形状や延長などの条件によっては不経済となる、などの短所もあるため施工計画上、綿密な検討が必要である。

関連用語 全断面掘削式、自由断面掘削式、発破工法、ブーム式掘削機（*400*）

3. 圧気工法

圧気工法は、湧水の多いトンネルを掘るときにトンネル坑内に地下水圧に対応した圧縮空気を充填することにより、切羽の湧水防止、土留め作用、脱水作用による地山の強度増大等を図り、普通のトンネル工法と同様の掘削、覆工を行うものをいう。

圧気作用の効果は、地質と地下水の状態に大きく作用され、粘土層やシルト層では圧気効果は期待できるが、砂層や砂礫層では透水性がよいため圧気の漏えいが多く圧気効果が期待できない。

空気圧は、切羽安定作用効果を向上させるには高いほど良いが、圧縮空気を使用することにより発生する作業員の健康管理・作業能率、漏気、噴発（坑内の圧縮空気が直接地表に噴出することで、これを防ぐための最小土かぶりはトンネルの直径の約1.0～1.5倍といわれている）、酸素欠乏などに対しては低いほど好ましい。空気圧のとり方は通常、中小断面のときは上端から高さの1/2、大断面では2/3の位置の地下水圧に等しい圧力としている。また土質により、砂質土では切羽上端から切羽断面の2/3、粘性土では1/2の深さの位置の地下水圧に等しい圧力とすることもある。

コンプレッサの設備容量としては、トンネル掘削断面1 m^2あたり5.5 m^3/minの吐出量とするのが目安とされている。

関連用語 湧水防止、粘土層、シルト層、砂層、砂礫層、圧気効果、噴発、空気圧、ウェルポイント工法（*375*）

4. アンダーピニング

アンダーピニングは、既設建造物の直下にトンネルを掘る場合に、この建造物の基礎を直接下受けして防護する工法を総称したものをいう。

アンダーピニングは、既設構造物を直接支持する直接仮受工法と地盤を介して上部構造物の荷重を受ける間接仮受工法に分類される。アンダーピニングは、既設構造物の支持条件を変えることになるため、事前にその構造形式、応力、各支点の荷重、基礎の耐力等について十分な検討が必要である。

関連用語 直接仮受工法、間接仮受工法

5. インバート

インバートは、軟弱な地質の場合やトンネル坑口付近で覆工の構造的強度を増し、沈下などを防止するために、覆工の両側壁基部の間を逆方向のアーチで結合したものをいう。インバートによって覆工が閉合断面を構成し、著しく強度が増大する。

インバートの曲率や厚さなどには明確な設計法がなく、経験的手法によって定められているが、一般にインバートの厚さはアーチ・側壁と同厚かまたは1段薄い（10～15 cm程度）ものとしている。

関連用語 覆工（*398*）、逆方向アーチ、閉合断面、インバートの厚さ、インバートストラット（*375*）

6. インバートストラット

インバートストラット（りょう盤）は、インバートのように湾曲せずに平たんで、覆工の両側壁基部間をストラットとして結ぶとともに、トンネルの路盤を形成するものをいう。インバートストラットは、地質があまり悪くないが側圧がある場合や、路盤の地質が鉄道や道路の施工基面として不適当な場合などに用いられる。

インバートストラットの厚さは、上下両面に鉄筋を配置して40～70 cm程度のものとする必要がある。

関連用語 りょう盤、インバート（*374*）、覆工（*398*）、ストラット、路盤（*345*）

7. ウェルポイント工法

ウェルポイント工法は、強制排水工法のうち真空排水工法に分類される地下水位低下工法の1つをいう。ウェルポイント工法は、ストレーナ付パイプに金網で保護したウェルポイントを取付け、それをウォータージェットにより地中に埋込み、真空ポンプで強制的に集水しこれをさらに渦巻きポンプで吸引して排水するというものである。1段のウェルポイントによる地下水位の低下量は5～6 m程度が有効であり、深くても7～8 mが限界である。そのため、これより深い場合は、多段に用いるかディープウェル工法の採用となる。

ウェルポイント工法の適用土質は、シルト質砂（透水係数5×10^{-5} cm/sec）から小礫（透水係数1×10^{-1} cm/sec）に至る範囲の主に砂質地盤であり、ディープウェルなどの重力排水では能率が悪い場合にも効果がある。

関連用語 強制排水工法、真空排水工法、地下水位低下工法、ディープウェル工法（*391*）、シルト質砂、小礫、重力排水、電気浸透法

8. 裏込め注入

裏込め注入は、トンネル掘削で避けられない空隙、あるいはシールド工法においてセグメントまたは他の層と地山の掘削面の間にできるテールボイドなどの空隙に、注入材を填充することをいう。裏込め注入は、地山のゆるみや地盤沈下を防止するとともに、セグメントリングなどに加わる土圧の安定や、漏水、漏気防止にも役立つので覆工完成後に速やかに施工する。

注入材料の強度は、あまり大きいものは必要なく10 kg/cm^{2}程度の強度が

9 トンネル

あればよく、注入材としては、一般にモルタル系材料の使用が多いが、発泡モルタル、豆砂利とセメントミルクの分離注入、薬液注入などがある。

関連用語　シールド工法（*384*）、セグメント（*386*）、テールボイド（*392*）、覆工（*398*）、発泡モルタル、薬液注入

9. 横流式換気方式

横流式換気方式は、道路トンネルにおける機械式換気方式の1つで、車道空間の上下あるいは左右に送気用および排気用のダクトを設け、トンネルの横断面方向に空気を流す換気方式をいう。

横流式換気方式は、最も安定した換気を行うことができ、適用延長に制限がなく、さらに火災時に被害を局所にとどめるなどの特徴を有する最も理想的な換気方式であるが、設備費や運転費などが大きい。

関連用語　道路トンネル、機械式換気方式、縦流式換気方式（*383*）、半横流式換気方式（*397*）

10. 開削工法

開削工法は、地表面より掘下げて地下所定の位置にトンネルなどの構築物を築造し、その上部を土砂にて埋戻し、地表面をもとのとおりに復旧する工法の総称をいう。開削工法は、最も標準的な都市トンネル構築工法として、地下鉄や地下自動車道路、共同溝、地下街、地下駐車場などに広く用いられている。

開削工法は、掘削方式によって次の3種類に分けられる。

1）素掘式掘削工法：土留め工を施さずに掘削する方法で、覆工は行わない。

2）全断面掘削工法：築造する躯体に適応した垂直土留めを主体として断面全体を掘削する方法で、無覆工式と覆工式とがある。

3）部分掘削工法：地盤条件や立地条件などにより全断面掘削が困難な場合や、既設構造物の下にトンネルをつくる場合などに、断面をいくつかに分割して部分的に掘削する方法で、縦割式部分掘削工法、トレンチ工法、アイランド工法、逆巻工法等がある。なお、この工法には無覆工式と覆工式による場合とがある。

これらの工法のうち、開削工法の主流は全断面掘削工法であり、それ以外

は特殊な条件での施工法といえる。

開削トンネルの形状は、掘削断面積に対する有効断面積の割合が大きく経済的な断面形状であり、施工も比較的容易であることなどから、一般には箱形ラーメンが用いられている。

関連用語 都市トンネル構築工法、素掘式掘削工法、全断面掘削工法、部分掘削工法、無覆工式、覆工式、縦割式部分掘削工法、トレンチ工法、アイランド工法、逆巻工法、箱形ラーメン、シールド工法（*384*）、沈埋工法（*389*）、推進工法

11. 換気設備

工事中のトンネルの排気には、自然換気と換気機械を用いた強制換気とがある。短小トンネルや大断面トンネルでは自然換気によることもあるが、一般には機械を用いた換気によっている。

換気設備には、送風機と換気管があり、その使用方法により、1）トンネルの切羽に坑口から空気を送り込む送気式、2）切羽の汚染された空気を、排気管を通して坑外に吸い出す排気式、3）同一の換気管を使用して坑内の状況によって換気方式を変える送・排気兼用式、4）換気管を二系列設備して、一方を排気に他方を送気に別々に使用する送・排気併用式、5）工事の全期間にわたって必要な容量の送風機を坑口付近に一括設置する集中方式、6）切羽の進行に合わせて換気管及び送風機を順次設置していく直列方式、などがある。

トンネルの換気設備は、坑内作業を行ううえで安全衛生上ならびに作業能率上、非常に重要な仮設備であり、適切な計画と管理を行う必要がある。

関連用語 自然換気、強制換気、送風機、換気管、送気式、排気式、送・排気兼用式、送・排気併用式、集中方式、直列方式

12. 近接トンネル

2本以上のトンネルを隣接して設置する場合、先行施工と後方施工のトンネル相互の影響を検討のうえ位置を選定しなければならない。

2本以上のトンネルが併設する場合の離隔距離は、地山が完全弾性体と考えられる場合には、併設トンネルの中心間隔を掘削幅の2倍、粘性土などの軟弱な地山では5倍とすれば、トンネル掘削に伴う地山の影響範囲が重複せず、相互の影響がほとんどないといわれている。しかし、トンネルの離隔距離は一般的に基準化することはできないため、離隔距離の決定にあたっては、

地質、断面形状、施工法、発破などの要素を十分検討して決める必要がある。

道路トンネル等における近接トンネルでは、めがね形トンネルにした方が路線計画上や施工上から有利になる場合がある。

関連用語 掘削幅、発破、めがね形トンネル

13. くさび

くさび（ブロッキング）は、鋼製支保工建込みの際に、適当な間隔で地山と支保工フランジとの間に打込み、地山荷重を支保工全体に均等に伝達するための部材をいう。くさびは、せん断に対する抵抗が非常に小さいため、くさびによる地山と支保工との力学的な結合は、ヒンジ結合とみなしている。

くさびは、トンネルの支保工のアーチ作用を確保するのに不可欠なものであるため、クラウンやスプリングには必ずこれを入れるとともに、くさびの打込み間隔は、支保工材に沿って120 cm程度以下とし、かつ円周部についても中心角30度について1個以上入れることを標準としている。

関連用語 鋼製支保工（*379*）、支保工フランジ、ヒンジ結合、アーチ作用、クラウン、スプリング、くさびの打込み間隔

14. 掘削機

トンネル掘削機は、全断面掘削式と自由断面掘削式に大別され、全断面掘削式機械はTBM（Tunnel Boring Machine）と呼ばれ、自由断面掘削式機械はブーム式掘削機と呼ばれている。

トンネル掘削機の適用範囲としては、全断面掘削式機械は、断面形状や掘削半径に限度があるものの軟岩から中硬岩の安定した地山に適し、自由断面掘削式機械は、軟岩から固結度の低い地山の掘削に適するといえる。

トンネル掘進機は、全断面掘削式機械においても自由断面掘削式機械においても機構上、1）地山を機械的に掘削または破砕する切削・破砕装置、2）機械本体の推進に応じて移動走行させる走行・推進装置、3）掘削されたずりを収容し、機械本体後方の運搬装置に移送するずり搬出装置、4）切削・破砕装置、走行・推進装置などの作動に必要な機械的エネルギーを発生させ伝達する駆動装置、の4つの機構から構成されている。

関連用語 全断面掘削式、自由断面掘削式、TBM（*373*）、ブーム式掘削機（*400*）、切削・破砕装置、走行・推進装置、搬出装置、駆動装置

15. ケーソン工法

ケーソン工法は、軟弱な地盤で山止めや根切りが困難な場合や水底または地下水面下の湧水地層中に建設物を構築する等の場合に利用される工法で、あらかじめ地上または地下で構築した鉄筋コンクリート製の函（躯体）を、自重または載荷によって所定の支持層に達するまで地中に沈める工法である。ケーソン工法は、潜函工法ともいう。

ケーソン工法には、構築物の底の中央部を人力や機械によって掘削しながら、自重または載荷によって沈下させる「オープンケーソン工法」と、水中や湧水の激しい場合に構築物の作業室内に圧縮空気を送気して作業室内部の水を排除し、作業室内の土砂を掘削してこれを沈下させ、作業室内にコンクリートを打って底盤を造るという「ニューマチックケーソン工法」の2つの工法がある。

関連用語 軟弱地盤、水底、地下水面下、潜函工法、オープンケーソン工法、圧縮空気、ニューマチックケーソン工法 (*437*)

16. 鋼製支保工

鋼製支保工は、トンネル壁面に沿って形鋼等をアーチ状に設置する支保部材であり、(1) 吹付けコンクリートが固まるまでの支保、(2) 他の支保材との協調支保、(3) 切羽の早期安定、(4) 先受工などの補助工法の反力受け、(5) 地山（脚部）への荷重伝達、などの使用目的（効果）がある。鋼製支保工は、建込みと同時に一定の効果を発揮できるため、吹付けコンクリートの強度が発現するまでの早期において切羽の安定化を図ることができる。また、広い作業空間の確保により作業の機械化が容易であり、荷重の変化に対しても建込み間隔の変更などで対処することができるため、最も広く使用されている。

鋼製支保工の材質及び形状については、原則としてH形鋼とするが、支保目的及び施工性等を十分に検討し、同等品以上と認められた場合にはU形鋼等を使用することができる。

鋼製支保工の部材断面としては、トンネルの軸に直角な方向の外力に対する抵抗性が大きいだけでは不十分で、トンネル軸方向の外力に対する抵抗性もできるだけ大きいのが望ましく、さらに座屈やねじれ等に対する抵抗性も大きいほうが良い。

関連用語　支保工（*382, 421*）、吹付けコンクリート（*397*）、H形鋼、U形鋼、座屈（*79*）、ねじれ

17. 坑門

坑門は、トンネルの出入口のかまえをいう。坑門は、地表斜面の落石、なだれ、土砂崩壊などからトンネル坑口を防護するためのもので、坑門自体が力学的に安定したものであるとともに美観についても留意する必要がある。

坑門はトンネルアーチクラウン上部に相当する箇所に亀裂が生じやすいので、無筋コンクリートの場合でも用心鉄筋を挿入して亀裂防止を図ることが望ましい。

トンネル延長を長くして、自然の地形あるいは緩勾配の切取りのり面に合わせて竹を斜めに切ったような形としたトンネルとして、坑門を設けない場合もある。

関連用語　美観、トンネルアーチクラウン

18. サイロット工法

サイロット工法（側壁導坑先進上部半断面リングカット工法）は、トンネルの掘削工法の1つである導坑先進工法のうち、膨張性の地質や、特に地盤支持力の不足する軟弱層などに適応した工法である。

サイロット工法の掘削手順は、1）トンネル両側に側壁導坑を先進する、2）導坑内に側壁コンクリートを打設する、3）アーチ部をリングカットし、鋼製支保工を側壁コンクリートの上に建込む、4）アーチコンクリートを打設し、残部を掘削する、という流れで行う。

サイロット工法は、側壁コンクリートにより鋼製支保工を十分に支持できるうえ、破砕帯などの場合に2本の導坑が相互に迂回坑や水抜き坑などの役割を果たし、上部半断面の掘削のずり出しが容易であるなどの利点があるが、近接して2本の導坑を掘るために山をゆるめ、またアーチコンクリートを施工するまでの間に側壁コンクリートが側圧により押し出される可能性があるなどの欠点がある。

関連用語　導坑先進工法（*393*）、膨張性地質、軟弱層、側壁導坑、側壁コンクリート、鋼製支保工（*379*）、アーチコンクリート、迂回坑、水抜き坑

19. 山岳トンネル標準工法

トンネルは、施工する所在箇所によって山岳トンネルや都市トンネル、水底トンネルなどの名称があり、それぞれ工法の採用にあたっては、工事規模、地質、湧水、工期、坑外環境などの点から決定される。

山岳トンネルにおいては、NATM工法が経済的で、品質の高い構造物が得られることが確認され1980年代より標準工法となった。それ以来、鋼製支保工と木矢板、覆工コンクリートなどで地山を保持する矢板工法は、一部のトンネルや特殊な地山条件の場合を除いては採用されていない。

関連用語 山岳トンネル、都市トンネル、水底トンネル、NATM（*372*）、矢板工法

20. 山岳トンネル補助工法

山岳トンネルの補助工法は、1）斜め打ちボルトなど自立性の悪い地山における天端の安定を目的とした補助工法、2）鏡面へのロックボルトの打設など鏡面の安定を目的とした補助工法、3）ウェルポイント工法や、ディープウェル工法など排水のための補助工法、4）薬液注入工法や圧気工法などの止水のための補助工法、などに分類される。

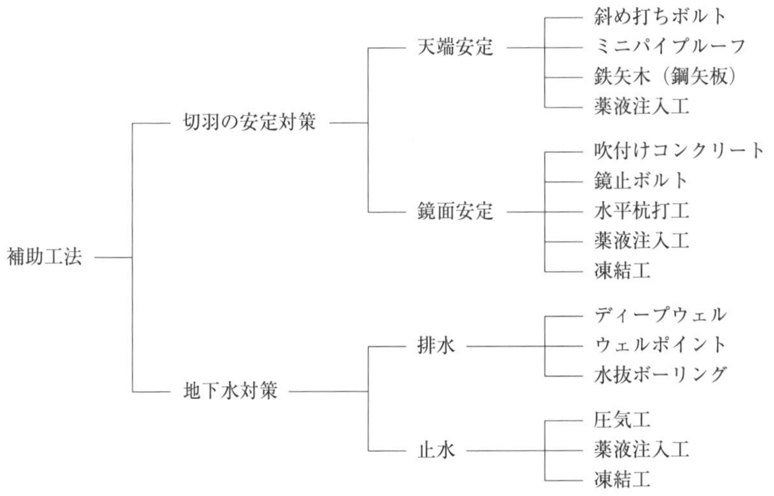

山岳トンネル補助工法の分類

関連用語 天端の安定、鏡面の安定、排水、止水、斜め打ちボルト、ロックボルト、ウェルポイント工法（*375*）、ディープウェル工法（*391*）、薬液注入工法、圧気工法（*373*）

21. （トンネル）支保工

支保工は、トンネルの掘削後から覆工完了までの間、地圧を支持するための仮構造物をいう。支保工を構造上から分類すると、支柱式支保工とアーチ支保工になり、特殊なものとしてロックボルト工法、吹付けコンクリート工法などに分けられる。支保工として一般に使われているものは、鋼製支保工、ロックボルト、吹付けコンクリートなどであり、特殊なものとして地質不良箇所などに木製支柱式支保工が用いられている。

鋼製支保工は、広い作業空間を確保することができるため大型機械が使用できるとともに、覆工作業も容易で、施工性、安全性、経済性ともに優れた支保工として最も広く使われている。また、NATMの施工などによりロックボルトや吹付けコンクリートも多用されているが、これらはそれ自体広い適用範囲を持つとともに、他の支保工との組み合わせも容易である。

関連用語　覆工（*398*）、支柱式支保工、アーチ支保工、鋼製支保工（*379*）、ロックボルト工法、吹付けコンクリート工法、木製支柱式支保工、NATM（*372*）

22. 地山強度比

地山強度比は、地山材料の一軸圧縮強さを土かぶり圧（地山の単位体積重量と土かぶり高さの積）で除したものである。

$$GN=\frac{q_u}{\gamma\cdot H}$$

（GN：地山強度比、q_u：一軸圧縮強度、γ：地山の単位体積重量、H：トンネルの土かぶり厚）

軟岩（一般には一軸圧縮強度が20 N/mm^{2}以下）においては、弾性波速度で地山の分類をすることが難しい。そのため、地山の強度が小さいと考えられる軟岩地山では地山強度比により、地山分類の指標を求めている。

なお、土砂地山に近い軟岩地山の場合には、地山評価の指標として次の式で示される、せん断強度比を用いることがある。

$$\text{せん断強度比}=\text{せん断強度}/\text{土かぶり荷重}=\frac{\gamma\cdot H\tan\phi+c}{\gamma\cdot H}=\tan\phi+\frac{c}{\gamma\cdot H}$$

（γ：地山の単位体積重量、H：トンネルの土かぶり厚、ϕ：内部摩擦角、c：粘着力）

関連用語　一軸圧縮強度、土かぶり荷重、単位体積重量、軟岩、弾性波速度、せん

断強度比、内部摩擦角 (*37*)、粘着力

23. 地山条件

トンネルを掘削していく場合の地山は、鋼材やコンクリートのように単一な材質ではなく複雑であるとともに、亀裂や地下水など不確定な要素も多い。そのため、トンネルの施工にあたっては、地山条件を適切に調査しておくことが重要である。『道路トンネル技術基準 (構造編)・同解説』(日本道路協会) では、地山条件を「トンネルおよびその周辺地山の地形・地質および湧水に関する条件をいう」と定義している。

関連用語 地形・地質、湧水

24. 地山分類

地山分類とは、地山評価の一手法で、定量的な因子と経験的な指標に基づいて地山を総合的に評価し分類することであり、トンネル工事の計画ならびに施工時において掘削の難易や土圧等の地山挙動を評価するために重要なものである。

『道路トンネル技術基準』では、地山分類を「地山分類とは、掘削の難易や土圧等の地山挙動を評価できるように、地山を種々の物性により類型化して区分したものをいう。」と定義している。

関連用語 掘削の難易、地山挙動、道路トンネル技術基準

25. 縦流式換気方式

縦流式換気方式は、道路トンネルにおける機械式換気方式の1つで、車道空間のトンネル延長方向に空気を流す換気方式をいう。縦流式換気方式は、①ジェットファン方式、②サッカルド方式、③立坑方式、の3つに分類される。

ジェットファン方式は、噴流を車道に供給しその昇圧効果で換気を行うものであり、設備が簡単で供用開始後でも容易に設備できる。一方通行の場合には自動車のピストン作用を有効に利用できるなどの特徴を有するが、適用延長に限界がある。

立坑方式は、立坑等から集中的に排気を行うものであり、少ない交通量あるいは上下交通量がほぼ均衡している対向交通のトンネルで、立坑あるいは斜坑の建設が容易な場合に適している。

サッカルド方式は、ジェットファン方式と同様に噴流を車道に供給して換気を行うものであるが、わが国では用いられていない。

関連用語 道路トンネル、機械式換気方式、ジェットファン方式、サッカルド方式、立坑方式、斜坑、横流式換気方式（*376*）、半横流式換気方式（*397*）

26. シールド工法

シールド工法は、トンネル断面よりわずかに大きい断面のシールドといわれる強固な鋼製の外殻を推進させ、その内部で掘削や覆工作業を行うことによりトンネルを築造する工法をいう。シールドトンネルの断面形状は、円形断面を用いるのが一般的であり、その理由の1つに、セグメントがローリングしても断面利用上支障が少ないことが挙げられる。

シールド工法における覆工は通常、鉄筋コンクリートやダクタイル鋳鉄などから作られたセグメントを組立ててつくる一次覆工と、その内側にコンクリートを巻立てる二次覆工とからなるが、一次覆工のみの場合も多い。一次覆工はシールド掘進に当たってその反力部材になるとともに、裏込め注入圧等の施工時荷重に対抗することになる。また、シールドテールが離れた後は、ただちにトンネルの覆工体としての役割も果たす。一般に、一次覆工はいくつかのセグメントによりリング状に組み立てられるが、掘進完了後速やかに所定の方法に従い、正確かつ堅固に施工しなければならない。裏込め注入工は、シールドの掘進と同時あるいは直後に行い、テールボイドを完全に充填して地山のゆるみと沈下を防止するようにしなければならない。二次覆工においては、特に覆工の天端付近はコンクリートの充填が困難なので注意が必要である。シールド工法では一般に、シールドの搬入や土砂の搬出などのために、立坑を必要とする。

シールド工法は一般に、超軟弱な沖積層から洪積層や新第三紀の軟岩までの地盤に適用され、近年では硬岩に対する事例もある。なお、地質の変化への対応は比較的容易である。ただしシールド工事は、施工中に工法や構造の変更が困難であるため、施工法を十分に検討する必要がある。

シールド工法は、密閉型と開放型に大別される。そして、密閉型シールドは土圧式シールドと泥水式シールドに分けられ、開放型シールドは掘削方法によって手掘り式シールド、半機械掘り式シールドおよび機械掘り式シールドの3種類に分類される。シールドマシンは施工するトンネル専用に設計され、トンネルの大きさや構造が変わる場合には、それぞれに対応したシールド掘削機が必要になる。そのためシールド形式の選定にあたっては、切羽の安定が図れることに留意して施工区間の地山の条件、地表の状況、断面形状および寸法、施工延長、トンネルの線形、工期等の諸条件はもちろんのこと、用地、立坑周辺環境、安全性、経済性等を十分に検討しなければならない。

また、シールドが通過する地山が不安定で掘削時に切羽の崩壊陥没や地盤沈下のおそれがある場合は、地山安定処理のため圧気工法、地下水位低下工法、注入工法、凍結工法などの補助工法を用いる。

シールド工法は、トンネル工法の中では周辺に及ぼす影響が比較的少ないことから、都市部のトンネル工事などにおいて、施工時の路面交通の確保、騒音や振動への対策、既設構造物との交差や近接施工への対応などに多く用いられている。

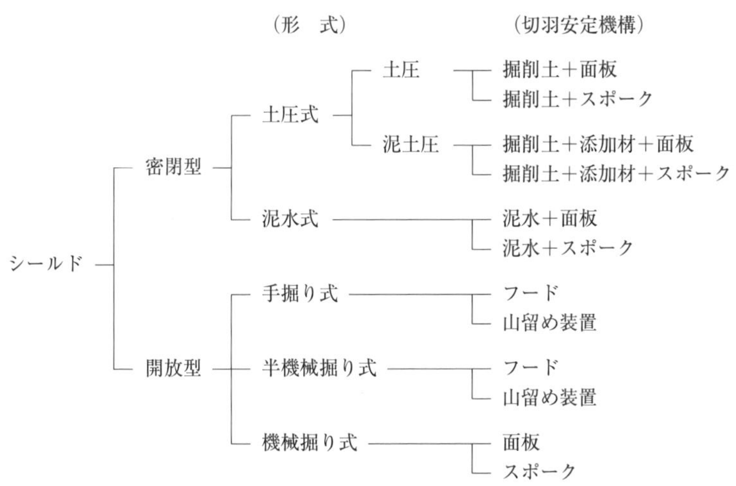

シールドの分類

関連用語 セグメント（*386*）、一次覆工、二次覆工、裏込め注入（*375*）、シールドテール、テールボイド（*392*）、立坑（*388*）、密閉型、開放型、土圧式シールド工法（*392*）、泥水式シールド工法（*390*）、土圧シールド工法（*393*）、泥土圧シールド工法（*390*）、手掘り式シールド工法、半機械掘り式シールド工法、機械掘り式シールド工法、圧気工法（*373*）、地下水位低下工法、注入工法（*388*）、凍結工法（*393*）

27. ずり処理

ずり処理は、穿孔、爆破などにより切崩した土砂や岩石（ずり）を、坑外に搬出、土捨てする作業をいい、ずり積み、ずり運搬、ずり捨ての3つの作業からなる。ずり処理はトンネルの掘進速度を支配する大きな要素であり、特にずり積みは、その機械の容量と形式が坑内運搬設備とバランスすることが大切である。

ずり積み機の形式には、レール方式とクローラ方式とが使用されている。また、運搬設備は、レール方式（ずりトロ）、タイヤ方式（ダンプトラック）、ベルトコンベア方式などがあり、トンネル断面の大きさ、ずり積み機の能力などを考慮して施工計画に適合した大きさや台数、編成を決める必要がある。

関連用語　ずり積み、ずり運搬、ずり捨て、レール方式、クローラ方式、ずりトロ、タイヤ方式、ベルトコンベア方式

28. セグメント

セグメントは、トンネル覆工を中心線方向に延長75～100 cmごとに横断方向にリング状に分割し、各リングをさらにいくつかのブロックに分割したプレキャスト製の環片をいい、シールドトンネルの一次覆工において用いられるものである。

セグメントは、使用材料や断面形状、継手形式などにより次のように分類されている。

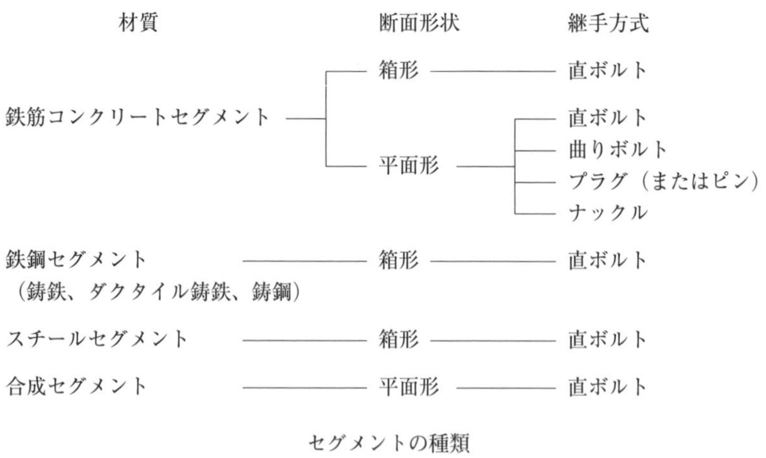

セグメントの種類

セグメントは、トンネルの施工に際してはシールドジャッキの反力受として、施工後は地山を支持するトンネル構築として、施工のはじめからトンネル完成後までのすべての外力に抵抗できるものでなければならない。そのため、セグメントの設計において考慮すべき荷重には、1）鉛直及び水平土圧、水圧、自重、上載荷重、抵抗土圧などの基本的な主荷重、2）内部荷重、施工時荷重、地震の影響などの施工途中および完成後に作用する従荷重、3）併設トンネルの影響、地盤沈下の影響など地山の条件やトンネルの使用条件に応じた特殊荷重、などがある。これらのうち、施工時荷重にはジャッキ推力、裏込め注入圧、エレクターの操作荷重などが含まれる。

セグメントの継手面には、トンネルとしての止水性を確保するために、シール材などによる止水工を施さなければならない。

関連用語 シールドトンネル、一次覆工、主荷重、従荷重、従荷重、施工時荷重、止水工

29. 全断面工法

全断面工法は、トンネルの掘削方式のうち上半、下半の全断面を同時に掘削するもので、その後の覆工も側壁コンクリート、アーチコンクリートと本巻施工による全断面覆工を行うものをいう。

全断面工法は一般に、地質が安定しており、土圧があまり作用しない場合に用いられるものであるが、最も単純でトンネルボーリングマシンやドリルジャンボなどの大型機械を導入して能率的に施工を行うことができるとともに、管理がしやすいため中小断面のトンネル施工に用いられている。

関連用語 全断面覆工、トンネルボーリングマシン（TBM）(*373*)、ドリルジャンボ、中小断面のトンネル施工、半断面工法（*397*)、導坑先進工法（*393*)

30. 大深度地下法

大深度地下法（大深度地下の公共的使用に関する特別措置法）は、公共の利益となる事業による大深度地下の使用に関し、その要件、手続等について特別の措置を講ずることにより、当該事業の円滑な遂行と大深度地下の適正かつ合理的な利用を図ることを目的として定められた法律である。大深度地下法で対象としている事業は、道路事業、河川事業、鉄道事業、電気通信事業、電気事業、ガス事業、水道・下水道事業等としている。

大深度地下法は、首都圏、近畿圏、中部圏の三大都市圏の公共・公益事業者に対し、国土交通相や知事が、通常利用されない深さ40 mを超える地下部分（あるいは支持基盤の最も浅い部分の深さに10 mを加えた深さ）の優先的使用権を認めるもので、民法の所有権が持つ排他的な独占使用権を制限したものである。また土地の所有者に対しても、原則として事前補償を行わず、例外的に事後補償する程度にとどめており、困難な都会地での用地買収交渉の改善や買収費の軽減を図っている。

関連用語 大深度地下、道路事業、河川事業、鉄道事業、電気通信事業、電気事業、ガス事業、水道・下水道事業、三大都市圏、事後補償

31. 立坑

立坑は、坑口以外の部分に作業坑が必要な場合、あるいはシールドトンネルにおける発進立坑、到達立坑、中間立坑等として設置される、鉛直に掘られた坑道をいう。

作業坑としては、立坑以外に勾配によって横坑と斜坑に分けられるが、そのいずれを選ぶかは主として地形、地質によって判断される。立坑は、同じ高低差の場合は斜坑に比べて約1/4程度の延長となり短くなるが、掘進に困難が伴うためできるだけ短い方が望ましい。また、立坑は、湧水に対する適応性がきわめて低いため、事前調査を十分に行い、湧水ができるだけ少ない地点を選定する必要がある。

シールドトンネルにおける立坑は、シールド機の搬入組み立てや発進、セグメントなどの資材や諸機械の搬入、掘削土の排出などに用いられ、シールドの推力やシールド吊込みの荷重等にも十分耐えられるようにしなければならない。また、シールドトンネルと立坑は、坑口において異なる構造が地中で接合することから、接合部における止水性の確保と、地震時には相互に影響を及ぼすことから必要に応じて耐震性の検討が求められる。

関連用語 作業坑、シールドトンネル、発進立坑、到達立坑、中間立坑、横坑、斜坑、セグメント（*386*）、止水性、耐震性

32. 注入工法

注入工法は、軟弱な地山や大量な湧水がある場合、あるいは断層破砕帯などに対して、セメントミルクや薬液を地盤内に注入し、地盤の透水性の減少

や地盤の強度の増加などを図る工法をいう。注入工法は、施工の対象となる地山内の水みちの状況が不明確であり、注入したグラウトがどこに入ってどの程度の強度を有しているのかということがわかりにくいという特徴がある。

注入材料としては、セメントミルク、水ガラス系薬液とセメントを組み合わせたもの、高分子系の薬剤を主剤として助剤を加えたもの、水ガラス系を主剤としたものなどがある。注入方式には、ポンプの圧送方式により、1）すべての材料を注入前に混合して1液とし、1台のポンプで注入する1ショット方式、2）混合するA、Bの2液を別のポンプで圧送し、注入管の口元に取付けたY字管により合流し、管中で混合して注入する1.5ショット方式、3）A、Bの2液を別のポンプで圧送し、注入管から出たところで2液を合流させる2ショット方式、の3通りがある。わが国では、水ガラスの使用と相まって、1.5ショット方式が薬液注入には広く用いられている。

関連用語 セメントミルク、水ガラス系薬液、高分子系薬剤、1ショット方式、1.5ショット方式、2ショット方式

33. 沈埋工法

沈埋工法は、トンネルエレメントを函体（ケーソン）の形で別の場所においてプレハブ方式で製作し、両端を仮隔壁で閉塞して水の浮力を利用して建設現場まで曳航し、所定の位置のトレンチ（溝）に沈めて既設部分と水中結合を行い、埋戻しを行う方法で水底トンネルを建設する工法をいう。

沈埋工法は、次のような特徴を有している。

1）トンネルエレメントは、ドライドックなど地上で築造されるので水密性の優れた確実な施工ができる。

2）大型の断面の施工が可能である。

3）プレハブ形式なので敷設現場の作業時間が短時間でよい。

4）トンネルの位置を将来航路浚渫に支障のない程度で浅くとることができ、アプローチ部の長さを短くできるためトンネル全長を短くすることができる。

5）沈設されるトンネルの水中重量が小さいため、支持力の上では軟弱地盤にも建設が可能である。

6）トンネルエレメント製作と建設現場作業が分離されているために並行作業が可能であり、工期を短縮することができる。

7）すべての作業が、水面上よりの重機械を使った作業や浚渫で済むために施工は容易できわめて安全である。

沈埋工法は、アメリカを中心に発達した円形鋼殻方式と、ヨーロッパを中心に発達したドライドックを用いる矩形鉄筋コンクリート方式に大別される。

関連用語 トンネルエレメント、プレハブ方式、曳航、水底トンネル、ドライドック、円形鋼殻方式、矩形鉄筋コンクリート方式

34. 泥水式シールド工法

泥水式シールド工法は、密閉型シールド工法の1つで、泥水に所定の圧力（泥水圧）を加えて切羽の安定を図るとともに、泥水を循環させることによって掘削土の流体輸送を行う工法である。

泥水式シールド工法は、切羽に作用する土水圧より多少高い泥水圧をかけて切羽の安定を保つが、泥水圧のみではなく泥水性状を選択することによって、より切羽の安定度を増加させることができるため、河海底などの水圧の高い箇所での使用にも適している。圧送ポンプと配管によって地上から切羽まで送配泥しており、切羽は完全に密閉されて安全性は高く施工環境は良い。また、掘進データをチェックすることによって地山に過大な圧力がかかることもなく、地山の押し戻しもないため周辺地盤への影響は少ない。原則的に補助工法は使用しないので、地上からの作業が必要ないという利点は土圧式シールド工法と同じである。

泥水式シールド工法は、沖積の砂礫、砂、シルト、粘土層または互層で地盤の固結がゆるく軟らかい層や含水比が高く切羽が安定しない層、および洪積の砂礫、砂、シルト、粘土層または互層で水が多く、湧水による地盤の崩壊が懸念される層など、広範囲の土質に適合する工法である。しかし、透水性の高い地盤や巨石のある地盤では、泥水の逸泥などにより切羽の安定確保が困難になることがあり、その場合は泥水性状や補助工法の検討が必要になる。

関連用語 密閉型シールド工法、補助工法（*402*）、土圧式シールド工法（*392*）、泥土圧シールド工法（*390*）

35. 泥土圧シールド工法

泥土圧シールド工法は、密閉型シールドの中の土圧式シールド工法の1つ

で、カッタで掘削された土砂に添加物を注入し、泥土圧を発生させることによって切羽の安定を図る工法である。

細粒分が少なく流動性を持たない土質では、水や泥水、添加材等を加えて切羽の土砂を塑性流動化させることによって、切羽の土圧をより良く伝達することができる。泥土圧シールド工法は、沖積の砂礫、砂、シルト、粘土等の固結度が低い軟弱地盤や洪積地盤および硬軟入り混じっている互層地盤など、土質面から最も適用範囲の広い工法である。しかし高水圧地盤では、排土用スクリューコンベアのみでは対応しきれないこともあり、スクリューコンベアの延伸、各種圧力保持用フィーダの装着、圧送ポンプ設備の直結、掘削土の土質性状の改良等を検討する必要がある。

関連用語 密閉型シールド工法、土圧式シールド工法（*392*）、泥水式シールド工法（*390*）、土圧シールド工法（*393*）

36. ディープウェル工法

ディープウェル工法は、掘削部の内側ないし外側に深さ10～30 m程度の深井戸（ディープウェル）を設置して、流入する地下水を水中ポンプ等によって排水する地下水位低下工法で、かま場排水や暗渠排水などとともに重力排水工法に分類される。ディープウェル工法は、水位の低下量が大きいため、掘削深さが深いときや掘削規模が大きい、あるいは掘削延長が長い場合などに用いられ、透水性の良い地盤では特に有効である。反面、設置のコストが高いことや手間がかかるなどの短所がある。

関連用語 かま場排水、暗渠排水、重力排水工法、ウェルポイント工法（*375*）、バキュームディープウェル工法

37. テールクリアランス

テールクリアランスは、シールド工法の施工において、セグメント外面とシールド機のテール内面との空隙のことをいう。テールクリアランスは、セグメント組立て時の余裕、シールドの曲面施工及び蛇行修正時に必要な余裕、ならびにシールドの製作誤差やテールシールの取付け等を考慮して決められるが、20～30 mm程度の値をとることが多い。

シールドの外径は、トンネルの内空断面、セグメントの厚さ、テールクリアランスおよびテールスキンプレートの板厚によって決まる。

シールド外径 $D = d + 2(x + t)$

（d：セグメントリングの外径、x：テールクリアランス、t：テールのスキンプレート厚）

近年ではシールド工法による急曲線の施工が行われることが多くなっているが、このような急曲線での施工においては、シールド掘進機と組立てたセグメントとの接触を防止するためにテールクリアランスの管理が重要とされる。

関連用語 シールド工法（*384*）、セグメント（*386*）、テールシール、スキンプレート

38. テールボイド

テールボイドは、シールドの推進に伴いテールクリアランス、余掘りなどによりセグメントリング外面と地山との間に生ずる空隙のことをいう。

テールボイドに注入材を填充することが裏込め注入である。特に滞水砂礫層などの地山においては、テールボイドからの湧水を防止するために裏込めの即時注入が必要になる。

関連用語 シールド工法（*384*）、テールクリアランス（*391*）、セグメントリング、裏込め注入（*375*）、滞水砂礫層

39. 土圧式シールド工法

土圧式シールド工法は、密閉型シールド工法の1つで、掘削土を泥土化してそれに所定の圧力を与え切羽の安定を図るもので、掘削土を泥土化させるのに必要な添加材の注入装置の有無により、土圧シールドと泥土圧シールドに分けられる。土圧式シールド工法の切羽安定機構は、切羽の土圧および水圧に対抗できるように、カッターチャンバ内に充満させた泥土の圧力を保持しつつ、排土量の調整ができるものでなければならない。これら土圧式シールドは、土圧に対応する土砂の取り込みと掘進が連動できる機構を有しているため、掘進データをチェックすることによって切羽の安定のみならず、周辺地盤への影響を少なくすることができる。

土圧式シールドは、原則的に補助工法が不要なので地上からの作業を行わなくてもよいという利点がある。

関連用語 シールド工法（*384*）、密閉型シールド工法、土圧シールド工法（*393*）、泥土圧シールド工法（*390*）、補助工法（*402*）

40. 土圧シールド工法

土圧シールド工法は、密閉型シールドの中の土圧式シールド工法の1つで、含水比や土砂の粒度組成が適当で、切羽の土砂をそのまま流動化させてカッターチャンバ内およびスクリューコンベア内に充満して、切羽の安定を図れるような土質に適した工法である。

土圧シールド工法は、沖積のシルト、粘土、あるいは砂質シルト等の土質に適合する工法である。

関連用語 密閉型シールド工法、土圧式シールド工法（*392*）、泥土圧シールド工法（*390*）

41. 凍結工法

凍結工法は、地盤改良工法の一種で軟弱地盤や地下湧水の多い地盤を掘削する場合に、地盤を一時的に凍結させて湧水の阻止や掘削面を安定させる仮設工法をいう。凍結工法は、砂質地盤でも粘性土地盤でも適用は可能であるが、一般に工費は高い。また、凍結時あるいは解凍時の地盤の体積や強度変化に対しては、十分な管理が必要である。

地盤を凍結させる方法には、ブラインと呼ばれる塩化カルシウム水溶液などを－20～－30℃に冷却し、それを50～150 cm間隔で地中に設置した凍結管内に循環させて熱交換を行うブライン方式と、液体窒素などの冷媒を地中に吹き付ける、あるいは凍結管内を循環させる液化ガス方式とがある。

凍結工法は、1）軟弱地盤で、薬液注入を施工しても掘削が不可能な箇所、2）杭打ちが困難な場所、3）地下水位低下工法では地下水位が低下しない場所、4）構造物のアンダーピニングが困難な場所、などの現場条件が厳しい箇所でも適用できるため、都市内トンネル工事の補助工法として用いられている。

関連用語 地盤改良工法、仮設工法、間隙水、砂質地盤、粘性土地盤ブライン方式、液化ガス方式、薬液注入、地下水位低下工法、アンダーピニング（*374*）、補助工法（*402*）

42. 導坑先進工法

導坑先進工法は、トンネル掘削において掘削断面をいくつかのブロックに区分し、順次切広げる工法をいう。導坑先進工法は、導坑の位置、切広げ、覆工の順序などによって、①日本式掘削、②新オーストラリア掘削、③底設導坑先進上部半断面工法、④側壁導坑先進上部半断面工法（サイロット工法）などがある。

現在多く使用されている導坑先進工法は、底設導坑先進上部半断面工法で、地質の変化の激しい場合や、不時の出水のおそれのある場合などに適応したものである。この工法の掘削順序は、底設導坑を先進させ、次に上部半断面を掘削し、最後に土平を掘削する。覆工は一般に逆巻きとするが、地質が良好な場合は順巻きとすることもある。底設導坑先進上部半断面工法は、作業箇所が多く大型機械の使用が制限されるなどの欠点があるが、わが国のような地質が悪く変化に富むところでは、最も適用範囲の広い工法である。

関連用語 底設導坑先進上部半断面工法、側壁導坑先進上部半断面工法（サイロット工法）(*380*)、半断面工法（*397*）、全断面工法（*387*）

43. 道路トンネルの換気

自動車の排気ガスには、一酸化炭素や酸化窒素、炭化水素などの有害物質と、視界を妨げる原因となる煤煙がある。道路トンネルの換気では、主にガソリン車から発生する一酸化炭素と主にディーゼル車から発生する煤煙の2つを対象と考えて、これらが許容濃度以下となるように換気設備等の計画をしている。

道路トンネルの換気方式は、空気の流れなどから次図のように分類される。

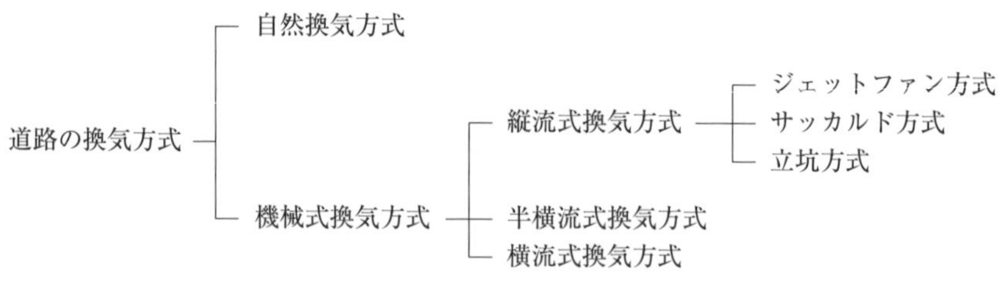

道路トンネルの換気方式

自然換気が可能なトンネルの長さは、およそ300〜400 m程度である。機械式換気方式は、車道空間を空気が流れる方向により①縦流式換気、②半横流式換気、③横流式換気、の3つに大別されるが、それぞれについて一般的なトンネル延長の適用限界は次のとおりである。

①縦流式換気　：概ね1,500 m以下
②半横流式換気：概ね3,000 m以下
③横流式換気　：概ね2,000 m以上

関連用語 一酸化炭素、煤煙、自然換気方式、機械式換気方式、縦流式換気方式（*383*）、半横流式換気方式（*397*）、横流式換気方式（*376*）、ジェットファン方式、サッカルド方式、立坑方式

44. 道路トンネルの線形

道路トンネルの平面線形は、走行上の安全性から十分な視距が得られることが必要であることから直線が最も良く、ついでトンネル断面の拡幅を必要としない大半径の曲線が良い。道路構造令では、道路トンネルの平面線形について『道路トンネルの平面線形は、直線あるいは大半径の曲線を用いることが望ましい。』としている。

一方、道路トンネルの縦断勾配は、建設時の作業能率とともに供用後における安全性や速度低下に伴う交通容量の減少、排気ガスによるトンネル内の汚染に対する換気等の理由から、湧水などの排水を妨げない程度に、できるだけゆるくするとともに、施工時や供用後における漏水や湧水の自然流下に必要な勾配が必要である。道路構造令では道路トンネルの縦断勾配について『縦断勾配は、排水を妨げないように最少0.3%以上とし、また換気上の問題などから3%程度以下とすることが望ましい。ただし延長が短い等特殊な場合はこの限りではない。』と規定している。

関連用語 平面線形（*339*）、視距（*318*）、断面の拡幅、縦断勾配（*322*）、作業能率、安全性、交通容量（*317*）、換気

45. 道路トンネルの断面

山岳工法の道路トンネルでは、土圧などの荷重に対して軸力が無理なく伝達され、曲げモーメントなどができるだけ生じないように、三心円あるいは五心円からなる馬てい形が用いられている。断面は、地質が良好な場合はアーチと側壁を組み合わせた形状とし、地質が不良な場合あるいは偏圧を受ける場合にはインバートを設けて閉塞する。さらに、土圧や水圧が大きい場合は円形に近い断面形状としている。

道路構造令では道路トンネルの断面について『内空断面は、所定の建築限

界及び換気、照明、非常用施設、維持修繕などに必要な断面積を包含し、トンネルの安全性と経済性を考慮した断面形状と寸法にする。山岳工法のトンネルでは、通常、三心円あるいは五心円からなる馬てい形が用いられる。設計に際し、トンネル部での渋滞の原因となるボトルネックが生じないよう、坑口形状や照明施設等の工夫を行なうことが必要である。』と規定している。

関連用語 山岳工法、三心円、五心円、馬てい形、アーチ、側壁、インバート（*374*）、建築限界（*316, 353*）、換気、照明、非常用施設、ボトルネック

46. 二次応力（二次地圧）

二次応力（地圧）は、トンネルの掘削によってトンネル周辺の地山の応力状態に変化が起こり、変形や破壊が起こって生ずる応力をいう。これに対して一次応力（地圧）は、トンネルの掘削に関係なく、地山の内部に作用している応力であり、地山の自重やしゅう曲、地すべりなどによる応力のことをいう。トンネル掘削にあたって問題となる応力は、ほとんどが二次応力であり、他に水圧や地震力などがある。

二次応力状態は、トンネル周辺の応力が弾性限界内にある場合と、掘削後に破壊が生じてトンネル周辺地山に塑性領域が発生する場合の2つに分類される。

関連用語 一次応力（地圧）、しゅう曲、地すべり、水圧、地震力、弾性限界、塑性領域

47. パイプルーフ工法

パイプルーフ工法は、トンネル掘削に先立って掘削断面外周に沿って、ある一定の間隔あるいは連続してパイプ（鋼管）を圧入し、トンネル形状に合わせてルーフ（屋根）をつくり、これにより上部荷重を支持しかつ土留め矢板も兼用するような構造として、これを支保工で支持する工法をいう。

鋼管圧入の方法には、圧入式と回転圧入式とがあり、設置完了の鋼管内にはモルタルを注入して剛性を高め、鋼管外周にもモルタルや薬液注入によって地山強度を高めてから掘削を行う。

パイプルーフ工法は、土かぶりが浅く、地上に構造物が存在する場合、あるいは地下埋設物や地中構造物に近接、あるいは直下を通過するような場合に、地表面沈下防止、切羽崩壊による地上への影響防止を目的として使われ

る。

関連用語 鋼管圧入、薬液注入、近接施工、地表面沈下防止、切羽崩壊防止

48. 半横流式換気方式

半横流式換気方式は、道路トンネルにおける機械式換気方式の1つで、送排気ダクトのいずれか一方を省略したもので、換気流はダクトあるいは車道を通して給排気する換気方式をいう。横流式換気方式が同一断面内で送排気するのに対し、送気または排気のみがトンネル軸方向に対し見かけ上直角方向となるためにこの名称がつけられている。

半横流式換気方式には、送気型、排気型、送排気を使い分ける組合せ型などが考えられるが、一般にはトンネル天井部を送気ダクトに利用した送気型が多い。半横流式換気方式は、横流式換気方式に比べて設備費や動力費は少なくてすむが、交通風や自然風の影響を受けやすく適用延長には限界がある。

関連用語 道路トンネル、機械式換気方式、送気型、排気型、組合せ型、縦流式換気方式（*383*）、横流式換気方式（*376*）

49. 半断面工法（上部半断面先進工法）

半断面工法（上部半断面先進工法）は、トンネル掘削工法の1つで、地質が全断面の掘削に適さないために、トンネル断面を上下に二分し、上部半断面と下部半断面を分離施工する方式をいう。

上部半断面先進工法の施工は、まず上半を掘削しアーチコンクリートを全延長施工し、その後再び坑口より大背、土平を掘削して逆巻工法で側壁コンクリートを打設するという順序で行う。

この工法は、上部半断面掘削時に使用した機械を下部半断面に使用できるが、工期を2倍要するためにトンネル施工延長に制限を受けることから、湧水が少なく地質が比較的良好な短小トンネルに用いられている。

関連用語 大背、土平、逆巻工法、導坑先進工法（*393*）、全断面工法（*387*）

50. 吹付けコンクリート

吹付けコンクリートは、掘削完了後、ただちに地山にコンクリートを面的に密着するように施工でき、掘削断面の大きさや形状に左右されずに容易に施工できることから、一般的に用いられる支保部材のひとつである。吹付け

コンクリートは、セメント、細骨材、粗骨材、急結材、水などの材料を圧送し、吹付け機械のノズルから圧縮空気により高速噴射することによって地山と密着させて支持しようとするものである。

吹付けコンクリートは、掘削直後に掘削面にコンクリートを吹付けて密着させることにより、掘削に伴って生じる地山の変形や外力による圧縮せん断等に抵抗し、かつ表面の凹凸を平滑に仕上げることによって応力集中による地山のクラックの発達を防ぐとともに、風化を防止して掘削面の安定を図るという役割を有している。

吹付けコンクリートの強度については、掘削後ただちに施工し地山を保持するための初期強度、施工中に切羽近傍でのトンネルの安定性を確保するための早期強度、長期にわたり地山を支持する長期強度が必要で、できるだけ初期強度が確保されるように配慮する必要がある。そのため、一般に急結剤を用いるが、多量の急結剤の使用は長期強度の低下を招くこともあるので注意が必要となる。

吹付けコンクリートの設計厚は、これまでの施工実績から、最低でも平均的な厚さで5 cm以上は必要であると考えられているが、吹付けコンクリートをいたずらに厚くしても意味がないため、最大でも25 cm程度とする場合が多い。

関連用語 支保部材、急結剤（*57*）、吹付けコンクリートの強度、吹付けコンクリートの設計厚

51. 覆工

覆工は、トンネル掘削後に地山に接してつくられるアーチ、側壁、インバート部を総称したトンネル内壁の部材をいう。覆工は、周辺地山の土圧や水圧等の荷重に耐え、所定のトンネル内空を確保するとともに、トンネルの使用目的および施工条件に応じた役割、機能を有する安全かつ堅固な構造物とする必要がある。

覆工の力学的特性については、掘削後、支保工により地山の変形が収束した後に覆工を施工することを標準としているので、覆工には外力が作用しないことを基本とするが、以下のような想定しない外力に対して余力を保持する必要がある。

(1) 覆工を施工した後、水圧、上載荷重等によって外力が作用した場合、

これを支持する。

(2) 地質の不均一性、支保工の品質のばらつき、ロックボルトの腐食等の不確定要素を考慮し、構造物としての安全率を増加させる。

(3) 使用開始後の外力の変化や地山・支保工材料の劣化に対し、構造物としての耐久性を向上させる。ただし、将来的に覆工に作用する荷重の影響が大きいと考えられる場合には、覆工の耐荷力を評価し、適切な対策を講じなければならない。

覆工は、鋼製支保工または吹付けコンクリート等で地山を支持した後に、切羽から施工上必要な間隔をおいて施工を進めていくが、地山のゆるみを最小限として土圧の増大を防止するためには、できるだけ切羽に接近して掘削後の早い時期に覆工の施工を行うのが原則である。なお、施工時荷重や地震の影響など一時的な荷重に対しては、覆工の許容応力度を割り増しすることができる。

関連用語 アーチ、側壁、インバート（*374*）、支保工（*382, 421*）、ロックボルト、鋼製支保工（*379*）、吹付けコンクリート（*397*）、切羽、セグメント（*386*）

52. 覆工コンクリート

覆工に用いられる覆工コンクリートは、覆工と地山を密着させ主働土圧を均等に分布させるとともに受働土圧を有効に働かせるために、余掘りのすみずみまでコンクリートがよくいきわたり、空隙をできるだけ充填できるようスランプの大きいワーカブルな配合とする必要がある。

覆工コンクリートは、一般に設計基準強度18 N/mm^{2}程度のものが使用され、設計スランプは打設機械や打設方法にもよるが、通常アーチコンクリート（ポンプ打設）で15 cm程度、インバートコンクリート（ポンプ打設）で8 cm程度としている。

覆工コンクリートの打込み方式は、大別してアーチ部の覆工を行った後に側壁部を施工する逆巻工法と、側壁部の後にアーチ部の施工を行う本巻工法がある。1回に打設する長さは、コンクリートの硬化収縮によるひび割れが生じない程度の長さで、かつ連続して打設できる長さとする。なお、側壁の施工の際に逆巻工法ではアーチを沈下させ、亀裂を発生させることがあるので注意が必要である。覆工コンクリートは、打設速度が早いため特に型枠に偏圧がかからないよう、パイプ先端部を操作して左右対称に打ちあがるようにする必要がある。

関連用語　覆工（*398*）、主働土圧（*27*）、受働土圧（*27*）、スランプ（*86*）、設計基準強度（*87*）、逆巻工法、本巻工法

53. ブーム式掘削機

ブーム式掘削機は、全断面掘削式と自由断面掘削式の2つのトンネル掘削方式のうち、自由断面掘削式に用いる掘削機械のことをいう。ブーム式掘削機は、軟岩から固結度の低い地山の掘削に適し、機体前方のブーム先端に多数のビットが取り付けられたカッタヘッドを、回転させながら岩盤に押付けて掘削するものである。

ブーム式掘削機は、ブームの機構により、旋回アーム型、自在アーム型、多連ジブ型、リッパーデッパ型などに分類される。自由断面掘削式機械は、採炭用機械として発達してきたものであるが、全断面掘削式機械に比べて小型で、地質条件やトンネル断面形状に対して融通性があるため、多く用いられている。

関連用語　全断面掘削式、自由断面掘削式、軟岩、固結度の低い地山、TBM（*373*）

54. ベンチカット工法

ベンチカット工法は、一般に上部半断面（上半）を進めながら、下部半断面（下半）を掘削するというように上部と下部を2分割して併進させるトンネル工法をいう。

地山条件が悪い場合には、断面の早期閉合による切羽の安定を図る必要があるので、可能な限り短いベンチ長にする。ベンチカット工法には、ベンチ長によってロングベンチカット工法、ショートベンチカット工法、ミニベンチカット工法に分けられる。

(1) ロングベンチカット工法（ベンチ長＞$5D$）：全断面では施工が困難であるが、比較的安定した地山に用いられる。上半と下半を交互に掘削する交互掘進方式の場合、機械設備・作業員が少なくてすむというメリットがあるが、工期がかかるというデメリットがある。

(2) ショートベンチカット工法（D＜ベンチ長≦$5D$）：土砂地山、膨張性地山から中硬岩地山まで適用できる工法で最も基本的かつ一般的なベンチカット工法である。地山の変化に対応しやすい反面、同時併進の場合

には上・下半の作業時間サイクルのバランスがとりにくいという特徴がある。

(3) ミニベンチカット工法（ベンチ長＜D）：ショートベンチカット工法の場合よりもさらに内空変位を抑制する必要がある場合、あるいは膨張性地山等で早期の閉合を必要とする場合に用いられる。インバートの早期閉合がしやすい反面、上半施工用の架台が必要となる、上半部の掘削に用いる施工機械が限定されやすいなどの欠点がある。

また、3段以上に分割する工法は、多段ベンチカット工法と呼び、縦長の大断面トンネルで比較的良好な地山に適用されることが多い。さらに、全断面では施工が困難であるが比較的安定した地山、あるいは全断面施工中に施工が困難になった場合、良好な地山が多いが部分的に不良地山が挟在する場合には、ベンチ長を2～4 m程度とすることがあるが、この掘削工法は、補助ベンチ付全断面工法と呼んでいる。

関連用語 ベンチ、ロングベンチカット工法、ショートベンチカット工法、ミニベンチカット工法、膨張性地山（*401*）、インバート（*374*）、多段ベンチカット工法、補助ベンチ付全断面工法

55. 膨張性地山

膨張性地山は、山岳トンネルの掘削にあたってトンネル内空を縮小するように、はらみだしてくる地山をいう。膨張性地盤ともいう。

地山が膨張性を示す原因としては、1）軟岩や変質岩などに含まれる粘土鉱物が吸水して膨張性を示す吸水膨張、2）地山が外気に触れて風化現象を起こし、岩の崩壊に伴って膨張性を示す風化膨張、3）地山が有していた内部応力がトンネルの掘削によって開放され、地山の強度が不十分な場合にトンネルに対して膨張性土圧として現れる潜在応力の開放による膨張、の3つが考えられている。

関連用語 膨張性地盤、吸水膨張、風化膨張、潜在応力の開放による膨張、膨張性土圧（*401*）、押出し性地山

56. 膨張性土圧

膨張性地山のトンネルでは、トンネルの掘削に伴い坑壁が徐々に内空側に押出されてくることがある。真の土圧（掘削前の一次応力状態が掘削により

バランスを崩し、二次応力状態に移行する間に作用する弾塑性的荷重）に基づく変形は、切羽が断面直径の2倍程度進むと一般に収れんするが、膨張圧による変形の収れんには長時間を要する。

膨張性土圧の場合は、ゆるみ土圧と違ってトンネルの形状寸法は土圧の大きさにあまり影響を与えないといわれているが、土かぶり等による地山応力の影響が大きいのが特徴である。

膨張性地山に対する具体的な施工上の対策には、次のようなものがある。

1）トンネルの断面形状を馬蹄形、円形とする。

2）掘削は分割掘削として、側壁導坑先進工法やショートベンチカット工法を用いる。

3）鋼製支保工に大寸法のH形鋼やモルタル詰め鋼管支保工などを使い、建込み間隔を小さくする。

4）覆工コンクリートを多重巻きにして早期に裏込め注入を施工する。

これらの対策以外に、膨張性地山に対してはNATMが有効である。

関連用語　真の土圧、一次応力状態、二次応力状態、ゆるみ土圧（*404*）、側壁導坑先進工法、ショートベンチカット工法、鋼製支保工（*379*）、鋼管支保工、NATM（*372*）

57. 補助工法

補助工法は、切羽の安定性やトンネルの安全性の確保並びに周辺環境の保全のために適用される、補助的または特殊な工法をいい、その目的に応じて切羽安定対策、湧水対策、地表面沈下対策、近接構造物対策に分類される。

トンネルを掘削する場合、地山条件によって安定が得られない場合には、掘削断面を分割する方法などがあるが、できるだけ断面の小分割を避けて大きな断面で施工する方が合理的な場合も多く、切羽や天端の安定を高めるための補助工法が使用されている。また、都市部に山岳トンネル工法で施工する場合には、周辺環境条件などにより補助工法が多用されている。

道路トンネル技術基準では、代表的な補助工法について、その目的と対象地山との適応性について次ページの表を示している。

なお、道路トンネル技術基準では、補助工法を『補助工法とは、トンネルの切羽および天端等の安定のために、通常の設備・人員編成を大幅に変更することなく掘削のサイクルの中で施工する補助的な工法のことをいう。』と定義している。

補助工法の目的と適応性

目的と適用地山 工法		補助工法の目的						適用地山条件		
		天端の安定対策	鏡面の安定対策	脚部の安定対策	湧水対策	地表面沈下対策	近接構造物対策	硬岩	軟岩	土砂
先受工	フォアポーリング	◎	○				○	○	◎	◎
	注入式フォアポーリング	◎	○			○	○	○	◎	◎
	長尺鋼管フォアパイリング	○	○			○	○		○	◎
	パイプルーフ	○	○			◎	○		○	○
	水平ジェットグラウト	○	○	○		○	○			○
	プレライニング	○	○			○	○		○	○
鏡面の補強	鏡吹付けコンクリート		◎					○	◎	◎
	鏡ボルト		◎					○	○	○
脚部の補強	支保工脚部の拡幅			◎		◎			○	○
	仮インバート			○		○			○	○
	脚部補強ボルト・パイル			○		○			○	○
	脚部改良			○		○				○
湧水対策	水抜きボーリング	○	○		◎			◎	◎	◎
	ウェルポイント	○	○		○					○
	ディープウェル	○	○		○					○
地山補強	垂直縫地工法	○	○			○		○	○	○

◎：比較的良く用いられる工法、○：場合によって用いられる工法

関連用語 切羽安定対策、湧水対策、地表面沈下対策、近接構造物対策、山岳トンネル工法、フォアポーリング、注入式フォアポーリング、長尺鋼管フォアパイリング、パイプルーフ、水平ジェットグラウト、プレライニング、鏡吹付けコンクリート、鏡ボルト、支保工脚部の拡幅、仮インバート、脚部補強ボルト・パイル、脚部改良、水抜きボーリング、ウェルポイント工法（*375*）、ディープウェル工法（*391*）、垂直縫地工法、道路トンネル技術基準

58. 未固結地山

未固結地山は、新第三紀以降に堆積した洪積層や一部沖積層を形成する未固結ないし固結度の低い砂質土や礫質土並びに火山灰、火山礫、軽石等の

未固結な火山噴出物等をいう。未固結地山が含水すると、トンネルの掘削において切羽の流出や崩壊、土かぶりが小さい場合の地表面沈下や陥没、大量湧水などの問題が生じやすい。

関連用語　洪積層、沖積層

59. ゆるみ土圧

ゆるみ土圧は、トンネル掘削に伴う発破や支保工の沈下、覆工裏の空隙などによりトンネル上方の地山がゆるんで、支保工または覆工にある高さ相当の地山重量として直接作用してくる荷重をいう。

一般に土かぶりの小さいトンネルにおいては、土かぶり深さの影響を考慮する考え方でゆるみ土圧を計算し、土かぶりの大きいトンネルの場合は、トンネル上方の乱されない地山内にグランドアーチが発生し、これが土かぶり荷重を受持ち、トンネルにはゆるんだ地山荷重だけが作用するという考え方で土圧を計算している。

関連用語　支保工（*382, 421*）、覆工（*398*）、土かぶり、グランドアーチ、真の土圧、膨張性土圧（*401*）

60. （トンネル）余掘り

余掘りは、トンネルの設計掘削断面より外に向かって余分に生ずる掘削量をいう。余掘りはトンネル工事費の節約のためにも、できるだけ少なくしなければならないが、余掘り量は地質、掘削工法、穿孔方法、穿孔数、穿孔長、爆薬使用量、施工技量などによって異なり、一般には15～20 cm程度である。一般に、凝灰岩、片岩、粘板岩などは余掘りが少なく、花崗岩系統は多く、砂岩や礫岩などがその中間である。

余掘りの減少対策としては、掘削断面の外周に沿って二重に孔を掘る方法や、最外周孔の間隔を一般の場合より小さくし、ダイナマイトは動的効果の少ないものを、装薬長を長くして用いるスムースブラスチング工法などが用いられている。

関連用語　余掘り量、凝灰岩、片岩、粘板岩、花崗岩、砂岩、礫岩、スムースブラスチング工法

61. ロックボルト工

ロックボルト工は、ロックボルトという鋼製のロッドをトンネル周辺の岩盤自体に挿入して締付けることにより、トンネル周辺に地山のアーチを形成して岩盤の内部強度を高め、アンカー領域内にある岩盤のゆるみの発生及び進行を積極的に阻止しようとする支保工をいう。

ロックボルト工は、他の支保工に比べて次のような特徴を持っている。

①取扱いが簡単で施工性に富む

②トンネル内の作業空間を広くとることができる

③トンネルの断面形状の変化に対して適応性が高い

④荷重の変化に対して、増打ちやボルト長の変更により対処ができる

⑤使用材料が少なく経済的である

ロックボルトは、トンネル壁面から地山内部に穿孔された孔のほぼ中心に定置された鋼棒等の芯材、芯材を孔の周囲の地山と一体化するための定着材、および頭部で芯材と吹付けコンクリート等とを一体化するためのプレートとナットから構成される複合部材である。ロックボルトの支保機能は、亀裂の発達した中硬岩や硬岩地山では、主に亀裂面に平行な方向あるいは直角な方向の相対変位を抑制すること、また、軟岩や土砂地山では、主にトンネル半径方向に生ずるトンネル壁面と地山内部との相対変位を抑制することにある。

ロックボルト工は、硬岩のみならず軟岩に対しても効果があり、鋼製支保工や吹付けコンクリートと合わせて用いられることが多い。

ロックボルトの作用効果は、1）地山の補強効果、2）内圧効果、3）吹付け支持効果、の3つに分けられ、このうち地山の補強効果としては、①吊下げ効果、②縫付け効果、③地山物性改良効果に分類されている。吊下げ効果および縫付け効果は、亀裂の発達した中硬岩や硬岩地山の場合に、亀裂によって区切られた不安定な岩塊を深部の地山と一体化し、その剥落や抜落ちを抑止する効果をいう。地山物性改良効果は、中硬岩や硬岩地山の場合に、亀裂に交差してロックボルトを打設すると、亀裂面のせん断強度が向上して見かけの物性改良効果が期待できるというものである。さらに強度の小さい軟岩地山や土砂地山の場合においても、ロックボルトの打設によって地山のせん断抵抗が向上して降伏後の残留強度も向上し、見かけの物性改良効果が期待できる。内圧効果は、軟岩地山や土砂地山の場合に、ロックボルトに発生す

る軸力が吹付けコンクリートを介して坑壁に作用することで見かけの内圧効果が発揮され、トンネルの周辺地山の塑性化とその拡大の抑制が期待できるというものである。一方、ロックボルト打設間隔よりも小さく、地山から分離した岩片は吹付けコンクリートで支持されていて、吹付けコンクリートは地山との付着によって荷重を支持するが、吹付けコンクリートと地山の付着が損なわれた場合には、ロックボルトが吹付けコンクリートを地山に縫付けることによって荷重を支持することが期待できる。これを吹付け支持効果と呼んでいる。

ロックボルト工と吹付けコンクリートを主たる支保部材としたものが、山岳トンネルの標準工法であるNATM工法である。

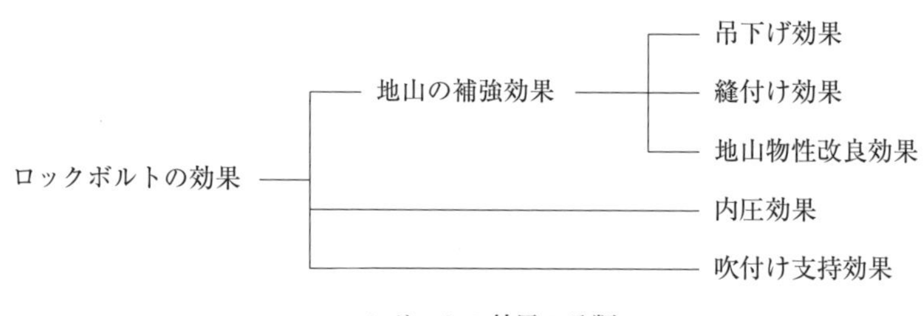

ロックボルトの効果の分類

関連用語 ロックボルト、地山のアーチ、支保工（*382, 421*）、引張抵抗機能、せん断抵抗機能、鋼製支保工（*379*）、吹付けコンクリート（*397*）、地山の補強効果、内圧効果、吹付け支持効果、吊下げ効果、縫付け効果、地山物性改良効果、山岳トンネル標準工法（*381*）、NATM（*372*）

第10章　施工計画、施工設備及び積算

1. EPS (Expanded Poly-Styrol) 工法
2. RCD (Roller Compacted Dam-concrete) 工法
3. VE
4. 足場からの墜落災害の防止
5. アースドリル工法
6. 請負工事費の構成
7. 打込み杭の高止り
8. オールケーシング工法
9. 仮設構造物
10. 架設通路の墜落防止措置
11. 間接工事費
12. ガントチャート
13. 強度率
14. 曲線式工程表
15. 杭基礎工
16. 掘削土工機械の作業量
17. 計画の届出
18. ケーソン病
19. 公共工事の入札及び契約の適正化の促進に関する法律
20. 工事原価
21. コンストラクション・マネジメント
22. 再生資源利用促進計画
23. 作業可能日数
24. 酸素欠乏
25. 地盤改良工
26. 支保工
27. 締切工
28. 斜線式工程表
29. 車両系建設機械の主たる用途以外の使用
30. 深礎工法
31. 静的破砕工法
32. 性能規定
33. 施工計画
34. 施工体制台帳
35. 総合評価落札方式
36. 玉掛けの業務の資格
37. 直接工事費
38. 出来形管理
39. 出来高累計曲線 (Sカーブ)
40. デザインビルド
41. 手掘りによる地山掘削作業
42. 特定建設業者
43. 特定建設作業
44. 度数率
45. 土留め工 (山止工・山留工)
46. ニューマチックケーソン工法 (空気ケーソン工法)
47. ネットワーク式工程表
48. 排水工
49. バーチカルドレーン工法
50. バナナ曲線
51. 盤ぶくれ
52. 盛土式仮締切り工法
53. 横線式工程表 (バーチャート)
54. ライフサイクルコスト
55. 利益図表
56. リバースサーキュレーション工法
57. リモートセンシング
58. 労働災害の届出
59. ワイヤーソー工法

1. EPS（Expanded Poly−Styrol）工法

EPS（Expanded Poly−Styrol）工法は、高分子材の大型発泡スチロールブロックを盛土材料や裏込め材料として積み重ねて用いる工法であり、材料の超軽量性、耐圧縮性、耐水性及び自立性を有効に利用する工法である。

EPS工法は、EPSブロックの材料特性を生かして、軟弱地盤上の盛土や急傾斜地の盛土、構造物の裏込、直立壁、盛土の拡幅などの荷重軽減および土圧低減をはかる必要のあるところに適用されている。

関連用語 発泡スチロールブロック、盛土材料、裏込め材料、荷重軽減、土圧低減

2. RCD（Roller Compacted Dam−concrete）工法

RCD（Roller Compacted Dam−concrete）工法は、セメント量を減じたノースランプの超硬練りコンクリートをダンプトラック等で運搬し、ブルドーザで敷き均し、振動ローラーで締固めるコンクリートダムの施工法である。

RCD工法はわが国で開発されたものであり、近年は中・大規模コンクリートダムの主流の施工法となっている。RCD工法は、全面レアー打設のため打設面に段差が生じず、従来のケーブルクレーン等によるブロック打設工法に比べ、大幅に工期の短縮と経費の節減が可能である。

関連用語 ノースランプ、振動ローラー、コンクリートダム、全面レアー打設、ブロック打設工法

3. VE

VE（バリューエンジニアリング）は、最低のライフサイクルコストで必要な機能を確実に達成するために、製品やサービス（目的物、施工方法、維持管理など）の機能的研究に注ぐ組織的な努力をいう。すなわちVEは、目的物の機能を低下させずにコストを下げる、あるいは同等のコストで機能を向上させるための技術といえる。

建設工事におけるVEは、実施する段階に応じて、設計VE、入札時VE及び契約後VEに分類できる。VEは、計画や設計の段階から施工段階に至る公共工事のどの段階でも行うことのできるものであり、新技術や専門的な施工技術を要する工事などで大きな効果が期待できる。

関連用語 ライフサイクルコスト（*441*）、コスト低下、機能向上、設計VE、入札時VE、契約後VE

4. 足場からの墜落災害の防止

足場からの墜落災害の防止については、労働安全衛生規則の563条で、原則として次のように定めている。

事業者は、足場（一側足場を除く）における高さ2メートル以上の作業場所には、次に定めるところにより、作業床を設けなければならない。

1. 床材は、支点間隔及び作業時の荷重に応じて計算した曲げ応力の値が、次の表の上欄に掲げる木材の種類に応じ、それぞれ同表の下欄に掲げる許容曲げ応力の値を超えないこと。

木材の種類	許容曲げ応力（単位　ニュートン毎平方センチメートル）
あかまつ、くろまつ、からまつ、ひば、ひのき、つが、べいまつ又はべいひ	1,320
すぎ、もみ、えぞまつ、とどまつ、べいすぎ又はべいつが	1,030
かし	1,910
くり、なら、ぶな又はけやき	1,470
アピトン又はカポールをフェノール樹脂により接着した合板	1,620

2. つり足場の場合を除き、幅、床材間の隙間及び床材と建地との隙間は、次に定めるところによること。

イ．幅は、40センチメートル以上とすること。

ロ．床材間の隙間は、3センチメートル以下とすること。

ハ．床材と建地との隙間は、12センチメートル未満とすること。

3. 墜落により労働者に危険を及ぼすおそれのある箇所には、次に掲げる足場の種類に応じて、それぞれ次に掲げる設備（丈夫な構造の設備であって、たわみが生ずるおそれがなく、かつ、著しい損傷、変形又は腐食がないものに限る。）を設けること。

イ．わく組足場（妻面に係る部分を除く。ロにおいて同じ。）……次のいずれかの設備

(1) 交さ筋かい及び高さ15センチメートル以上40センチメートル以下の桟若しくは高さ15センチメートル以上の幅木又はこれらと同等以上の機能を有する設備

(2) 手すりわく

ロ．わく組足場以外の足場……手すり等及び中桟等

4. 腕木、布、はり、脚立（きゃたつ）その他作業床の支持物は、これにかかる荷重によって破壊するおそれのないものを使用すること。

5. つり足場の場合を除き、床材は、転位し、又は脱落しないように2以上の支持物に取り付けること。

6. 作業のため物体が落下することにより、労働者に危険を及ぼすおそれのあるときは、高さ10センチメートル以上の幅木、メッシュシート若しくは防網又はこれらと同等以上の機能を有する設備を設けること。

なお、労働安全衛生規則の565条では、足場の組立て等作業主任者の選任に関して、つり足場、張出し足場又は高さが5メートル以上の構造の足場の組立て、解体又は変更の作業については、足場の組立て等作業主任者技能講習を修了した者のうちから、足場の組立て等作業主任者を選任しなければならないとしている。また、労働安全衛生規則36条40号には「高さが2 m以上の箇所であって作業床を設けることが困難なところにおいて、昇降器具を用いて、労働者が当該昇降器具により身体を保持しつつ行う作業（40度未満の斜面における作業を除く。）に係る業務を行う労働者」について、ならびに同41号には「高さが2 m以上の箇所であって作業床を設けることが困難なところにおいて、墜落制止用器具のうちフルハーネス型のものを用いる作業に係る業務（ロープ高所作業に係る業務を除く。）を行う労働者」について、いずれも安全衛生特別教育を受けなければならない、としている。

関連用語　労働安全衛生規則、作業床、わく組足場、手すり、幅木、足場の組立て等作業主任者、安全衛生特別教育

5. アースドリル工法

アースドリル工法は、場所打ち杭の機械掘削工法の1つで、原則として孔壁防護は行わず、素掘りで回転バケットにより掘削する工法をいう。孔壁保護を必要とする場合には泥水を用いて地表面付近は3 m程度のケーシングを使用することが多い。アースドリル工法による杭径は一般に0.8～1.2 m程度で、深さはステムなしで27 m程度が限界である。

アースドリル工法は、地下水のない粘性土に最適な工法で、砂層や砂礫層ではケーシングチューブあるいは人工泥水などを必要とする。なお、砂利や

礫層で粒径が5 cm以上の場合はアースドリル工法による掘削は困難である。

関連用語 場所打ち杭、機械掘削、オールケーシング工法（*411*）、リバースサーキュレーション工法（*442*）、深礎工法（*424*）

6. 請負工事費の構成

請負工事費の構成は、各機関や工種によって多少の違いがあるが、一般には次図のような構成となっている。

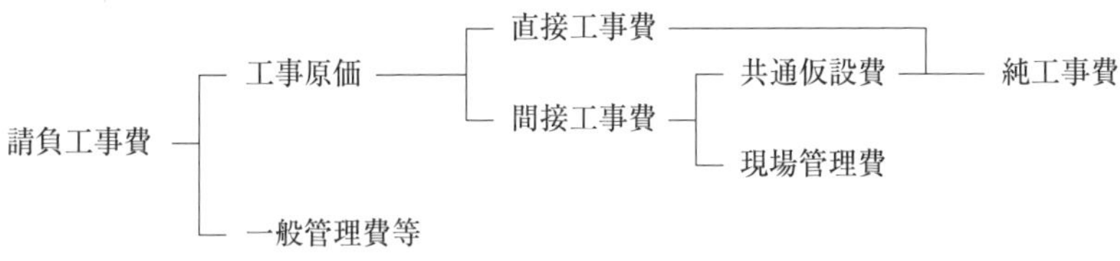

請負工事費の構成

関連用語 工事原価（*417*）、一般管理費、間接工事費（*413*）、直接工事費（*428*）、共通仮設費、現場管理費

7. 打込み杭の高止り

高止りは、打込み杭の施工において、施工の不手際や杭の打設に伴う地盤の締固まりなどにより、所定の打止め深さに達する前に杭が打込めなくなることをいう。

高止りや打込み困難の対策としては、1）杭先端へフリクションカットを取付ける、2）プレボーリングにより地盤をゆるめる、3）打込み順序を中心より外側へとする、4）杭を補強して大型のハンマを使用する、5）杭種を変更する、などがある。

関連用語 フリクションカット、プレボーリング

8. オールケーシング工法

オールケーシング工法は、場所打ち杭の機械掘削工法の1つで、原則として掘削に先立ってケーシングチューブを揺動貫入して孔壁を防護し、ハンマーグラブバケットにより掘削する工法をいう。ベノト工法とも呼ばれている。オールケーシング工法による杭径は一般に0.8～2.0 m程度で、深さは40 m程度が限界である。

オールケーシング工法は、地下水位以下の砂層ではケーシングチューブが砂締めされてケーシング操作が困難となる場合がある。また、転石や粒径が20 cm以上の玉石層の施工や、狭隘な場所での施工も困難である。

関連用語　場所打ち杭、機械掘削、ベノト工法、アースドリル工法（*410*）、リバースサーキュレーション工法（*442*）、深礎工法（*424*）

9. 仮設構造物

仮設構造物は、本体施工に伴い一時的に必要となる構造物をいう。仮設構造物には、仮締切りや土留め工あるいは型枠支保工、足場工などのように直接本体工事に使われるものと、工事用道路や仮設桟橋、給排水設備などのように本体工事に共通するものとがある。

一般に仮設構造物は使用期間も短く、作用荷重も限られる場合が多いために、本体構造物に比べて小さな安全率が適用される傾向にある。また、支保工や仮設桟橋などの部材については、許容応力度ばかりではなく、たわみの規制面からの検討も必要となる。工事用の仮橋では、桁の支間長が5～6 mの場合は、活荷重としてT荷重で設計することができる。

仮設構造物は、一時的な構造物ではあるが、一部分の強度不足、施工ミスでも全体の崩壊につながり、重大な事故となる場合がある。そのため、仮設構造物についても安全管理に関するリスクマネジメントが必要になる。

関連用語　仮締切り、土留め工（*433*）、型枠支保工、足場工、工事用道路、仮設桟橋、給排水設備、安全率、たわみ、活荷重（*54*）、T荷重、安全管理に関するリスクマネジメント

10. 架設通路の墜落防止措置

事業者が行う「架設通路」の墜落防止措置について、労働安全衛生規則552条では次のように定めている。

事業者は、架設通路については、次に定めるところに適合したものでなければ使用してはならない。

1　丈夫な構造とすること。

2　勾配は、30度以下とすること。ただし、階段を設けたもの又は高さが2メートル未満で丈夫な手掛を設けたものはこの限りでない。

3　勾配が15度を超えるものには、踏桟その他の滑止めを設けること。

4　墜落の危険のある箇所には、次に掲げる設備（丈夫な構造の設備であって、たわみが生ずるおそれがなく、かつ、著しい損傷、変形又は腐食がないものに限る。）を設けること。

イ　高さ85 cm以上の手すり又はこれと同等以上の機能を有する設備

ロ　高さ35 cm以上50 cm以下の桟又はこれと同等以上の機能を有する設備

5　立坑内の架設通路でその長さが15 m以上であるものは、10 m以内ごとに踊場を設けること。

6　建設工事に使用する高さ8 m以上の登り桟橋には、7 m以内ごとに踊場を設けること。

関連用語　勾配、踏桟、手すり、桟、立坑（*388*）、登り桟橋

11. 間接工事費

間接工事費は、請負工事費を構成する各費目のうち、各部門共通の直接工事費以外の工事費および経費をいう。

一般に間接工事費は、共通仮設費と現場管理費に分けられ、共通仮設費には、1）運搬費、2）準備費、3）仮設費、4）安全費、5）役務費、6）技術管理費、7）営繕費、などからなり、現場管理費は、工事の施工にあたって工事を管理するために必要な共通仮設費以外の経費で、1）労務管理費、2）租税公課、3）地代家賃、4）保険料、5）従業員給料手当、6）退職金、7）法定福利費、8）福利厚生費、9）事務用品費、10）通信交通費、11）交際費、12）補償費、などからなる。

間接工事費は、直接工事費とともに工事原価を構成するものである。

関連用語　直接工事費（*428*）、共通仮設費、現場管理費、工事原価（*417*）、請負工事費の構成（*411*）

12. ガントチャート

ガントチャートは、プロジェクト管理や生産管理などで使われるスケジュール表の一種で、縦軸に人員や作業内容を置き、横軸に工程の開始日や完了日、期間（時間）をとって、横棒グラフ形式で示すとともに、工程間の依存関係を矢印等で示した工程管理図のことをいう。また、ガントチャートは予定だけではなく作業実績を記入していくことによって進捗の管理をする

ことができる。初期のガントチャートは、設備や担当者などの作業割り当て状況、あるいは稼働状況を示したリソース・ガントチャートと呼ばれるものであったが、これから横線式工程表（バーチャート）に発展してきた。

ガントチャートは、各作業の開始時期や終了時期が一目で確認できるためわかりやすいが、多数の作業が複雑に入り組んだ工程を計画・管理しようとすると、作業相互の依存関係がわかりにくいという欠点がある。また、ある特定作業が遅れた場合に、それが全体にどのような影響を及ぼすかを予測することが困難で、計画変更や状況変化に対する柔軟性に欠ける。

関連用語　工程管理図、リソース・ガントチャート、横線式工程表（バーチャート）（*441*）

13. 強度率

強度率は、災害による損失の程度を示すもので、1,000労働時間中において傷害のために失われる損失日数をいう。強度率は、死亡や障害1～3級などの大きな災害が多いほど数値が大きくなる。

強度率＝(延労働損失日数÷延労働時間数)×1000

（延労働損失日数は、労働災害による死傷者の延労働損失日数をいい、死亡・永久全労働不能は7,500日、永久一部労働不能は級に応じて50～5,500日、一時労働不能は暦日の休業日数に300/365を乗じた日数とする）

関連用語　損失日数、延労働損失日数、度数率（*433*）

14. 曲線式工程表

曲線式工程表は、計画工程の妥当性を検討すると同時に、工程の進捗状況を管理することが可能な工程表である。曲線式工程表には、グラフ式、出来高累計曲線、バナナ曲線などがある。

曲線式工程表は、総合出来高による管理なので、作業進行の度合がわかりやすい反面、作業の手順が不明確であることや作業に必要な日数、工期に影響する作業がつかみにくいなどの短所がある。

関連用語　グラフ式、出来高累計曲線（*429*）、バナナ曲線（*439*）、斜線式工程表（*421*）、ネットワーク式工程表（*437*）、横線式工程表（*441*）

15. 杭基礎工

杭基礎工を大別すると打込工法、場所打ち杭、埋設杭に分けられるが、打込工法は打撃時の騒音、振動および周辺地盤、構造物への影響から採用できる条件が少なくなり、場所打ち杭が多く使われている。

場所打ち杭は、①オールケーシング杭、②リバース杭、③アースドリル杭、④深礎杭、などに分類される。

①オールケーシング杭：掘削に先立ってケーシングチューブを揺動貫入して孔壁を防護し、ハンマーグラブバケットにより掘削土砂を排出する。

②リバース杭：原則として静水圧により孔壁を保護し、回転バケットにより掘削を行い、循環水の逆還流によって土砂を排出する。

③アースドリル杭：原則として孔壁防護は行わず、素掘りで回転バケットにより掘削する。孔壁保護を必要とする場合には泥水を用いるが、地表面付近のみは3 m程度のケーシングを使用することが多い。

④深礎杭：原則として特殊な山留め鋼板で孔壁を防護し、人力で掘削を行い、ウィンチやバケットで排土する。騒音・振動などは場所打ち杭の中で一番少ない。

杭基礎の施工は、杭の使用目的や施工条件、地盤条件等の要因を加味するとともに、施工計画には施工中の管理手法について明確にしておく必要がある。

関連用語 打込工法、場所打ち杭、埋設杭、オールケーシング杭、リバース杭、アースドリル杭、深礎杭

16. 掘削土工機械の作業量

施工計画において掘削土工機械の作業能率を算定することは重要である。作業量の基本算定式は次式で表される。

掘削作業量 $Q\,(\mathrm{m^3/h}) = (q \times 60 \times f \times E) \,/\, C_m$

q：各機械の容量（ブルドーザ・スクレーパ・スクレープドーザ：ボウル容量、トラクタショベル・ドラグライン・クラムシェル：バケット容量、パワーショベル・バックホウ：ディッパ容量、リッパ：リッパ容量）、f：土量換算係数、E：作業効率係数、C_m：それぞれの機械のサイクルタイム（min）

作業条件によって変化する作業効率係数Eが、作業能率算定には重要な値となる。

関連用語 機械容量、土量換算係数、作業効率係数、サイクルタイム

17. 計画の届出

労働安全衛生法第88条第2項では、計画の届出等として次のように定めている。

「事業者は、建設業に属する事業の仕事のうち重大な労働災害を生ずるおそれがある特に大規模な仕事で、厚生労働省令で定めるものを開始しようとするときは、その計画を当該仕事の開始の日の30日前までに、厚生労働省令で定めるところにより、厚生労働大臣に届け出なければならない。」

また、労働安全衛生規則第89条では、労働安全衛生法第88条第2項に記されている「厚生労働省令で定める仕事」を、次のとおりとしている。

1　高さが300 m以上の塔の建設の仕事
2　堤高（基礎地盤から堤頂までの高さをいう。）が150 m以上のダムの建設の仕事
3　最大支間500 m（つり橋にあっては、1,000 m）以上の橋梁の建設の仕事
4　長さが3,000 m以上のずい道等の建設の仕事
5　長さが1,000 m以上3,000 m未満のずい道等の建設の仕事で、深さが50 m以上の立坑（通路として使用されるものに限る。）の掘削を伴うもの
6　ゲージ圧力が0.3メガパスカル以上の圧気工法による作業を行う仕事

関連用語　塔の建設、ダムの建設、橋梁の建設、ずい道等の建設、立坑（*388*）、圧気工法（*373*）

18. ケーソン病

ケーソン病は、空気ケーソン（ニューマチックケーソン工法）施工において高圧作業室に入って作業を行う場合に、作業室から出るときに高気圧環境から低気圧環境に移動することで血液と組織に溶けているガスが気泡となって、血液の流れを阻害したり、痛みと他の症状を起こす状態をいう。

ケーソン病は2 kg/cm^{2}以上の作業で生じやすいが、正しい減圧方法と患者の再圧治療法を会得しておくことで防ぐことができる。

関連用語　空気ケーソン（ニューマチックケーソン工法）（*437*）、高圧作業室、気泡

19. 公共工事の入札及び契約の適正化の促進に関する法律

公共工事の入札及び契約の適正化の促進に関する法律は、国、特殊法人等

及び地方公共団体が行う公共工事の入札及び契約の適正化を促進し、公共工事に対する国民の信頼の確保と健全な発達を図ることを目的とした法律である。

この法律では、入札及び契約の適正化を図る際は、1）入札及び契約の過程、内容の透明性の確保、2）入札及び契約参加者の公正な競争の促進、3）不正行為の排除の徹底、4）公共工事の適正な施工の確保、の4点を基本方針とするように規定されている。そしてこの法律では、①毎年度の発注見通しの公表、②入札・契約に係る情報の公表、③不正行為等に対する措置、④施工体制の適正化、の4つの事項をすべての発注者に義務づけている。

なおこの法律は、受注競争の激化によってダンピング受注や下請企業へのしわ寄せが発生していること、ならびに維持更新時代の到来に伴い解体工事等の施工実態に変化が発生していることなどを背景として平成26年6月に、次に示す内容の法改正が行われている。

(1) 公共工事の入札及び契約の適正化の基本となるべき事項にダンピングの防止を追加

(2) 公共工事の受注者が暴力団員等と判明した場合における通知

(3) 公共工事における入札金額の内訳を、その金額にかかわらず提出し、発注者はそれを適切に確認

(4) 公共工事における施工体制台帳の作成及び提出を小規模工事にも拡大

関連用語 入札、契約、透明性、公正、不正行為の排除、適正な施工、ダンピング受注、施工体制台帳（*426*）

20. 工事原価

工事原価は、材料費や労務費などの直接工事費と仮設費や安全費などの間接工事費を合わせた、工事を完成するために必要な費用をいう。請負工事費のうち工事原価は、一般管理費とは区別されており、工事原価に一般管理費や利益は含まない。

工程と原価との関係は、工程速度を上げるとともに原価が安くなっていくが、さらに工程速度を上げると原価は上昇傾向に転じる。

関連用語 直接工事費（*428*）、間接工事費（*413*）、一般管理費、請負工事費の構成（*411*）、工程と原価との関係

10

施工計画、施工設備及び積算

21. コンストラクション・マネジメント

コンストラクション・マネジメントは、工事の発注者から全権を委任されて、発注者の代理人として設計図面の見直しや見積書の査定、下請け業者への発注の代行など、工程、原価、品質などについてプロジェクト全般の運営管理を行う手法をいう。従来からの一括請負方式では、発注者は支払った代金がゼネコン（総合建設会社）によってどのように使われているかを知る手段がなかったのに対して、コンストラクション・マネジメント方式では、発注者が専門工事会社と直接契約を結ぶため、工事代金の内訳が明確となる。

コンストラクション・マネジメントは、1960年代後半にアメリカの大型工場で採用された方式で、プロジェクト期間の短縮や運営化の総合化を図ることができたというものであるが、発注者の利益を最優先させるという考えから、建設コスト削減手法として注目されている。

関連用語　工程、原価、品質、プロジェクト全般の運営管理、一括請負方式、建設コスト削減手法

22. 再生資源利用促進計画

再生資源利用促進計画は、「資源の有効な利用の促進に関する法律」に基づいて作成する、建設工事に関する指定副産物に係る再生資源の利用の促進に関する計画のことをいう。

「資源の有効な利用の促進に関する法律」に基づく国土交通省令（建設業に属する事業を行う者の指定副産物に係る再生資源の利用の促進に関する判断の基準となるべき事項を定める省令）では、発注者から直接建設工事を請け負った建設工事事業者は、指定副産物（体積が1,000立方メートル以上である建設発生土、またはコンクリート塊、アスファルト・コンクリート塊または建設発生木材であって、これらの重量の合計が200トン以上であるもの）を工事現場から搬出する建設工事を施工する場合は、あらかじめ再生資源利用促進計画を作成するとともに、その計画及びその実施状況の記録を当該建設工事の完成後1年間保存することを定めている。

関連用語　資源の有効な利用の促進に関する法律、指定副産物、建設発生土、コンクリート塊、アスファルト・コンクリート塊、建設発生木材

23. 作業可能日数

建設工事における工程計画の立案にあたっては、基礎となるべき各工程の作業可能日数を算定することが必要になる。作業可能日数は、工期中の暦日日数から定休日のほかに、降水日数、積雪日数、日照時間などの自然条件、その他の作業不能日数を考慮して割り出した作業不能日数を差し引いて求める。自然条件が作業可能日数に与える影響のうち最も大きいものとしては、土工作業に対する天候の影響が挙げられる。

作業可能日数は、工事量に対する1日平均施工量を基準として求めた所要作業日数以上になっていることが必要である。

作業可能日数≧所要作業日数＝工事量／1日平均施工量

関連用語　所要作業日数

24. 酸素欠乏

労働安全衛生法に基づき定められた酸素欠乏症等防止規則では、酸素欠乏の状態は空気中の酸素の濃度が18％未満である状態としている。また酸素欠乏等とは、酸素欠乏の状態または空気中の硫化水素の濃度が100万分の10を超える状態としている。

また、同規則において事業者は、酸素欠乏危険作業については、第一種酸素欠乏危険作業にあっては酸素欠乏危険作業主任者技能講習または酸素欠乏・硫化水素危険作業主任者技能講習を修了した者のうちから、第二種酸素欠乏危険作業にあっては酸素欠乏・硫化水素危険作業主任者技能講習を修了した者のうちから、酸素欠乏危険作業主任者を選任しなければならないとしている。

なお、第一種酸素欠乏危険作業は、酸素欠乏症となるおそれはあるが硫化水素中毒となるおそれはない場所での作業をいい、第二種酸素欠乏危険作業は、「海水が滞留しており、若しくは滞留したことのある熱交換器、管、暗きょ、マンホール、溝若しくはピット（熱交換器等）又は海水を相当期間入れてあり、若しくは入れたことのある熱交換器等の内部」、「し尿、腐泥、汚水、パルプ液その他腐敗し、又は分解しやすい物質を入れてあり、又は入れたことのあるタンク、船倉、槽、管、暗きょ、マンホール、溝又はピットの内部」、「厚生労働大臣が定める場所」において、酸素欠乏症または硫化水素中毒のおそれがある作業をいう。

関連用語　労働安全衛生法、酸素欠乏症等防止規則、第一種酸素欠乏危険作業、第二種酸素欠乏危険作業、酸素欠乏危険作業主任者

25. 地盤改良工

地盤改良工は、構造物を構築する場合や盛土あるいは掘削を行う場合に、地盤の性質を積極的に改良して支持力を増大させることにより、構造物の安定と経済性を図るとともに施工中の安全を確保するための対策をいう。

地盤改良工は、1）置換工法、2）締固め工法、3）排水工法、4）固結工法などに大別される。砂質土地盤は、主として締固め工法により密度を大きくする工法や地盤を固結させる工法が用いられ、粘性土地盤は、良質土と置換えるかプレローディング工法を併用した砂杭等による排水工法が多く用いられている。また、表層が軟弱で重機の進入ができない地盤は、一次改良として表層安定処理が必要となる。

地盤改良工法のうち、サンドマット工法は、軟弱地盤上に厚さ0.5～1.2 m程度の厚さの砂を小型ブルドーザで敷き均して良質な地盤を確保し、上載荷重の分散効果などにより地盤の安定を図る工法である。圧密・脱水工法は、軟弱な粘性土の間隙水を圧密やその他の方法で排出することによって、粘性土の圧縮性やせん断強さなどを改良する工法である。浅層混合処理工法は、軟弱地盤の浅層部分にセメントや石灰などの改良材を添加混合して地盤の圧縮性や強度特性を改良する工法である。高圧噴射撹拌工法は、安定材等を地盤中に高圧で噴射しながら、土砂等を切削・撹拌することにより地盤を改良する工法である。薬液注入工法は、ボーリングにて地盤を削孔して薬液を注入し、地盤の透水性を低下させる、あるいは地盤を強化する工法である。

地盤改良工の計画や工法の選定にあたっては、1）調査による地盤状況の的確な把握、2）構造物とともに地盤改良の目的の明確化、3）地盤改良工期の検討、4）地盤改良工事に伴う周辺への影響、5）施工機械や使用材料の選定と安全性、6）改良結果の品質の確認、などに注意をする必要がある。

関連用語　置換工法（*34*）、締固め工法、排水工法、固結工法（*20*）、プレローディング工法、表層安定処理、サンドマット工法、圧密・脱水工法、浅層混合処理工法、高圧噴射撹拌工法、薬液注入工法

26. 支保工

支保工は、コンクリート構造物の型枠を支持して位置を確保するために設ける支柱、ぬき材、つなぎ材などをいう。支保工には他に、トンネルの周辺地山の土圧を支えて掘削断面を確保するためのトンネル支保工がある。

コンクリート支保工の弾性変形および基礎工の耐力不足による沈下は、構造物の出来形に直接影響するばかりではなく、クラック発生の大きな原因ともなる。したがって支保工の計画にあたっては、所要強度、許容変形量、耐久性、組ばらしの難易などについて、コンクリートの打設順序計画とあわせて慎重に行うことが大切である。型枠支保工を取り外す順序は、同じ構造物でも比較的荷重を受けない部分をまず取り外し、その後残りの重要な部分を取り外す。

関連用語 支柱、ぬき材、つなぎ材、トンネル支保工（*382*）、出来形、打設順序計画、型枠支保工

27. 締切工

締切工は、河川や海岸、湖などの水中や水面下に構造物を構築する場合に、止水壁などにより一定区域をドライにすることで、工事を容易に行えるようにする仮設構造物をいう。

締切工を行うにあたっては土圧や静水圧をはじめ、河川では洪水による水位の変動、洗掘、流速や流心の変化、締切工による堰上げ効果、河床障害物などの検討が、また海岸や感潮河川では潮位、潮流、波浪、船舶の航行の影響などに対する検討が必要になる。

河川における工事は、河川管理者より河川の占用面積や期間について制約条件を付されるため、河川仮締切工は渇水期と呼ばれる11月から5月にかけて工事が行われる場合が多い。

関連用語 止水壁、仮設構造物（*412*）、堰上げ効果、河川仮締切工、渇水期

28. 斜線式工程表

斜線式工程表は、工事の所要日数や進捗状況を明確にするための工程表の1つで、座標式工程表ともいう。斜線式工程表は、縦軸に工期をとり、横軸に距離程をとって斜線で表す。斜線式（座標式）工程表は、延長が長いトンネル工事や、工区を区切って同じ方向に同時進行していく地盤改良工等など

に適した工程表で、作成が容易である。

斜線式（座標式）工程表は、①進捗が距離のみによる場合は、すべての工種が枠内に表現できる、②施工順序や日程のズレなどが直視的にわかる、③施工場所と施工時期の進捗状況が直視的にわかる、などの利点がある反面、①工種間の相互関係が不明確、②部分的な変更があった場合に全体に及ぼす影響がわかりにくい、③あいまいな要素が入りやすい、などの欠点がある。

関連用語　座標式工程表、出来高累計曲線（*429*）、バナナ曲線（*439*）、ネットワーク式工程表（*437*）、横線式工程表（*441*）、曲線式工程表（*414*）

29. 車両系建設機械の主たる用途以外の使用

当初の労働安全衛生規則では、車両系建設機械による荷のつり上げは、一定の要件を満たした場合の土留め支保工の組立等の作業を除いては用途外使用として禁止されていた。しかしながら、狭い場所やクレーンの搬入によって作業場所が錯そうして危険が増すといった特定の条件下における、車両系建設機械の「主たる用途以外の使用の制限」が緩和されて、特定条件下においては安全措置を講じることにより、荷のつり上げ作業が認められるようになった。

労働安全衛生規則の第164条では、主たる用途以外の使用の制限として、次のように定めている。

事業者は、車両系建設機械を、パワー・ショベルによる荷のつり上げ、クラムシェルによる労働者の昇降等当該車両系建設機械の主たる用途以外の用途に使用してはならない。

2　前項の規定は、次のいずれかに該当する場合には適用しない。

一　荷のつり上げの作業を行う場合であって、次のいずれにも該当するとき。

イ　作業の性質上やむを得ないとき又は安全な作業の遂行上必要なとき。

ロ　アーム、バケット等の作業装置に次のいずれにも該当するフック、シャックル等の金具その他のつり上げ用の器具を取り付けて使用するとき。

(1) 負荷させる荷重に応じた十分な強度を有するものであること。

(2) 外れ止め装置が使用されていること等により当該器具からつり上げた荷が落下するおそれのないものであること。

(3) 作業装置から外れるおそれのないものであること。

二　荷のつり上げの作業以外の作業を行う場合であって、労働者に危険を及ぼすおそれのないとき。

3　事業者は、前項第一号イ及びロに該当する荷のつり上げの作業を行う場合には、労働者とつり上げた荷との接触、つり上げた荷の落下又は車両系建設機械の転倒若しくは転落による労働者の危険を防止するため、次の措置を講じなければならない。

一　荷のつり上げの作業について一定の合図を定めるとともに、合図を行う者を指名して、その者に合図を行わせること。

二　平たんな場所で作業を行うこと。

三　つり上げた荷との接触又はつり上げた荷の落下により労働者に危険が生ずるおそれのある箇所に労働者を立ち入らせないこと。

四　当該車両系建設機械の構造及び材料に応じて定められた負荷させることができる最大の荷重を超える荷重を掛けて作業を行わないこと。

五　ワイヤロープを玉掛用具として使用する場合にあっては、次のいずれにも該当するワイヤロープを使用すること。

イ　安全係数（クレーン則第二百十三条第二項に規定する安全係数をいう。）の値が六以上のものであること。

ロ　ワイヤロープ一よりの間において素線（フィラ線を除く。）のうち切断しているものが十パーセント未満のものであること。

ハ　直径の減少が公称径の七パーセント以下のものであること。

ニ　キンクしていないものであること。

ホ　著しい形崩れ及び腐食がないものであること。

六　つりチェーンを玉掛用具として使用する場合にあっては、次のいずれにも該当するつりチェーンを使用すること。

イ　安全係数（クレーン則第二百十三条の二第二項に規定する安全係数をいう。）の値が、次の（1）又は（2）に掲げるつりチェーンの区分に応じ、当該（1）又は（2）に掲げる値以上のものであること。

(1) 次のいずれにも該当するつりチェーン

(i) 切断荷重の二分の一の荷重で引っ張った場合において、その伸びが〇・五パーセント以下のものであること。

(ii) その引張強さの値が四百ニュートン毎平方ミリメートル以上であり、かつ、その伸びが、次の表の上欄に掲げる引張強さの値に応じ、それぞれ同表の下欄に掲げる値以上となるものであること。

引張強さ（単位　ニュートン毎平方ミリメートル）	伸び（単位　パーセント）
四百以上六百三十未満	二十
六百三十以上千未満	十七
千以上	十五

(2) (1) に該当しないつりチェーン

ロ　伸びが、当該つりチェーンが製造されたときの長さの五パーセント以下のものであること。

ハ　リンクの断面の直径の減少が、当該つりチェーンが製造されたときの当該リンクの断面の直径の十パーセント以下のものであること。

ニ　き裂がないものであること。

七　ワイヤロープ及びつりチェーン以外のものを玉掛用具として使用する場合にあっては、著しい損傷及び腐食がないものを使用すること。

関連用語　労働安全衛生規則、車両系建設機械、荷のつり上げ、土留め支保工、パワー・ショベル、クラムシェル、ワイヤロープ、玉掛用具、つりチェーン、安全係数

30. 深礎工法

深礎工法は、場所打ち杭の掘削工法の1つで、特殊な山留め鋼板で孔壁を防護し人力で掘削する工法をいう。深礎工法による杭径は一般に1.4～3.0 m程度で、深さは10～30 m程度である。

深礎工法は、大型の掘削機械などを使用しないために騒音・振動などは少なく、直接地盤の確認や地耐力の測定ができ、山岳地などの狭い場所での施工が可能であるが、地下水位が高く湧水が多い場合や有毒ガスが発生する箇所での施工は困難である。

関連用語　場所打ち杭、人力掘削、オールケーシング工法（*411*）、リバースサーキュ

レーション工法（*442*）、アースドリル工法（*410*）

31. 静的破砕工法

静的破砕工法は、被破砕体に削岩機で孔をあけ、中に水と練り混ぜた膨張性の破砕剤を充填し、これが硬化膨張することによる圧力でひび割れを発生させることによって岩盤やコンクリートなどの脆性材料を破砕する工法である。

従来は、岩盤やコンクリート構造物の破砕には火薬類や重機械が用いられてきたが、これらの方法では騒音や振動、粉塵等の問題や安全性の面からも問題となることが多かった。そのため近年においては、静的破砕工法を用いた岩石やコンクリート構造物の破砕、解体工法が採用されるようになってきている。

関連用語　破砕剤、硬化膨張

32. 性能規定

性能規定は、建設事業などの発注時にプロセスは問わず、企画や設計、施工に対する要求を構造物が備える能力や性能で規定することをいう。性能規定では、従来からの仕様規定のように材料や部材、構造物、施設などを造る際に要求する特定の形状や、構造、寸法、成分、精度、試験方法等を特定した形で規定していないために、自らの設計思想等に基づいた設計、製造及び試験検査を行うことが可能になり、これまでの規格や基準に適合しないために利用が困難であった新材料・新工法の導入がしやすくなり、コストダウンの可能性が高まることが期待できる。

性能規定による効果は、1）環境負荷の軽減や循環型社会の形成の推進などに寄与できる、2）基準類など国際標準との整合を確保することができる、3）設計、施工の自由度の増加により新技術の採用が促進され多様化・高度化への対応が可能になる、4）新しい技術開発の促進につながる、5）技術競争力の向上による品質の向上とコスト縮減を図ることができる、などが挙げられる。

関連用語　仕様規定、新材料・新工法の導入、コストダウン、環境負荷の軽減、循環型社会の形成、国際標準との整合、新技術の採用、多様化・高度化への対応、技術開発、品質の向上

33. 施工計画

施工計画は、工事の着手に先立って、契約書・設計図・設計書・仕様書・現場説明書などの設計図書に基づいて、施工方法や施工順序、資源調達などを計画したものの総称をいう。

施工計画の目標とするところは、工事の目的物を設計図書及び仕様書に基づき所定の工事期間内に、最小の費用でかつ環境、品質に配慮しながら安全に施工できる条件を策定することである。そのため施工計画は、品質・工期・原価・安全の4要素を満たすものとする。主な項目としては次のものがある。

(1) 工程計画
(2) 組織計画
(3) 機械計画
(4) 施工方法
(5) 仮設計画
(6) 材料計画
(7) 労務計画
(8) 品質管理計画
(9) 安全計画
(10) 安全衛生管理計画

機械使用計画立案時は、組み合わせる機械ごとの作業を主作業と従属作業に分類し、従属作業の作業能力は、通常の場合、主作業の能率を落とさないために主作業の能力より多めに計画する。

関連用語 施工方法、施工順序、資源調達、品質・工期・原価・安全の4要素、主作業、従属作業

34. 施工体制台帳

施工体制台帳は、下請、孫請など工事施工を請け負うすべての業者名、各業者の施工範囲、各業者の技術者氏名等を記載した台帳のことである。

施工体制台帳は、元請業者に現場の施工体制を把握させることで、品質・工程・安全などの施工上のトラブルの発生を防止すること、不良不適格業者の参入や一括下請負等の建設業法違反を防止すること、安易な重層下請による生産効率の低下を防止すること、などを目的としている。

建設業法により特定建設業者は、発注者から直接請け負った建設工事を施工するために締結した下請代金の総額が4,500万円（建築一式工事：7,000万円）以上になる場合は、公共工事と民間工事を問わず施工体制台帳を作成することが義務づけられている。また、請け負った建設工事の目的物を発注者に引き渡すまでの期間、工事現場ごとに備えておく必要がある。さらに、入札契約適正化法の規定により、公共工事においては施工体制台帳の写しを発注者に提出しなければならない。

関連用語　特定建設業者（*430*）、入札契約適正化法、施工体系図

35. 総合評価落札方式

総合評価落札方式は、価格のみならず、初期性能の維持や施工時の安全性、環境への影響などの価格以外の要素を総合的に勘案して落札者を決定する落札方式をいう。

総合評価落札方式には、技術評価点を入札価格で除した得点が最も高い者を落札とする除算方式（総合評価点＝技術評価点／入札価格）と、技術評価点と価格点を加算した得点が最も高い者を落札とする加算方式（総合評価点＝技術評価点＋価格点）とがある。

総合評価落札方式は、従来の価格のみによる自動落札方式とは異なり、入札に参加する企業からの積極的な技術提案による技術面での競争を促進することになり、結果として効率的かつ効果的な社会資本の整備、民間の技術開発の促進に寄与するものとなる。

関連用語　価格以外の要素、自動落札方式、除算方式、加算方式、効果的な社会資本整備、民間の技術開発促進

36. 玉掛けの業務の資格

玉掛け作業は、ロープなどの用具を用いて荷を吊り上げるための準備から玉はずし作業までの一連の作業をいい、必要な資格を取っていないと玉掛け作業を行うことはできない。

つり上げ荷重１ｔ以上のクレーンやデリック、移動式クレーン、揚貨装置の玉掛けの業務を行うには、玉掛け技能講習修了者でなければならず、つり上げ荷重１ｔ未満のクレーンやデリック、移動式クレーン、揚貨装置の玉掛けの業務を行うには、玉掛け特別教育修了者でなければならない。

玉掛け技能講習に関しては、労働安全衛生法第61条第1項において「事業者は、クレーンの運転その他の業務で、政令で定めるものについては、都道府県労働局長の当該業務に係る免許を受けた者又は都道府県労働局長の登録を受けた者が行う当該業務に係る技能講習を修了した者その他厚生労働省令で定める資格を有する者でなければ、当該業務に就かせてはならない。」とし、労働安全衛生法施行令第20条において「法（労働安全衛生法）第六十一条第一項の政令で定める業務は、次のとおりとする。十六　制限荷重が一トン以上の揚貨装置又はつり上げ荷重が一トン以上のクレーン、移動式クレーン若しくはデリックの玉掛けの業務」と定めている。

一方、玉掛け特別教育に関しては、労働安全衛生規則第36条において「法（労働安全衛生法）第五十九条第三項の厚生労働省令で定める危険又は有害な業務は、次のとおりとする。十六　つり上げ荷重が一トン未満の移動式クレーンの運転（道路上を走行させる運転を除く。）の業務」とし、クレーン等安全規則222条において「事業者は、つり上げ荷重が一トン未満のクレーン、移動式クレーン又はデリックの玉掛けの業務に労働者をつかせるときは、当該労働者に対し、当該業務に関する安全のための特別の教育を行なわなければならない。」と定めている。

関連用語　クレーン、デリック、移動式クレーン、揚貨装置、技能講習、特別教育、労働安全衛生法、労働安全衛生法施行令、労働安全規則、クレーン等安全規則

37. 直接工事費

直接工事費は、請負工事費を構成する各費目のうち、構造物を施工するために直接必要となる費用をいう。一般に直接工事費は、1）材料費、2）労務費、3）特許使用料や水道光熱電力料、機械経費などの直接経費、の3つの要素から構成される。直接工事費は、間接工事費とともに工事原価を構成するものである。

関連用語　材料費、労務費、直接経費、工事原価（*417*）、請負工事費の構成（*411*）

38. 出来形管理

出来形管理は、出来形（施工されたもの）が設計図書に示された形状寸法を満足させるために行う管理であり、基準高や長さ、幅、厚みなどについて、それぞれ規格値内かどうかによって合否の判定を行う。一般に、出来形管理

の項目と頻度及び管理の限界は、検査基準と施工能力を考慮して決める。

関連用語 設計図書、形状寸法、規格値

39. 出来高累計曲線（Sカーブ）

出来高累計曲線（Sカーブ）は、横軸に工期を縦軸に出来高をとって、出来高の予定と実績を曲線（予定工程曲線、実施工程曲線）で示す工程表である。S字形の曲線になるためSカーブ、あるいはS字カーブともいう。

関連用語 予定工程曲線、実施工程曲線、曲線式工程表（*414*）、横線式工程表（*441*）、バナナ曲線（*439*）、ネットワーク式工程表（*437*）、座標式工程表、斜線式工程表（*421*）

40. デザインビルド

デザインビルドは、1つの企業あるいは企業体（デザインビルド契約者）が発注者と単一契約書のもとで、設計と建設の両者を手がける手法をいう。

デザインビルドは、1）プロジェクト全体の責任が明確にできる、2）設計および建設の契約責任を1つに集約できる、3）工期の短縮が可能となる、4）設計に施工の専門的知識が反映される、5）設計と施工の継続性が得られる、などの長所がある反面、1）積算基準が一定でないためにデザインビルド契約者を厳密に比較できない、2）設計の品質が直接に施工者の利益に影響する、3）一体化されたサービス契約における利害矛盾の可能性がある、4）意思決定に際してチェックアンドバランスが働かない、などの欠点を有している。

関連用語 単一契約書、工期の短縮、設計と施工の継続性

41. 手掘りによる地山掘削作業

労働安全衛生規則の356条および357条では、掘削作業等における危険防止のために掘削面の勾配の基準ならびに地山掘削作業時の措置を定めている。

掘削面の勾配の基準として、事業者は、手掘り（パワー・ショベル、トラクター・ショベル等の掘削機械を用いないで行なう掘削の方法をいう）により地山（崩壊又は岩石の落下の原因となるき裂がない岩盤からなる地山、砂からなる地山及び発破等により崩壊しやすい状態になっている地山を除く）の掘削の作業を行なうときは、掘削面（掘削面に奥行きが2メートル以上の

水平な段があるときは、当該段により区切られるそれぞれの掘削面をいう）のこう配を、次の表の上欄に掲げる地山の種類及び同表の中欄に掲げる掘削面の高さに応じ、それぞれ同表の下欄に掲げる値以下としなければならない、としている。

地山の種類	掘削面の高さ（単位　メートル）	掘削面のこう配（単位　度）
岩盤又は堅い粘土からなる地山	5未満	90
	5以上	75
その他の地山	2未満	90
	2以上5未満	75
	5以上	60

一方、地山掘削作業時の措置として、事業者は、手掘りにより砂からなる地山または発破等により崩壊しやすい状態になっている地山の掘削の作業を行なうときには、次に定めるところによらなければならない、としている。

1. 砂からなる地山にあっては、掘削面のこう配を35度以下とし、又は掘削面の高さを5メートル未満とすること。
2. 発破等により崩壊しやすい状態になっている地山にあっては、掘削面のこう配を45度以下とし、又は掘削面の高さを2メートル未満とすること。

関連用語　労働安全衛生規則、掘削面の勾配、掘削面の高さ

42. 特定建設業者

建設業者は、元請と下請けの請負契約における発注金額の大きさによって、建設業法で「一般建設業」と「特定建設業」とに分けられている。この区分は、発注者から直接請け負う工事1件につき、4,500万円（建築工事業の場合は7,000万円）以上となる下請契約を締結するか否かで区分されている。

特定建設業者は、発注者から直接請け負う工事1件につき、4,500万円（建築工事業の場合は7,000万円）以上の工事を行う建設業者である。特定建設業許可を受ける者は、その責任が重い分、一般建設業許可と比べて取得要件が厳しくなるが、これは下請け業者の保護の観点から定められたものである。

特定建設業者には、一般建設業者にはない次の義務が課されている。

(1) 下請代金の支払期日等（建設業法第24条の六）

特定建設業者が注文者となった下請契約における下請代金の支払期日は、工事完成後の検査確認を終えて下請人が引渡しを申し出た日から起算して50日を経過する日以前において、かつ、できる限り短い期間内に行わなければならない。

(2) 下請負人に対する特定建設業者の指導等（建設業法第24条の七）

発注者から直接建設工事を請け負った特定建設業者は、当該建設工事の下請負人が、その下請負に係る建設工事の施工に関し、この法律の規定又は建設工事の施工若しくは建設工事に従事する労働者の使用に関する法令の規定で政令に定めるものに違反しないよう、当該下請負人の指導に努めなければならない。

(3) 施工体制台帳の整備等（建設業法第24条の八）

特定建設業者は、発注者から直接建設工事を請け負った場合において、当該建設工事を施工するために締結した下請契約の請負代金の額が4,500万円（建築一式工事は7,000万円）以上になるときは、建設工事の適正な施工を確保するため、国土交通省令で定めるところにより、当該建設工事について、下請負人の商号又は名称、当該下請負人に係る建設工事の内容及び工期その他の国土交通省令で定める事項を記載した施工体制台帳を作成し、工事現場ごとに備え置かなければならない。

(4) 監理技術者の設置義務（建設業法第26条2）

特定建設業者が元請人となった工事において、下請に出した下請代金合計額が4,500万円（建築一式工事は7,000万円）以上となる場合は、当該工事現場に施工管理を行う監理技術者を置かなければならない。

関連用語 請負契約、建設業法、一般建設業、請代金の支払期日等、下請負人に対する特定建設業者の指導等、施工体制台帳の整備等、監理技術者の設置義務

43. 特定建設作業

特定建設作業は、建設工事として行われる作業のうち、著しい騒音または振動を発生する作業で、騒音規制法、振動規制法ならびに自治体の条例の規制対象となるものをいう。

騒音規制法ならびに振動規制法で定めている特定建設作業には、以下のものがある。

【騒音関係】

1. くい打機（もんけんを除く）くい抜機又はくい打くい抜機（圧入式くい打くい抜機を除く）を使用する作業（くい打機をアースオーガーと併用する作業を除く）。
2. びょう打機を使用する作業。
3. さく岩機を使用する作業（作業地点が連続的に移動する作業にあっては、1日における当該作業にかかる二地点間の最大距離が50 mを超えない作業に限る）。
4. 空気圧縮機（電動機以外の原動機を用いるものであって、その原動機の定格出力が15 kW以上のものに限る）を使用する作業（さく岩機の動力として使用する作業を除く）。
5. コンクリートプラント（混練機の混練容量0.45 m^3以上のものに限る）又はアスファルトプラント（混練機の混練重量が200 kg以上のものに限る）を設けて行う作業（モルタルを製造するためにコンクリートプラントを設けて行う作業を除く）。
6. バックホウを使用する作業（一定限度を超える大きさの騒音を発生しないものとして環境大臣が指定するものを除き、原動機の定格出力が80 kW以上のものに限る）。
7. トラクターショベルを使用する作業（一定限度を超える大きさの騒音を発生しないものとして環境大臣が指定するものを除き、原動機の定格出力が70 kW以上のものに限る）。
8. ブルドーザを使用する作業（一定限度を超える大きさの騒音を発生しないものとして環境大臣が指定するものを除き、原動機の定格出力が40 kW以上のものに限る）。

【振動関係】

1. くい打機（もんけん及び圧入式くい打機を除く）くい抜機（油圧式くい打くい抜機を除く）又はくい打くい抜機（圧入式くい打くい抜機を除く）を使用する作業。
2. 鋼球を使用して建築物その他の工作物を破壊する作業。
3. 舗装版破砕機を使用する作業（作業地点が連続的に移動する作業にあっては1日の最大距離が50 mを越えない作業に限る）。
4. ブレーカー（手持式のものを除く）を使用する作業（作業地点が連続

的に移動する作業にあっては1日の最大距離が50 mを越えない作業に限る）。

特定建設作業に対する規制の主な内容は、作業場所の敷地境界線における騒音や振動の大きさ、作業時間、1日あたりの作業時間、作業期間、作業日、などである。

関連用語 騒音、振動、騒音規制法（*468*）、振動規制法（*464*）、条例

44. 度数率

度数率は、災害の発生頻度を示すもので、延実労働時間100万時間中に労働災害による死傷者数が何人いたのかを示したものをいう。

度数率＝(死傷者数÷延実労働時間数)×1,000,000

関連用語 死傷者数、強度率（*414*）

45. 土留め工（山止工・山留工）

土留め工（山止工・山留工）は、地盤を鉛直に掘削することによって生じる力の不均衡に対して、土留め壁と支保工によって地盤を補強する工法をいう。

計画にあたっては、1）掘削地盤の安定、2）山止壁の安定、3）支保工の安定、それぞれについての検討が必要であり、これらは施工中の経時的な状況変化についても必ず検討しなければならない。

土留め工を構造から分類すると、「自立式」「切ばり式」「グラウンドアンカー式」「控え杭タイロッド式」「補強土式」に分けられる。

【自立式土留め工】

自立式土留め工は、土留め壁の根入れ部の受働抵抗のみで側圧を支持する支保方式である。土留め壁の根入れ部の受働土圧のみで側圧に抵抗しているので比較的良質な地盤で浅い掘削工事に適する。掘削面内に支保工がないので掘削は容易であるが、支保工を設置しないため土留め壁の変位は大きくなる。

【切ばり式土留め工】

切ばり式土留め工は、土留め壁の根入れ部の受働抵抗に加えて切ばり、腹起し等の支保工によって側圧を支持する方式である。現場の状況に応じて支保工の数、配置等の変更が可能であるが、機械掘削や躯体の構築時等に支保工が障害となりやすい。また、掘削面積が広い場合には支保工およ

び中間杭が増え、土留め壁の変位が大きくなる傾向がある。

【グラウンドアンカー式土留め工】

グラウンドアンカー式土留め工は、切ばりの代わりに背面側地盤に定着させたグラウンドアンカーにより、土留め壁の根入れ部の受働抵抗に加えてグラウンドアンカー、腹起し等の支保工によって側圧を支持する方式である。掘削面内に切ばりがないので機械掘削や躯体構築が容易であること、また、偏土圧が作用する場合や掘削面積が広い場合には有効である。しかし、アンカーの定着できる良質地盤が適切な深度にあること、また、土留め壁周辺にアンカー施工が可能な用地があることが条件となる。アンカーを残置できない場合には除去式タイプを使用する必要がある。

【控え杭タイロッド式土留め工】

控え杭タイロッド式土留め工は、土留め壁の根入れ部の受働抵抗に加えて土留め壁の背面地盤中に設置したH形鋼、鋼矢板等の控え杭およびタイロッド、腹起し等の支保工によって側圧を支持する方式である。比較的良質な地盤で浅い掘削に適し、自立式土留め工では変位が大きくなる場合に用いられる。掘削面内に支保工がないので機械掘削、躯体構築が容易であるが、土留め壁周辺に控え杭、タイロッドを設置するための用地が必要になる。

【補強土式土留め工】

補強土式土留め工は、補強土工法の原理に基づき、引張補強材、腹起し等の支保工によって地盤の一体性を高めることにより土擁壁として側圧を支持する方式である。掘削面内に支保工がないので機械掘削、躯体構築が容易である。また、グラウンドアンカーに比較して施工本数は多くなるもののアンカー長は短いため、土留め周辺の用地に関する問題は比較的少ない。しかし、深い開削工事では合理的な設計とならないことが多く、比較的浅い掘削工事に用いられる。

土留め壁の種類は、通常、構成する材料によって「簡易土留め壁」「親杭横矢板土留め壁」「鋼矢板土留め壁」「鋼管矢板土留め壁」「地下連続壁（地中連続壁）土留め壁」に分類され、「地下連続壁（地中連続壁）土留め壁」には「場所打ち杭・既製杭地下連続壁」「ソイルセメント地下連続壁」「安定液固化地下連続壁」「鉄筋コンクリート地下連続壁（RC連壁）」「鋼製地下連続壁」などがある。

【簡易土留め壁】

簡易土留め壁は、木矢板や軽量鋼矢板等による土留め壁であり、軽量かつ短尺で扱いやすいが、断面性能が小さく、遮水性もあまり良くない。そのため、非常に小規模で掘削深さが浅い開削工事に用いられる。

【親杭横矢板土留め壁】

親杭横矢板土留め壁は、I形鋼やH形鋼などの親杭を、1～2 m間隔で地中に打込み、または穿孔して建て込み、掘削に伴って親杭間に木材の横矢板を挿入していく土留め壁である。良質地盤における標準工法として比較的小規模な開削工事に用いられているが、遮水性が良くないこと、掘削底面以下の根入れ部分の連続性が保たれないこと等のため、地下水位の高い地盤や軟弱な地盤等には、地下水位低下工法や生石灰杭工法等の補助工法の併用が必要になる。

【鋼矢板土留め壁】

鋼矢板土留め壁は、U形、Z形、直線形、H形等の鋼矢板を、継手部をかみ合わせながら連続して地中に打込む土留め壁である。遮水性が良く、掘削底面以下の根入れ部分の連続性が保たれるため、地下水位の高い地盤、軟弱な地盤で比較的小規模工事に用いられる。

【鋼管矢板土留め壁】

鋼管矢板土留め壁は、形鋼、パイプ等の継手を取り付けた鋼管杭を、継手部をかみ合わせながら連続して地中に打込む土留め壁である。遮水性が良く、掘削底面以下の根入れ部分の連続性が保たれ、しかも断面性能が比較的大きいので、地下水位の高い地盤、軟弱な地盤における大規模開削工事に用いられる。

【場所打ち杭・既製杭地下連続壁】

場所打ち杭・既製杭地下連続壁は、場所打ち鉄筋コンクリート杭やH形鋼モルタル杭を連続的に打設して構築する土留め壁で、市街地での中規模工事に用いられることが多い。杭は相互に点接点となるため遮水性はあまり良くないことから、止水性を要求する場合には背面地盤の止水改良を併用する必要がある。

【ソイルセメント地下連続壁】

ソイルセメント地下連続壁は、多軸混練オーガー機などで原地盤を削孔し、その先端よりセメントスラリーを吐出して原位置土とセメントスラリーを混合・攪拌してソイルセメント壁体を造るもの（SMW・TRD）、あるいは発生掘削土を主材料として製造されたソイルセメントを、再度埋め戻すことによってソイルセメント壁体を構築するもの（CRM）である。ソイルセメント地下連続壁を土留め止水壁として適用する場合には、H形鋼などの芯材を挿入する。遮水性が比較的良く、断面性能は場所打ち杭・既製杭地下連続壁と同等であることから市街地での中規模工事に用いられることが多い。

【安定液固化地下連続壁】

ベントナイトやポリマー安定液を用いて掘削したトレンチ中にH形鋼やプレキャスト版等を挿入した後、安定液を固化剤投入により直接固化、あるいはモルタル、流動化処理土等で置換固化して連続させた土留め壁である。産業廃棄物の減少と現場発生土を有効利用できる工法である。剛性が小さいことから掘削深さに限界があるものの、削孔精度が良いことから大深度の遮水壁構築に適する。

【鉄筋コンクリート地下連続壁（RC連壁）】

鉄筋コンクリート地下連続壁は、ベントナイトやポリマー安定液を用いて掘削したトレンチ中に鉄筋籠を挿入し、コンクリートを打設して地中に鉄筋コンクリート壁を構築し、連続させた土留め壁である。大深度においても遮水性が良く断面性能が大きいので大規模な開削工事、重要構造物が近接している工事、軟弱な地盤における工事等に用いられる。壁体は本体構造物の一部としてそのまま使用され続けることもある。

【鋼製地下連続壁】

鋼製地下連続壁は、ベントナイトやポリマー安定液を用いて掘削したトレンチ中に工場製作された継手を持つ形鋼を挿入し、コンクリート、モルタルを打設または安定液を固化して地中に壁を構築し、連続させた土留め壁である。基本的な特徴は、鉄筋コンクリート地下連続壁と同等であるが、高強度であることから薄壁とすることが可能である。

土留め工は、掘削深度が小さい場合や地盤が比較的良好な場合、土留め壁の変形を無視した手法で設計しても全体の安全性を著しく低下させるほどではない。

関連用語　掘削地盤、土留め壁、支保工（*382, 421*）、自立式土留め工、切ばり式土留め工、グラウンドアンカー式土留め工、控え杭タイロッド式土留め工、補強土式土留め工、簡易土留め壁、親杭横矢板土留め壁、鋼矢板土留め壁、鋼管矢板土留め壁、地下連続壁（地中連続壁）土留め壁、場所打ち杭・既製杭地下連続壁、ソイルセメント地下連続壁、安定液固化地下連続壁、鉄筋コンクリート地下連続壁（RC連壁）、鋼製地下連続壁

46. ニューマチックケーソン工法（空気ケーソン工法）

ニューマチックケーソン工法（空気ケーソン工法）は、ケーソンの下部にあらかじめ作業室を設けて、これに地下水圧に相当する高圧空気を送ることによって地下水の浸入を防ぎながら、内部の土砂を掘削・搬出してケーソンを所定の支持地盤に沈設する工法をいう。ニューマチックケーソンは、橋梁や建築の基礎、シールド工法の立坑などに広く用いられている。

ニューマチックケーソンは、オープンケーソンに比べて沈下が予定どおりに進めやすいこと、移動や傾斜の修正ならびに障害物の除去が可能であること、隣接構造物への影響が少なく掘削地盤の支持力が確認できること、など多くの点で優れているが、高圧作業室に人が入って作業するためにケーソン病などの危険が伴う。ニューマチックケーソンの施工は、地下水位以下35 m程度が限界である。

関連用語 ケーソン、シールド工法（*384*）、立坑（*388*）、オープンケーソン、ケーソン病（*416*）

47. ネットワーク式工程表

ネットワーク手法は、工事を作業単位に分解し、各作業の所要日数や順序関係を含めて日程計算を行うために、各部分工事を矢線（アクティビティ）と丸印（イベント）で組立てた網状の図（ネットワーク）を用いた工程管理の仕方をいう。ネットワーク式工程表は、数多い作業の中でどの作業が全体の工程を最も強く支配し、時間的に余裕のない経路（critical path）であるかを確認することができる。ネットワークは、PERTやCPMとして知られている。

ネットワークにおける時間計算では、次の4つの時刻が定義される。

1） 最早開始時刻（E.S.T.）：作業を始められる最も早い時刻

2） 最早終了時刻（E.F.T.）：作業が最も早く終了する時刻

3） 最遅終了時刻（L.F.T.）：この日まで作業の終わりを延ばしてもよい時刻

4）最遅開始時刻（L.S.T.）：遅くともこの日に作業を始めなければ、後の作業に響くという時刻

ネットワークにおける余裕時間（フロート）の中では、次の2つが重要である。

1）トータルフロート（T.F.）：余裕時間としてこれ以上消費してしまうと工期が延びてしまうような、最大限の余裕時間

2）フリーフロート（F.F.）：後続作業のE.S.T.に全く影響のない余裕時間

トータルフロート（T.F.）がゼロのアクティビティをクリティカルパスといい、スタートから終わるまでの最長期間の経路で工程管理上最も重要なもので、1日として遅らせることのできない経路である。

関連用語 アクティビティ、イベント、ネットワーク、PERT、CPM、最早開始時刻、最早終了時刻、最遅終了時刻、最遅開始時刻、トータルフロート、フリーフロート、クリティカルパス、座標式工程表、斜線式工程表（*421*）、出来高累計曲線（*429*）、バナナ曲線（*439*）、横線式工程表（*441*）、曲線式工程表（*414*）

48. 排水工

排水工を分類すると、重力により浸透した水を集水して排水する重力排水と、負圧により集水して排水する強制排水の2つに大別される。

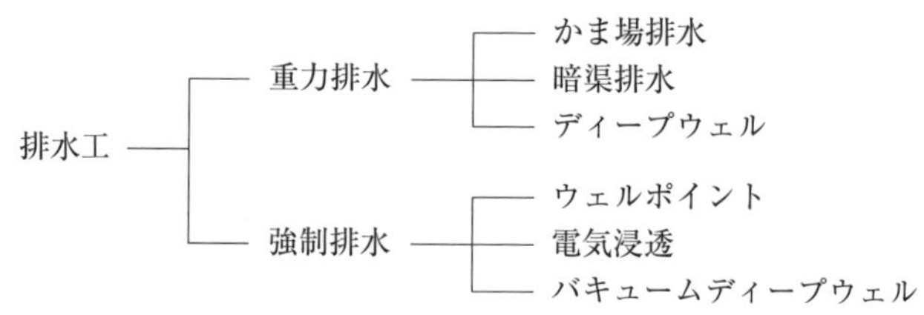

排水工の分類

排水工は補助工法の1つとして利用されることが多いため、目的に応じた工法を採用する必要があり、採用した工法上の問題点についてもあらかじめ検討しておく必要がある。また、通常の排水工法だけで水替えを行うことができない場合は、止水矢板や連続地中壁等の遮水工の併用の検討や、構造物によってはニューマチックケーソンなどの工法検討も行う必要がある。

関連用語 重力排水、強制排水、かま場排水、暗渠排水、ディープウェル工法（*391*）、ウェルポイント工法（*375*）、電気浸透、バキュームディープウェル、遮水工、

ニューマチックケーソン（*437*）

49. バーチカルドレーン工法

バーチカルドレーン工法は、軟弱地盤中に人工のバーチカルドレーンを多数設置して排水距離を水平方向に短縮し、載荷重などによって生じる地盤の圧密を促進する工法である。バーチカルドレーン工法は、地盤の圧密を促進させることにより支持力を増加させる、あるいは残留沈下を除去することを目的とした工法であり、用いる鉛直排水材によってサンドドレーン工法、ペーパードレーン工法などがある。

バーチカルドレーン工法は、圧密に要する時間が最大排水距離の2乗に比例するというテルツァギーの圧密理論を応用したものである。

関連用語　軟弱地盤、排水距離、圧密（*3*）、サンドドレーン工法（*25*）、ペーパードレーン工法、テルツァギーの圧密理論

50. バナナ曲線

バナナ曲線は、縦軸に工事の出来高率（工程）を横軸に工期消化率（時間経過）をとり、過去の複数の同種工事をプロットしたときにできるバナナ形状の工程管理曲線をいう。バナナ曲線は、工程の上限管理限界と下限管理限界を示すもので、予定と実績とのずれが何らかの対策を必要とする重大なものであるかどうかを判断する基準として使用される。

予定工程曲線がバナナ曲線の許容限界から外れる場合には、一般に不合理な工程計画になっている場合が多く、主工事を調整して計画を見直すことが必要になる。一方、実施工程曲線がバナナ曲線の下方許容限界を下回る場合は、重大な工程遅延となり突貫工事が不可避となるので、ただちに緊急対策を講じる必要がある。また、実績工程曲線がバナナ曲線の上方許容限界を上回る場合は、工程が進み過ぎているので、必要以上に大型機械を入れて不経済になっていないかなど、施工計画の再検討が必要になる。

バナナ曲線のような工程管理曲線は、工程曲線をチェックするための1つの目安とされるものであるため、必ずしも厳密な正確性を必要とするものではなく、これをうまく活用していくことが必要である。

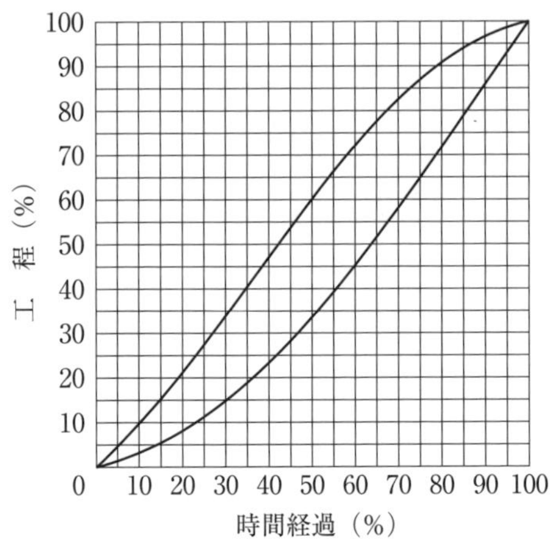

バナナ曲線

関連用語 出来高率、工期消化率、工程管理曲線、上限管理限界、下限管理限界、予定工程曲線、工程計画、実施工程曲線、曲線式工程表（*414*）

51. 盤ぶくれ

盤ぶくれは、ヒービングの一種でもあるといわれ、山止め掘削時に根切り底面の土の重量が下方からの水圧に抵抗できずに底面が持ち上がるように破壊する現象をいう。盤ぶくれは一般に、シートパイルまたは地中壁などで山止めを行った際に、掘り下げた根切り底面に粘性土層などの難透水層があり、その下に透水性で水圧の高い砂質土層がある場合によく見られる。

盤ぶくれを防ぐには、ディープウェルなどで砂層から排水することにより、水圧を下げるようにする。

関連用語 ヒービング（*40*）、山止め、根切り、粘性土層、砂質土層、ディープウェル工法（*391*）、ボイリング（*42*）

52. 盛土式仮締切り工法

仮締切り工は、河川水・海水・湖沼水等を遮断し、ドライな状態で構造物を施工できるようにするための仮設構造物であり、築堤によるもの、鋼矢板を用いるもの、両者を組合せたものなど種々の形式がある。仮締切り工は、重力式と矢板式に大別され、重力式は盛土式と重力式に、矢板式は自立式と切ばり式にそれぞれ区分される。

盛土式仮締切り工法には、「土のう」「土堰堤」「遮水壁式土堰堤（遮水壁は粘土、矢板等）」などの種類がある。盛土式仮締切り工法は、土砂で堰堤を構築する締切り工法であり、比較的水深が浅い地点で用いられる。構造は比較的単純であるが、水深の割に堤体幅が大きくなり、狭隘な地点では不利となることが多い。

関連用語 仮締切り工、仮設構造物（*412*）、土のう、土堰堤、遮水壁式土堰堤

53. 横線式工程表（バーチャート）

横線式工程表（バーチャート）は、すべての部分工事を縦に列挙し、横軸に工期を取り、各工種ごとに予定の作業期間を棒状に記入する工程表である。横線式工程表は、作り方が簡単で見やすく各作業の所要日数がわかり、漠然とではあるが作業間の関連もわかるが、工程に影響する作業がどれであるかはつかみにくいという欠点がある。1つの工程の遅れが、他の工程や工事全体にどのように影響するのかを把握するためには、PERTやCPMなどのネットワーク手法による工程表を作る必要がある。

関連用語 PERT、CPM、ネットワーク式工程表（*437*）

54. ライフサイクルコスト

ライフサイクルコストは、製造に係る初期コストだけでなく、維持管理や改修・廃棄に必要なコストすべてを含めたコストをいう。特に、土木工事におけるライフサイクルコストは、土木構造物の企画、設計、建設、運営・維持・管理、解体撤去、廃棄に至る費用と定義されている。

ライフサイクルコストは、公共投資の規模が縮小する方向の中で、高度経済成長期に建設された建設構造物の多くが劣化する時期を迎え、より効率的な投資が求められはじめたことや、性能設計の導入によって、建設構造物の寿命を考慮することが求められるようになったことなどを背景として重視されるようになった。また、ライフサイクルコストの概念は、環境面からも重視されており、二酸化炭素量の排出量を設計や計画の検討項目として挙げる場合もある。

一般にライフサイクルコストを最小化するためには、できる限り構造物の長寿命化を図ることにより更新コストを小さくしたうえで、維持管理コスト

を小さくするのが有効であると考えられている。

関連用語 初期コスト、性能設計、環境面、長寿命化、更新コスト、維持管理コスト

55. 利益図表

利益図表は、施工出来高と工事原価の関係を表した図表をいう。

コンクリート工事を想定した場合、工事原価は一般にバッチャープラントなどのような施工量の増減に影響のない固定費と、骨材やセメントなどの材料のような施工量によって増減する変動費で構成される。変動費が施工量に比例すると仮定したとき、利益図表の、

y（工事原価）$= x$（施工出来高）　の直線と、

y（工事原価）$= F$（固定費）$+ vx$（変動費）

の2つの直線の交点を損益分岐点として、どれだけの施工出来高を確保すれば採算状態になるかという施工活動の収支関係が判断できる。施工計画の段階では、このようにして求めた必要な施工出来高をもとに施工工程を検討していく。

関連用語 施工出来高、工事原価（*417*）、固定費、変動費、損益分岐点

56. リバースサーキュレーション工法

リバースサーキュレーション工法は、場所打ち杭の機械掘削工法の1つで、原則として静水圧により孔壁を保護し、回転ビットにより掘削する工法をいう。土砂の排出は、循環水の逆還流によって行う。リバースサーキュレーション工法による杭径は一般に0.8～2.0 m程度で、深さは60 m程度まで可能である。

リバースサーキュレーション工法は、礫や玉石の粒径がドリルパイプ内径の70%以下であれば掘削は可能である。循環水の還流設備のために広い作業場が必要であり、施工にあたっては孔内水位を地下水位以下に下げないような管理が必要である。

関連用語 場所打ち杭、機械掘削、静水圧、オールケーシング工法（*411*）、アースドリル工法（*410*）、深礎工法（*424*）

57. リモートセンシング

リモートセンシングは、遠隔探査と呼ばれる技術で地上での観測も含めて、対象物に触れることなく探査する方法をいうが、一般的には航空機や人工衛星に搭載した各種センサで対象物の観測データを取得して、それをコンピュータ処理によって解析する技術をいう。

人工衛星を用いたリモートセンシングの活用例としては、オゾン層の破壊、熱帯雨林の激減、砂漠化、エルニーニョ現象、地球温暖化、湖水の汚染、火山の噴火、雪解け水や豪雨による水害・土壌崩壊、地震災害、活断層の調査、車公害、松食い虫等の樹木の被害、クロロフィル、水温、海流、小麦の収穫量の予測、宇宙考古学などさまざまな調査に利用されている。建設分野においても土地利用面や土砂崩れなどの災害、河川からの泥水流出、海流の流れなどに人工衛星データの利用が図られている。

関連用語 遠隔探査、航空機、人工衛星、各種センサ、コンピュータ処理

58. 労働災害の届出

休業を伴う労働災害が発生した場合には、労働安全衛生法に基づいて労働基準監督署に報告しなければならない。

労働安全衛生規則第97条では『事業者は、労働者が労働災害その他就業中又は事業場内若しくはその附属建設物内における負傷、窒息又は急性中毒により死亡し、又は休業したときは、遅滞なく、様式第23号による報告書を所轄労働基準監督署長に提出しなければならない。2. 前項の場合において、休業の日数が4日に満たないときは、事業者は、同項の規定にかかわらず、1月から3月まで、4月から6月まで、7月から9月まで及び10月から12月までの期間における当該事実について、様式第24号による報告書をそれぞれの期間における最後の月の翌月末日までに、所轄労働基準監督署長に提出しなければならない。』と定めている。

なお、故意に労働者死傷病の報告を怠ったり、虚偽の内容を記載した労働者死傷病報告を所轄労働基準監督署長に提出したりすると、労働安全衛生法違反として処罰の対象となる。

関連用語 労働安全衛生規則、労働基準監督署

59. ワイヤーソー工法

ワイヤーソー工法は、切断解体しようとする部材にダイヤモンドワイヤーソーを大回しに巻き付け、エンドレスで高速回転させてコンクリートや鉄筋を切断する工法である。ダイヤモンドワイヤーは柔軟性に優れ、被切断物の形状に合わせて切断できるため、大型コンクリート構造物から曲面状のものまで切断することが可能である。また、低騒音・低振動・低粉塵で作業ができる。

関連用語　ダイヤモンドワイヤーソー、切断する工法、低騒音・低振動・低粉塵

第11章　建 設 環 境

1. 3R
2. BOD
3. COD
4. SDGs
5. SPM
6. 汚染者負担の原則
7. 汚泥処理
8. 環境影響評価法
9. 環境基本法
10. 環境マネジメントシステム
11. 規制基準
12. グリーン購入法（国等による環境物品等の調達の推進等に関する法律）
13. 建設汚泥
14. 建設廃棄物
15. 建設リサイクル法（建設工事に係る資材の再資源化等に関する法律）
16. 産業廃棄物
17. 自然環境保全法
18. 自然再生推進法
19. 自動車から排出される窒素酸化物及び粒子状物質の特定地域における総量の削減等に関する特別措置法
20. 地盤沈下
21. 指標生物
22. 循環型社会
23. 新エネ法（新エネルギー利用等の促進に関する特別措置法）
24. 振動規制法
25. 侵略的外来種
26. 水質汚濁に係る環境基準
27. 水質汚濁防止法
28. 生物多様性国家戦略
29. セメント安定処理と六価クロム
30. ゼロエミッション
31. 騒音規制法
32. ダイオキシン
33. ダイオキシン類対策特別措置法
34. 大気汚染防止法
35. 大気の安定度
36. 地球温暖化
37. 地球温暖化防止京都会議（気候変動枠組条約第３回締約国会議）
38. 典型７公害
39. 特定外来生物
40. 土壌汚染対策法
41. 廃棄物の処理及び清掃に関する法律（廃棄物処理法）
42. バリアフリー
43. ビオトープ
44. 微小粒子状物質（PM2.5）
45. ヒートアイランド現象
46. ヒートアイランド対策大綱
47. 富栄養化
48. マニフェストシステム
49. ユニバーサルデザイン
50. ライフサイクルアセスメント
51. レッドデータブック

1. 3R

3Rは、循環型社会にするうえで、企業や国民が取り組むべき課題としての、1）リデュース（Reduce)、2）リユース（Reuse)、3）リサイクル（Recycle)、という3つの英語の頭文字をとったものをいう。

リデュースは、廃棄物をリユース、リサイクルする前に、発生自体を抑制することである。不要になった物をどうするかと考える前に、不要になる物をなるべく減らすという考え方で、原材料の効率的な利用や使い捨て製品の製造・販売等の自粛、製品の長寿命化、環境負荷の高い材料を使用しないことなどが挙げられる。

リユースは、一度利用して不要になったものを基本的な形を変えずに他の利用法で用いることである。回収して洗浄し繰り返し使われるリターナブル瓶などはリユースであり、リデュースとリサイクルの中間に位置するものである。

リサイクルは、一度使用して不要になったものを他の製品の原料として再生利用することである。紙や鉄くず、アルミニウム、ガラスびん、布などの再生使用、あるいは不用品交換などがリサイクルである。リサイクルには資源やエネルギーの節約、ごみの減量化による環境保全、ごみ処理費の節約などの効果がある。

循環型社会を構築していくにはReduce、Reuse、Recycleの順で取組むことが重要である。

関連用語　循環型社会（*462*)、リデュース、リユース、リサイクル、発生抑制、再利用、再生利用

2. BOD

BOD（Biochemical Oxygen Demand）は、水中の有機物を微生物が分解した際に消費される酸素の量で、河川水や工場排水、下水などに含まれる有機物による汚濁の程度を示す指標となる、生物化学的酸素要求量のことをいう。

BODは数値が高いほど有機物の量が多く、汚れが大きいことを示す。一般的に、魚の生息できる水質はBODが5 mg/l以下である。

関連用語　河川水、工場排水、下水、生物化学的酸素要求量

3. COD

COD（Chemical Oxygen Demand）は、水中の有機物を酸化剤で化学的に分解した際に消費される酸素の量で、海域や湖沼の有機汚濁物質等による水質汚濁の程度を示す指標となる、化学的酸素要求量のことをいう。

CODは通常、過マンガン酸カリウム等の酸化剤で酸化するときに消費される酸素量（mg/l）で表したもので、数値が高いほど有機物の量が多く、汚濁が進んでいることを示す。

関連用語　海域、湖沼、化学的酸素要求量、過マンガン酸カリウム

4. SDGs

SDGs：Sustainable Development Goals（持続可能な開発目標）は、2001年に策定されたミレニアム開発目標（MDGs）の後継として、2015年9月の国連サミットで加盟国の全会一致で採択された「持続可能な開発のための2030アジェンダ」に記載された、2030年までに「誰一人取り残さない」持続可能でよりよい社会の実現を目指す国際目標である。

SDGsは、17のゴールと169のターゲットから構成されている。17のゴールは、①貧困や飢餓、教育など未だに解決を見ない社会面の開発アジェンダ、②エネルギーや資源の有効活用、働き方の改善、不平等の解消などすべての国が持続可能な形で経済成長を目指す経済アジェンダ、そして③地球環境や気候変動など地球規模で取り組むべき環境アジェンダといった世界が直面する課題を網羅的に示している。

SDGsは発展途上国のみならず、先進国自身が取り組むユニバーサル（普遍的）なものであり、日本でも積極的に取り組んでいる。

関連用語　ミレニアム開発目標（MDGs）、持続可能な開発のための2030アジェンダ、開発アジェンダ、経済アジェンダ、環境アジェンダ

5. SPM

SPM（Suspended Particulate Matter：浮遊粒子状物質）は、空気中をただよっている粒径が10 μm以下の大きさの粉じん（粒子）のことをいう。

SPMは、粒子が非常に小さいため、大気中に長時間滞在し、肺や気管などに沈着して高濃度で呼吸器に影響を及ぼすといわれている。SPMの発生源は、工場などから排出されるばいじんやディーゼル車の排出ガス、それに

NO_xやSO_xなどのガス状物質が大気中で化学反応を起こして粒子となった二次生成粒子などの人為的発生源によるものと、土ぼこりや海水の飛沫など自然発生源によるものがある。

わが国のSPMの環境基準としては、1時間値の1日平均値が0.1 mg/m^3（100 μg/m^3）以下であり、かつ1時間値が0.2 mg/m^3（200 μg/m^3）以下であることとされており、2018年度における環境基準の達成率は一般環境大気測定局で99.8%、自動車排出ガス測定局で100%となっている。

関連用語 浮遊粒子状物質、ばいじん、ディーゼル車の排出ガス、二次生成粒子、SPMの環境基準

6. 汚染者負担の原則

汚染者負担の原則（PPP：Polluter Pays Principle）は、稀少な環境資源の合理的利用を促進し、かつ国際貿易及び投資における、ひずみを回避するための汚染防止と規制措置に伴う費用の配分について用いられるべき原則をいう。この原則は、経済協力開発機構（OECD）が1972年に勧告したものである。

わが国では一般に、汚染者負担の原則は公害対策の正義と公平の原則であり、公害を発生させた企業にその補償を負担させるという原則とされている。

関連用語 PPP、経済協力開発機構、補償負担

7. 汚泥処理

汚泥処理は、水処理または浚渫などから発生する汚泥を安全な状態にするための、濃縮、脱水、乾燥（焼却）などの中間工程をいう。一般に汚泥はシックナーで沈降濃縮され、機械脱水されるが、その前処理（調質）として、凝集剤の添加、ろ過助剤の使用、熱処理、凍結・融解などが施される。脱水された汚泥は、埋立てや投棄などの処分をするか、焼結して路面に敷いたりする。

袋詰脱水工法は、浚渫ヘドロのような超軟弱な泥土を大きな袋の中に充填し、自重または上載荷重により、袋の表面から脱水させ、袋と脱水後の土はそのまま堤防や盛土材として利用するもので、汚泥処理法の1つである。

関連用語 濃縮、脱水、乾燥、袋詰脱水工法

8. 環境影響評価法

環境影響評価法は、大規模な公共事業を実施するにあたり、環境影響評価について国等の責務を明らかにし、環境影響評価の手続について定めるとともに、環境影響評価結果を踏まえて事業の許認可をすることにより、その事業に係る環境の保全を確保するために定められた法律である。環境影響評価法が公布されたのは平成9年で、当時のOECD加盟国中では日本が最も遅かった。

(1) 対象事業（第一種事業と第二種事業）

環境影響評価法の対象事業は、道路やダム、鉄道、飛行場などの規模が大きく環境に著しく影響を及ぼすおそれがある事業で、国が実施しまたは許認可を行うもので、必ず環境影響評価を行わなくてはならない第一種事業と、第一種事業に準じる規模を有し、環境影響評価を行うかどうかについて個別に判定（スクリーニング）を行う第二種事業とがある。第二種事業の判定は、事業の許認可等を行う行政機関が、都道府県知事に意見を聴いて環境影響評価を行うかどうかについて判定を行う。

環境影響評価法で環境アセスメントの対象となる事業は、道路、鉄道、空港、発電所など13種類の事業である。なお、環境影響評価法で定める第二種事業の規模に係る数値の第一種事業の規模に係る数値に対する比について、政令で定める数値は0.75である。

(2) 環境アセスメント図書

環境アセスメント図書は、環境アセスメントの手続の中で事業者が作成する図書の総称で、環境アセスメントの手続に応じて、①計画段階環境配慮書（配慮書）、②環境影響評価方法書（方法書）、③環境影響評価準備書（準備書）、④環境影響評価書（評価書）、⑤環境保全措置等の報告書（報告書）、の5つが環境影響評価法で規定されている。

①計画段階環境配慮書（配慮書）

計画段階環境配慮書（配慮書）は、事業の位置・規模等の検討段階において、環境保全のために配慮すべき事項についての検討結果を伝えるものである。事業の早期段階における環境配慮を図るため、第一種事業を実施しようとする者は、事業の位置、規模等を選定するに当たり環境の保全のために配慮すべき事項について検討を行い、計画段階環境配慮書を作成し、送付等を行うというものである。

第一種事業と第二種事業の比較

		第一種事業	第二種事業
道路	高速自動車国道	すべて	—
	首都高速道路等	4 車線以上のもの	—
	一般国道	4 車線以上・10 km 以上	4 車線以上・7.5 km～10 km
	林道	幅員 6.5 m 以上・20 km 以上	幅員 6.5 m 以上・15 km～20 km
河川	ダム、堰	湛水面積 100 ha 以上	湛水面積 75 ha～100 ha
	放水路、湖沼開発	土地改変面積 100 ha 以上	土地改変面積 75 ha～100 ha
鉄道	新幹線鉄道	すべて	—
	鉄道、軌道	長さ 10 km 以上	長さ 7.5 km～10 km
飛行場		滑走路長 2,500 m 以上	滑走路長 1,875 m～2,500 m
発電所	水力発電所	出力 3 万 kW 以上	出力 2.25 万 kW～3 万 kW
	火力発電所	出力 15 万 kW 以上	出力 11.25 万 kW～15 万 kW
	地熱発電所	出力 1 万 kW 以上	出力 7,500 kW～1 万 kW
	原子力発電所	すべて	—
	太陽電池発電所	出力 4 万 kW 以上	出力 3 万 kW～4 万 kW
	風力発電所	出力 5 万 kW 以上	出力 3.75 万 kW～5 万 kW
廃棄物最終処分場		面積 30 ha 以上	面積 25 ha～30 ha
埋立て、干拓		面積 50 ha 超	面積 40 ha～50 ha
土地区画整理事業		面積 100 ha 以上	面積 75 ha～100 ha
新住宅市街地開発事業		面積 100 ha 以上	面積 75 ha～100 ha
工業団地造成事業		面積 100 ha 以上	面積 75 ha～100 ha
新都市基盤整備事業		面積 100 ha 以上	面積 75 ha～100 ha
流通業務団地造成事業		面積 100 ha 以上	面積 75 ha～100 ha
宅地の造成の事業	住宅・都市基盤整備機構	面積 100 ha 以上	面積 75 ha～100 ha
	地域振興整備公団	面積 100 ha 以上	面積 75 ha～100 ha
港湾計画		埋立・掘込み面積の合計 300 ha 以上	
(港湾計画については、港湾環境アセスメントの対象になる)			

②環境影響評価方法書（方法書）

環境影響評価方法書（方法書）は、環境影響評価の方法を決めるに当たり、住民、地方公共団体などの意見を聴くために事業者が作成する文書であり、これから行う環境アセスメントの方法を伝えるものである。方法書には、1）対象事業の目的及び内容、2）対象事業が実施されるべき区域及びその周囲の概況、3）対象事業に係る環境影響評価の項目並びに調査、予測及び評価の手法、などが記載される。なお、具体的にどのような手法で調査・予測・評価を行うかという点については、事業者がすでに案を決定している場合に記載される。

事業者は環境影響評価方法書を作成し、市町村長の意見を踏まえた都道府県知事の意見を勘案して、具体的な方法を定める。方法書に記載される評価項目や調査・予測・評価方法などの環境影響評価の実施計画は、事業特性や地域特性に応じて選定される。環境影響評価方法書は、公告の日から起算して1月間縦覧に供される。この際、環境保全の見地からの意見を有する者は、事業者に対して意見書の提出により意見を述べることができる。なお、このような早い段階で意見を聴取することによって、環境影響評価の内容を絞り込む手続をスコーピングという。

③環境影響評価準備書（準備書）

環境影響評価準備書（準備書）は、環境影響評価の結果について環境の保全の見地からの意見を聴くための準備として、調査、予測、評価、環境保全対策の検討を実施した結果等を示し、環境の保全に関する事業者自らの考え方を取りまとめた文書であり、環境アセスメントの結果を伝えるものである。準備書には、1）方法書の内容、2）方法書について環境の保全の見地から寄せられた一般の方々からの意見の概要と事業者の見解、3）方法書について環境の保全の見地から述べられた都道府県知事の意見、4）環境影響評価の項目並びに調査・予測・評価の手法、5）環境影響評価の結果（環境の保全のための措置及び検討の経緯など）、などが記載される。

事業者は準備書を作成して、関係地域を所管する都道府県知事、市町村長に送付する。また、環境保全の見地からの意見を求めるため、準備書を作成したことを公告し、関係する地域内において準備書及びその要約書を1月間縦覧するほか、説明会を開催することが義務付けられている。なお、準備書は内容が詳細で量も多いことから、事業者が準備書の内容を説明する説明会を開催する。この際に、環境保全の見地からの意見を有する者は、事業者に対して意見書の提出により意見を述べることができる。

④環境影響評価書（評価書）

環境影響評価書（評価書）は、環境影響評価準備書について都道府県知事や一般から述べられた意見等を踏まえ、環境影響評価準備書の記載事項について再検討を加え、必要に応じて見直した上で、準備書に対し述べられた意見と、それらに対する事業者の見解を、準備書の記載事項に追加して記載した文書である。

事業者は評価書を作成して、事業の許認可等を行う者に送付し、許認可等を行う行政機関は環境大臣に送付する。環境大臣は環境保全の見地からの意見を述べ、許認可等を行う行政機関は環境大臣の意見を踏まえて事業者に意見を述べる。事業者は意見の内容を検討し、必要に応じて見直した上で、最終的に評価書を確定し、都道府県知事、市町村長、事業の許認可等を行う行政機関に送付するとともに、公告し1月間の縦覧を行う。

⑤環境保全措置等の報告書（報告書）

環境保全措置等の報告書（報告書）は、事業で講じた環境保全措置等の実施状況について伝える文書である。

事業者は、工事中に実施した事後調査やそれにより判明した環境状況に応じて講ずる環境保全対策、重要な環境に対して行う効果の不確実な環境保全対策の状況について、工事終了後に図書にまとめ、報告・公表を行う（報告書手続）。事業者は報告書を作成し、評価書の送付を行った者（事業の許認可等を行う者等と環境大臣）に送付するとともに、報告書の公表を行う。報告書の送付を受けた者は、これをもとに意見を提出する。環境大臣は必要に応じて事業の許認可等を行う者等に環境の保全の見地からの意見を述べ、事業の許認可等免許等を行う者等は、環境大臣の意見を踏まえて環境の保全の見地から事業者に意見を述べる。なお縦覧では、紙媒体に加えて、インターネットにより行うことが義務付けられている。

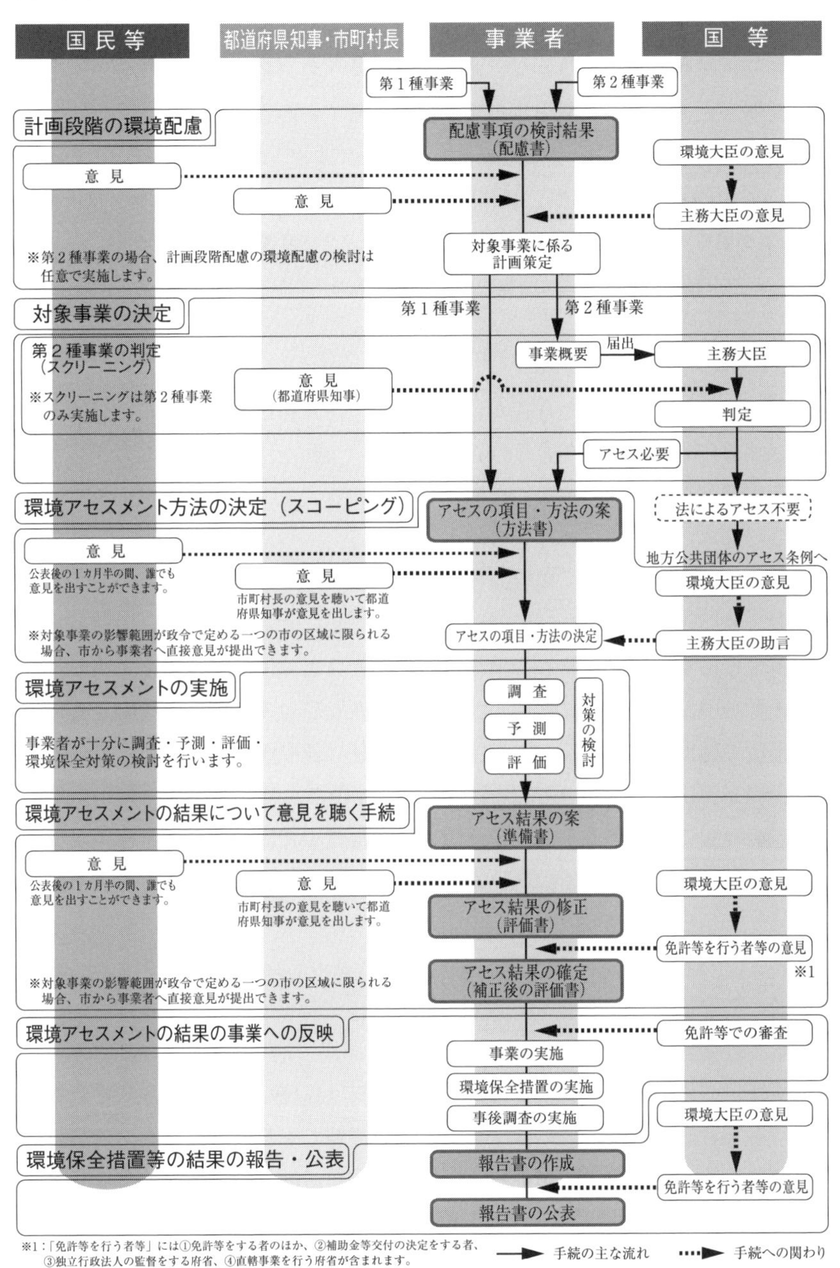

図の出典：環境アセスメント制度のあらまし（環境省）

環境アセスメントの手続の流れ

環境影響評価法によるだけではなく、地方公共団体においても、独自の環境アセスメント制度を設けている。現在、すべての都道府県、政令指定都市で環境アセスメントに関する条例が制定されている。

関連用語 第一種事業、第二種事業、スクリーニング、環境アセスメント、計画段階環境配慮書（配慮書）、環境影響評価方法書（方法書）、環境影響評価準備書（準備書）、環境影響評価書（評価書）、環境保全措置等の報告書（報告書）、縦覧、スコーピング、地方公共団体の環境アセスメント制度

9. 環境基本法

環境基本法は、公害や身近な自然の減少、さらには地球環境問題の進行に対応するために、平成5年（1993年）に制定された法律で、従来の「公害対策基本法」を発展させ、環境に関する基本的な考え方や環境の保全に関する施策の基本について定めたものである。

環境基本法の目的は、環境の保全について、基本理念を定め、並びに国、地方公共団体、事業者及び国民の責務を明らかにするとともに、環境の保全に関する施策の基本となる事項を定めることにより、環境の保全に関する施策を総合的かつ計画的に推進し、もって現在及び将来の国民の健康で文化的な生活の確保に寄与するとともに人類の福祉に貢献すること、としている。

環境基本法では、1）環境保全が人類の健康で文化的な生活に欠かせないものであることを認識し、現在及び将来の世代の人間が健全で恵み豊かな環境の恵沢を享受するとともにその環境を維持すること、2）健全な経済の発展を図りながら、環境への負荷の少ない持続的発展が可能な社会の構築を図ること、3）地球環境保全は人類共通の課題であり、地球環境保全は、国際的協調の下に積極的に推進されなければならないこと、の3点を基本理念としている。この法律では、国や地方公共団体、国民（消費者）、さらに事業者は、環境保全の施策推進について責務を果たさなければならないとされており、特に事業者は、公害防止や自然環境の保全に努力するのみでなく、製品の原料調達、製造、流通、販売から廃棄までの事業活動全般において環境配慮に努め、国や地方公共団体の施策に協力することが責務として求められている。

また、環境の保全に関する基本的施策として、政府による環境保全に関する施策の総合的、計画的な推進を図るための環境基本計画の策定、環境基準の設定、特定地域における公害の防止のための公害防止計画の策定、国によ

る環境影響評価の推進、環境の保全上の支障を防止するための規制措置、経済的措置及び施設の整備その他の事業の推進、環境への負荷の低減に資する製品利用の促進、環境教育・学習、民間団体等の自発的な活動の促進、科学技術の振興、紛争に係るあっせん、調停等並びに地球環境保全等に関する国際協力等の推進を定めている。

環境基本法には、第10条に「環境の日」が、第15条に「環境基本計画」が、第41条に「中央環境審議会」が、第45条第46条に「公害対策会議」がそれぞれ定められている。

関連用語 公害、自然の減少、地球環境問題、公害対策基本法、環境基本計画、環境基準、公害防止計画、環境影響評価、環境の日、中央環境審議会、公害対策会議

10. 環境マネジメントシステム

環境マネジメントシステムは、環境に与える有害な負荷を減少させることをねらいとして、組織が自ら環境方針及び目的を定め、その実現のための計画を立て、それを実施及び運用し、その結果を点検及び是正し、さらに次のステップを目指した見直しを行うことにより継続的に向上させるための一連のシステムをいう。

ISO 14001は、ISO（国際標準化機構）で定められた世界共通の環境マネジメントシステムの規格で、環境マネジメントシステムの構成要素を定めたものである。ISO 14001は、企業はもとより自治体での認証取得も活発になっている。

関連用語 環境方針、目的、継続的向上、ISO 14001、認証取得

11. 規制基準

規制基準は、環境基本法に基づいて定められた環境基準を目標に、行政が行う個別の施策の中において具体的に公害等の発生源を規制するものであり、法的強制力を伴う基準である。大気汚染防止法では「排出基準」、水質汚濁防止法では「排水基準」、騒音規制法、振動規制法、悪臭防止法では「規制基準」という用語が用いられている。

なお環境基準は、大気の汚染、水質の汚濁、土壌の汚染及び騒音に係る環境上の条件について、それぞれ人の健康の保護及び生活環境の保全の上で、

維持されることが望ましい基準として法令に基づき定められるものであり、法的強制力はない。

関連用語 環境基本法（*454*）、環境基準、大気汚染防止法（*471*）、排出基準、水質汚濁防止法（*466*）、排水基準、騒音規制法（*468*）、振動規制法（*464*）、悪臭防止法

12. グリーン購入法（国等による環境物品等の調達の推進等に関する法律）

グリーン購入法（国等による環境物品等の調達の推進等に関する法律）は、循環型社会の実現にあたって、リサイクルの促進に加え、リサイクル製品の需要面からの取組が重要であるという観点から、平成12年5月に循環型社会形成推進基本法の個別法の1つとして制定された法律である。

ここでは、国等の公的機関が率先してグリーン調達を推進するとともに、環境物品調達実績の公表など適切な情報提供を促進することにより、需要の転換を図り、持続的発展が可能な社会の構築を推進することを目指している。また、国等の各機関の取組に関することのほか、地方公共団体に対する調達方針の作成や調達推進の努力義務、ならびに事業者及び国民に対しては物品購入に際して、できる限り環境負荷低減物品を選択する責務などについても定めている。

関連用語 循環型社会（*462*）、循環型社会形成推進基本法、グリーン調達、情報提供、持続的発展

13. 建設汚泥

建設汚泥は、掘削工事から生じる無機性の泥土（泥状物や泥水など）のうち、廃棄物処理法に規定する産業廃棄物として取り扱われるものをいう。建設汚泥に該当する泥状の状態とは標準仕様ダンプトラックに山積みができず、またその上を人が歩けない状態をいい、コーン指数が概ね200 kN/m^{2}以下または一軸圧縮強さが概ね50 kN/m^{2}以下のものをいう。

建設汚泥は、焼成処理やスラリー化処理、高度安定処理、溶融処理などによる製品化処理、ならびに高度脱水処理（脱水処理）や安定処理、乾燥処理などによる土質材料としての処理が行われている。建設汚泥の利用の促進を目的として、建設汚泥リサイクル指針が平成11年11月に発刊されている。

関連用語 無機性、廃棄物処理法（*475*）、産業廃棄物（*458*）、コーン指数、一軸圧縮強さ、製品化処理、土質材料処理、建設汚泥リサイクル指針

14. 建設廃棄物

建設廃棄物は、工作物の建設工事及び解体工事に伴って生じるアスファルト塊、コンクリート塊、建設汚泥、建設発生木材及び建設混合廃棄物などの廃棄物のことをいう。

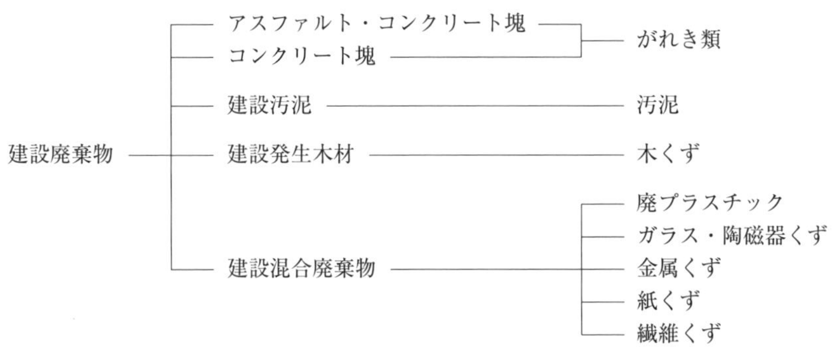

建設廃棄物

関連用語 アスファルト塊、コンクリート塊、建設汚泥（*456*）、建設発生木材、建設混合廃棄物

15. 建設リサイクル法（建設工事に係る資材の再資源化等に関する法律）

建設リサイクル法（建設工事に係る資材の再資源化等に関する法律）は、特定の建設資材（①コンクリート、②コンクリート及び鉄からなる建設資材、③木材、④アスファルト・コンクリート）について、その分別解体等及び再資源化等を促進するための措置を講ずるとともに、解体工事業者について登録制度を実施すること等により、再生資源の十分な利用及び廃棄物の減量等を通じて、資源の有効な利用の確保及び廃棄物の適正な処理を図るために定められた法律である。なお、建設リサイクル法における特定建設資材は、コンクリート、木材その他建設資材のうち、建設資材廃棄物となった場合におけるその再資源化が資源の有効な利用及び廃棄物の減量を図るうえで特に必要であり、かつ、その再資源化が経済性の面において制約が著しくないと

認められるものとして政令で定めるものとしている。

建設リサイクル法における再資源化には、分別解体等に伴って生じた建設資材廃棄物を、資材または原材料として利用することができる状態にする行為に加え、熱を得ることに利用することができる状態にする行為も含まれる。

この法律は、当時は建設廃棄物が産業廃棄物全体の20%、最終処分量の40%を占めさらに不法投棄量の90%を占めていたこと、また最終処分場の残存容量が逼迫していること、建設廃棄物のリサイクルの取り組みが遅れていたこと、などの背景により平成12年に施行（解体工事業の登録等に関する規定については、平成13年に施行）されたものである。

建設リサイクル法では、一定規模以上の建築物その他の工作物に関する対象建設工事（特定建設資材を用いた建築物等の解体工事のみならず、その施工に特定建設資材を使用する一定規模以上の建築物等の新築工事も含まれる）について、特定建設資材の分別解体等を義務づけるとともに、その分別解体等に伴って生じた特定建設資材廃棄物について再資源化を義務づけてリサイクルを推進することとしている。対象建設工事の実施にあたっては、工事着手の7日前までに発注者又は自主施工者は都道府県又は特定行政庁の市長に分別解体等の計画などを届け出なければならない。

令和2年にとりまとめられた、平成30年度建設副産物実態調査結果（確定値）によると、平成30年度の建設廃棄物の再資源化・縮減率は、約97.2%と前回調査（平成24年度）より1.2ポイント上昇しており、品目別にみると、アスファルト・コンクリート塊、コンクリート塊は横ばいであるが、建設発生木材、建設汚泥、建設混合廃棄物は向上しているとしている。

関連用語　特定建設資材、コンクリート、コンクリート及び鉄からなる建設資材、木材、アスファルト・コンクリート、建設資材廃棄物、経済性、分別解体、再資源化、対象建設工事

16. 産業廃棄物

産業廃棄物は、事業活動に伴って生じた廃棄物のうち、燃えがら、汚泥、廃油、廃酸、廃アルカリ、廃プラスチック類など20種類の廃棄物をいう。これに対し、家庭ごみやし尿などは一般廃棄物という。

産業廃棄物は、廃棄物の処理及び清掃に関する法律により規制されており、事業者の適正処理責任を定め、汚染者負担の原則に基づいた廃棄物発生者の

自己処理原則が適用されている。

関連用語 一般廃棄物、廃棄物の処理及び清掃に関する法律（*475*）、汚染者負担の原則（*448*）

17. 自然環境保全法

自然環境保全法は、自然公園法その他の自然環境の保全を目的とする法律と相まって、自然環境を保全することが特に必要な区域等の自然環境の適正な保全を総合的に推進することにより、広く国民が自然環境の恵沢を享受するとともに、将来の国民にこれを継承できるようにし、現在及び将来の国民の健康で文化的な生活の確保に寄与することを目的として昭和47年に定められた法律である。

自然環境保全法は、原生の状態を維持する等自然性の高い地域あるいは希少かつ貴重・脆弱かつ再生困難であり学術的価値の高い自然物を含む自然地域を保全することを目的として、保全の対象及び規制の程度に応じて原生自然環境保全地域、自然環境保全地域、沖合海底自然環境保全地域、都道府県自然環境保全地域がある。

関連用語 自然公園法、原生自然環境保全地域、自然環境保全地域、沖合海底自然環境保全地域、都道府県自然環境保全地域

18. 自然再生推進法

自然再生推進法は、過去に損なわれた生態系その他の自然環境を取り戻すために、自然再生を総合的に推進し、生物多様性の確保を通じて自然と共生する社会の実現を図り、あわせて地球環境の保全に寄与することを目的として平成15年1月に施行された法律である。

自然再生推進法では、自然再生事業を、NPOや専門家を始めとする地域の多様な主体の参画と創意により、地域主導のボトムアップ型で進める新たな事業として位置づけ、その基本理念、具体的手順等を明らかにしている。この法律は、わが国の生物多様性の保全にとって重要な役割を担うものであり、地域の多様な主体の参加により、河川、湿原、干潟、藻場、里山、里地、森林、サンゴ礁など自然環境の保全、再生、創出、維持管理を求めている。

関連用語 自然再生、NPO、生物多様性の保全

19. 自動車から排出される窒素酸化物及び粒子状物質の特定地域における総量の削減等に関する特別措置法

「自動車から排出される窒素酸化物及び粒子状物質の特定地域における総量の削減等に関する特別措置法」（自動車NO_x・PM法）は、自動車から排出される窒素酸化物及び粒子状物質による大気の汚染の状況にかんがみ、その汚染の防止に関して国、地方公共団体、事業者及び国民の果たすべき責務を明らかにするとともに、その汚染が著しい特定の地域について、自動車から排出される窒素酸化物及び粒子状物質の総量の削減に関する基本方針及び計画を策定し、当該地域内に使用の本拠の位置を有する一定の自動車につき窒素酸化物排出基準及び粒子状物質排出基準を定め、並びに事業活動に伴い自動車から排出される窒素酸化物及び粒子状物質の排出の抑制のための所要の措置を講ずること等により、大気汚染防止法による措置等と相まって、二酸化窒素及び浮遊粒子状物質による大気の汚染に係る環境基準の確保を図り、もって国民の健康を保護するとともに生活環境を保全することを目的として、平成13年6月27日に制定された法律である。

平成4年6月に「自動車から排出される窒素酸化物の特定地域における総量の削減等に関する特別措置法」（自動車NO_x法）が制定され、車種規制をはじめとする対策が実施されてきたが、1）自動車走行量の伸び等により、単体規制、車種規制の効果が相殺されて、自動車NO_x法が目的としたNO_2の環境基準の達成が困難になったこと、2）大都市部を中心にディーゼル車から排出される粒子状物質（PM）の大気環境基準の達成率が低く、発ガン性等の健康被害が問題化したこと、などから「自動車NO_x法」の改正法として「自動車NO_x・PM法」が成立することになったものである。自動車NO_x・PM法には一定の自動車に関して、より窒素酸化物や粒子状物質の排出の少ない車を使うように車種規制という規制が盛り込まれ、これによって大都市圏で所有し、使用できる車が制限されることになった。なお、ここでいうNO_xとは、窒素（N_2）と酸素（O_2）の化合物全体のことをいい、一酸化窒素（NO）、二酸化窒素（NO_2）がその主なものである。

自動車NO_x・PM法には、1）国及び地方公共団体で策定する総合的な対策の枠組みとしての、自動車から排出される窒素酸化物及び粒子状物質に関する「総量削減基本方針」、「総量削減計画」、2）対策地域のトラック、バス、ディーゼル乗用車などに適用される自動車の使用規制としての「車種規制」、

3）一定規模以上の事業者の自動車使用管理計画の作成等により、窒素酸化物及び粒子状物質の排出の抑制を行う仕組みとしての「事業者排出抑制対策」、などが含まれている。

なお、平成19年5月18日に本法律の一部を改正する法律が公布され、平成20年1月1日から施行された改正自動車NO_x・PM法では、局地汚染対策として、大気汚染が深刻な交差点などを都道府県知事が「重点対策地区」に指定し、重点対策計画を策定して対策を実施するとともに、重点対策地区内に交通量を増やしそうな建物を新設する者は、排出量抑制のための配慮事項などを届け出なくてはならなくなった。さらに、流入車対策としては、対策地域周辺から重点対策地区内の指定地区へ運行する自動車を使用する一定の事業者に、排出抑制計画の作成・提出や定期報告を義務づけることにした。

関連用語 窒素酸化物排出基準、粒子状物質排出基準、大気汚染防止法（*471*）、二酸化窒素、浮遊粒子状物質（*447*）、自動車から排出される窒素酸化物の特定地域における総量の削減等に関する特別措置法（自動車NO_x法）、車種規制、総量削減基本方針、総量削減計画、事業者排出抑制対策、改正自動車NO_x・PM法、局地汚染対策、流入車対策

20. 地盤沈下

地盤沈下は主として沖積平野などの軟弱地盤地域で地下水を過剰に汲み上げることにより、地層が圧密収縮して地面が沈下する現象のことをいい、典型7公害の1つとされている。

地盤沈下の特徴としては、①進行が緩慢であること、②一度沈下すると復元が難しいこと、③水害・震災など他の災害を助長すること、等が挙げられる。地盤沈下は、高度成長期に地下水の需要が増大したことから、大都市や工業都市を中心に多発した。地盤沈下を防止するために工業用水法（昭和31年）及び建築物用地下水の採取の規制に関する法律（昭和37年）などにより地域を指定して地下水の採取を規制した結果、大都市では沈静してきたが、最近では、都市近郊や農村地域または積雪地域などで地盤沈下がみられる。

関連用語 軟弱地盤地域、地下水、典型7公害（*474*）、工業用水法、建築物用地下水の採取の規制に関する法律

21. 指標生物

河川に生息するサワガニ、カワゲラ類等の水生生物の生息状況は、水質汚濁の影響を反映することから、それらの水生生物を指標として水質を判定することができる。このように、生息・生育に必要な特定の環境条件の変化をよく反映する生物を指標生物という。

大気汚染の指標生物としては、感受性の高い地衣類の有無や種子植物の葉の変化が用いられる。また土壌については、土壌汚染の判定にシダ植物の仲間などが指標生物として用いられる。

関連用語　水質汚濁、水生生物、大気汚染、地衣類、土壌汚染、シダ植物

22. 循環型社会

循環型社会は、大量消費・大量廃棄型の社会に代わるものとして、廃棄より再使用・再生利用を第一に考え、新たな資源の投入をできるだけ抑えるとともに、自然生態系に戻す排出物を減らすなど、天然資源の消費を抑制し、環境への負荷ができる限り低減される社会をいう。

資源の枯渇や廃棄物処分場の不足などから、循環型社会づくりは環境保全型の社会づくりの重要な柱の1つであり、生産から流通、消費、廃棄に至るまで物質の効率的な利用やリサイクルを進めるとともに使えるものは再度使うこと、原料として再生できるものは原料に戻すこと、が当然のこととして行われる社会へ変えていく必要がある。このような背景のもと、循環型社会への基本的な理念や枠組みを定めた循環型社会形成推進基本法が平成13年(2001年）に施行され、家電製品や食品、容器包装をはじめ個別のリサイクル法が整備されている。

関連用語　再使用・再生利用、環境保全型の社会づくり、循環型社会形成推進基本法、個別のリサイクル法

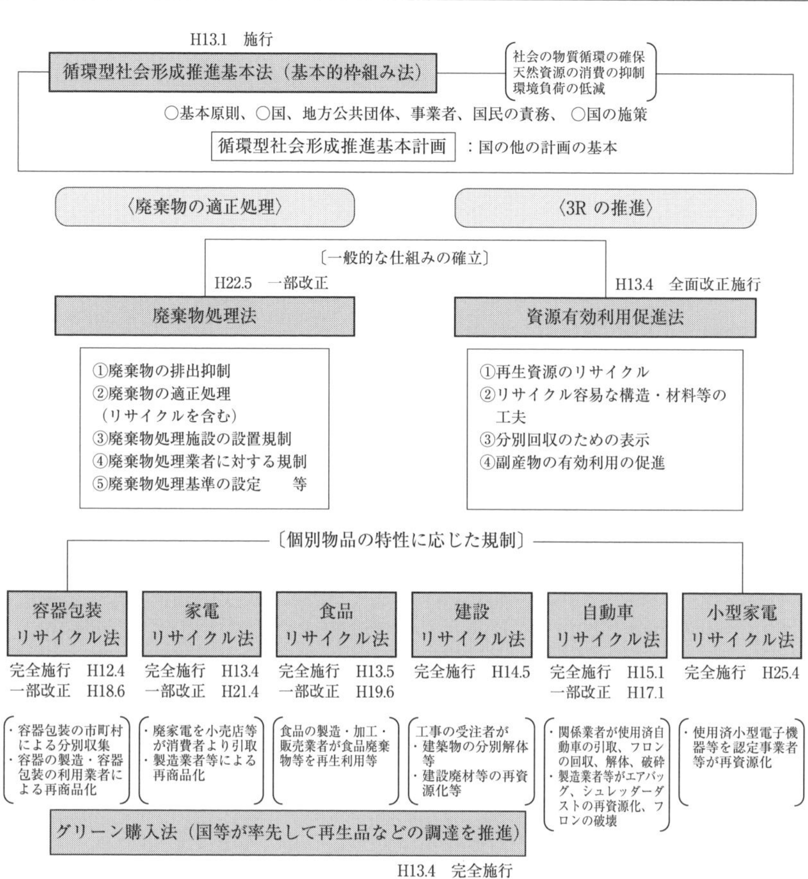
H13.1　施行
循環型社会形成推進基本法（基本的枠組み法）
社会の物質循環の確保
天然資源の消費の抑制
環境負荷の低減
○基本原則、○国、地方公共団体、事業者、国民の責務、○国の施策
循環型社会形成推進基本計画　：国の他の計画の基本
〈廃棄物の適正処理〉
〈3R の推進〉
〔一般的な仕組みの確立〕
H22.5　一部改正
H13.4　全面改正施行
廃棄物処理法
資源有効利用促進法
①廃棄物の排出抑制
②廃棄物の適正処理（リサイクルを含む）
③廃棄物処理施設の設置規制
④廃棄物処理業者に対する規制
⑤廃棄物処理基準の設定　等
①再生資源のリサイクル
②リサイクル容易な構造・材料等の工夫
③分別回収のための表示
④副産物の有効利用の促進
〔個別物品の特性に応じた規制〕
容器包装リサイクル法
完全施行　H12.4
一部改正　H18.6
・容器包装の市町村による分別収集
・容器の製造・容器包装の利用業者による再商品化
家電リサイクル法
完全施行　H13.4
一部改正　H21.4
・廃家電を小売店等が消費者より引取
・製造業者等による再商品化
食品リサイクル法
完全施行　H13.5
一部改正　H19.6
食品の製造・加工・販売業者が食品廃棄物等を再生利用等
建設リサイクル法
完全施行　H14.5
工事の受注者が
・建築物の分別解体等
・建設廃材等の再資源化等
自動車リサイクル法
完全施行　H15.1
一部改正　H17.1
・関係業者が使用済自動車の引取、フロンの回収、解体、破砕
・製造業者等がエアバッグ、シュレッダーダストの再資源化、フロンの破壊
小型家電リサイクル法
完全施行　H25.4
・使用済小型電子機器等を認定事業者等が再資源化
グリーン購入法（国等が率先して再生品などの調達を推進）
H13.4　完全施行

図の出典：資源循環ハンドブック 2014（経済産業省）

循環型社会形成のための主な法体系

23. 新エネ法（新エネルギー利用等の促進に関する特別措置法）

新エネ法（新エネルギー利用等の促進に関する特別措置法）は、新エネルギー利用等についての国民の努力を促すとともに、新エネルギー利用等を円滑に進めるために必要な措置を講ずることを目的として平成9年に施行された法律である。

この法律では、国・地方公共団体、事業者、国民等の各主体の役割を明確化する基本方針（閣議決定）の策定、新エネルギー利用等を行う事業者に対する金融上の支援措置等を規定している。

関連用語　新エネルギー（*284*）

24. 振動規制法

振動規制法は、工場及び事業場における事業活動並びに建設工事に伴って発生する相当範囲にわたる振動について必要な規制を行うとともに、道路交通振動に係る要請の措置を定めること等により、生活環境を保全し、国民の健康の保護に資することを目的として昭和51年に施行された法律である。

振動規制法では、工場・事業場の振動、特定建設作業の振動、道路交通振動、のそれぞれに対して規制しており、このうち建設事業に係る建設作業の振動については、指定地域内の特定建設作業に伴って発生する振動について規制し、その規制基準は、特定建設作業の振動が特定建設作業の場所の敷地の境界線において、またその他作業時間等について定められている。振動規制法第14条では、指定地域内において特定建設作業を伴う建設工事を施工しようとする者は、当該特定建設作業の開始の7日前までに、当該特定建設作業の種類、場所、実施期間、作業時間及び振動の防止の方法等を市町村長や特別区長に届け出なければならないとされている。振動規制法施行規則に定める特定建設作業の規制に関する基準では、特定建設作業の振動が、当該特定建設作業の場所の敷地境界線において、75デシベルを超える大きさのものでないこととされている。

関連用語　工場・事業場の振動、特定建設作業の振動、道路交通振動、特定建設作業（*431*）、振動の測定、振動レベル、騒音規制法（*468*）

特定建設作業に伴って発生する振動の大きさや作業時間等

規制の種類／区域	第１号区域	第２号区域
振動の大きさ	敷地境界線において 75 デシベルを超えないこと	
作業時間帯	午後７時～翌日午前７時に行われないこと	午後 10 時～翌日午前６時に行われないこと
作業期間	１日あたり 10 時間以内	１日あたり 14 時間以内
	連続６日以内	
作業日	日曜日、その他の休日でないこと	

※（第１号区域）
- 良好な住居の環境を保全するため、特に静穏の保持を必要とする区域
- 住居の用に供されているため、静穏の保持を必要とする区域
- 住居の用に併せて商業、工業等の用に供されている区域であって、相当数の住居が集合しているため、振動の発生を防止する必要がある区域
- 学校、保育所、病院、患者の収容施設を有する診療所、図書館及び特別養護老人ホームの敷地の周囲おおむね 80 m の区域内

（第２号区域）
- 指定地域のうち第１号区域以外の区域

25. 侵略的外来種

侵略的外来種は、外来種の中で地域の自然環境に大きな影響を与え、生物多様性を脅かすおそれのあるものをいう。「侵略的」というと、何か恐ろしい・悪い生き物と思われがちであるが、本来の生息地ではごく普通の生き物として生活していたものであり、たまたま導入された場所の条件が、大きな影響を引き起こす要因を持っていたに過ぎない。

関連用語　外来種、生物多様性、特定外来生物（*474*）

26. 水質汚濁に係る環境基準

環境基本法に基づく水質汚濁に係る環境基準は、公共用水域の水質について維持することが望ましい基準として定められている行政上の目標であり、『人の健康の保護に関する環境基準（健康項目）』と『生活環境の保全に関する環境基準（生活環境項目）』が別々に定められている。

環境基準の達成に必要な期間およびこの期間が長期間である場合の措置として、『人の健康の保護に関する環境基準』では、「設定後直ちに達成され、

維持されるように努めるものとする」と定めている。

一方、『生活環境の保全に関する環境基準』では、「各公共用水域ごとに、おおむね次の区分により、施策の推進とあいまちつつ、可及的速やかにその達成維持を図るものとする。(1) 現に著しい人口集中、大規模な工業開発等が進行している地域に係る水域で著しい水質汚濁が生じているものまたは生じつつあるものについては、5年以内に達成することを目途とする。ただし、これらの水域のうち、水質汚濁が極めて著しいため、水質の改善のための施策を総合的に講じても、この期間内における達成が困難と考えられる水域については、当面、暫定的な改善目標値を適宜設定することにより、段階的に当該水域の水質の改善を図りつつ、極力環境基準の速やかな達成を期することとする。(2) 水質汚濁防止を図る必要のある公共用水域のうち、(1) の水域以外の水域については、設定後直ちに達成され、維持されるよう水質汚濁の防止に努めることとする。」と定められている。

近年、一級河川の水質は確実に改善され、水質は良好なものとなってきているが、湖沼の水質については、閉鎖性水域のため滞留時間が長く、CODの環境基準の満足率が低い。

関連用語　人の健康の保護に関する環境基準（健康項目）、生活環境の保全に関する環境基準（生活環境項目）、閉鎖性水域、COD（*447*）

27. 水質汚濁防止法

水質汚濁防止法は、工場及び事業場から公共用水域に排出される水の排出及び地下に浸透する水の浸透を規制するとともに、生活排水対策の実施を推進すること等によって、公共用水域及び地下水の水質の汚濁の防止を図り、もって国民の健康を保護するとともに生活環境を保全し、並びに工場及び事業場から排出される汚水及び廃液に関して人の健康に係る被害が生じた場合における事業者の損害賠償の責任について定めることにより、被害者の保護を図ることを目的として昭和46年に施行された法律である。

水質汚濁防止法によって保全が図られるのは、公共用水域と地下水の水質であり、公共用水域とは河川、湖沼、港湾、沿岸海域その他公共の用に供される水域及びこれに接続する公共溝渠、かんがい用水路その他公共の用に供される水路（下水道法に規定する公共下水道及び流域下水道であって、終末処理場を設置しているものを除く）をいう。主な地下水汚染として、細菌類、工場から排出されるシアン・クロム等の有害物質、下水・農地浸出水による亜硝酸・硝酸等による汚染があり、汚染すると回復が困難である。水質汚濁防止法では大気汚染防止法と同様に無過失損害賠償責任規定が置かれている。また、この法律に基づき地域の自然・社会的条件により、都道府県が公共用水域の該当地域に対し、国の定める許容限度より厳しい排水基準を定めることができる。

水質汚濁防止法における特定施設は、(1) カドミウムその他の人の健康に係る被害を生ずるおそれがある物質として政令で定める物質を含むこと。(2) 化学的酸素要求量その他の水の汚染状態（熱によるものを含み、前号に規定する物質によるものを除く）を示す項目として政令で定める項目に関し、生活環境に係る被害を生ずるおそれがある程度のものであること。のいずれかの要件を備える汚水又は廃液を排出する施設で、政令で定めるものとしている。建設事業に係る特定施設としては、セメント製品製造業の用に供する施設のうち、1）抄造施設、2）成型機、3）水養生施設（蒸気養生施設を含む)、また生コンクリートを製造するバッチャープラント、さらに砕石業の用に供する施設のうち1）水洗式破砕施設、2）水洗式分別施設、などが挙げられる。

関連用語 公共用水域、地下水、主な地下水汚染、無過失損害賠償責任、特定施設、セメント製品製造業の用に供する施設、生コンクリートを製造するバッチャープラント、砕石業の用に供する施設

28. 生物多様性国家戦略

生物多様性国家戦略は、生物多様性条約及び生物多様性基本法に基づく、生物多様性の保全と持続可能な利用に関する国の基本的な計画である。我が国は、1995年（平成7年）に最初の生物多様性国家戦略を策定し、これまで5回の見直しが行われてきた。現行の生物多様性国家戦略は、2023年（令和5年）に策定された第六次戦略「生物多様性国家戦略2023−2030」となる。

生物多様性国家戦略2023−2030は、第1部「戦略」と第2部「行動計画」の2部から構成されている。第1部（戦略）では、2030年のネイチャーポジティブの実現に向けた5つの基本戦略と、基本戦略ごとに状態目標（あるべき姿）（全15個）と行動目標（なすべき行動）（全25個）を設定している。第2部（行動計画）では、第1部で設定した25個の行動目標ごとに関係府省

庁の関連する具体的施策（367施策）を整理している。

関連用語 生物多様性条約、生物多様性基本法、生物多様性国家戦略2023−2030、ネイチャーポジティブ

29. セメント安定処理と六価クロム

六価クロムは、クロム化合物のうち、クロム原子価が正の六価のものをいう。クロム酸化合物、重クロム酸化合物が主なものであり、水溶液中で電離してクロム酸イオンなどの陰イオンを形成し、酸性溶液中で強い酸化剤として作用する。皮膚にふれると皮膚炎、浮腫、潰瘍を起こすもので、水質環境基準は0.05 mg/l以下、土壌環境基準は検液1 lにつき0.05 mg以下、排水基準は0.5 mg/l以下と規定されている。

セメントおよびセメント系固化材を用いて地盤改良を実施した改良土から、条件によっては六価クロムが土壌環境基準（0.05 ppm）を超える濃度で土壌中に溶出するおそれがあることから、現地土壌と使用予定の固化材による六価クロム溶出試験を実施し、溶出量が土壌環境基準以下であることを確認することとしている。

関連用語 六価クロム、水質環境基準、土壌環境基準、排水基準、セメント（*87*）、セメント系固化材、六価クロム溶出試験

30. ゼロエミッション

ゼロ・エミッションは、1994年に国連大学によって提唱された構想で、産業活動により発生する環境汚染物質、廃棄物、排熱など、すべての排出物を可能な限り最小化しようという環境運動である。ある産業にとって廃棄物であっても、別の産業にとっては資源となる可能性があるため、そのような産業連関の輪を作り上げ、廃棄物を出さない完全循環型の生産システムの構築を目指している。

関連用語 環境汚染物質、廃棄物、排熱、資源、産業連関の輪

31. 騒音規制法

騒音規制法は、工場及び事業場における事業活動、ならびに建設工事に伴って発生する相当範囲にわたる騒音について必要な規制を行うとともに、自動車騒音に係る許容限度を定めること等により、生活環境を保全し、国民

の健康の保護に資することを目的として昭和43年に施行された法律である。

騒音規制法では、工場・事業場の騒音、特定建設作業の騒音、自動車の騒音、のそれぞれに対して規制している。工場・事業場の騒音は、政令で定める施設を設置する工場・事業場が規制対象となり、都道府県知事（市の区域内の地域については市長）が騒音について規制する地域を指定するとともに、環境大臣が定める基準の範囲内において時間及び区域の区分ごとの規制基準を定め、市町村長が規制対象となる特定施設等に関して必要に応じて改善勧告等を行う。特定建設作業の騒音は、政令で定める特定建設作業を規制対象とし、工場騒音と同様に都道府県知事等が規制地域を指定するとともに、環

特定工場等における騒音の規制基準値

区域／時間	昼間	朝・夕	夜間
第1種区域	45～50デシベル	40～45デシベル	40～45デシベル
第2種区域	50～60デシベル	45～50デシベル	40～50デシベル
第3種区域	60～65デシベル	55～65デシベル	50～55デシベル
第4種区域	65～70デシベル	60～70デシベル	55～65デシベル

※第1種区域：良好な住居の環境を保全するため、特に静穏の保持を必要とする区域
第2種区域：住居の用に供されているため、静穏の保持を必要とする区域
第3種区域：住居の用にあわせて商業、工業等の用に供されている区域であって、その区域内の住民の生活環境を保全するため、騒音の発生を防止する必要がある区域
第4種区域：主として工業等の用に供されている区域であって、その区域内の住民の生活環境を悪化させないため、著しい騒音の発生を防止する必要がある区域

特定建設作業における騒音の規制基準値

規制の種類／区域	第1号区域	第2号区域
振動の大きさ	敷地境界線において85デシベルを超えないこと	
作業時間帯	午後7時～翌日午前7時に行われないこと	午後10時～翌日午前6時に行われないこと
作業期間	1日あたり10時間以内	1日あたり14時間以内
	連続6日以内	
作業日	日曜日、その他の休日でないこと	

※第1号区域：良好な住居の環境を保全するため、特に静穏の保持を必要とする区域他
第2号区域：指定地域のうちの第1号区域以外の区域

境大臣が騒音の大きさ、作業時間帯、日数、曜日等の基準を定めており、市町村長は規制対象となる特定建設作業に関し、必要に応じて改善勧告等を行う。なお、特定建設作業を伴う建設工事を施工しようとする者は、施設または工作物の種類、特定建設作業の場所及び実施の期間、騒音の防止の方法等を当該特定建設作業の開始の日の7日前までに市町村長や特別区長に届け出なければならない。自動車の騒音は、自動車単体から発生する騒音に対して、自動車が一定の条件で運行する場合に発生する自動車騒音の大きさの限度値を環境大臣が定めている。

自動車騒音の要請限度

時間区分／指定区域		a区域		b区域		c区域
		1車線	2車線以上	1車線	2車線以上	1車線以上
昼間	午前6時～午後10時	65デシベル	70デシベル	65デシベル	75デシベル	75デシベル
夜間	午後10時～午前6時	55デシベル	65デシベル	55デシベル	70デシベル	70デシベル

・幹線交通を担う道路に近接する区域（2車線以下の車線を有する道路は道路の敷地の境界線から15 m、2車線を越える車線を有する道路の場合は道路の敷地の境界から20 mまでの範囲）については、昼間75デシベル、夜間70デシベル

※a区域：専ら住居の用に供される区域

b区域：主として住居の用に供される区域

c区域：相当数の住居と併せて商業、工業等の用に供される区域

関連用語 工場・事業場の騒音、特定建設作業の騒音、自動車の騒音、特定建設作業（*431*）、騒音の規制基準値、自動車騒音の要請限度、振動規制法（*464*）

32. ダイオキシン

ダイオキシンは、ポリ塩化ジベンゾ-P-ジオキシン類（PCDDs、75種類）とポリ塩化ジベンゾフラン類（PCDFs、135種類）の総称をいい、コプラナーポリ塩化ビフェニル（コプラナーPCB）のようなダイオキシン類と同様の毒性を示す物質をダイオキシン類と呼んでいる。

ダイオキシンは、きわめて有毒な物質で奇形性・発癌性がありベトナム戦争で枯れ葉剤に大量に使用されたことがある。通常の生活の中で摂取する量では急性毒性は生じないが、事故などの高濃度の暴露の際の知見からは、人に対する発がん性があるとされている。ダイオキシン類は主にごみ焼却に

よる燃焼で副産物として発生する。

ダイオキシン類の毒性は、異性体ごとに異なるので、毒性を評価する際には、最も強い毒性を示す2,3,7,8−四塩化ジベンゾ−P−ジオキシン（2,3,7,8−TCDD）の毒性に換算し、毒性換算後の値を毒性等量（TEQ）として表す。ダイオキシン類の環境基準値は、大気では0.6 pg−TEQ/m^3以下、水質では1 pg−TEQ/l以下、土壌では1,000 pg−TEQ/g以下とそれぞれ定められている。

関連用語 ダイオキシン類、ごみ焼却、毒性等量（TEQ）

33. ダイオキシン類対策特別措置法

ダイオキシン類対策特別措置法は、ダイオキシン類が人の生命及び健康に重大な影響を与えるおそれがある物質であることにかんがみ、ダイオキシン類による環境の汚染の防止及びその除去等をするため、ダイオキシン類に関する施策の基本とすべき基準を定めるとともに、必要な規制、汚染土壌に係る措置等を定めることにより、国民の健康の保護を図ることを目的として、平成12年に施行された法律である。

ダイオキシン類対策特別措置法は、ダイオキシン類に関する施策の基本とすべき基準として、人が生涯摂取しても健康に悪影響を及ぼさない耐容一日摂取量を体重1 kgあたり4ピコグラム以下に設定し、この数値をもとに、大気・水質・土壌の環境基準を設定している。

関連用語 ダイオキシン（*470*）、耐容一日摂取量

34. 大気汚染防止法

大気汚染防止法は、工場及び事業場における事業活動並びに建築物等の解体等に伴うばい煙、揮発性有機化合物及び粉じんの排出等を規制し、水銀に関する水俣条約の的確かつ円滑な実施を確保するため工場及び事業場における事業活動に伴う水銀等の排出を規制し、有害大気汚染物質対策の実施を推進し、並びに自動車排出ガスに係る許容限度を定めること等により、大気の汚染に関し、国民の健康を保護するとともに生活環境を保全し、並びに大気の汚染に関して人の健康に係る被害が生じた場合における事業者の損害賠償の責任について定めることにより、被害者の保護を図ることを目的とした法律である。

大気汚染防止法では、固定発生源（工場や事業場）から排出または飛散す

る大気汚染物質について、物質の種類ごと、施設の種類・規模ごとに排出基準等が定められており、大気汚染物質の排出者等は、この基準を守らなければならない。大気汚染防止法で規制の対象となっている物質は、ばい煙（硫黄酸化物、ばいじん、有害物質5種）、粉じん（一般粉じん、特定粉じん）、自動車排出ガス、特定物質（28物質）、有害大気汚染物質（248種類、うち指定物質3物質）、揮発性有機化合物（VOC）などである。

関連用語 固定発生源、ばい煙、粉じん、自動車排出ガス、特定物質、有害大気汚染物質、揮発性有機化合物

35. 大気の安定度

大気が安定であるということは、空気に何らかの移動が起こっても引き続いて移動せずにむしろもとの位置に戻ろうとする状態をいい、逆に不安定であるということは、いったんわずかな変位が起こると引き続いて移動し続ける状態をいう。なお、安定でも不安定でもない状態は中立という。大気汚染は、気温の鉛直構造すなわち大気の安定度と密接な関係がある。

大気の鉛直構造が、下層より上層の温度が高い状態を「成層が安定している」あるいは「絶対安定」（厳密には、大気の温度減率が湿潤断熱減率よりも小さい場合に、未飽和の空気塊に対しても飽和空気塊に対しても安定である大気の状態）という用語で表し、安定な状態を示している。

関連用語 大気汚染、大気の鉛直構造、大気の温度減率、湿潤断熱減率、未飽和の空気塊、飽和空気塊

36. 地球温暖化

地球温暖化は、地球を取り巻く大気中の温室効果ガス（二酸化炭素、メタン、亜酸化窒素、フロン等）の排出量増加により、地球全体の平均気温が上昇することをいう。

温室効果ガスは地表から宇宙に放出される赤外線を吸収し、再び地表に向け赤外線を放射する性質をもち、これにより地球上は適温に保たれているが、地球上で最も多く使われている化石エネルギーの燃焼によって地球の温暖化の原因となる二酸化炭素が放出されることにより、地球の温暖化が促進され、異常気象や海水面が上昇するなどの影響が問題視されている。2023年3月に公表された、国連気候変動に関する政府間パネル（IPCC）の第6次評価報

告書（統合報告書）では、人間活動が主に温室効果ガスの排出を通して地球温暖化を引き起こしてきたことは疑う余地がないことや、継続的な温室効果ガスの排出は更なる地球温暖化をもたらし、短期のうちに1.5℃に達するとの厳しい見通しが示された。

気候変動対策として緩和策と適応策は車の両輪であり、これらを着実に推進するため、「地球温暖化対策の推進に関する法律」並びに「気候変動適応法」の2つの法律が施行されている。

関連用語　温室効果ガス、化石エネルギー、二酸化炭素、IPCC、気象変動、緩和策、適応策、地球温暖化対策の推進に関する法律、気候変動適応法

37. 地球温暖化防止京都会議（気候変動枠組条約第３回締約国会議）

地球温暖化防止京都会議（気候変動枠組条約第３回締約国会議）は、地球温暖化防止のために、先進国の2000年以降の対策強化を目的として1997年12月に京都で開催されたものであり、地球温暖化を防止するための国際的な取り組みについて京都議定書が採択された。

京都議定書は、気候変動の原因とされる温室効果ガス排出量の、先進国における削減目標を定量的に示した文書である。ここでは2008年から2012年までに、温室効果ガスの排出量を1990年に比べて少なくとも5.2%削減することを定めた（欧州連合は8%、アメリカは7%、日本は6%削減）。削減対象となる温室効果ガスは、二酸化炭素（CO_2）、メタン（CH_4）、一酸化二窒素（N_2O）、ハイドロフルオロカーボン（HFC）、パーフルオロカーボン（PFC）、六フッ化硫黄（SF_6）の6種類である。議定書には、国際協調により削減目標を達成するためのメカニズム（排出量取引、共同実施、クリーン開発メカニズム）の導入が盛り込まれたが、途上地域に対しては数値目標等の義務はないというもので、排出削減量算出基準となる基準年は1990年であるが、フロン代替物質等は1995年を基準年とすることも許されている。また、森林等の吸収源の算入も可能となっている。

わが国の京都議定書第一約束期間（2008～2012年）における温室効果ガスの総排出量は、5か年平均で12億7,800万トン（基準年比1.4%増）、目標達成に向けて算入可能な森林等吸収源による吸収量は5か年平均で4,870万トン（基準年比3.9%）となった。この結果、京都メカニズムクレジットを加味すると、5か年平均で基準年比8.4%減となり、京都議定書の目標（基準

年比6%減）を達成することとなった。

なお、京都議定書では第二約束期間（2013～2020年）が採択されたが、すべての国が参加する公平かつ実効的な枠組みの構築に資さないとの判断から、わが国を含むいくつかの国は第二約束期間には参加しないことになった。京都議定書は、先進国のみを削減義務の対象としていることから、第一約束期間で排出削減義務を負う国の排出量は、世界全体の排出量の約4分の1にとどまる枠組みとなってしまった。

関連用語 地球温暖化防止、京都議定書、二酸化炭素、メタン、一酸化二窒素、ハイドロフルオロカーボン、パーフルオロカーボン、六フッ化硫黄、第一約束期間、京都メカニズムクレジット、第二約束期間

38. 典型7公害

典型7公害は、環境基本法第2条第3項でいう7種類の公害をいう。7種類の公害とは、①大気汚染、②水質汚濁、③土壌汚染、④騒音、⑤振動、⑥地盤沈下、⑦悪臭、のことである。

環境基本法第16条ではこれら7種類の公害のうち、大気の汚染、水質の汚濁、土壌の汚染及び騒音に係る環境上の条件について、それぞれ、人の健康を保護し、及び生活環境を保全する上で維持されることが望ましい基準を定めるものとするとしている。

関連用語 環境基本法（*454*）、大気汚染、水質汚濁、土壌汚染、騒音、振動、地盤沈下（*461*）、悪臭、環境基準

39. 特定外来生物

特定外来生物は、外来生物（海外起源の外来種）であって、生態系、人の生命・身体、農林水産業へ被害を及ぼすもの、又は及ぼすおそれがあるものの中から指定される。指定された生物の取り扱いについては、輸入、放出、飼養等、譲渡し等の禁止といった厳しい規制がかかる。

特定外来生物は、侵略的外来種の中でも外来生物法によって規制されている生物ということになる。

関連用語 外来生物（海外起源の外来種）、生態系、侵略的外来種（*465*）、外来生物法

40. 土壌汚染対策法

土壌汚染対策法は、土壌の特定有害物質による汚染の状況の把握に関する措置及びその汚染による人の健康に係る被害の防止に関する措置を定めること等により、土壌汚染対策の実施を図り、もって国民の健康を保護することを目的として平成15年に施行された法律である。

土壌汚染対策法で対象としている特定有害物質は、人の健康に悪影響を及ぼす経路には、直接触れて取り込む場合と地下水等を介して取り込む場合が考えられることから、地下水等経由の摂取リスクの面からの土壌溶出量基準と、直接摂取リスク面からの土壌含有量基準が定められている。

土壌汚染対策法では、土壌汚染の状況を把握するため汚染の可能性のある土地について、一定の契機をとらえて調査を行う。対象となる契機としては次の４つがある。

(1) 有害物質使用特定施設の廃止又はただし書き中の土地における一定規模（900 m^2）以上の形質変更（法第３条）
(2) 土地の一定規模（3000 m^2、現に有害物質使用特定施設が設置されている工場等の敷地においては900 m^2）以上の形質変更（法第４条）
(3) 土壌汚染による健康被害のおそれのある土地の調査（法第５条）
(4) 自主調査を用いた区域指定の申請（法第14条）

都道府県知事は、土壌汚染状況調査の結果、土壌の汚染状態が指定基準に適合しない土地については「要措置区域」（その土地が特定有害物質によって汚染されており、当該汚染による人の健康に係る被害を防止するため当該汚染の除去、当該汚染の拡散の防止その他の措置を講ずることが必要な区域）または「形質変更時要届出区域」（その土地が特定有害物質によって汚染されており、当該土地の形質の変更をしようとするときの届出をしなければならない区域）として指定する。

関連用語　土壌汚染、特定有害物質、土壌溶出量基準、土壌含有量基準、要措置区域、形質変更時要届出区域

41. 廃棄物の処理及び清掃に関する法律（廃棄物処理法）

廃棄物の処理及び清掃に関する法律（廃棄物処理法）は、廃棄物の排出を抑制し、及び廃棄物の適正な分別、保管、収集、運搬、再生、処分等の処理をし、並びに生活環境を清潔にすることにより、生活環境の保全及び公衆衛

生の向上を図ることを目的として、昭和46年に施行された法律である。

廃棄物処理法では、廃棄物を、ごみ、粗大ごみ、燃え殻、汚泥、ふん尿、廃油、廃酸、廃アルカリ、動物の死体その他の汚物又は不要物であって、固形状又は液状のもの（放射性物質及びこれによって汚染された物を除く）と定義している。廃棄物は、産業廃棄物と一般廃棄物に区分し、産業廃棄物は事業活動に伴って生じた廃棄物のうち、燃え殻、汚泥、廃油、廃酸、廃アルカリ、廃プラスチック類とその他政令で定める廃棄物で、令和6年2月時点で20種類が指定されている。一般廃棄物は、産業廃棄物以外の廃棄物をいい、そのうち事業過程から生じた廃棄物を事業系一般廃棄物として家庭系の一般廃棄物と区別している。また、廃棄物のうち、爆発性、毒性、感染性その他の人の健康又は生活環境に係る被害を生ずるおそれがある性状を有するものを特別管理産業廃棄物または特別管理一般廃棄物として特に処理方法を厳しく規定している。

廃棄物処理法では、一般廃棄物については市町村によって処理されることを原則とし、産業廃棄物については事業者の適正処理責任を定め、汚染者負担の原則に基づいた廃棄物発生者の自己処理原則を明示している。

関連用語 廃棄物、産業廃棄物（*458*）、一般廃棄物、事業系一般廃棄物、特別管理産業廃棄物、特別管理一般廃棄物、汚染者負担の原則（*448*）、産業廃棄物管理票（マニフェスト票）

42. バリアフリー

バリアフリーは、社会生活をしていくうえで障壁（バリア）となるものを除去することをいう。バリアフリーは、もともとは段差解消などの建築等における物理的障壁など、ハード面の障壁を除去するという意味で広がったものであるが、今では広く社会生活、制度や施策、情報分野、心理面などのソフト面も含めたあらゆる面における障壁を除去するという意味で用いられている。

バリアフリー社会の実現により、介護を要する高齢者や身体に障がいのある人はもちろんのこと、病気やケガをしている人、妊産婦や幼児、そして乳幼児を連れている人や重い荷物を運んでいる人などにとっても、日常生活や社会生活を営むうえで暮らしやすい環境が整えられることになる。

わが国においては、バリアフリー法（高齢者、障害者等の移動等の円滑化の促進に関する法律）に基づき、公共交通機関の旅客施設及び車両等、道路、路外駐車場、公園施設並びに建築物の構造及び設備を改善するための措置、一定の地区における旅客施設、建築物等及びこれらの間の経路を構成する道路、駅前広場、通路その他の施設の一体的な整備を推進するための措置その他の措置を講ずることによって、高齢者、障がい者等の移動上及び施設の利用上の利便性及び安全性の向上の促進を図るようにしている。バリアフリー法では、新たにあらゆる人々が利用しやすい生活環境等をデザインするという「ユニバーサルデザイン」の考え方を踏まえた規定が盛り込まれているが、真に「あらゆる人のため」のものを初めからデザインすることは、現実的には困難なために、①さまざまな者の参画を得て意見交換をしながら、②粘り強く継続的に、③さらには、広くその必要性への理解を得ながら、「バリアフリー」の取組みを積み重ねるという考えをとっている。

関連用語 物理的障壁、社会生活、制度・施策、情報分野、バリアフリー法（高齢者、障害者等の移動等の円滑化の促進に関する法律）、ユニバーサルデザイン（*480*）

43. ビオトープ

ビオトープは、生物を意味する“Bio”と場所を意味する“Top”を合成したドイツ語であり、生物圏の地域的な基本単位を指し、動植物の生息地、生育地といった意味で用いられ、生物の繁殖地やねぐらだけでなく、隠れ場や移動経路も含んだ一定の空間的な広がり（生息空間）をもった概念をいう。

近年ではビオトープ事業として、河川、道路、緑地、公園などの整備においても、ビオトープの維持や再生、創出に配慮した取組がなされるようになっている。

関連用語 生息空間、ビオトープ事業

44. 微小粒子状物質（PM2.5）

微小粒子状物質（PM2.5）は、大気中に浮遊している2.5 μm以下の小さな粒子のことで、環境省が従来から環境基準を定めて対策を進めてきた浮遊粒子状物質（SPM：10 μm以下の粒子）よりも小さな粒子である。PM2.5は非常に小さいため、肺の奥深くまで入りやすく、呼吸器系への影響に加え、循環器系への影響が心配されている。

粒子状物質には、物の燃焼などによって直接排出されるものと、硫黄酸化物（SO_x）、窒素酸化物（NO_x）、揮発性有機化合物（VOC）等のガス状大気汚染物質が、主として環境大気中での化学反応により粒子化したものとがある。粒子状物質の発生源としては、ボイラー、焼却炉などのばい煙を発生する施設、コークス炉、鉱物の堆積場等の粉じんを発生する施設、自動車、船舶、航空機等、人為起源のもの、さらには、土壌、海洋、火山等の自然起源のものがある。

環境基本法第16条第1項に基づき、人の健康の適切な保護を図るために維持されることが望ましい水準として次の環境基準が定められている。

1年平均値　15 $\mu g/m^3$以下　かつ1日平均値　35 $\mu g/m^3$以下（平成21年9月設定）

関連用語　浮遊粒子状物質（SPM）（*447*）、硫黄酸化物（SO_x）、窒素酸化物（NO_x）、揮発性有機化合物（VOC）、環境基準

45. ヒートアイランド現象

ヒートアイランド現象は、都市独特の局地的気候で、都市部の気温が郊外に比べて異常に高くなる現象をいう。等温線を描くと都市部が島のようになるので、ヒートアイランドと呼ばれている。都市部では、建物の密集、道路舗装、各種産業や人口の集中などによる地面状態の変化や暖房、工場からの大量の人工熱や放射熱と大気汚染物質の放出などのような、都市における人工化の過剰な進展がヒートアイランド現象の原因となっている。地球温暖化に起因する気温上昇量は100年間で約1℃と考えられているが、東京都の年平均気温の上昇量は、日本の他の大都市に比べて最も大きく、この100年間で約3.0℃上昇したといわれている。

ヒートアイランド対策としては、1）設備の省エネルギーや自然エネルギー、未利用エネルギーの利用、建物の改良などによる人工排熱量の低減、2）舗装材の改善、建物緑化や屋上緑化、沿道緑化、河川の開渠化や公園における水面の設置などによる地表面被覆の改善、3）エコエネルギー都市の実現や循環型都市の形成などによる都市形態等の改善、などが考えられている。

関連用語　都市独特の局地的気候、ヒートアイランド対策、人工排熱量の低減、地表面被覆の改善、都市形態等の改善

46. ヒートアイランド対策大綱

ヒートアイランド対策大綱は、今後、ヒートアイランド対策を一層適切に推進するためには、対策に関する各種の施策を相互に連携させ、体系立てて実施していく必要があるという認識のもと、ヒートアイランド対策に関する国、地方公共団体、事業者、住民等の取組を適切に推進するため、基本方針を示すとともに、実施すべき具体的な対策を体系的に取りまとめたものである。ヒートアイランド対策大綱は、平成16年3月に決定された。

従来までは、ヒートアイランド対策として、①人工排熱の低減、②地表面被覆の改善、③都市形態の改善を柱として進められてきたが、人々のライフスタイルの在り方等がヒートアイランド現象の形成に大きく関わっていくことから、④ライフスタイルの改善についても対策の柱の1つとして位置づけており、ヒートアイランド対策大綱では、(1) 人工排熱の低減、(2) 地表面被覆の改善、(3) 都市形態の改善、(4) ライフスタイルの改善、の4つの対策の柱を示している。そして、それぞれの項目で実施すべき具体的施策やその施策により達成すべき数値目標をまとめるとともに、対策の効果を把握・評価するために観測・監視体制の強化及び調査研究の推進を掲げている。

関連用語 ヒートアイランド現象（*478*）、人工排熱の低減、地表面被覆の改善、都市形態の改善、ライフスタイルの改善

47. 富栄養化

富栄養化は、湖沼や内湾などの閉鎖性水域で窒素、りんなどの栄養塩類の過剰な流入により、水域の一次生産量が異常に増大して生態系に異変が生じ、水質が累進的に悪化する現象をいう。

水の出入りの少ない閉鎖性水域では、工場排水や家庭排水、農業排水などにより、富栄養化が進むと藻類やプランクトンなどが太陽光線を受けて異常繁殖し、赤潮やアオコが発生する。これが進むと、水中の溶存酸素が不足し下層は嫌気性となり、魚類や藻類が死んで、水は悪臭を放つようになる。富栄養化は、かび臭発生の原因でもあると同時に、このような水を水道水源とすると浄水処理工程でトリハロメタンの発生量が増加する。また、富栄養化が進んだ水域の夏場における表層では、アオコなどの藻類により昼間は光合成によって溶存酸素が過飽和になり、炭酸ガスが消費されるために弱アルカリ性を呈するようになる。

環境基本法、水質汚濁防止法、湖沼水質保全特別措置法などにより、窒素やりんに関する環境基準の設定、排水規制、汚濁負荷量規制が実施されている。

関連用語 閉鎖性水域、栄養塩類、窒素、りん、赤潮、アオコ、溶存酸素の不足、トリハロメタン、環境基本法 (*454*)、水質汚濁防止法 (*466*)、湖沼水質保全特別措置法

48. マニフェストシステム

マニフェストシステムは、産業廃棄物管理票（マニフェスト票）を産業廃棄物に付して、その収集、運搬、処分などの物流を管理するシステムをいう。

マニフェストシステムは、産業廃棄物の排出事業者がその処分を委託する場合に、運搬から処分まで適正に処分されたかどうかを管理することを目的としており、収集・運搬・処理・処分の工程ごとに所定の伝票により確認、記録、保管していくことで廃棄物の受け渡しや処理の流れを明らかにするとともに、排出事業者が廃棄物の処理状況を自ら把握することができる。なお、マニフェスト票には、紙によるものの他に、電子マニフェストがある。電子マニフェストは、マニフェスト情報を電子化し、排出事業者、収集運搬業者、処分業者の3者が情報処理センターを介したネットワークでやり取りする仕組みである。電子マニフェストは、既存法令に基づく各種届出等の作業を効率化し、働き方改革の推進を図る相互連携取組といえる。

関連用語 産業廃棄物管理票、物流管理、電子マニフェスト、廃棄物処理法 (*475*)

49. ユニバーサルデザイン

ユニバーサルデザインは、アメリカの建築家ドナルド・メイスが提唱したもので、障がい者だけでなく健常者にも使用でき、能力あるいは障がいのレベルにかかわらず、できるだけ多くの人が利用可能であるように製品、建物、空間をデザインすることをいう。

バリアフリーは、もともとあったバリア（障壁）に対処するものであるが、ユニバーサルデザインは、障がいの有無や年齢、性別、国籍、人種等にかかわらず誰にでも気持ちよく使えるように最初からバリアが取り除かれている都市や生活環境を計画する考え方である。

関連用語 多くの人が利用可能、バリアフリー (*476*)

50. ライフサイクルアセスメント

ライフサイクルアセスメント（LCA）は、原料の調達から製品の生産、消費、廃棄に至るすべての段階において、その製品が環境へ与える負荷を総合的に評価する手法のことをいう。

従来は、製品の使用や廃棄に伴う有害物質の排出の有無、あるいは処理やリサイクルの容易性など、特定のプロセスだけを環境に対する評価範囲としたものが多かったために、使用、廃棄の段階での環境への負荷が少なくても、原料採取あるいは製造や流通などの段階での環境への負荷が大きく、全体としては環境への負荷の低減には寄与しない製品が生産されてしまう可能性があった。そのためライフサイクルアセスメントを行うことで、どの製品が環境への影響が最小なのかを定量的・客観的に評価することが可能となる。

関連用語　環境負荷の総合的評価、定量的・客観的評価

51. レッドデータブック

レッドデータブックは、国際自然保護連合（IUCN）によって世界的な規模で絶滅のおそれのある動植物の種を選定し、その生息状況等を明らかにして1966年から発行している「全世界の絶滅のおそれのある動植物のリスト」のことである。表紙が赤いことから、「レッドデータブック」と呼ばれている。レッドデータブックは、国際的に野生生物の保護を取り決めたワシントン条約や各国の保護政策の基礎資料として広く利用されている。

わが国では、1989年に日本自然保護協会、世界自然保護基金ジャパンから『我が国における保護上重要な植物種の現状（レッドデータブック植物種版）』が最初に発行され、その後、体系的な種の保護対策に取り組むために、環境庁（現　環境省）が日本に生育・生息する野生生物のうち絶滅のおそれのある野生生物の種をリストアップし、それらの分布や生息状況等を明らかにした『日本の絶滅のおそれのある野生生物』を、日本におけるレッドデータブック（動物）として1991年に発表、さらに水産庁（現　農林水産省）が『日本の希少な野生水生生物に関するデータブック』を発行している。また現在は、各地域・県において、全国版にリストアップされていない種の中に危機的な状況になっている種も少なくなく、地方レベルで野生生物の保護を考える際に、全国一律の評価基準だけでは、各地域・県の実状にそぐわない部分が生じてきていることから、それぞれの県版のレッドデータブックが作

成されている。

環境省のレッドデータブックは、レッドリストに掲載された種について、それらの生息状況や存続を脅かしている原因等を解説した書籍であり、おおむね10年ごとに刊行されている。

関連用語　国際自然保護連合（IUCN）、ワシントン条約、レッドリスト、第4次レッドリスト

おわりに

わが国は台風、豪雨、豪雪、洪水、土砂災害、地震、津波、火山噴火など自然災害の種類が多様であり、これらが全国各地で繰り返して発生しています。災害の種類に違いはあっても、その都度、多くの建設技術者がそれぞれの立場で対応を行ってきており、自然災害に対して建設部門に携わる技術者が担うべき役割は、きわめて大きいといえます。

限られた財源の中で、安全・安心を確保でき、しかも高齢化社会というわが国の現状に合った社会資本を、いかに適切に整備していったらいいのかが問われています。さらに、これまでに築いてきたインフラの老朽化に加えて、今後発生が懸念されている首都直下地震や南海トラフ地震等の大規模地震に対する対応をどのように進めていくかなど、幅広い知恵が求められるようになっています。

このような中で、高い職業倫理を備え十分な知識や経験を有し、自律して業務を行える専門職としての技術者資格である『技術士』の必要性は、ますます高まってきています。そして『技術士』になるためには、何としてでも第一次試験に合格していなければなりません。技術士第一次試験は、技術士となるのに必要な科学技術全般にわたる基礎的学識、そして技術士法第4章の規定の遵守に関する適性、さらに技術部門についての専門的学識を有しているかどうかを判定することを目的として「基礎科目」、「適性科目」、「専門科目」の3つの試験科目が設定されています。このうち特に「専門科目」は、将来技術士になるために必要となる専門的学識を判定しようとするものであり、第一次試験では最も重要な科目といえます。そのため、技術士第一次試験においては専門科目を制することが合格への近道とさえいわれています。

専門科目のキーワードを解説した本書によって、建設部門における第一次試験の合格者が増えるとともに、建設部門の技術士が1人でも多く誕生することを願ってやみません。

本書の出版にあたり、日刊工業新聞社の鈴木徹氏に多大な支援を賜りました。

ここに記して感謝いたします。

令和6年4月

杉内　正弘

索　引

《著者紹介》

杉内　正弘（すぎうち　まさひろ）

技術士（総合技術監理部門、建設部門）
1978年3月武蔵工業大学工学部土木工学科卒業
現在、(株)協和コンサルタンツ勤務

日本技術士会青年技術士懇談会副代表幹事、研究開発規制調査委員会委員、JABEE審査員などを歴任

日本技術士会会員、土木学会会員

資格：技術士（総合技術監理部門、建設部門）、大気関係第一種公害防止管理者、一級土木施工管理技士、一級舗装施工管理技術者、測量士、コンクリート技士、など

著書：『年度版　技術士第一次試験「建設部門」専門科目　受験必修過去問題集〈解答と解説〉』、『年度版　技術士第二次試験「建設部門」〈必須科目〉論文対策キーワード』、『建設系技術者のための技術士受験必修ガイダンス』（日刊工業新聞社）、以下共著『技術士第一次試験合格ライン突破ガイド』、『技術士第二次試験合格ライン突破ガイド』、『建設系技術者のための技術士第二次試験「総合技術監理部門」受験必修ガイド』、『技術士第二次試験「口頭試験」受験必修ガイド』、『建設技術者・機械技術者〈実務〉必携便利帳』ほか（日刊工業新聞社）、『事例に学ぶトレードオフを勝ち抜くための総合技術監理のテクニック』ほか（地人書館）、『年度版　技術士試験建設部門　傾向と対策』ほか（鹿島出版会）

技術士第一次試験「建設部門」
受験必修キーワード 700 ―第 9 版― NDC 507.3

2004 年 3 月 15 日 初版 1 刷発行
2005 年 11 月 11 日 初版 5 刷発行
2006 年 4 月 28 日 第 2 版 1 刷発行
2007 年 9 月 15 日 第 2 版 4 刷発行
2008 年 3 月 25 日 第 3 版 1 刷発行
2009 年 9 月 15 日 第 3 版 4 刷発行
2010 年 3 月 25 日 第 4 版 1 刷発行
2012 年 2 月 25 日 第 5 版 1 刷発行
2015 年 4 月 15 日 第 6 版 1 刷発行
2018 年 3 月 20 日 第 7 版 1 刷発行
2021 年 4 月 10 日 第 8 版 1 刷発行
2024 年 5 月 10 日 第 9 版 1 刷発行

（定価は、カバーに表示してあります）

© 著 者 杉 内 正 弘
発行者 井 水 治 博
発行所 日 刊 工 業 新 聞 社
東京都中央区日本橋小網町 14-1
（郵便番号 103-8548）
電話 書籍編集部 03-5644-7490
販売・管理部 03-5644-7403
FAX 03-5644-7400
振替口座 00190-2-186076
URL https://pub.nikkan.co.jp/
e-mail info_shuppan@nikkan.tech

印刷・製本 新日本印刷株式会社
組 版 メディアクロス

落丁・乱丁本はお取り替えいたします。 2024 Printed in Japan

ISBN 978-4-526-08340-2 C3052